결국 문제를 뚫고
성장하는 사람

결국 문제를 뚫고 성장하는 사람

다음 단계의 커리어를 만드는 문제 해결 노트

1판 1쇄 인쇄 2025. 4. 23.
1판 1쇄 발행 2025. 4. 30.

지은이 서현직

발행인 박강휘
편집 임여진 디자인 지은혜 마케팅 이헌영 홍보 이한솔, 강원모
발행처 김영사
등록 1979년 5월 17일(제406-2003-036호)
주소 경기도 파주시 문발로 197(문발동) 우편번호 10881
전화 마케팅부 031) 955-3100, 편집부 031) 955-3200 | 팩스 031) 955-3111

값은 뒤표지에 있습니다.
ISBN 979-11-7332-188-7 03320

홈페이지 www.gimmyoung.com   블로그 blog.naver.com/gybook
인스타그램 instagram.com/gimmyoung   이메일 bestbook@gimmyoung.com

좋은 독자가 좋은 책을 만듭니다.
김영사는 독자 여러분의 의견에 항상 귀 기울이고 있습니다.

결국 문제를 뚫고
성장하는 사람

다음 단계의
커리어를 만드는
문제 해결 노트

서현직 지음

김영사

차례

이 책을 활용하는 방법

"나는 잘 성장하고 있을까?"

일하는 사람들이 품고 있는 커리어에 대한 고민은 결국 성장에 대한 질문으로 귀결됩니다. 대학생부터 직장인까지 많은 사람이 그런 질문을 품고 있지만 답을 찾기란 쉬운 일이 아닙니다. 학교를 졸업하고 나면 누구도 나의 성장에 대해 알려주지 않기 때문입니다. 곁에서 나에게 딱 맞는 조언을 해줄 선배나 상사가 있다면 좋겠지만, 그런 행운은 소수만 누립니다.

그래서 많은 사람이 다른 곳에서 답을 찾습니다. 성장을 원하는 사람들이 서점이나 유튜브, 소셜 미디어를 열심히 기웃거리는 이유가 여기에 있습니다.

하지만 서점이나 인터넷에서 나에게 필요한 구체적인 조언을 구하기란 여간 어려운 일이 아닙니다. 일단 커리어와 성장에 대한 콘텐츠를 접하기가 힘듭니다. 가끔 그런 이야기를 발견하면 반가운 마음이 들지만 여기에도 문제가 있습니다. 성장에 대한 답을 구하는 사람과 이에 답하는 사람이 다르다는 것입니다.

지금 나에게 필요한 이야기

소셜 미디어에서 시간을 보내면 전문가를 자처하는 사람들을 많이 보게 됩니다. 10분만 찾아보더라도 커리어 전문가나 컨설턴트를 쉽게 볼 수 있죠. 하지만 몇몇 전문가를 제외하면 이직할 수 있는 회사를 조언하거나, 이력서를 잘 쓰는 '기술'을 이야기하는 사람이 대부분입니다. 이런 기술도 취업과 이직에 중요한 역할을 하지만, 전문가들마다 주장하는 내용이 달라 혼란스럽거나 성장에 대한 근본적인 내용이 아니라 아쉬울 때가 많습니다. 우리가 궁금한 것은 단지 이직을 잘하는 방법이 아니라 역량을 키우고 성장하는 방법이니까요.

이력이 특이한 사람들의 이야기도 서점과 인터넷에서 쉽게 접할 수 있습니다. 회사에 다니다가 과감하게 창업에 도전해 성공하거나, 지루하고 반복적인 업무를 하는 회사를 박차고 나와 사랑하는 일을 하며 색다르게 살아가는 사람들의 이야기입니다. 이런 이야기는 그러지 못하는 직장인들에게 대리만족의 카타르시스를 주며 선망의 대상이 되지만, 대부분의 직장인이 쉽게 따라 하기는 어렵다는 단점이 있습니다. 무엇보다 회사에서 성장하고 싶은 사람들에게는 해당하지 않을 때가 많아요. 평범한 사람에게는 혼자 하기 힘든 큰일을 해내고 그 과정에서 이룬 발전과 성과를 나눠 가질 수 있는 회사 또한 중요한 성장 경로입니다.

수십 년 경력으로 크게 성공한 사람들의 이야기도 많습니다. 업계에서 큰 성공을 이루거나 세계적으로도 유명한 '랜선 멘토'를 쉽게 만날 수 있다는 것이 책과 인터넷의 매력입니다. 하지만 성장통을 겪으며 답을 구하는 대부분의 젊은 직장인에게는 그분들의 이야기가 너무 멀고 아득하게 느껴질 때가 많습니다.

회사 안 경쟁 피라미드의 꼭대기나 업계 최고를 목표로 하는 사람들에게는 가슴을 뛰게 만드는 이야기들이지만, 가장 높은 정점을 목표로 하는 직장인은 소수가 아닐까요. 대부분 그저 오늘 마주한 문제를 잘 풀어내고, 어제보다 조금 더 성상하는 것을 목표로 하니까요. 피아노를 배우는 모든 사람이 모차르트 같은 거장이 되는 것을 꿈꾸지 않는 것처럼요.

사람들이 찾는 것은 거장이 되는 방법이 아니라, 끝까지 연주해보고 싶은 곡을 틀리지 않고 연주하는 방법일지도 모릅니다. 그래서 지금 이 순간에도 무수한 시행착오와 성장통을 겪으며 본인만의 답을 찾아나가는 사람들의 이야기도 필요하다고 생각했습니다.

평범한 직장인의 솔직한 성장담

이 책에는 제가 15년 가까이 취업하느라 고생하고, 많이 실패하고, 가끔은 성공하고, 종종 이직하며 얻은 경험담과 교훈을 담았습니다. 평범한 취준생이 외국계 기업에서 일을 시작해 다양한 국적의 '일잘러'에게 배우고, 한 번쯤은 들어봤을 법한 스타트업에서 나름의 도전으로 의미 있는 성과를 낸 성장기입니다. 아직 회사에서 일하는 것이 즐거운 저의 기록은 지금도 계속되고 있습니다.

제 이야기에서 직장인이라는 길을 벗어났거나, 벌써 그 길에서 아득히 멀어진 사람들의 이야기에서와는 다른 통찰을 얻을 수 있지 않을까 기대합니다. 소소한 위로, 현실적 지침, 관점의 전환이 그런 것들입니다. 독자분들의 성장통과 비슷한 제 성장통 이야기에서는 소소한 위로를, 비슷한 상황을 이겨낸 제 성장담에서는 현실적 지침을 얻으셨으면 좋겠습니다. 창대한 계획 같은 것은 없던 평범한 대학생에서 어느덧 팀장으로 일하며 성과를 내고 있는 제 이야기에서 엿볼 수 있는, 문제와 성장을 바라보는 관점의 전환도 많은 직장인의 성장에 도움이 되리라 믿습니다.

이 과정에서 참 많은 사람을 만났습니다. 회사 안에서 함께 일하며 생각을 나눈 동료나 선배뿐만 아니라 회사 밖에서도요. 제 첫 책《요즘 팀장의 오답 노트》가 만들어준 작가라는 또 다른 명함 덕분에 저를 찾아주시는 직장인들이 있어 그분들의 고민도 직접

들을 수 있었습니다. 소셜 미디어에서는 1만 명이 넘는 사람들과 성장에 대해 소통하고 있고, 제가 직접 운영하는 직장인 성장 커뮤니티 'Free Movers Club(프리 무버스 클럽)'에도 1,000명이 넘는 직장인이 모여 자신에게 맞는 성장 방법을 찾고 있습니다.

수없이 만난 취준생과 직장인 모두 성장에 대해 비슷한 궁금증을 가지고 있습니다.

"어떻게 성장해야 하나요?"
"이 문제는 어떻게 극복해야 하나요?"

학교와 회사에서 누구도 알려주지 않아 답을 찾기 어렵고 힘든 것들입니다. 많은 직장인이 비슷한 의문을 지니고 있다는 것은 배경과 상황은 다르더라도 결국 비슷한 고민을 하고 비슷한 어려움을 겪고 있다는 의미겠죠. 이것이 평범한 우리에게 '프레임워크'가 필요한 이유입니다.

성장의 프레임워크가 필요한 이유

저는 직장인, 혹은 직장인을 꿈꾸는 이들에게 자신의 문제를 해결하고, 이 과정을 통해 성장해내는 프레임워크가 반드시 필요하다고 생각합니다.

프레임워크는 '전체를 구성하는 뼈대나 그 일을 요소별로 이뤄나가는 접근법'을 말합니다. 특히 모르는 일을 시작할 때 그 일의 프레임워크를 잘 이해하는 것이 중요합니다. 우리가 회사에서 하는 일을 떠올려봐도 좋습니다. 마케팅을 하기 위해서는 '마케팅'을 구체적으로 정의하고, 그것을 통해 고객의 문제를 해결할 수 있는 실용적이고 현실적인 접근법을 알아내야 합니다. 그래야 마케팅을 통해 가치를 창출할 수 있으니까요.

아마 마케팅에 대한 본인만의 프레임워크가 없다면 남들이 하는 마케팅을 단순히 따라 하는 수준에 그칠 거예요. 당연한 말이지만 내가 하는 일에 대한 프레임워크를 구체적이고 실용적으로 정의할수록 그 일을 하는 사람으로서 성장할 가능성이 높아집니다. 비단 마케팅뿐만이 아닙니다. 디자인을 할 때도, 상품 기획을 할 때도, 영업을 할 때도 그 일로 문제를 해결하고 가치를 창출할 수 있는 프레임워크를 먼저 살펴봐야 합니다.

'성장'도 중요한 일이므로 프레임워크가 필요하다는 것이 제 의견입니다. 성장은 우리가 하는 일 중 가장 어렵고 난해합니다. 어렵고 난해한 일을 할수록 그 일에 대한 프레임워크를 잘 이해해야 합니다. 저는 이 책을 통해 저와 제가 만난 사람들이 직접 경험한, 성장에 필요한 암묵적인 '경험칙'을 프레임워크로 만들어보려고 했습니다. 단순히 사례만 나열하는 것은 지양했습니다. 특별한 사람들의 개별적 사례는 자칫 우리에게는 적용하기 힘들 수도 있기 때문입니다.

경험하고 목격한 성장의 경험칙을 세부 요소로 나누어 정의하고, 어떻게 하면 그것을 많은 사람이 따라 해 성장을 재현하도록 할지 고민하며 구조적으로 그 프레임워크를 밝혀내려고 애썼습니다. 과학적 근거가 있는 것은 아니지만 성장이라는 크고 난해한 일 뒤에 제가 경험한 원칙과 구조를 분해하고 정의해 구체적인 방법과 지침을 제시하고자 했습니다. 일, 성장, 커리어, 잠재력과 같이 크고 무거운 것부터 문제 해결력, 기획력, 창의력, 실행력, 소통력, 논리력, 일의 감각, 경쟁력과 같은 가깝지만 멀게 느껴지는 어려운 개념까지 구체적으로 정의하고 분해해 이를 성장에 활용하는 방법을 담았습니다.

상황에 따라 달라지는 성장 방법론은 최대한 구체적인 로드맵과 시나리오를 함께 제시하고자 했습니다. 자신이 좋아하는 일을 찾는 방법, 상황에 맞는 문제 해결사로서의 성장 방법, 잡부와 기술자의 성장 로드맵, 물경력을 피하는 방법, 내가 성장할 수 있는 회사를 찾는 방법, 자신의 경쟁력을 설득하는 방법 같은 영역에서 모두에게 적용되는 하나의 방법은 찾기 힘들기 때문입니다. 이 책을 통해 숨어 있어 잘 보이지 않던 성장의 프레임워크를 이해하고, 그것을 적용할 수 있는 자신만의 방법을 찾기를 바랍니다.

결론부터 말하자면, 성장의 핵심은 '문제 해결'입니다. 문제를 밝혀내고 치열하게 시도하며 해결하는 것이 제가 경험하고 관찰한, 성장 뒤에 숨은 프레임워크를 구성하는 가장 중요한 뼈대입니다. 성장하기 위해서는 문제 해결사를 지향해야 합니다. 결국 어려운 문제라는 딱딱한 껍질을 뚫고 해결하는 사람만이 커리어 씨앗에 피어난 작은 싹이라는 성장의 결실을 볼 수 있기 때문입니다.

문제 해결사가 되기 위한 안내서

이 책에서는 가장 먼저 '문제 해결'이라는 키워드를 중심으로 커리어와 성장을 재정의하고 이에 다다르는 경로를 떠올려볼 것입니다. 이를 위해서는 문제 해결에 필요한 구체적인 역량을 계발해야 합니다. 커리어 씨앗에서 틔운 싹이 무럭무럭 자라는 데 햇빛과 바람, 물이 필요한 것처럼요. 그래서 2장에서는 물경력을 피할 수 있는 '기획력', '실행력', '논리력'부터 일 잘하는 '감각'과 같이 문제 해결에 반드시 필요한 역량을 현실적으로 정의하고 이를 키워나갈 실용적인 방법을 알아볼 것입니다.

이 과정이 쉽지만은 않을 거예요. 따뜻한 땅속에서 자란 싹이 땅 밖으로 고개를 내밀면 거친 비와 바람을 이겨내야 하거든요. 3장에서는 문제 해결사가 마주하게 되는 거친 비바람을 이겨내는 방법과 마인드셋을 알아보려고 합니다. '성장 착각'이나 '동기부여라는 환상'에 빠지지 않는 방법부터 한순간의 영감이 아니라 '재현성 있는 프로세스'와 '과부하 회고' 등 성장을 거듭하는 데 활용할 수 있는 기술을 담고 있습니다.

커리어의 마지막은 더 성장할 수 있는 곳을 찾아 도전하고 정착하는 것입니다. 어느 정도 자란 묘목이 더 좋은 환경으로 옮겨지면 크고 단단한 나무가 되는 것처럼요. 이 책 마지막에서는 이직을 통해 성장하는 방법을 알아볼 것입니다. 뜬구름 잡는 이야기 없이 실용적인 정의와 구체적인 지침과 함께요. 이직을 구체화하는 '이직 시나리오', 자신의 경쟁력을 설득할 수 있는 '설득의 구조'를 구체적인 '경험 증거'로 만드는 일, 그리고 이를 이력서, 면접으로 전달하는 방법이 독자분들이 더 성장할 수 있는 회사를 찾고 정착하는 데 도움이 되리라 믿습니다.

마지막으로 이 책이 성장을 위한 '만능 해결책'이 아님을 밝힙니다. 이 책을 고른 분들이라면 공감하겠지만 모든 상황에 맞아떨어지는 마법 같은 해결책은 없습니다. 역사가 아널드 토인비가 "어떤 도구도 전능하지 않다"고 말한 것처럼요. 저는 이 책이 만능 해결책이 아니라 성장을 바라보는 새로운 '관점'과 '사고방식'으로 읽히길 바랍니다. 난해하고 어려운 '성장'이라는 것도 새로운 프레임워크로 바라보면 보이지 않던 경로와 방법이 어렴풋이 드러날 테니까요. 그래서 결국 타고난 사람들만이 성장하는 것이 아니라는 사실을 깨닫길 바랍니다.

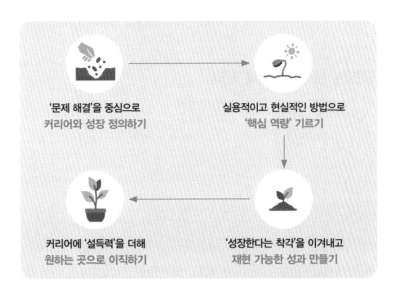

'문제 해결'을 중심으로
커리어와 성장 정의하기

실용적이고 현실적인 방법으로
'핵심 역량' 기르기

커리어에 '설득력'을 더해
원하는 곳으로 이직하기

'성장한다는 착각'을 이겨내고
재현 가능한 성과 만들기

    누구나 제대로 된 뼈대와 접근법을 이해하고 현실적이고 실용적인 노력을 기울이면, 세계 최고는 되지 못하더라도 오늘 마주한 문제를 풀어내며 보람을 느끼고 성장하는 사람이 될 수 있다고 믿습니다. 이 책을 집어 든 여러분 모두 끝내 문제를 뚫고 성장하는 사람이 되기를 진심으로 바랍니다.

    그럼 제 작은 커리어 씨앗 이야기로 책을 시작해보겠습니다.

우리는 모두 심겨져 있다

저는 작고 어두운 원룸에 혼자 있었습니다. 허리 부분이 푹 꺼져 딱딱해진 침대 위에 앉아 있는 제 손에는 누군가에게 선물 받은 책이 들려 있었습니다. 김난도 교수의 《아프니까 청춘이다》였습니다.

'그대라는 꽃이 피는 계절은 따로 있다. 그 계절을 준비하자.'

내가 꽃이라고? 이 문장을 보니 참았던 눈물이 쏟아질 것 같았습니다.

저는 바로 직전에 불합격 문자를 또 하나 받아 인턴에 지원한 모든 회사에 떨어진 참이었어요. 저는 제가 꽃은커녕 씨앗도 못 될 것이라 생각했습니다. 그저 깜깜한 흙 속에 묻힌 작은 돌멩이 같았거든요.

대학 생활은 열심히 했습니다. 게임을 좋아해서 다른 친구들보다 피시방에서 보낸 시간이 조금 더 길었지만 학교 수업은 열심히 들었습니다. 학회나 동아리보다는 연애가 재미있어서 인턴 지원서에 쓸 만한 이력이 많지는 않았지만 학점은 나쁘지 않았어요. 하지만 인턴의 벽은 생각보다 높았습니다. 수십 곳에 지원서를 제출했지만 합격한 곳은 없었습니다.

불안해하던 그때 《아프니까 청춘이다》 속 그 구절을 믿어보기로 했습니다. '나'라는 꽃이 피는 계절이 언제일지는 모르겠지만 어떻게든 싹을 한번 틔워보자고요. 스스로를 돌멩이가 아니라 씨앗이라 믿기로 마음먹었습니다.

그로부터 시간이 꽤 지난 후 첫 인턴의 기회를 잡았습니다. 돌멩이인 줄 알았던 씨앗에 작디작은 틈이 생긴 것이죠.

인턴으로 들어간 회사에서 누구보다 열심히 일했습니다. 많이 배우고 좋은 성과도 내고 싶었어요. 어렵게 만든 틈을 조금이라도 더 넓고 단단하게 만들고 싶었습니다. 학생에 가까운 인턴의 성장도 중요하게 생각해주는 좋은 선배들과 마음이 잘 맞는 인턴 동기를 만나 인턴 프로젝트에서 1등을 했습니다. 어렵게 잡은 첫 회사에서 이룬 작은 성취였습니다.

열심히 한 것을 알아봐주었는지 감사하게도 그 회사에서 정직원 근무 제안을 받았지만 저는 제 커리어 씨앗을 P&G라는 외국계 기업으로 옮겨 심었습니다. 제가 담당했던 인턴 프로젝트는 '아프리카에 판매할 냉장고 상품 기획과 마케팅 방안'이었는데 P&G에서 그 프로젝트를 매우 흥미로워했거든요.

당시 저는 영어를 잘하지 못했어요. 학교에서도 영어로 이루어지는 수업을 듣는 정도가 전부였고, 외국인과의 대화에는 전혀 익숙하지 않았습니다. 그래서 영어를 잘하는 친구의 도움을 받아

P&G 면접에서 나올 것이라고 예상되는 모든 질문에 영어로 스크립트를 만들었고, 말 그대로 달달 외웠죠.

영어를 잘하지 못하니 외국계 기업에서 한동안 바보처럼 지냈습니다. 외국인 상사를 화장실에서 마주치기라도 하면 뭐라고 말해야 할지 몰라 쩔쩔매기도 하고, 회의에서 나눈 대화를 이해하지 못해 미팅이 끝나고 선배들에게 내용을 물어보는 일도 많았습니다.

그럼에도 그 회사에 도전한 이유는 외국계 기업이라는 새로운 토양에서 제 커리어 씨앗이 더 튼튼해질 것이라고 생각했기 때문이에요. 영어라는 언어의 장벽은 분명 큰 걸림돌이었지만 한국에서 경험하기 힘든 새로운 조직 문화와 다양한 나라의 '일잘러'를 보고 배우며 성장할 수 있을 것이라 믿었습니다.

P&G에서 세일즈 비슷한 일로 커리어를 시작해 이후 5년 넘게 브랜드 마케터로 일하다가, 몇몇 브랜드의 사업을 총괄하기도 했습니다. 영어 한마디 하지 못했던 제가 팀장으로 승진까지 하며 꽤 오래 버텼죠. 실전을 경험한 덕에 다행히 영어도 많이 늘었습니다. 커리어의 씨앗을 옮겨 심을 때 가졌던 기대처럼 저는 P&G에서 여러 브랜드를 담당하며 다양한 국적의 외국인 상사, 동료와 많은 일을 했습니다.

이후 저는 커리어 씨앗을 토스, 샌드박스네트워크, 마이리얼트립, 무신사 같은 스타트업으로 다시 옮겨 심었습니다. 대기업이나 외국계 회사와는 다른 방식으로 고객의 삶과 시장의 큰 흐름을 바꿔나가는 스타트업에서 어떤 성장의 양분을 흡수할 수 있을지 궁금했거든요. 무엇보다 대기업이나 외국계 기업이라는 따뜻한 온실을 벗어나 야생에서 마주칠 멋지고 힘든 일이 기대되었습니다. 그 일이 재미있어 보였고, 나의 커리어 씨앗을 더 단단하게 성장시켜줄 거라는 생각이 들었고요.

스타트업에서는 대부분 팀장으로 일했고, 몇몇 회사에서는 실장이나 디렉터로 일하며 많은 팀원을 관리하고 회사의 중요 의사결정에 직접 참여해보기도 했습니다. 스타트업에서 일한 기간에도 무엇 하나 쉬운 것이 없었지만 그만큼 배움 또한 컸습니다.

그렇게 올해로 14년째 회사 생활을 하고 있어요. 어두운 원룸에 덩그러니 놓인 돌멩이가 아닐까 걱정했던 저의 커리어 씨앗은 다양한 회사에서 성공과 실패를 반복하며 이제는 꽤 튼튼한 싹을 틔웠어요.

요즘도 저는 어떻게 하면 깨끗한 물과 영양분 넘치는 비옥한 토양에서 따뜻한 햇살 같은 값진 성장 경험을 할 수 있을지, 회사에서는 누구를 보며 배워야 더 빠르고 튼튼하게 자랄 수 있을지 고민합니다.

이제 저는 알고 있어요. 커리어는 씨앗입니다.

우리 모두 커리어라는 씨앗을 심고 키우고 있습니다. 모두가 알고 있듯, 씨앗은 싹이 트기 전 가장 어두운 땅속에 있습니다.

그러다 작은 기회를 잡고, 훌륭한 선배들을 만나 많은 것을 배우고, 새로운 환경에서 일해보고, 조금씩 더 어려운 문제를 풀어보게 되지요. 그 과정에서 성공과 실패를 반복하고, 마침내 내가 남들보다 잘 풀 수 있는 크고 멋진 문제를 만나 직접 그 문제를 해결하며 영양분을 얻다 보면 씨앗에 틈이 생기고, 새싹이 나와 줄기가 되며 점점 튼튼해집니다.

아무도 모르는 일이에요. 돌멩이 같던 작은 씨앗에서 아주 예쁜 꽃이 필 수도 있고, 누구보다 크고 튼튼한 나무가 자랄지도 모릅니다. 그래서 힘들더라도 나라는 커리어 씨앗에 열심히 물을 주고 좋은 땅으로 옮겨 심어줘야 합니다.

한 가지는 확실해요. 앞이 보이지 않을 정도로 캄캄한 어둠 속에 있을 때 우리는 그저 묻혀 있다고 생각합니다. 하지만 그때 우리는 묻혀 있는 것이 아니라 심겨 있는 것입니다. 돌멩이가 아니라 씨앗이니까요.

커리어의 싹을 틔우지 못해, 싹이 큰 줄기가 되지 못해 불안하다면, 너무 걱정하지 마세요. 우리는 모두 씨앗이고, 그 씨앗이 어떤 싹을 틔울지는 아무도 모르고, 그중 어떤 씨앗은 조금 늦게 새싹을 틔우기도 하니까요.

가능성의 틈을 만든다

①

커리어를 키우기 위해 필요한
성장 프레임워크

커리어의
출발점

커리어의 출발점에 선 사람들은 막막합니다. 출발선에 서기도 힘들었는데, 막상 서보면 그 끝이 너무 아득해 잘 보이지 않거든요.

그래서 많은 사람이 불안해합니다. 하루빨리 명확한 방향을 잡고 커리어를 탄탄하게 키워나가고 싶은데 어떻게 시작해야 할지, 어떤 과정을 거쳐야 할지 알 수 없으니까요. 저 멀리 잘 보이지 않는 커리어의 도착점을 고민하며, 한시라도 빨리 명확한 답을 찾지 못하는 스스로를 탓하지요. 오래 일한 사람들에게도 커리어의 방향을 잡는 것은 고민에 고민을 거듭할 만큼 힘든 일입니다.

하지만 이 사실을 알아주셨으면 해요. 커리어의 출발점부터 원대한 커리어 계획을 그려놓고 그대로 이뤄내 성공하는 사람은 없습니다.

구불구불하고 험난한 커리어라는 여정을 고난 없이 쉽게 걸어가는 사람은 극소수입니다. 우리는 각자의 방식대로 정의한 도착점을 상상하며 그 길을 걸어갈 뿐이니까요. 그래서 제 경력을 되돌아보았습니다. 커리어의 출발점에 서서 묵묵히 그 길을 걸으려는 분들에게 도움이 되지 않을까 싶어서요.

저는 외국계 기업부터 스타트업까지 4번 이직해 5번째 회사에 다니고 있습니다. 그동안 참 많은 것이 변했어요. 깡마른 대학생이 몸이 무거운 아이 아빠가 되었고, 대학 시절부터 살던 서울에서 연고도 없는 경기도로 이사 왔고, 건강하다고 자부했던 몸은 몇 번의 수술을 거쳤습니다.

작은 변화까지 찾아보면 더 많아요. 저는 평생 아침밥을 안 먹을 줄 알았어요. 자취를 오래 해서 귀찮기도 했고, 아침을 먹지 않고 출근해도 딱히 힘들지 않았거든요. 차라리 아침에는 잠을 더 자는 것이 좋았습니다. 그런데 요즘은 아침을 챙겨 먹으려고 해요. 아침을 거르는 것이 건강에 좋지 않을 것 같은 걱정도 들고, 안 먹고 출근하면 점심시간 전부터 배가 쉼없이 꼬르륵거립니다. 그래서 얼마 전부터 간단하게라도 아침을 챙겨 먹으려 합니다.

또 저는 평생 어두운 옷만 입을 줄 알았어요. 혼자 오래 살았던지라 밝은색 옷은 관리하기도 힘들었고, 무엇보다 저에게 잘 안 어울린다고 생각했어요. 그래서 출근할 때는 늘 어두운 옷을 입었습니다. 그런데 요즘은 어두운 옷장이 은근히 신경 쓰여요. 나이가 들면서 얼굴이 칙칙해지니 옷이라도 밝은 걸 입어야겠다는 생각이 들었습니다. 물론 늘 어두운 옷만 고집하던 저에게 밝은 옷은 어려워 지금도 아침에 옷을 입었다 갈아입는 시행착오가 있지만, 다양한 색상의 옷을 입어보려고 노력 중입니다.

우리는 끊임없이 변화한다

살다 보니 회사 일뿐만 아니라 삶의 사소한 부분에서도 생각이 바뀌고, 나아가 가치관이 바뀌게 되었어요. 만약 젊은 시절의 제가 평생 아침밥을 먹지 않겠다거나, 평생 검은색 옷만 입겠다거나, 평생 헬스는 하지 않겠다는 중대한 결심을 했다면 큰일 날 뻔했습니다. 그때는 제가 이렇게 변할지 몰랐으니까요.

20대나 30대 초반에 삶의 큰 부분에 영향을 주는 중대한 결정을 서둘러 할 필요는 없습니다. 나이가 들면서 생각하는 정답이 바뀔 수도 있기 때문입니다. 아주 자연스럽게요.

되돌아보면 제 커리어도 그렇습니다. 일을 막 시작할 때만 하더라도 제가 이런 일을 할 거라고 생각하지 못했어요. 출발선에 서 있던 그때는 몰랐던 것들이 많았기 때문입니다.

마케팅이 이런 것인 줄 몰랐습니다

대학생 시절에는 마케팅이 멋진 카피를 쓰고, 창의적인 광고를 만드는 일이라고 생각했어요. 그런데 막상 대학을 졸업하고 마케터로 일을 시작해보니 생각과 많이 달랐습니다.

톡톡 튀는 카피와 광고의 아이디어를 고민하는 시간보다 엑셀 속 숫자와 대시보드 속 데이터와 씨름하는 날이 훨씬 많았어요. 고객들의 일상과 하루를 관찰하는 시간만큼이나 시장과 경쟁사의 동향도 면밀히 살펴보아야 했습니다.

누구나 들어봤을 법한 멋진 마케팅 캠페인이나 쿨한 팝업 스토어라는 결과물이 눈앞에 보이는 시간보다 이것들을 해내기 위해 예상치 못한 문제에 좌절하고, 머리를 쥐어짜내 해결책을 찾고, 누군가를 설득해 예산을 따기 위해 고군분투하는 시간이 더 길었습니다.

지금은 잘 알고 있어요. 마케팅은 결국 문제를 해결하는 일이고, 우리는 고객의 문제를 찾고 해결하고 있다는 것을요. '마케터는 쿨하고 멋진 일만 할 거야'라는 생각은 어린 저의 착각이었습니다.

스타트업에서 일하게 될 줄 몰랐습니다

첫 직장인 외국계 기업에서 오래 일할 줄 알았습니다. 저는 살면서 늘 안전한 선택을 해왔거든요. 대부분의 사람들이 따르는 안전하고 평균적인 선택으로 고등학교에 진학했고, 점수에 맞춰 대학교에 갔고, 남들이 좋다고 하는 회사에 취직했습니다. 안전이 중요했던 소심한 저에게 스타트업은 매력적인 보금자리가 아니었어요.

그런데 외국계 기업에서 일하는 도중 계속 들려오는 스타트업 소식이 제 관심을 끌었습니다. 젊은 사람들이 모여 재미있게, 그리고 과감하게 세상을 바꿔나가는 것처럼 보였거든요.

제가 다니던 외국계 회사의 맞은편에는 지금은 '유니콘'이라고 불리는 스타트업의 사무실들이 있었습니다. 그래서 종종 점심시간에 스타트업 직원들을 볼 수 있었어요. 딱딱한 비즈니스 캐주얼에 똑똑해 보이는 것이 중요했던 당시의 저와는 정반대 모습을 한 직원들의 모습이 참 인상적이었습니다. 마침 외국계라는 큰 회사가 답답하기도 했고요.

당시 제가 다니던 회사는 하나를 실행하기 위해서 참 많은 사람을 설득해야 했습니다. 내가 생각한 기획이 효과가 있을 것이라는 사실을 저 멀리 본사에 있는 외국인 상사에게 설명하고 기획을 승인받았어야 했죠. 그러다 보니 눈앞의 소비자와 경쟁사와 씨름하는 시간보다 내부의 이해관계자와 씨름하는 시간이 더 긴 것 같아 문득 답답할 때가 많았습니다.

그러다 당시 우연한 기회로 구글, 카카오 같은 IT 기업이나 스타트업과 협업하면서 그들이 일하는 방식을 엿볼 수 있었습니다. '상식적 가설은 직접 실험을 통해 검증한다'는 린 스타트업lean start-up 개념은 크고 단단한 피라미드 속에 있는 것 같았던 저에게 참신한 충격이었습니다.

그래서 저도 스타트업이 일으키는 의미 있는 변화에 동참해보고 싶어졌습니다. 제가 처음 스타트업으로 이직한 것이 6~7년 전인데 처음 이직을 결심하던 날, 가족부터 친구들까지 많이 걱정했던 기억이 납니다. 저 스스로도 불안했고요.

하지만 지금은 잘 알고 있습니다. 스타트업도 똑같은 회사고 그저 일하는 방식이 다를 뿐이라는 것을요.

팀장이 될 줄 몰랐습니다

저는 늘 사회성이 부족하다는 이야기를 들었습니다. 여럿이 있는 것보다 혼자 있는 것이 더 편했고요. 사회성을 뽐내야 하는 회식 자리가 외국인 사장님과의 회의보다 힘들었습니다. 그래서 여러 사람을 챙기고 이끌어야 하는 팀장의 역할은 저에게 어울리지 않는다고 생각했어요.

그런데 어쩌다 보니 지금은 팀장으로 일하고 있습니다. 첫 외국계 회사에서 승진해 팀장이 된 후 9년 넘게요.

승진 기회는 생각하지 못한 방식으로 찾아왔습니다. 일을 잘하고 싶어 주위 동료들의 도움을 많이 받았고, 도움을 많이 받은 만큼 동료들을 열심히 도왔습니다. 그런 도움이 쌓여 동료들에게 신뢰를 얻었고, 그 신뢰 덕분에 30세가 되기 전 남들보다 조금 이른 나이에 팀장이 되었어요.

외국계 기업에서 3~4명의 팀원과 함께하는 팀장으로 일했고, 스타트업에서는 디렉터로 승진해 30~40명의 팀원들과 함께하기도 했습니다.

팀장으로 일하고 있다니, 오래전에 저를 알던 사람들은 깜짝 놀랄 일이에요. 하지만 팀장으로 일하는 데는 사회성보다 원칙이, 대단한 리더십보다 매일의 작은 관심이 필요하다는 것을 깨달았습니다.

시간이 지나면서 몰랐던 사실들을 알게 됩니다. 더 중요한 것은 몰랐던 스스로에 대해 알게 되었다는 점입니다. 나는 무슨 일에서 보람을 느끼는지, 나에게는 어떤 강점이 있는지, 내가 일을 하는 동기는 무엇이고 그것을 이루기 위해 내가 가진 무기는 무엇인지. 이 모든 것이 커리어를 시작할 때는 몰랐던 것들입니다. 울퉁불퉁한 커리어의 길을 한 발자국씩 내디디면서 알게 된 것들이에요.

회사에서 다양한 사람들을 만나면 스스로의 모습을 더 잘 볼 수 있게 됩니다. 좋은 리더를 만나면 도움이 되는 피드백을 받아 자신의 강점과 약점에 대해서 더 잘 알 수 있게 됩니다. 다양한 특기를 지닌 동료들을 만나면 자신의 단점이나 무기에 대해 더 명확히 바라볼 수 있게 되고요.

생각보다 좋은 성과를 마주하면서 내가 어떤 일에서 흥미를 느끼는지 알게 되기도 하고, 예상치 못한 문제에서 해결 과정을 경험하며 스스로가 어떤 분야에서 재미를 느끼는지 알게 되기도 합니다. 이 모두가 커리어를 시작할 때는 예상하지 못했던 것들이에요.

제가 하고 싶은 말은 단순해요. 커리어의 출발점에 서서 도착점이 보이지 않을 때 할 수 있는 것은 지금 눈앞에 보이는 다음 발자국을 잘 디디는 것입니다. 예상하기 힘든 도착점을 너무 깊이 고민하는 것이 아니라요. 눈에 보이지 않는 도착점을 고민하며 제자리를 맴도는 것보다 당장 눈앞의 걸음을 정성스럽고 열심히 밟는 것이 중요해요.

그리고 이것을 기억하셨으면 좋겠어요. 출발점에서부터 원내한 목표를 가지고 한 치의 흐트러짐 없이 곧게 걸어가기만 하는 사람은 아무도 없다고요.

지금 눈앞에 보이는 다음 발자국을 잘 내디디며 걷다 보면 모르던 사실과 스스로의 모습을 알게 되고, 자연스럽게 생각과 가치관이 바뀌지 않을까요? 그럼 도착점에 대해 했던 많은 고민이 해결될 것입니다. 어린 시절의 제가 '나는 평생 아침을 안 먹어야지'라고 다짐하는 일이 불필요한 것과 같은 이유입니다. 그래서 저는 '지금 당장 할 수 있는 일을 하자'는 말이 틀리지 않다고 생각해요.

큰 그림을 구상하지 못한 채 무턱대고 작은 그림을 그리는 것이

도착지를 정하고
출발한다

혹은

걸으면서 도착점을
찾아나간다

큰 실수라고 말하는 사람들도 있습니다. 어차피 큰 그림이 분명하지 않다면 미리 그려놓은 작은 그림도 나중에 마음에 들지 않을 것이라면서요. 이 말도 일리가 있다고 생각합니다. 하지만 한 가지는 분명해요. 우리가 그리는 그림은 '정물화'가 아니라 '상상화'라는 것입니다.

만약 우리가 무언가를 정확히 묘사해야 하는 정물화를 그린다면, 밑그림을 완벽하게 그려놓고 작은 부분들을 색칠해나가는 것이 유일한 방법이라고 생각해요. 그리고자 하는 명확한 물체가 눈앞에 있고, 그것을 큰 부분부터 작은 부분까지 정확하게 따라 그리면 되니까요.

하지만 우리가 그리려고 하는 커리어는 정물화가 아닙니다. 오히려 어릴 때 그리던 상상화에 가깝습니다. 초등학교 때 '미래 도시'나 '화성 탐사 기지' 같은 주제로 그렸던 상상화 말이에요.

상상력을 마음껏 발휘해 그림을 그릴 수도 있지만 큰 도화지에 완벽한 미래 도시의 모습을 그리려다 색칠을 시작하지 못할 수도 있어요. 그럴 땐 반대로 작은 그림을 먼저 그려보는 것이 전체 도화지에 상상의 그림을 채워 넣는 데 도움이 되기도 합니다.

먼저 도화지 한편에 미래의 자동차 그림을 그려보는 거예요. 그리다 보면 생각보다 잘 그려질 수도 있고, 아닐 수도 있습니다. 잘 그려진다면 미래의 자동차가 다닐 듯한 미래의 길도 그려보는 거죠. 그러다가 막히면 미래의 건물, 미래의 공원도 생각해 그려 넣어봅니다. 그 과정에서 생각보다 재미있게 그려지는 부분이 있고 아닌 부분도 있을 거예요. 그렇게 작은 그림으로 큰 종이를 채워 넣을 수 있어요.

물론 완벽한 밑그림을 그린 그림보다 완성도가 떨어질 수는 있습니다. 하지만 한번에 큰 밑그림을 그리려다 실패해 수업 시간이 끝날 때까지 빈 도화지만 덩그러니 놓여 있는 것보다는 훨씬 좋습니다. 그림을 그리는 과정에서 나름의 재미와 취향을 찾고, 다음에 비슷한 그림을 그릴 때는 훨씬 더 잘 그릴 테니까요.

커리어의 도착점이, 상상화의 큰 그림이 잘 그려지지 않나요? 그럼 지금 눈앞에 보이는 한 발자국을 잘 디디고, 눈앞에 놓인 작은 부분부터 그림을 채워 넣어보세요. 그 누구도 단번에 완벽한 계획을 세워놓고 커리어를 시작하지 않으니까요. 중요한 것은 당장 할 수 있는 일을 해보면서 몰랐던 나에 대해 배워가는 것입니다.

커리어는
문제 해결의 역사

커리어는 우리말로 '경력'이라고 하는데 경험의 '경'과 역사의 '력'을 합한 단어입니다. 우리말로 풀어 말하면 '경험의 역사'예요. 그런데 구체적으로 어떤 경험을 말하는 것일까요?

제가 어릴 때는 〈포켓몬스터(포켓몬)〉 게임이 유행이었어요. 얼마 전 주인공 지우가 20년이 넘는 애니메이션 연재 끝에 포켓몬 챔피언이 되었다는 소식으로 다시 화제가 되기도 했습니다.

〈포켓몬스터〉는 플레이어가 주인공 지우가 되어 가상의 지역 12곳을 탐험하며 다양한 포켓몬을 잡고 스스로 성장해 포켓몬 마스터가 되기까지 여정을 그린 게임입니다. 12개의 지역을 탐험하려면 각 지역의 체육관 관장에게 도전해 배지를 모아야 합니다. 체육관 관장은 각 스테이지의 보스 같은 것이고, 각 지역의 관장을 이기면 다음 지역으로 넘어갈 수 있어요. 모든 지역의 체육관 배지를 모으면 도전할 수 있는 '끝판왕' 보스가 있는데 이 끝판왕을 클리어하면 포켓몬 마스터가 되며 게임이 끝납니다.

그런데 각 지역 체육관 관장과의 대결에서 이기는 것이 여간 까다로운 게 아닙니다. 수집한 포켓몬의 레벨도 올려야 하고, 결투에서 상성이 유리한 포켓몬의 조합도 공부해야 하거든요. 관장에게 호기롭게 결투를 신청했다가 지는 경우도 많습니다.

그래도 괜찮아요. 관장에게 도전할 기회는 많고, 결투를 하면서 관장의 전투 패턴과 자신의 약점을 알게 되거든요. 힘들지만 각 지역 체육관 관장이라는 문제를 풀다 보면 어느새 모든 배지를 모으고 끝판왕에 도전할 수 있어요. 관장들과 겨루다 보면 포켓몬에 대한 이해가 높아지고, 힘든 대결에서 이길 수 있는 노하우가 쌓입니다. 관장을 이길 때마다 펼쳐지는 새로운 지역을 탐험하며 희귀하고 강한 포켓몬을 모으고, 꾸준히 레벨을 올리면 끝판왕도 충분히 이길 수 있어요.

조금씩 어려워지는 문제를 풀어나가는 것이 게임의 매력이겠죠? 하지만 게임에서 마주하게 되는 문제를 피하기만 하면 게임을 끝내지 못합니다. 아마 첫 스테이지도 넘어서지 못할 거예요. 탐험하지 못한 남은 11개 지역에 만나보지 못한 귀엽고 희귀한 포켓몬과 포켓몬 마스터라는 위대한 여정을 뒤로한 채요. 첫 번째 지역에는 우리가 맨날 보던 피죤, 버터플, 모다피 같은 평범한 포켓몬밖에 없거든요.

문제 해결의 경험이 경력이 된다

저는 경력이란 '문제 해결이라는 경험의 역사'라고 생각해요. 포켓몬 게임에서는 포켓몬 마스터가 가장 훌륭한 커리어가 되듯, 가치 높은 커리어에는 남들은 풀지 못한 난도 높은 문제를 풀어본 경험이 꼭 포함되어 있습니다. 그리고 회사는 직원들의 문제 해결 경험을 사는buy 것이라 믿어요.

그런데 많은 사람이 이 경험의 역사에서 숫자에 집착하는 실수를 합니다. 단순히 '긴 역사'나 '많은 경험'에 집중하면 단조로운 커리어가 되어버리는데도요. '10년 동안 마케팅을 한', '다양한 회사에 다녀본' '많은 프로젝트에 참여해본' 같은 수식어를 지닌 커리어가 매력적이지 않은 이유가 여기에 있습니다. 그런 수식어는 많은 이력서에서 볼 수 있는 너무 흔한 것이기도 하고요, 마치 '나는 포켓몬 게임을 10년이나 했어', '나는 포켓몬을 100마리나 잡아봤어'라는 것이 대단하다고 생각하는 것과 비슷합니다.

하지만 그 10년 동안 포켓몬 게임의 모든 스테이지를 클리어하고 포켓몬 마스터가 되어보지 못했다면 10년이라는 숫자는 경쟁력이 없을 거예요. 만약 100마리의 포켓몬을 잡을 동안 '전설의 포켓몬'을 구경조차 하지 못했다면 100마리라는 숫자의 의미는 옅어집니다.

마찬가지로 10년간 일하고 100개의 프로젝트에 참여했더라도 스스로 어려운 문제를 찾아 도전해 해결해본 경험이 없다면 그 숫자의 의미는 퇴색됩니다.

게임에서 문제를 풀며 다음 단계로 넘어가듯 커리어라는 경험의 역사에서도 문제 해결 경험이 중요합니다. 이 간단한 원리가 커리어에서는 쉽게 잊히죠. 회사가 사고 싶은 경험은 10년간의 플레이 경험이나 100마리 포켓몬 수집 경험이 아니라 포켓몬 마스터가 되는 과정에서 해결해야 하는 수많은 난제를 풀어낸 역사입니다.

그래서 저는 커리어에서도 문제에 집중해야 한다고 생각해요. 포켓몬스터 게임에서 관장이라는 문제를 풀어야 다음 단계로 넘어가는 것처럼요.

커리어는 문제 해결의 역사를 말하는 것이고, 그 과정에서 '얼마나 어려운 문제를 풀어보았느냐'가 중요합니다. 얼마나 많은 일을 했는지, 얼마나 오래 그 일을 했는지보다 그 과정에서 해결한 문제의 경험에 집중해야 합니다.

그래서 '내가 지금 어떤 일을 하는 것이 커리어에 도움이 될까?'라는 막연한 질문을 하기보다 '내가 할 수 있는 일 중에서 어떤 일이 나에게 특별한 문제 해결 경험을 줄까?'라고 생각해보는 것이 좋습니다.

지금 도전해볼 만한 어려운 문제에 도전해보는 것도 좋은 방법입니다. 어려운 문제를 풀고 나면 조금 더 어려운 다음 발자국이 기다리고 있을 거예요. 그렇게 한 발자국씩 걸어가다 보면 끝이 보이지 않던 커리어의 여정에서 어느덧 도착점에 다가갈 수 있지 않을까요. 포켓몬 게임 속 지우(플레이어)가 12개 지역의 체육관 관장이라는 문제를 풀다 보니 어느덧 포켓몬 마스터가 되어 있는 것처럼요.

문제 해결에 도전했다가 실패하면요? 괜찮아요. 체육관 관장들이 항상 도전에 열려 있듯 기회는 많기 때문입니다. 끝이 보이지 않는다고, 도전에 실패했다고 첫 번째 마을에만 머물러 있으면 앞으로 기다리고 있을 멋진 포켓몬들을 만날 수 없어요. 10년 동안 게임을 하거나 100마리 포켓몬을 잡더라도요.

문제를 해결하지 못했다고 민망해하거나 부끄러워할 필요도 없어요. 단번에 체육관 관장을 이기는 사람은 없기 때문입니다. 주인공 지우도 20년이 지나고 나서야 포켓몬 마스터가 되었어요. 그저 도전할 때마다 이번에 풀어야 하는 관장의 공격 패턴과 자신의 약점을 잘 기억하고 해결해나가면 됩니다.

내가 하고 있는
일의 정체

기술과 스킬로 직업을 정의하는 사람이 많습니다. 커리어는 내가 가진 기술로 결정된다고 믿는 것이죠. 마케터로 예를 들자면 "나는 콘텐츠를 만드는 사람이야", "나는 광고를 운영하는 사람이야"라고 말하는 것입니다.

마케터뿐만이 아니에요. 디자이너 중에 "나는 피그마를 다루는 사람이야"라거나, 개발자 중에 "나는 SQL을 하는 사람이야"라고 스스로를 정의하는 사람도 있겠죠.

이것이 틀린 말은 아닙니다. 하지만 아쉬움이 있어요. 우리가 잘 아는 다른 직업을 같은 방식으로 정의해보면 그 아쉬움이 무엇인지 금방 알아차릴 수 있습니다.

수술하는 외과 의사를 보면 메스로 피부를 절개하고, 상처를 바느질로 꿰매고, 주사를 놓기도 합니다. 그렇다고 우리가 의사를 칼 다루는 사람, 바느질하는 사람, 주사 놓는 사람이라고 정의하지 않습니다.

다른 직업도 마찬가지입니다. 축구 선수는 달리기를 하고, 패스를 하고, 슈팅을 합니다. 하지만 우리는 축구 선수를 단순히 달리는 사람, 패스하는 사람, 슈팅하는 사람이라고 정의하지 않죠.

모두가 잘 알고 있듯 의사는 환자가 아픈 원인을 찾아 건강을 되찾도록 돕고, 축구 선수는 축구 경기의 규칙 안에서 경쟁을 통해 승리를 쟁취하는 사람입니다. 기술과 스킬은 그 일을 하기 위한 수단이고요. 의사는 환자를 치료하기 위해 칼을 들고, 축구 선수는 단순히 빠르게 달리기 위해서가 아니라 경기에서 이기기 위해 달리기를 합니다.

한 발자국만 떨어지면 훨씬 입체적으로 바라볼 수 있습니다. 하지만 우리는 우리의 일에 너무 가까운 나머지 이런 입체적인 관점을 종종 놓칩니다.

저는 기술과 스킬만으로 어떤 일을 정의하기 힘들다고 믿습니다. 이를 보여주는 실험도 있었다고 들었습니다. 일명 '장바구니 테스트'입니다. 연구자들이 장바구니에 담긴 물건을 보고 그 사람이 어떤 사람인지 알아맞히는 실험을 했다고 해요. 하지만 맞힐 수 없었습니다. 장바구니에 담긴 물건 그 자체가 중요한 것이 아니니까요. 중요한 것은 그 물건을 왜, 어떻게 쓰려고 하는지입니다. 이를 모르면 그 사람이 어떤 사람인지 알 수 없었다고 해요. 달리는 모습만 보고는 그 사람이 축구 선수인지 달리기 선수인지 알지 못하는 것과 같습니다.

우리의 일도 마찬가지입니다. 커리어라는 바구니에 기술을 잔뜩 담았다고 해서 내가 어떤 사람인지, 내 커리어가 무엇인지 잘 알기는 힘듭니다.

그래서 많은 사람이 막연한 느낌에 의존해 자신이 하는 일의 정체성을 찾아나섭니다. 바구니에 일단 기술을 담았는데 그것이 왜 필요한지, 이걸로 무엇을 할 수 있을지 깊이 생각해보지 않는 것이죠.

결국 어떤 사람들은 거창하고 멋지지만 실체 없는 느낌에 의지해 내가 하는 일의 정체성을 만들고 믿어버려요. '사람들에게 감동을 주는 마케터'라든가, '브랜드의 감도를 높이는 디자이너' 같은 것입니다. 이런 말들이 멋지고 심장을 뛰게 만들기도 하지만, 아쉽게도 '느낌'만으로는 구체적인 커리어의 정체성을 찾고 이에 맞게 성장하기 힘든 경우가 많습니다.

내가 하는 일의 정체성 생각해보기

내가 하는 일의 정체성을 생각해보는 건 중요합니다. 그 정체성이 오늘 우리가 할 일을 결정하니까요. 만약 기술로 일을 정의했다면 그 기술을 활용하는 일만 하게 될 것입니다. 내가 축구를 하는지 마라톤을 하는지 모른 채 일단 달리는 것이죠. 내가 수술을 하는지 요리를 하는지 고민해보지 않고 일단 칼질을 하는 것과도 비슷합니다.

내가 하는 일을 정의할 때 스스로에게 던질 수 있는 단순한 질문은 "내가 만들고 있는 가치는 무엇인가?"입니다.

오늘 여러분도 여러 기술을 이용해 일했다면, 오늘 한 일이 어떤 '가치'를 만들었는지 생각해보세요. 고객에게 어떤 가치를 주었나요? 꼭 고객이 아니어도 좋습니다. 내가 함께 일한 동료에게, 파트너에게, 사회에 어떤 가치를 주었나요?

"오늘 내가 해결한 문제는 무엇인가"라는 질문도 좋습니다. 구체적이지만 단순하죠. 오늘 열심히 기술을 사용했다면 그것을 통해 푼 문제는 무엇인가요?

어떤 마케터는 자신의 일을 '고객의 행동을 관찰하고 이를 우리가 원하는 행동으로 바꾸는 일'이라고 정의할 수도 있습니다. 이런 마케터에게 콘텐츠와 광고는 고객의 행동에 영향을 주기 위한 좋은 수단이 돼요.

어떤 디자이너는 '시각적 창작물로 사람들의 직관적 선택을 이끄는 일'을 한다고 정의할 수도 있어요. 이런 디자이너에게 피그마와 포토샵은 고객의 선택을 이끄는 결과물을 만드는 데 유용한 스킬이 됩니다.

어떤 개발자는 '기술적 불편을 해소해 금전적 가치를 만드는 일'을 한다고 정의할 수도 있습니다. 이런 분들에게 코딩은 불편을 해소하고 가치를 창출하는 좋은 수단이 되고요.

이렇게 하는 일의 정체성을 생각해보는 것만으로도 많은 것이 분명해집니다. 나에게 더 필요한 기술과 수단은 무엇인지, 내가 다음에 그려보아야 할 도전과 미션은 무엇인지도요. 그래서 내가 하는 일을 정의하는 질문은 중요합니다. 커리어의 다채로운 방향성과 다음 스텝에 대한 가능성을 열어주니까요.

기술과 프레임워크 구분하기

기술로 내 일을 정의하는 실수를 피하기 위해 다양한 수단 중 '기술'과 '프레임워크'를 구분해서 생각해볼 수도 있습니다. 커리어를 정의하는 '문제 해결'에서 프레임워크와 기술을 어떻게 활용할 수 있을까요?

운영체제OS와 애플리케이션에 비유해 생각해보면 좋겠습니다. 컴퓨터로 일할 때는 좋은 애플리케이션과 이것이 원활하게 작동할 수 있게 해주는 OS, 모두가 필요합니다. 다양한 애플리케이션이 있다면 일하기 편합니다. 발표 자료를 쉽게 만들 수도 있고 복잡한 숫자를 쉽게 관리할 수도 있죠. 조금만 노력하면 이미지나 영상도 뚝딱 만들 수 있습니다.

OS는 가끔 업데이트되지만 한번 업데이트되면 애플리케이션 활용 방식, 나아가 컴퓨터나 스마트폰의 사용 방식을 완전히 바꿔놓기도 합니다. 자주 사용하는 애플리케이션의 활용도를 더 높이고 싶다면 OS를 업데이트하는 것도 큰 도움이 됩니다. 물론 새로운 OS를 다운로드하고 재부팅하는 데 약간의 불편이 따르지만요.

문제 해결에서 프레임워크와 기술도 이와 비슷합니다. 눈치채셨겠지만 문제를 해결하는 프레임워크가 OS, 이 프레임워크를 구동하기 위한 기술은 애플리케이션이에요.

기술만으로 해결할 수 있는 문제도 있습니다. 하지만 기술만으로 해결하기 힘든 문제가 있다면 문제를 정의하고 해결해나가는 프레임워크를 업데이트해야 합니다. 그러면 지금 사용하던 기술의 활용도도 높아지고 더 필요한 기술도 눈에 보일 거예요.

프레임워크는 '뼈대'라는 뜻입니다. 문제를 해결할 때 프레임워크는 그 문제를 정의하고 풀어나가는 방법론 혹은 접근법 정도로 정의할 수 있어요. 더 쉽게 말해보자면, 일을 할 때 자주 사용하거나 효과가 있는 '문제 풀이 접근법' 정도라고 볼 수도 있습니다.

가장 대표적인 프레임워크는 요즘 스타트업에서 강조하는 '린 어프로치Lean Approach'나 '애자일Agile'입니다. 린 어프로치나 애자일에서는 문제와 원인에 대한 가설을 기반으로 1~2주 단위의 작은 실험으로 나누어 문제를 해결합니다. 직접 실행해보기 전에 철저한 분석과 판단으로 조사부터 실행까지의 단계를 차근차근 수행해 문제를 해결하는 '워터폴Waterfall'이라는 전통적 업무 방식과 대조되는 모습입니다.

같은 일도 다른 프레임워크로 정의할 수 있습니다. 사람들이 관심을 가지는 브랜드 마케팅도 마찬가지입니다. 많은 사람이 브랜드 마케팅에 대해 '팬덤을 구축하는 일', '제품에 감성과 스토리를 부여하는 일' 등 다양한 접근법을 제시하지만, 저는 '경쟁사의 인지 가치perceived value보다 자사의 인지 가치를 더 크고 경쟁력 있게 만드는 일'로 정의하는 것을 좋아합니다. 이런 접근법에서 고객 조사나 카피라이팅은 고객의 인지를 파악하고, 자사의 인지 가치에 더 큰 의미를 부여하는 데 좋은 쓰임을 갖는 기술이 됩니다.

요즘 마케팅업계에서 핫한 '그로스 마케팅Growth Marketing'도 마찬가지입니다. 저는 '고객 행동을 정량적으로 파악하고 이를 측정 가능한 방식으로 바꾸는 일'을 그로스 마케팅으로 정의합니다. 이런 경우 고객의 행동을 정량화하는 기술과 고객의 행동 변화를 실시간으로 관찰할 수 있는 툴이 중요한 수단이 됩니다.

데이터 분석을 통한 문제 해결도 마찬가지입니다. 널리 알려졌듯 연역적 접근법은 일반적으로 통용되는 전제나 가설을 검증하는 방식으로 해답을 추론하고, 귀납적 접근법은 개별 사례를 조사하면서 도출할 수 있는 해결의 실마리를 찾는 방법입니다. 그중 귀납적 추론의 프레임워크를 활용하는 사람에게는 개별 샘플을 나누고 조사하는 기술이 무엇보다 중요해집니다.

이렇게 일에 대한 프레임워크를 정의할 수 있다면 어떤 기술이 왜 필요한지 분명해집니다.

그래서 **저는 '내가 하는 일의 프레임워크를 잘 정의하는 것'이 그 일의 시작이라고 생각해요.** 내가 하는 일에서 문제를 해결하는 데 활용할 접근법을 구체적으로 말할 수 없다면 일을 잘할 수도 없으니까요. "'좋은 아빠'가 될 거야", "'좋은 팀장'이 될 거야"라고 말하지만 '좋은 아빠'가 어떤 아빠이고, '좋은 팀장'은 어떤 팀장인지 명확하게 말할 수 없다면 그런 사람이 될 수 없는 것과 같습니다.

반대로 내가 하는 일의 프레임워크를 정의하지 않고 지금 당장 눈에 보이는 기술만 습득하고 있다면 어디에 쓸지 모르는 기술을 계속 바구니에 담는 것과 같습니다.

지금의 기술로 해결하기 힘든 문제를 만났다면 그 문제를 해결할 수 있는 프레임워크를 찾아보세요. 많은 사람이 기술에 집중하느라 그 기술을 활용해 문제를 해결하는 프레임워크의 중요성을 간과하기도 합니다.

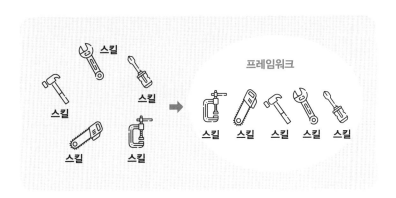

아, 물론 둘 중 어떤 것이 더 중요하다는 의미는 아니에요. 당연하게도 이 둘은 모두 중요합니다. 제가 하고 싶은 말은 좋은 프레임워크를 갖추었다면 지금 내가 가진 기술로도 어려운 문제를 해결할 수 있다는 것입니다. 혁신적인 OS가 업데이트되면 같은 애플리케이션으로 더 복잡하고 힘든 문제를 풀 수 있는 것처럼요.

일을
잘한다는 것

그렇다면 일을 잘한다는 것은 무엇일까요? 앞에서 살펴본 것처럼 '내가 하는 일은 내가 풀고 있는 문제로 정의할 수 있다'는 관점으로 생각해보면 좋겠습니다.

많은 사람이 일을 잘하는 것을 커리어 목표 중 하나라고 생각하지만, 정작 그 모습은 제각각입니다. 운전을 잘하게 되는 과정을 짚어봅시다. 처음 운전대를 잡으면 낯설고 두려운 것투성이입니다. 하지만 기본기를 잘 익히고 원칙을 지키면서 연습을 하면 운전에 익숙해지고, 금세 차를 타고 원하는 곳으로 안전하게 이동할 수 있게 됩니다.

그렇게 무사고로 운전대를 잡는 시간이 길어지면 처음보다 편하게 운전하게 됩니다. 처음에는 두렵던 후진도 자신 있게 하고, 주차에도 막힘이 없어지니 어디든 다닐 수 있죠.

비로소 운전에 익숙해진 이 시점에 우리는 운전을 잘한다고 생각하게 됩니다. 처음보다 많이 편해졌으니까요. 어디선가 들은 적이 있는데, 아이러니하게도 사고는 이때 가장 많이 일어난다고 합니다. '익숙해짐'을 '잘함'으로 착각하는 바로 그 시점에요.

우리는 어떤 일의 기본기에 익숙해지면 그것을 잘한다고 생각하게 됩니다. 문제없이 이동하고 원하는 곳에 주차를 할 수 있게 되면 운전을 잘한다고 생각하는 것처럼요. 당장 운전을 하는 데 문제가 없기 때문입니다.

하지만 무언가에 익숙해지는 것과 그것을 잘하게 되는 것은 다른 것입니다. 이 둘이 헷갈릴 때는 이 상태가 지속되었을 때 얻게 되는 결과를 생각해보면 됩니다. 익숙해진 방법으로 계속 운전하면 언젠가 운전의 전문가라고 할 수 있는 카레이서가 될 수 있을까요?

물론 무언가에 익숙해진다는 것은 무언가를 잘하는 것의 시작점이 됩니다. 하지만 지금보다 수준이 높아지기 위해서는 익숙한 영역에서 익숙하지 않은 영역으로 나아가야 합니다. 운전에서도 전문 카레이서가 되기 위해서는 익숙해진 영역 밖으로 나아가 여러 난제를 풀어야 하죠.

'풀 액셀'을 밟을 때 목이 뒤로 꺾이는 반작용을 버티며 앞차와 충돌하지 않고 시속 수백 킬로미터의 속도로 질주하려면 해결해야 할 문제가 한두 개가 아닙니다. 차가 뒤집힐 듯 말 듯 아슬아슬하게 운전하면서 원심력을 이용하여 남들보다 빠르게 코너를 돌아 빠져나갈 때도 카레이서는 평범한 운전자가 해결하기 힘든 난제를 실시간으로 마주합니다.

익숙하지 않은 영역에서 마주하는 난제를 하나씩 해결해야 비로소 카레이서가 될 수 있습니다. 이를 위해서는 그 익숙하지 않은 영역에서 문제를 해결하기 위해 의도적으로 연습과 시도를 해야 합니다.

물론 난제에 도전하기 전에 그에 맞는 준비도 필요합니다. 카레이서가 되려면 레이싱 트랙으로 가야 합니다. 레이싱 트랙에는 카레이서가 되려고 하는 사람들만 모이니까요. 도착지로 안전하고 늦지 않게 이동하는 것이 목적인 일반 도로에서는 카레이서가 되는 연습을 할 수 없습니다. 다른 운전자들도 카레이서라는 난제에 도전하는 사람들을 이해하지 못할 것이고요.

이와 마찬가지로 **저는 일을 잘한다는 것은 '방향성'과 '연속성'의 조합을 통해 성장하는 것이라고 생각합니다.**

'방향성'은 익숙한 영역에서 익숙하지 않은 영역으로 일과 역할의 범위를 넓혀나가는 것을 말합니다. 어떤 일에 익숙해진 한순간의 상태를 말하는 것이 아니라, 익숙하지 않은 그다음 단계를 향해 의도된 연습의 경로를 그려보는 것이죠.

'연속성'은 그 과정에서 마주하는 난제를 포기하지 않고 풀어보려는 노력을 말합니다. 익숙하지 않은 방향으로 나아가는 과정은 그야말로 문제의 연속이거든요. 어제보다 오늘 더 힘든 문제를 풀어 운전 속도를 조금 더 높여보는 것이죠. 아, 물론 마음이 맞는 사람들이 모인 곳에서 함께 말입니다.

언젠가 회사 대표님이 직원들에게 받은 "어떤 직원을 가장 신뢰하시나요?"라는 질문에 '계속 성장하는 직원'이라고 답변한 기억이 납니다. 익숙한 영역에 머물러 있지 않고 새로운 시도로 성장하려는 회사와 함께 성장하는 직원을 이야기한 것이겠죠.

비단 대표님뿐만이 아니에요. 팀장으로 일하고 있는 저에게도 언제나 가장 믿음직한 팀원은 더 큰 문제를 풀어내며 함께 성장하는 팀원입니다. 익숙하지 않은 영역에서도 난제를 해결해보겠다는 명확한 방향성과 연속성을 가진 사람 말이에요.

배움으로
성장하기

다양한 회사에서 많은 사람을 만나면서 '학습과 배움'에 대한 생각이 저마다 다르다는 것을 깨달았습니다. 그중에는 배움이나 학습 자체에 대해 부정적인 사람도 많았어요. 바빠서 정신없이 일하고 있는데 무언가를 배울 시간이 없다는 것이 그들이 가장 많이 하는 말입니다.

하지만 배움과 학습이라는 거창한 말을 떠나서 한번 생각해보면 좋겠습니다. 우리는 살면서 필요한 것들을 배웁니다. 다 큰 성인이라면 걷고 달리는 것을 어려워하는 사람은 없겠지만 태어났을 때만 하더라도 불가능했던 일입니다. 생각해보면 그것도 본능적으로 할 수 있었던 것이 아니라 누군가에게 배운 것이죠. 말하는 법도 누군가에게 배운 것입니다. 언어능력을 타고나서 아무 배움 없이 말할 수 있는 사람이 없는 것을 보면요.

우리는 살면서 필요로 하는 것들을 배웁니다. 무언가를 표현하고 싶으면 그림을 배우고, 신체를 단련하고 싶으면 운동을 배웁니다.

세상 돌아가는 이치가 궁금한 사람들은 역사와 과학을 배우고, 다른 나라 사람들의 생각이 궁금한 사람들은 외국어를 배워요. 어떤 사람들은 기술을 배워서 세상에 없던 가치를 만들어내기도 합니다. 이 모든 것을 배움 없이 '타고남'만으로 깨닫는 사람은 없습니다.

이런 배움은 남에게서 비롯됩니다. 나보다 잘하는 사람들이 어떻게 하는지 관찰하고 경청하는 것에서 배움이 시작되는 경우가 많거든요. 걷고 달리는 법도, 말하는 법도 모두 그것을 할 수 있는 부모님에게 배우는 경우가 많습니다. 학교에서는 과학, 수학, 역사, 외국어를 깊이 공부한 사람들의 이야기를 통해 그것들을 배웁니다. 그림과 운동도 잘하는 사람들을 관찰하면서 배울 수 있어요. **저는 일하는 방법이나 문제를 해결하는 방법도 영어나 운동처럼 배울 수 있다고 믿습니다.** 영어를 익히는 가장 빠른 방법은 영어를 잘하는 사람에게 배우는 것입니다. 운동을 잘하는 사람이 그 동안 운동을 하면서 먼저 깨달은 교훈을 나눠 받으면 운동을 잘할 수 있게 될 거예요.

일도 마찬가지입니다. 주위에 이름난 문제 해결사로 평가받는 사람이 있다면 그와 함께 일하며 많은 교훈과 배움을 얻을 수 있을 거예요. 삶 전체에서도 마찬가지입니다. 내가 원하는 삶을 살고 있거나, 내가 정의한 성공에 부합하는 사람이 있다면 그에게 어떻게 그런 삶을 살 수 있는지 묻고 배울 수도 있을 거예요.

저는 누군가에게 배울 것이라면 세계 최고에게 배우고 싶습니다. 축구를 배운다면 손흥민에게 배우고 싶어요. 리더십을 배워야 한다면 가슴을 울리는 말로 따뜻한 교훈을 주는 사이먼 시넥에게, 투자를 배운다면 전설적인 투자자 워런 버핏에게 배우고 싶습니다.

하지만 이런 사람들을 직접 만나 그들에게 배움을 얻는 것은 하늘의 별 따기 수준의 경험이에요. 그래서 우리는 책과 영상을 찾아봅니다. 책을 구입하면 배우고 싶은 세계적 거장의 생각과 경험을 2만 원 정도의 돈으로 모두 전수받을 수 있으니까요.

재능을 타고난 사람들의 이야기나 나와는 다른 환경과 시대에서 성공한 사람들의 이야기가 무의미하다고 말하는 사람들도 있어요. 하지만 저는 이 또한 도움이 된다고 믿습니다. 공자의 유명한 말처럼요. "세 사람이 길을 걷고 있다면 그 안에 반드시 나의 스승이 있다."

나보다 조금이라도 나은 사람에게서 좋은 점을 배우고, 나보다 못한 사람에게서는 좋지 않은 점을 보고 반면교사 삼으라는 것입니다. 이 말대로 우리는 누구에게서든 배울 수 있습니다. 우리에게 필요한 배움은 그 대상이 되는 사람의 모든 것을 그대로 받아들이고 따라 하는 것이 아니기 때문이에요.

세상에 완벽한 사람은 없습니다. 배움을 얻을 수 있는 대상 중에도 완전무결한 대상은 없어요. 만약 거만하지만 수완이 끝내주는 사업가가 있다면 그에게서는 뛰어난 사업 수완만 배우면 됩니다. 최고의 실력을 갖추진 못했지만 끈질긴 투지와 훌륭한 태도를 지닌 운동선수가 있다면 그에게서는 좋은 태도만 배우면 돼요. 우리에게 필요한 배움은 대상의 모든 것을 따라 하는 것이 아니라 배울 점을 찾고 이를 나에게 맞게 적용하는 것이기 때문입니다. 배움의 실마리를 찾아 성장의 올바른 방향을 잡는 것만으로도 충분한 경우가 많습니다.

우리는 심지어 실패한 사람에게서도 배울 수 있습니다. 사람들은 성공만큼이나 실패에서도 많은 배움을 얻거든요. 그래서 주위에 내가 하고 싶은 일에서 먼저 실패한 사람이 있다면 좋은 스승이 됩니다. 옳은 길을 알려줄 수는 없지만 적어도 어디로 가면 안되는지는 알려줄 수 있으니까요. 이를 잘 듣고 기억하는 것만으로도 나의 학습과 성장에 큰 도움이 됩니다.

결국 우리는 모두에게서 배울 수 있습니다.

창피를 무릅쓰고 나아지기

이런 대화를 하다 보면 가끔 '성장의 가치' 자체를 폄하하는 사람들을 만납니다. 성장의 가치 자체에 공감하지 않으므로 학습의 필요성도 느끼지 못하죠. 이런 사람들은 "노력해서 배워도 최고가 될 수 없는데 뭐 하러 고생을 하냐"고 말합니다.

하지만 우리는 항상 최고가 되는 것을 목표로 무언가를 배우지는 않아요. 모두가 세계 최고나 프로 수준을 지향할 필요는 없습니다.

헬스장에 가는 모든 사람이 엄청난 근육의 보디빌더를 꿈꾸지는 않습니다. 어떤 사람들은 체력을 조금 더 키우고 건강을 관리하기 위해 헬스장에 갑니다. 과학이나 역사를 공부하는 사람들이 모두 박사 수준의 전문성을 목표로 하지 않을 거예요. 그저 내가 어제 몰랐던 것을 배우며 즐거움을 찾는 사람일 수도 있습니다. **우리가 배우려는 이유는 그저 조금 더 나아지기 위해서입니다.**

물론 타고난 사람들은 작은 배움으로도 압도적인 성장을 이루어내겠지만 평범한 사람에겐 무리입니다. 우리가 배우는 이유는 어제보다 조금 더 나은 오늘의 내가, 오늘보다 조금 더 나은 내일의 내가 되기 위해서입니다.

이것이 평범한 사람들이 성장하는 방법입니다. 한번에 엄청나게 성장하지는 못하겠지만, 매일의 작은 배움이 쌓이고 이것이 복리로 작용해 점차 큰 성장으로 이어질 것이라고 기대하죠.

무엇보다 '조금 더 나아지는 과정'에서 보람과 즐거움을 느낄 수 있어요. 작은 성장에서도 즐거움을 찾는 사람들은 그렇지 않은 사람들이 그들만의 즐거움을 찾는 것과 정확히 같은 이유로 배움을 원합니다.

어떤 사람들은 배움이 학교에서 끝났다고 말해요. 특히 대학교에서 가장 높은 수준의 배움을 얻을 수 있고, 대학교를 졸업하면서 배움은 끝난다고 말합니다. 그래서 대학교를 졸업한다는 데 큰 의미를 두기도 하고, 동시에 큰 두려움을 느끼기도 하는 거겠죠.

하지만 진짜 학습은 사회생활과 함께 시작됩니다. 이때의 학습이 다른 사람들과 큰 차이를 만들죠. 학교에서는 누군가가 학습을 시키고 검사도 하지만, 학교 밖에서 하는 학습은 누구도 도와주지 않기 때문입니다. 오롯이 본인의 필요와 의지에 따라 학습을 시작하고, 진도도 의지에 따라 달라집니다.

되돌아보면 제 성장도 학교 안이 아니라 밖에서 더 빨랐던 것 같습니다. 두 성장 방식은 매우 달라요. 학교에서는 원리를 배우고, 연습을 하고, 시험을 봅니다. 시험을 잘 보기 위해 가르침을 얻고 연습을 하는 것 같아요.

하지만 학교 밖에서는 배움이 정반대로 일어납니다. 우선 준비 없이 시험을 봐야 해요. 그리고 계속되는 시험에서 실패하고 낙제하면서 배움을 얻습니다. 시험을 먼저 치르고 실수함으로써 무엇을 배워야 하는지 깨닫게 되는 것이죠. 학교에서와 반대 방식이라 학교 밖에서는 배움이 없다고 생각하는 사람들이 많은 것일 수도 있습니다.

하지만 여기에 중요한 교훈이 있어요. 바로 학교 밖에서의 배움은 문제, 실패, 불편, 창피함과 늘 함께한다는 것입니다. 아무것도 배우지 않고 시험부터 치는 것은 누구에게나 어렵고 불편한 일이기 때문입니다. 하지만 그 과정 없이는 배움도 없습니다.

그 과정에서 우리 모두는 당황할 것이고, 실수를 할 것이고, 그래서 부끄럽고 창피할 거예요. 시험을 치르는 도중에도 많은 문제를 마주할 것이고, 어떤 사람들은 실패할지도 모릅니다. 하지만 성장은 '이걸 내가 해낼 수 있을까?'라는 생각이 들게 하는 불편과 창피함을 이겨내는 데서 시작되는 경우가 많습니다.

저도 돌이켜 보면 매일 밤 창피하고 답답한 마음에 '이불킥'을 몇 번이나 하고 나서야 무언가를 배우고 성장할 수 있었어요. 이것 하나만 알아주셨으면 해요. 학교 밖에서의 배움은 항상 불편과 창피함 뒤에 있었습니다.

최근에 무엇을 학습하고 있나요?

그래서 저는 단순한 질문으로 성장 잠재력을 판단할 수 있다고 생각합니다.

"최근에 무엇을 학습하고 있나요?"

출발선은 같았는데 남들보다 더 빨리 성장한 사람들은 학습을 멈추지 않았습니다. 그래서 현재의 학습량이 미래의 성장을 예측하는 가장 좋은 '잠재력 지표'가 아닐까 싶어요. 다음 성장 잠재력 그래프를 살펴보면 알 수 있습니다.

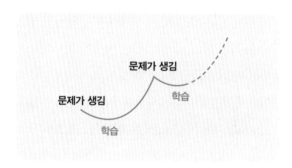

지금보다 미래에 더 빠르게 성장하기 위해서는 지금 무언가를 열심히 학습해야 합니다. 여기서 저는 '배움'이 아니라 '학습'이 필요하다고 말하고 싶어요. 실제로 '학습'이라는 단어에 그런 의미가 있는지는 모르겠으나, 배움은 우연히 얻기도 하지만 학습은 우연하게 이루어지는 것은 아니기 때문입니다.

학습을 위해서는 2가지가 반드시 필요합니다. 하나는 지금 나에게 부족한 것이 무엇인지 알고 인정하는 것입니다. 다른 하나는 의지를 발휘해 더 나은 해결책을 찾고 배워서 실천하는 것입니다. 이 2가지가 잠재력의 최소 요건입니다.

스스로의 부족함을 알고 인정하는 것은 쉽지 않은 일입니다. 여러 조사에 따르면 대부분의 사람들이 스스로를 평균 이상이라고 생각하며, 어떤 일을 할 때 지금의 방법으로 충분하다고 생각해서 방법을 바꾸고 싶어 하지 않는다고 합니다. 반면 부족함을 깨닫고 인정하려 했던 사람들은 이런 말을 많이 했습니다.

"내가 더 잘하기 위해서 무엇을 바꿔야 할까요?"

이런 사람들은 원하는 성과가 나오지 않을 때 문제와 원인을 스스로에게서 찾습니다. 그래서 부족한 점을 적극적으로 탐색하려 하고, 가까이에서 일하는 동료와 상사에게 자주 묻기도 합니다.

더 나은 해결책을 찾고, 이를 배우고 실천하는 것은 여간 어려운 일이 아니에요. 더 나은 해결책을 찾고 배우는 데만도 적지 않은 에너지와 시간이 필요하기 때문입니다.

무언가를 학습하기 위해서는 지금 하는 일에 영향이 가지 않도록 본업에 충분한 에너지와 시간을 쓰면서도, 남는 것을 쥐어짜내 배우고 실천해야 합니다. 그래서 이 에너지와 시간을 확보하기 위해 본업에서의 성과나 생산성을 일정 수준 이상 올려놓아야 하는 경우가 대부분입니다.

한 가지 다행인 것은 최근에는 사람들이 쉽게 본인의 경험과 교훈을 나누기 때문에 과거보다는 편리하게 무언가를 배우고 학습할 수 있다는 점입니다.

어떤 사람들은 잠재력이 사회 초년생이나 주니어에게만 중요하다고 생각합니다. 저도 주니어가 본인의 잠재력을 보여주는 것이 상대적으로 더 의미 있다고 생각해요. 남들에게 보여줄 만한, 본인이 직접 이룬 성과나 결과가 많지 않은 시기이기 때문입니다.

하지만 잠재력은 나이나 연차에 상관없이 중요합니다. 어떤 시니어들은 지금까지 이룬 성과만으로 미래를 낙관합니다. 하지만 재테크의 기본 원칙이 그러하듯, 우리는 자산의 과거 성과와 상관없이 앞으로 더 큰 성장이 기대되는 자산에 더 후한 값을 매깁니다.

그래서 잠재력을 구하는 사람들이 있다면 스스로에게 '최근에 학습하고 있는 것은 무엇인지' 질문해보는 것을 추천합니다. 스스로 답해보면서 최근에 어떤 부족한 점을 찾았고, 이를 보강하기 위해 어떤 학습을 하고 있는지 생각해보면 성장을 위한 최소 요건의 잠재력을 확인할 수 있습니다.

경험 자산과
경험 부채

　'성장'에 대한 이야기에서 빠지지 않는 것이 이에 자양분이 되는 다양한 경험에 대한 이야기입니다. 많은 사람이 성장에서 경험의 중요성을 강조하며 '다양한 경험을 하라'는 조언을 건넵니다.

　저도 '경험치'라는 것을 믿습니다. 성장을 위해 경험은 필수이기 때문입니다. 다양한 경험을 해보지 않으면 내가 무엇을 좋아하고 싫어하는지 알 수 없습니다. 무엇을 잘하고 못하는지도 알 수 없고요. 그래서 저는 "멀리까지 가본 사람만이 본인이 얼마나 멀리 갈 수 있는지 안다"는 말도 좋아합니다.

　나아가 경험은 배움과 교훈을 얻는 중요한 원천이기도 합니다. 책이나 수업 같은 방법을 통해 배움을 얻을 수도 있죠. 하지만 직접 경험함으로써 얻는 배움은 몸과 머리에 각인되어 진정한 내 것이 될 확률이 훨씬 높습니다. 그래서 경험은 정말 중요해요.

　우리는 어느 때보다 다양한 경험에 둘러싸여 살고 있어요. 많은 사람이 좋아하는 여행도 참 쉬워졌습니다. 전문가의 깃발을 따라 다니는 패키지여행이 아니더라도 여러 서비스가 특별한 여행지에서 쉽게 멋진 경험을 할 수 있도록 해줍니다. 운동이나 외국어를 제대로 배우는 것도 쉬워졌어요. 아침 일찍 학원에 가지 않더라도 학습자를 도와주는 자기 계발 전문가를 쉽게 만날 수 있습니다.

창업의 문턱도 낮아졌어요. 다양한 지원과 응원을 받으며 작은 공간에서 큰 자본 없이 사업을 시작하는 1인 창업가가 제 주위에도 많이 보입니다. 놀 거리도 많아졌습니다. 주말에 영화 보고 커피 마시는 시대는 끝난 것 같아요. 관심을 조금만 기울이면 주말에 친구, 연인과 할 수 있는 일이 정말 많아졌습니다. 그렇다면 어떤 경험이 좋은 경험일까요? 단순하지만 중요한 질문입니다. 할 것이 넘쳐나는 시대니까요.

경험 자산 만들기

저는 좋은 경험과 나쁜 경험이 있다고 생각합니다. 오직 성장의 관점에서는요.

경험의 대가는 시간이나 돈입니다. 같은 시간과 돈을 쓰더라도 다른 경험보다 나의 성장과 가치에 큰 도움이 되는 것이 좋은 경험입니다. 반대로 시간과 돈을 쓰더라도 성장에 도움이 되지 않거나 오히려 나의 가치를 갉아먹는 것이 나쁜 경험이고요.

그래서 "성장을 위해 다양한 경험이 중요하다"는 식상한 조언 뒤에는 중요한 질문이 숨어 있습니다. "나의 성장을 위해 어떤 경험을 해야 할까?"라는 것입니다.

좋은 경험이 쌓이면 경험 자산이 됩니다. 경험 자산은 내가 성장하는 데 든든한 버팀목이 되어줄 것이고요. 이때 '자산'이 무엇인지 생각해볼 필요가 있습니다.

자산의 반대말은 '부채'입니다. 재미있는 점은 자산과 부채의 겉모습은 같다는 것입니다. 겉모습이 같은 이 둘을 구분하는 방법은 목적과 결과물을 비교해보는 것입니다. 경제적으로 생각해보면 자산은 수익을, 부채는 비용이라는 결과물을 만들어내거든요. 부채가 만들어내는 비용이라는 녀석은 쌓이면 부담이 되어 미래의 기회도 가로막는다는 특징이 있습니다.

자동차는 자산일 수도 있고, 부채일 수도 있습니다. 자동차가 사업이라는 목적에 사용되어 수익을 창출한다면 자산입니다. 자동차가 놀이라는 목적에 사용되어 비용을 만들어낸다면 부채고요.

경험도 마찬가지입니다. **같은 경험도 어떨 때는 자산일 수도 있고 어떨 때는 부채일 수도 있어요.** 경험이 성장이라는 목적에 사용되어 배움을 창출한다면 자산입니다. 반대로 목적 없이 시간 낭비만 유발한다면 같은 경험이라 하더라도 부채가 됩니다.

물론 경험이 자산이 될지 부채가 될지는 그것을 겪는 사람에 따라 달라져요. 똑같은 자동차를 사업과 놀이에 사용하는 사람이 각각 있듯, 같은 경험도 성장을 위해 사용하는 사람이 있고 그렇지 않은 사람이 있기 때문입니다.

경험이 쌓여 '경험 자산'이 되려면 그 경험에서 좋은 배움과 성장을 이끌어내야 합니다. 그럼 어떤 경험에서 성장과 배움을 얻을 수 있을까요? 재테크를 할 때도 수익성 좋은 우량 자산에 투자하듯, 성장을 위해 경험에 투자할 때도 우량한 경험 자산에 집중적으로 투자해야 합니다.

수준 높은 경험

누구나 할 수 있는 쉬운 경험에서 배움이 있을까요?

앞에서 말한 운전을 다시 한번 생각해보면 좋겠습니다. 연습을 충분히 하면 누구나 원하는 목적지로 안전하게 이동하는 수준으로 운전을 할 수 있습니다. 하지만 매일 그렇게 운전을 한다고 카레이서가 될 수 있는 건 아닙니다. 20년 무사고 택시 기사와 카레이서는 서로 다른 경험을 지니고 있고, 평범한 운전자가 아니라 카레이서가 되기 위해서는 의도적으로 수준 높은 연습을 하는 경험이 필요하기 때문입니다.

그런 측면에서 배움은 경험의 '난도'와 관련이 있습니다. 난도 높은 경험이 더 큰 배움을 주니까요.

몇 년 전 우연한 기회에 레이싱 서킷에서 강사의 지도하에 고속 스포츠카를 운전해본 적이 있습니다. 유명 자동차 브랜드의 드라이빙 센터에서 서킷에서의 레이싱을 일부 체험해보는 프로그램이었어요.

기초 교육과 연습을 끝내고, 서킷 출발선에서 시동을 걸어놓고 강사의 지시를 기다리고 있었습니다. 아직도 당시 강사의 첫 지시

사항이 생생히 기억납니다.

"액셀이 더 안 눌릴 때까지 밟으면서 출발하세요."

무서웠습니다. 저는 그 전까지 그렇게 해본 적이 없었습니다. 평소에 운전을 많이 했지만, 고속도로에서도 말 그대로 '풀 액셀'을 밟아본 경험은 없었으니까요. 그렇게 액셀을 밟으면 어떤 일이 벌어질지 상상이 되지 않았어요. 하지만 강사의 재촉에 큰마음을 먹고 460마력 스포츠카의 풀 액셀을 밟으면서 출발했죠.

몸이 시트에 파묻히는 느낌과 함께 직선 도로에서 시속 250km까지 속도가 올라가더군요. 눈앞에 보이는 것들이 너무 빨리 지나가 시야의 대부분이 흐릿해졌습니다.

직선 도로 끝에 첫 번째 코너가 보였습니다. 액셀에서 발을 떼려고 하니 강사의 목소리가 들려왔습니다. 코너에 들어가기 직전에 속도를 100km까지 줄이고 코너에 진입하면 다시 액셀을 밟으라더군요.

난감했습니다. 그러면 차가 코너에서 벗어나 가드레일로 돌진할 것 같았거든요. 그런데 강사가 지시에 따르면 아무 일도 일어나지 않으니 걱정하지 말라고 하더군요.

그래서 그 말대로 코너를 돌았습니다. 난생처음으로 엄청난 원심력을 느끼며 코너링이란 것을 해보았어요.

그날 깨달았습니다. 많이 해서 익숙해진 일반적인 운전과 카레이서가 되기 위한 운전은 차원이 다른 경험이라는 것을요. 카레이서가 되기 위해서는 의도적으로 일반 도로에서는 경험하기 힘든 운전 경험을 해야 합니다.

배움을 얻기 위해서는 수준 높은 경험이 필요합니다. 이는 우연이 아니라 오직 의도된 방식으로만 일어나고요.

그래서 성장을 위한 경험을 고민할 때 지금 투자하려고 하는 경험이 얼마나 수준 높은지 생각해보면 좋겠어요. 어떤 분야에서라도 단번에 수준 높은 경험을 하지는 못할 것입니다. 평범한 우리들이 할 수 있는 것은 단지 지금보다 '조금 더' 수준 높은 경험을 찾는 거예요.

성장을 위한 경험을 판단하는 기준이 다양하겠지만, 가장 먼저 생각해볼 수 있는 것은 경험의 난도입니다. 얼마나 쉽게 할 수 있는 경험인지 생각해보는 것이죠.

누구나 쉽게 할 수 있는 경험이라면 그렇게 높은 수준의 경험이 아닐지도 모릅니다. 경험을 위해서는 보통 시간, 돈, 노력의 투자가 필요한데 경험을 위해 이 3가지 투자가 얼마나 이루어져야 하는지에 따라 다음과 같이 경험의 수준을 나눠볼 수 있을 듯합니다.

저는 농구를 좋아합니다. 공을 살 수 있는 약간의 돈과 시간만 있으면 누구나 농구를 경험할 수 있습니다. 이것은 초급 경험입니다.

농구 실력을 높이기 위해서는 시간과 함께 금전적 투자가 필요합니다. 유명한 코치를 찾아가 기술을 배우고, 팀에 등록해 자주 농구를 하면 실력이 조금씩 향상됩니다. 이것은 중급 경험이에요.

필요한 기술을 높은 수준으로 연마하고, 동료들과 열심히 훈련을 해 합을 맞추면 아마추어 농구 대회에 나갈 수도 있어요. 그곳에서 트로피를 들어 올릴 수 있을지도 모릅니다. 이것은 상당한 노력도 필요한 상급 경험이에요.

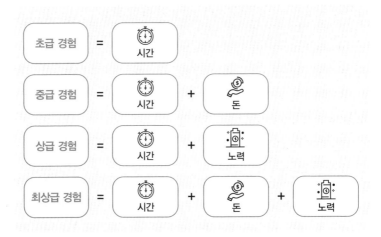

초급 경험	=	시간				
중급 경험	=	시간	+	돈		
상급 경험	=	시간	+	노력		
최상급 경험	=	시간	+	돈	+	노력

　그렇게 생겨난 경험과 네트워크를 바탕으로 온라인 커뮤니티나 유튜브 채널을 만들어 농구를 좋아하는 사람들을 모아 재미있는 콘텐츠를 만들고 정보를 교류할 수도 있습니다. 그 커뮤니티에서 대회를 직접 주관해볼 수도 있고, 직접 아마추어 농구 잡지를 만들어볼 수도 있겠죠. 이것은 많은 투자가 필요한 최상급 경험이에요. 참고로 이것들은 모두 저와 같이 농구를 했던 사람들의 실제 경험담입니다.

　맛집을 예로 들어볼까요? 요즘 많은 사람이 맛집 탐방을 취미로 꼽습니다. 저도 사랑하는 사람과 좋은 식당에 가서 맛있는 음식을 나누는 것이 큰 즐거움이라 생각해요.

　시간이 날 때마다 맛집을 찾아가는 것은 약간의 돈과 시간만 있다면 할 수 있는 초급 경험이에요. 맛집을 누비는 것을 너무 좋아해 과감하게 투자를 하며 최고급 레스토랑부터 동네 분식집까지 다양한 맛집을 찾아가보는 것은 중급 경험입니다.

맛집을 정말 좋아하는 사람들은 몇 발자국 더 나갈 수도 있습니다. 전국의 맛집을 모두 돌아보겠다는 목표를 가지고 방방곡곡을 누비며 다양한 맛집 정보를 나만의 기준으로 데이터베이스화하는 것은 큰 노력이 필요한 상급 경험입니다.

그렇게 만든 데이터베이스에 노력과 돈을 더 투자해 나만의 맛집 지도 콘텐츠를 만들고 이를 바탕으로 큰 수익을 낼 수도 있습니다. 이것은 시간과 돈과 노력이 모두 필요한 최상급 경험이 되겠네요. 유명한 맛집 큐레이터들은 이런 연쇄적인 경험으로 취미를 사업으로 발전시켰습니다.

저는 2023년에 처음으로 책을 출간했는데 '작가'라는 또 다른 명함을 만들어준 값진 경험이었습니다.

출퇴근길에 짬을 내 소셜 미디어에 한두 줄 짧은 글을 쓰는 것은 누구나 할 수 있는 가벼운 취미입니다. 초급 경험이죠.

짧은 글에 대한 사람들의 반응을 보며 내 지식으로 그들에게 필요한 정보를 블로그에 써 내려가는 일이나, 약간의 노력을 더해 오랫동안 글을 쓰고 이를 수십만 자의 원고로 엮어 책을 출간해보는 일은 중급 경험 정도 될 것 같아요.

저는 이 경험을 바탕으로 더 많은 사람에게 읽히는 글을 쓰고, 그것으로 책을 만들고, 이를 통해 강연과 세미나 같은 또 다른 유용한 가치를 만들어내는 고급 경험을 준비하고 있습니다. 글쓰기라는 영역에서 작가로 성장하기 위해서는 더 수준 높은 경험이 필요하거든요.

유난스럽게 일하기

회사에서 일하는 우리도 마찬가지입니다. 회사에서 얻는 경험의 가치도 난이도에 비례하는 경우가 많거든요. 그저 오래 일하는 것은 누구나 할 수 있는 초급 경험입니다. 이를 통해 책임감이나 성실함 같은 좋은 성향을 강조할 수도 있지만, 여기서 몇 발자국 더 나가볼 수도 있어요.

동료나 상사에게 물어 나의 부족한 점을 알아내고, 이를 개선하기 위해 약간의 비용을 투자해 외부에서 새로운 기술이나 지식을 습득할 수도 있습니다. 약간의 노력을 더해 강점을 더 날카롭게 만들기 위한 프로젝트를 자진해서 이끌어보겠다고 하는 것은 상급 경험입니다. 이 과정에서 함께하게 되는 소중한 동료들에게 진정성 있는 관심까지 기울이며 네트워크를 만들고, 나아가 이들과 더 멋진 일을 도모할 수 있다면 최상급 경험일지도 모르겠네요.

누군가는 유난스럽다고 할 수도 있습니다. 그 말도 틀린 것은 아니지만 저는 유난스럽게 하는 일에서 성장의 결실을 더 많이 얻을 수 있다고 믿어요. 꼭 잘해내고 싶은 일이 있다면 유난스럽게 일하게 되니까요.

가끔 인사이트를 얻는 방법에 대한 질문을 받습니다. 맡은 일을 해내기에도 바빠서 무언가에 대해 깊이 생각해보며 나만의 답을 찾을 여유가 없는데 어떻게 하면 좋겠냐는 거예요. 그런 질문을 받을 때마다 곰곰이 생각을 해보지만, 제 대답은 언제나 같습니다. 힘들기 때문에 인사이트를 얻을 수 있다고요.

진심으로 방법을 찾는다면 유난스럽게 일하게 됩니다. 그렇게 일하다 보면 방법을 찾게 될 때도 있고요. 물론 찾지 못하는 경우가 더 많습니다.

하지만 적어도 다른 사람들의 지혜 중 무엇이 나에게 맞고 무엇이 맞지 않는지, 그 지혜에 더할 수 있는 나만의 경험과 결론은 무엇인지 알게 됩니다. 사람들은 그 경험에 '인사이트'라는 거창한 이름을 붙이죠.

최근에도 꼭 해결하고 싶은 문제가 있었습니다. 그 문제를 해결한 사람들의 책을 5권 정도 읽고, 새로운 툴을 배워 책에서 소개한 방법 중 바로 해볼 수 있는 것을 연달아 시도해보았어요. 배가 부르진 않았지만, 그럭저럭 낯선 문제에서 첫술을 떴습니다. 포기하지 않는다면 언젠가 이 문제에서도 저만의 결론을 내리게 되겠죠.

내가 얻은 지혜와 성장은 내가 겪은 고통과 비례한다고 생각합니다. 그것을 깨달을 때 유난스럽게 일하게 되고요. 소수의 사람들만이 수준 높은 경험을 할 수 있습니다. 경험의 수준이 높아질수록 요구하는 것이 많아지기 때문입니다. 시간뿐만 아니라 과감한 투자나 강도 높은 노력이 필요하기도 해요. 하지만 그만큼 남들이 쉽게 하지 못하는 값진 경험과 교훈이 돌아옵니다.

물론 어느 정도까지는 낮은 수준의 경험으로도 성장할 수 있어요. 누구에게나 시작이 있고, 성장하기 위해 처음부터 최상급 경험이 필요한 것은 아니기 때문입니다. 모든 경험에는 경험치가 있고 시작 단계에서는 초급 수준의 경험치로도 성장 가능하거든요. 하지만 같은 경험이 반복되다 보면 성장을 위해 더 높은 수준의 경험이 필요해집니다.

어렵게 생각할 필요 없어요. 무엇이든 낮은 수준의 경험을 해보고 직접 판단하면 되니까요. 수준이 낮더라도 다양한 경험을 하면 수준이 더 높은 경험을 하고 싶은 영역이 생길 거예요. 그럼 그 영역에 시간과 돈, 노력을 조금씩 더 투자해보는 거죠. 그렇게 조금씩 경험 자산을 쌓아나가게 됩니다.

그 과정에서 내가 크게 성장하고 싶은 영역을 찾았다면, 수준이 가장 높은 경험에 도전해보세요. 수준 높은 경험에 '의도적 투자'를 할 때 빠른 성장이라는 '투자 수익'을 얻을 수 있으니까요. 이렇게 경험 자산에 수준 높은 경험을 더하다 보면 내 경험 자산의 가치가 점점 올라갑니다.

가치를 창출하는 경험

만약 하나가 아니라 여러 개의 경험 자산을 확보하고 있다면, 그중 가장 높은 가치를 지닌 경험 자산은 어떻게 판단할 수 있을까요?

여기에도 쉽고 단순한 기준이 있습니다. 바로 '가치 창출'이에요. **내 경험 자산의 가치를 비교하고 싶다면 각각의 경험 자산이 만들어낼 수 있는 가치의 크기를 가늠해보면 됩니다.**

모두가 알고 있듯 자산이 창출할 수 있는 가치의 '끝판왕'은 돈을 버는 일이에요. '수익'은 내가 다른 사람들에게 만들어서 제공할 수 있는 가치의 크기와 정확히 비례하거든요. 내가 유용한 가치를 창출했는지 알아보는 명확한 기준은 바로 사람들이 그것에 기꺼이 지불하는 돈과 시간입니다.

사람들은 누군가가 만들어낸 가치가 유용하고, 자신에게 필요하다고 생각하면 기꺼이 지갑을 엽니다. 그것이 큰 도움이 된다면 열광하기도 해요. 그래서 수익 같은 유용한 가치를 얼마나 창출해내는지가 내 경험 자산의 가치척도가 됩니다. 이는 성장에 필요한 배움을 얻기 위한 경험의 수준을 넘어서는 것이죠.

내 경험 자산의 가치가 궁금한가요? 다른 사람에게 나를 소개할 때 어떤 경험 자산을 가진 사람으로 소개해야 할까요? 이력서에서 어떤 경험 자산을 강조해야 내가 더 가치 있는 사람으로 보일까요?

이 질문들에 대한 대답은 같습니다. 바로 '유용한 가치를 창출할 수 있는 경험'이 얼마나 있느냐를 보는 거예요. 그중 가장 큰 수익을 창출할 수 있는 것들이 사람들이 당신에게서 경험하는 가장 큰 가치일 것이고요.

성장을 위한 경험을 찾는다면

경험이 별로 없다면 다양한 경험을 해보세요. 초급 수준이더라도 다양한 경험을 통해 내가 어떤 경험 자산에 투자할지 결정해야 하니까요. 투자하고 싶은 자산을 찾았다면 의도적으로 수준 높은 경험을 더해 나만의 든든한 경험 자산을 쌓아보세요. 여기에 시간과 노력, 어떤 경우에는 돈도 투자해야겠지만, 남들은 쉽게 하지 못하는 수준 높은 경험에 성장을 위한 배움과 교훈이 숨어 있습니다.

크고 튼튼한 경험 자산을 만들었다면 이를 통해 유용한 가치를 만들어보세요. 만약 여러분의 경험에 기꺼이 지갑을 여는 사람이나 회사가 있다면, 축하합니다. 경쟁력 있는 우량한 경험 자산을 가지게 되셨군요.

안타깝게도 많은 사람이 그저 돈을 쓰기만 하면 좋은 경험을 할수 있다고 생각합니다. 누군가는 돈이 없어서 좋은 경험을 하지 못한다고 말하기도 하고요. 물론 수준 높은 경험을 하기 위해 의도적으로 돈을 투자해야 하지만 일정 수준을 넘어서도 유용한 가치를 창출하기 힘든 경험에 계속 돈을 지출하고 있다면 문제입니다.

"즐거우면 그것으로 충분한 것 아닌가요?" 어떤 사람들은 이렇게 묻습니다. 네, 맞는 말이에요. 앞에서 자산과 부채의 차이를 말했듯, 모든 경험은 목적이 다르거든요. 같은 경험이라도 성장과 배움을 목적으로 할 수도 있고, 즐거움과 재미를 목적으로 할 수도 있습니다.

즐거움과 재미를 목적으로 경험을 추구하고, 이를 위해 기꺼이 돈을 쓰는 일은 절대 잘못된 것이 아니에요. 많은 사람이 그렇게 취미를 만들고, 모두가 알고 있듯 취미는 삶의 큰 행복과 즐거움의 원천이 됩니다. 저도 마찬가지고요.

제가 하고 싶은 말은 간단해요. '성장을 위해' 경험 자산에 투자한다면 같은 모습을 한 '경험 부채'를 조심해야 한다는 것입니다.

자동차가 자산이 되기도, 부채가 되기도 하는 것처럼 경험 자산의 모습을 한 경험 부채도 존재하거든요.

경험의 목적이 성장이라면 수준 높은 경험을 통해 경험 자산을 만들고, 경험 자산을 통해 유용한 가치를 만들어보세요.

이때 경험 부채는 경계해야 해요. 경험 부채는 경험 자산에 투자해야 하는 소중한 시간과 돈, 노력을 낭비하게 만들어 우량한 경험 자산을 쌓고 이를 통해 가치를 창출할 기회를 빼앗아 갑니다.

당신이 지금 투자하고 있는 경험은 자산인가요 부채인가요?

좋아서 하는
일의 함정

커리어에 대한 대화에서 가장 많이 듣는 말은 "막상 해보니 내가 좋아하는 일이 아니더라"는 말입니다. 그런데 참 이상하죠. 분명 시작할 때는 그 일이 재미있어 보였을 테니까요. 그래서 저는 '좋아하는 일을 찾아' 커리어의 방향을 정하는 것이 절반만 맞는다고 생각해요.

재미만으로 일할 수는 없다

왜 재미있어 보였던 일도 막상 시작해보면 그렇지 않을까요? 친구들끼리 축구를 하면 대부분 공격수를 하고 싶어 합니다. 멋져 보이지 않는 수비수보다 골을 넣어 득점을 하는 공격수의 역할이 더 재미있어 보이거든요. 모두가 골을 넣을 때 느끼는 짜릿함을 경험하길 원합니다.

하지만 막상 축구 경기가 시작되면 공격수도 생각처럼 재미있지 않아요. 수비와 마찬가지로 공격도 고되고 힘든 일입니다. 사람들이 좋아하는 골은 90분의 축구 경기 동안 아주 가끔만 들어가기 때문입니다. 그럼 공격수는 대부분의 경기 시간 동안 무엇을 할까요?

공격수는 경기 시간 중 대부분을 그라운드에서 가장 다부지고 거친 상대 팀 수비수와 몸싸움을 벌이면서 보냅니다. 골대 근처에서 우리 편의 패스를 받기 위해 공을 향해 전력 질주를 하다 보면 매 순간 숨이 턱 끝까지 차오르기도 합니다. 그리고 막상 축구를 해보면 득점 없이 경기가 끝나는 경우도 많아요. 득점하지 못한 경기라도 공격수는 쉼 없이 거친 몸싸움과 전력 질주를 반복하면서 경기 시간 대부분을 보냅니다.

사실 공격수는 '거친 수비를 뚫는다'는 어려운 문제를 풀어내는 일을 합니다. 상대방 수비수는 '매서운 공격을 막는다'는 문제를 풀고자 할 테니까요. 그래서 공격수를 하겠다는 결정은 체격 좋은 수비수의 거친 견제에 수십 번 그라운드에서 넘어지더라도 이 문제를 풀겠다고 결정하는 것과 같아요.

이 문제를 푸는 것은 생각보다 어렵습니다. 그래서 골이라는 멋지고 짜릿한 결과만 생각하고 공격수가 되려는 사람들은 금방 공격수 역할이 재미없어질 거예요. 수비수와 힘겨루기를 하는 것은 전혀 멋지고 짜릿하지 않거든요.

등산도 마찬가지입니다. 정상에 서는 것이 좋아서 높은 산에 오르면 금방 등산이 싫어질 거예요. 사실 정상에서 멋진 경치를 보는 것은 등산 시간 중 아주 잠깐이고, 거칠고 험준한 산길에서 중력이라는 문제와 씨름하는 시간이 대부분이거든요.

등산을 하겠다는 결정은 정상에 도착할 때까지 중력을 이겨내는 문제를 끈덕지게 풀겠다고 결정하는 것입니다. 그래서 정상이라는 멋진 결과를 좋아하는 사람보다 험준한 산길에서 내딛는 한 걸음 한 걸음이라는 문제에 도전하고 싶은 사람이 더 높은 산을 오를 수 있어요.

여행도 마찬가지입니다. 이국적인 풍경이 좋아서 아프리카로 여행을 가겠다고 결정을 내리는 것은 위험합니다. 오지 여행에서도 이국적인 풍경은 아주 잠깐이고 대부분 열악하고 위험한 환경에서 나를 지키는 문제와 씨름하는 시간이 대부분이에요.

특별한 풍경을 보기 위해 오지로 여행을 가겠다는 것은 낯설고 위험한 환경에서 굴하지 않고 살아남겠다고 결정하는 것입니다. 그래서 이국적인 풍경을 좋아하는 사람보다 낯선 환경에 적응하는 것을 좋아하는 사람이 더 이국적인 풍경을 볼 수 있습니다.

다이어트도 그렇습니다. 예쁜 몸이 좋아서 다이어트를 하겠다고 결정하면 지속하기 힘들어요. 누군가의 앞에서 몸을 보여주거나 거울 앞에서 내 몸을 보는 시간은 아주 찰나이고 대부분 극도로 절제된 삶과 강도 높은 운동 목표를 달성하려 씨름하는 시간이 대부분입니다.

다이어트를 하겠다는 결정은 스스로와의 약속 같은 이 문제를 포기하지 않겠다고 결정하는 것과 같아요. 그래서 예쁜 몸이라는 결과를 좋아하는 사람이 아니라 나와의 약속은 절대 어기지 않는,

규율을 지키는 데서 보람을 느끼는 사람이 더 건강하고 아름다운 몸을 얻을 수 있어요.

커리어도 마찬가지라고 생각합니다. 커리어의 방향을 정하는 것은 '내가 앞으로 풀 문제를 정하는 것'입니다. 결국 우리가 할 수 있는 것은 수많은 문제 중에서 어떤 문제를 계속 풀지 결정하는 거예요. 여행과 등산에서도 마찬가지지만, 회사에서도 문제를 피한다는 것은 불가능하기 때문입니다. 사실 인생과 회사 생활 모두 문제의 연속이니까요.

하지만 문제를 푼다는 것은 대부분 매우 힘든 일입니다. 수비수의 견제와 비탈길의 중력과 낯선 환경에 적응하기와 극도로 절제된 생활이라는 문제를 푸는 것이 생각만큼 쉽지 않은 것처럼요.

여기서 '재미'를 기대하면 모든 것이 뒤죽박죽이 되어버려요. 우리가 기대하는 재미는 대부분 '결과'에 가깝습니다. 축구, 등산, 여행, 다이어트에서처럼 재미있는 결과는 그 일을 하는 동안 아주 가끔 얻을 수 있어요. 멋진 결과를 얻기 위해 고된 문제를 푸는 고통의 시간이 대부분입니다.

재미를 기대하고 어떤 일을 선택했다가는 그 과정에서 마주치는 문제를 풀지 못하고 포기하게 될 거예요. 큰 문제를 풀어 재미와 보람을 느낀 사람들도 그 결과까지 이르는 과정은 고통스러웠다고 입을 모아 이야기합니다.

그래서 저는 재미를 찾아 커리어의 방향을 정하는 것이 절반만 맞다고 생각해요. 커리어의 여정에서 재미만 기대한다면 결국 어려운 문제를 풀지 못하고 포기하면서 "지금 하는 일은 막상 해보니 내가 좋아하는 일이 아닌 것 같다"는 말을 하게 될 가능성이 높거든요.

저 또한 '덕업일치'를 꿈꾸며 이직해보았지만 회사에서 마주하는 문제를 해결하는 과정은 항상 고통스러웠습니다. 덕업일치의 즐거움은 일하는 동안 가끔 느끼는 감정이었고요. 하지만 어려운 문제를 풀었을 때는 큰 재미와 보람이 찾아옵니다. 문제가 인풋이고, 재미는 아웃풋이기 때문입니다.

제가 하고 싶은 말은 커리어의 방향을 정할 때 '재미있어 보이는 결과'가 아니라 '풀었을 때 보람이 있을 것 같은 문제'를 고려해야 한다는 것입니다.

커리어는 문제 해결의 역사이고, 일하면서 문제를 피할 수 없고, 그렇다면 어려움이 있더라도 어떤 문제를 포기하지 않고 풀어볼지 결정하는 것이 결국 우리가 선택할 수 있는 전부니까요. 힘들어도 포기하지 않고 풀어보고 싶은 문제 뒤에 커리어의 성장이 기다리고 있습니다.

그래서 커리어의 길 위에서 다음 발자국이 고민될 때 '어떤 일이 재미있을까?'가 아니라 '풀었을 때 보람이 큰 문제는 무엇일까?'라고 생각해보는 것이 더 유익했습니다. 세계 최고의 공격수도 득점의 짜릿함보다 거친 수비를 뚫어내는 문제에 더 많은 시간과 에너지를 쓰고, 아무리 높은 산을 오른 등산가라도 정상에서 내려다보는 멋진 풍경을 감상하는 시간보다 어깨를 짓누르는 중력이라는 문제와 씨름한 시간이 더 길다는 사실을 기억하면서요.

그럼에도 좋아하는 일을 찾고 싶다면

그럼에도 우리는 좋아하는 일을 찾길 원합니다. 힘들지만 풀어보고 싶은, 푸는 보람이 있는 문제를 해결하기 위해 힘든 과정을 참고 견딘다는 것은 누구에게나 아주 고통스러운 일이거든요. 정말로 좋아하는 일이 아니라면 문제 해결 과정에서 겪는 고통을 버티지 못할 가능성도 크겠죠.

좋아한다는 이유만으로 어떤 일을 하겠다고 결정하면 고생이 따르겠지만, 그렇다고 전혀 좋아하지 않는 일을 참고 하는 것도 실망스러운 경험일 거예요. 그래서 저는 '내가 정말 좋아하는 일에서 풀고 싶은 문제를 발견하는 것'이 커리어의 여정에서 가장 큰 행복이라고 믿습니다.

좋아하는 일을 찾는 것은 여행지를 결정하는 것과 비슷합니다. 여러분은 여행지를 어떻게 결정하시나요? 최근에는 여행지를 소개하는 콘텐츠가 많아졌지만 여전히 나만의 멋진 여행지를 찾기는 어렵습니다. 세상에 멋진 여행지는 너무 많고, 아직 가보지 않은 나라도 너무 많기 때문입니다.

이때 가장 쉬운 방법은 먼저 여행을 다녀온 사람들의 이야기를 들어보는 것입니다. 유럽 배낭여행을 해보고 싶다면 배낭여행을 다녀온 사람들의 이야기를 찾아보는 것이죠. 멋진 휴양지를 원한다면 휴양지를 많이 다녀온 사람들이 추천하는 곳을 눈여겨보는 것도 방법입니다. 만약 자신의 여행 취향을 잘 알고 있다면, 취향이 비슷한 사람을 찾아 어떤 여행지가 좋고 싫었는지 많이 들어보는 것이 큰 도움이 됩니다.

커리어도 마찬가지입니다. 관심이 가는 직업과 재미있어 보이는 커리어를 가진 사람들의 이야기를 찾아보는 것이죠. 내가 좋아하는 산업과 직군에서 일하는 사람들의 생각을 들어보는 것도 좋습니다.

너무 거창하게 생각하지 않아도 좋습니다. 우리에겐 다양한 사람들의 삶과 이야기를 들여다볼 수 있는, 유튜브와 같은 소셜 미디어가 있으니까요. 가보지 않은 여행지를 결정할 때 먼저 여행을 다녀온 사람들의 경험과 지혜가 큰 도움이 되듯, 멋진 커리어를 지닌 사람들의 이야기가 내 커리어를 만들어나가는 데 필요한 나침반이 됩니다.

다른 사람들이 하지 않는 나만의 여행을 꿈꾸는 사람들도 있습니다. 세상에 없는 나만의 여행을 계획하기 위해서는 자신의 취향을 확실히 알아야 합니다. 여행 취향이 확고하다면 남들과 다른 나만의 기준으로 멋진 여행을 계획할 수 있기 때문입니다.

그럴 때는 내가 좋아하는 것을 깊이 탐색해보는 것이 도움이 됩니다. 좋아하는 영화가 있다면 그 영화를 왜 좋아하게 되었는지 생각해보는 것이죠. 좋아하는 음악이나 책이 있다면 왜 하필 그 음악과 책을 좋아하게 되었는지 구체적으로 떠올려보면 내 취향의 갈피를 잡을 수 있습니다.

그것도 어렵다면 본인의 소셜 미디어나 최근 카드 결제 내역을 살펴보는 것도 좋은 방법입니다. 남들에게 자랑하고 싶을 정도로 좋아하거나 기꺼이 지갑을 열 수 있는 나만의 취향이 담긴 흔적이니까요.

정말 좋아하는 것을 참고해 여행을 설계하면 남들과는 다른 나만의 여행을 할 수 있습니다. 동유럽 클래식 음악 여행, 북유럽 캠핑 여행, 남미 와인 여행처럼요.

여기서 '나만의 여행'을 '나만의 커리어'로 변경해도 뜻이 통합니다. 커리어에도 나만의 취향을 담는다면 남들의 기준이 아니라 나만의 기준으로 재미있는 커리어의 여정을 그려나갈 수 있기 때문입니다.

여행지 선택의 폭을 더 넓히고 싶다면 나와는 취향이 다른 사람의 이야기도 들어보세요. 여행보다 생존에 가깝게 세계 오지를 다녀온 사람들부터, 세상에서 가장 편하고 럭셔리한 크루즈를 타고 세계여행을 다녀온 사람들까지, 다양한 여행 이야기를 들어보세요. 같은 여행지더라도 그곳에 가거나 그곳을 즐기는 방법은 한 가지가 아니기 때문입니다.

여행지를 찾고 즐기는 방법은 다양하고, 그 '다름'에서 색다른 경험이나 교훈을 얻을 수 있습니다. 나와 취향이 다른 사람들의 여행을 보며 생각하지 못한 호기심이나 선호가 생길지도 모릅니다. 만약 매년 같은 여행지만 찾고 즐긴다면 완전히 다른 여행을 하는 사람들의 이야기도 들어보세요. 늘 머무르던 곳에서 멀리 떨어지지 않은 곳에 더 큰 성장과 발견의 즐거움이 있을지도 모릅니다. 커리어도 그렇습니다.

하지만 나만의 여행지를 찾기 위해서는 결국 '직접' 가보아야 합니다. 직접 경험하는 것만큼 확실한 발견과 깨달음을 주는 것은 없기 때문입니다.

다른 사람들의 여행을 깊이 탐구했다면 가장 관심이 가는 여행지를 결정해 직접 가보세요. 막상 가보니 생각보다 더 좋을 수도 있고, 기대와 달라 실망할 수도 있습니다. 분명 그중에는 시간과 돈이 아까운, 낭패라고 느껴지는 여행지도 있을 거예요.

하지만 그 과정에서 항상 중요한 배움이 있습니다. 여행지가 실망스럽다면 나에게 맞지 않는 곳이 어디인지 알게 된 것이니까요. 평생 딱 한 번만 여행을 떠날 것이 아니므로, 앞으로 내가 피해 가야 할 여행지를 발견하는 것만으로도 인생의 남은 기간 동안 '나만의 멋진 여행'을 계획할 가능성이 높아집니다.

| 다른 사람 이야기
들어보기 | 내 취향
확대하기 | 다른 취향
탐구하기 | 직접
가보기 |

커리어도 마찬가지 아닐까요. 관심 가는 일이 있다면 직접 해보세요. 여러 일을 탐험하는 와중에 한두 번 실망스러운 경험을 하더라도 걱정할 필요는 없습니다. 생각보다 우리의 커리어는 길고, 여행이 그렇듯 우리의 목적은 실수 없는 완벽한 여정을 만드는 것이 아니라 마침내 나에게 맞는 여정을 만드는 것이기 때문입니다.

생각보다 더 좋거나 실망스러운 여행지를 경험하다 보면 지금까지 내가 해온 여행을 비교적 객관적으로 되돌아볼 수 있게 됩니다. 세상에 없는 멋진 나만의 여행을 위해 필요한 명확한 기준입니다.

여행을 많이 다니면 자연스럽게 나만의 비교 대상이 생깁니다. 그 대상을 통해 내가 다녀온 여행지를 재평가할 수 있습니다. 대자연을 느끼기 위해서는 그때 그곳보다는 지금 이곳이 더 좋구나, 다양한 사람들을 만나기에는 이곳보다 그때 그곳이 더 좋았구나, 라고 되돌아보면서요. 모두 약간의 위험을 감수하고 과감하게 여러 여행지를 경험해본 사람에게 주어지는 특권이 아닐까요.

저도 지금까지 성장의 기회와 호기심을 따라 여러 번 이직했습니다. 남들이 유명하다고 칭찬하는 회사에서도 일해보고, 작은 회사에서 나만의 덕업일치를 이뤄보기도 했습니다.

그 과정에서 '앞으로 이런 일을 하고 싶다'는 기준이 생겼지만 동시에 과거 제 경험에 대해서도 객관적으로 바라볼 수 있었습니다. '그때 그 일은 생각보다 대단한 것이었구나', '그땐 몰랐지만 그 사람들은 나의 성장을 도와준 참 좋은 팀이었구나'라고 생각하면서요.

여행을 많이 할수록, 그리고 다양한 커리어를 경험할수록 깨닫게 되는 점은 '좋아하는 것을 완벽히 아는 상태나 수준은 없다'는 것입니다.

많은 사람이 어떤 시점이 되면 자신이 좋아하는 것을 완벽히 알게 되리라고 생각합니다. 하지만 새로운 경험과 그를 통해 얻은 배움과 교훈은 '내가 좋아하는 것'의 기준과 수준도 계속 바뀌게 만듭니다.

저는 여행을 좋아하는 편은 아니지만 지금까지 15개국 정도 여행했습니다. 그중 5개 나라는 너무 좋아서 여러 번 가기도 했어요.

처음 한반도를 벗어나 해외여행을 한 것은 군대에 다녀와서 교환학생을 갔을 때입니다. 혼자 배낭여행을 시작했던 그때와 지금 좋아하는 여행지가 달라졌어요. 여행 경험도 많이 쌓였고 가족도 생겼기 때문입니다. 내가 좋아하는 여행지를 완벽히 알게 되었다기보다 나만의 독특한 취향, 지금 상황에 맞는 여행지를 잘 선택하는 방법을 깨달아가고 있습니다.

물론 커리어도 마찬가지입니다. 계속되는 일과 회사에서의 경험이 주는 교훈과 깨달음은 좋아하는 일의 기준과 수준이 계속 바뀌게 만들기 때문입니다. 여행지가 그러하듯 내가 좋아하는 일은 찾는 게 아니라 스스로 결정하는 것이 아닐까요.

저는 '내가 좋아할 만한 일'이 어딘가에 숨겨져 있으니 그걸 잘 찾기만 하면 된다고 생각하지 않아요. 나보다 먼저 일을 시작한 다양한 사람들의 이야기를 들어보고, 직접 여러 분야 일을 해보고, 그 과정에서 생각지 못한 멋진 경험과 실망을 반복하면서 만들어진 나만의 취향과 기준으로 일을 '선택'하는 것에 더 가깝습니다.

커리어는 내가 했던 일의 의미와 앞으로 해보고 싶은 일의 방향성에 대한 숨겨진 답을 찾는 것이 아니라 결국 남들의 기준이 아닌 나만의 기준으로 나의 일을 결정하는 것이라 믿습니다.

무엇을 좋아하는지 모르겠다면?

하지만 여전히 결정하지 못하는 사람들도 있습니다.

"내가 뭘 하고 싶은지 모르겠어."

20~30대 후배나 동료를 만나면 이런 말을 하는 경우가 참 많습니다. 지금 하고 있는 일이 아니라 좋아하는 일을 하고 싶은데, 정작 무엇을 하고 싶은지 모르겠다는 것입니다.

하지만 저는 이것이 거짓말이라고 생각해요. 평범하게 20~30년간 살아온 성인이라면 좋아하는 것이 없을 리도, 모를 리도 없으니까요. 대부분 취미가 있고, 그중에는 남들보다 더 깊은 수준으로 즐기는 취미가 1~2개는 있을 거예요. 잘 생각해보면 즐거운 일이 있을 테고, 그중 몇몇은 가슴 떨리며 설레는 경험이었을 겁니다.

하지만 여전히 뭘 하고 싶은지 모르겠다고 말하는 사람들이 많은 데는 몇 가지 이유가 있는 듯합니다.

1. 경험해본 것이 없다

만약 좋아하는 것이 정말로 전혀 없다면 앞에서도 말한 것처럼 먼저 무엇이든 많이 경험해봐야 합니다. 인도 속담에 바다에서 폭풍우를 만나면 간절히 신을 찾되 노 젓기를 멈추지 말라는 말이 있습니다. '하고 싶은 일'을 고민하느라 아무것도 하지 않기보다 '지금 할 수 있는 일' 중 관심이 가는 일을 해보는 건 어떨까요? 직접 경험하기 힘들다면, 그 일을 하고 있는 사람들이 쓴 책을 읽어보는 것도 방법입니다.

20대라면 아직 경험이 없을 수 있지만, 30대가 되었는데도 아직 해보고 싶은 것을 작게나마 시도해보지 않았다면 저는 스스로에게도 책임이 있다고 생각합니다. 30대에 접어든 사람들에게는 대학교 4년과 군대 2년을 빼고도 5년이 넘는 시간이 있었으니까요.

2. 나는 못할 것이라 생각한다

하고 싶은 일이 있고 그걸 잘 알고 있는데도 사람들이 '뭘 하고 싶은지 모르겠다'며 애써 모른 척하는 이유는 사실 그 일이 어렵다는 것을 잘 알기 때문입니다. 모두가 쉽게 할 수 있는 일이면 선망하지 않을 테니까요.

사람들이 하고 싶어 하는 멋진 일은 이루기 힘든 것이 대부분입니다. 인생의 절반이 행복이라면 나머지 절반은 행복을 이루는 과정에 있는 피할 수 없는 고통입니다. 그 사실을 아직 잘 모르는 아이들의 장래 희망을 보면 어른이 되고 나서는 선뜻 하고 싶다고 말할 수 없는, 고통스럽지만 멋진 일이 대부분입니다.

멋진 몸매를 가지고 싶지만 매일 배고픈 채 운동하는 일은 고통입니다. 해외에서 회사를 다니고 싶지만 낯선 언어로 외국인들과 경쟁해 살아남는 일은 고통입니다. 멋진 책을 쓰는 베스트셀러 작가가 되고 싶지만 모두에게 공감받는 글을 쓰기 위해 머리를 쥐어짜는 일은 고통입니다. 세상을 혁신하는 사업가가 되고 싶지만 그 정도 위험을 감수하는 것은 상상하기 힘든 고통입니다.

사람들은 멋진 결과를 좋아하지만 그 과정은 대부분 고통스럽습니다. 하고 싶은 일이 무엇인지 모른다는 생각이 들 때는 이렇게 생각해보는 것은 어떨까요?

'내가 고통을 감수하고서라도 꼭 시도해보고 싶은 일은 무엇일까?'

하고 싶은 일을 딱 정하기 위해서는 그 일이 힘들고 고통스럽다는 것도 인정해야 합니다. 만약 고통 없이 즐겁기만 한 일을 생각나는 대로 나열해보면 아마 해롭거나, 중독적이거나, 일시적인 즐거움을 주는 것만 남을 거예요.

3. 좋아하는 일이 너무 많다

마지막으로 하고 싶은 일이 너무 많아 뭘 하고 싶은지 모른다는 사람들도 분명 있을 거예요. 그럴 때는 딱 하나 간단한 질문으로 할 일을 결정할 수 있습니다.

"그중 돈을 가장 잘 벌 수 있는 일은 무엇인가?"

사람들이 하고 싶은 것이 뭔지 모르겠다고 말할 때 취미를 찾지 못해 고민에 빠지는 것은 아닐 테니까요. 먹고살 걱정이 없는 소수의 축복받은 사람들이 아니라면요.

좋아하는 일을 하면서 인정까지 받을 수 있는 일의 기준은 그 일을 통해 벌 수 있는 '수익'의 크기입니다. 누군가가 좋아하는 일을 하는 나에게 기꺼이 돈까지 지불한다면 그 일이 바로 내가 하고 싶고, 해야 하는 일이겠죠.

저도 남들과 크게 다르지 않은 이유로 일해왔습니다. 저는 대학을 졸업하고도 특별히 하고 싶은 일이 없었습니다. 학교 수업은 성실히 들었지만 남들은 몇 개씩 하는 학회나 동아리도 해본 적이 없어요. 지방에서 올라와 자취를 하며 학교, 피시방, 집을 반복하는 평범한 일상이었습니다. 남들 다 해보는 휴학 한 번 없이, 군대 2년도 딱 방학에 맞춰 다녀와 정확히 만 6년 만에 학교를 졸업하고 당장 갈 수 있는 회사에서 일을 시작했습니다.

그때는 10년 넘게 이 일을 하게 될지, 이 일을 하며 이렇게 큰 보람을 느끼게 될지, 이 일로 책을 쓰고 강연을 하게 될지 전혀 생각하지 못했습니다. 물론 그 과정에서 고통의 나날을 보냈지만요. 새로운 일을 준비하는 요즘, 저는 어제도 힘들었고 오늘도 힘들 예정입니다.

뭘 하고 싶은지 모르겠지만 일단 지금 당장 '할 수 있는 일'을 이것저것 해보면서 과정의 고통을 감수하고 싶을 정도로 재미있고 흥미가 가는 일을 찾아보면 어떨까요? 그러다 나에게 기꺼이 돈을 지불하는 사람들이 많아진다면, 할 수 있고, 하고 싶고, 해야 하는 일을 찾았다고 생각하면 됩니다.

부족한 것보다는
할 수 있는 것

크고 작은 자리에서 취업을 준비하는 학생들을 만납니다. 제가 만난 취준생들은 대부분 '나에게 부족한 것'에 목말라했어요. 지금의 나에게 부족한 것을 찾고, 그것을 채워 넣으면 취업에 가까워진다고 생각했기 때문이겠죠. 비단 취준생뿐만이 아닙니다. 이런 고민은 충분한 업무 경험이 쌓이기 전까지 주니어를 따라다닙니다.

그들에게 해주고 싶은 조언은 이런 것입니다.

"'나에게 없는 것'이 아니라, 지금 내가 가진 것으로 '무엇을 해볼 수 있을까'에 집중하세요."

저는 인사 전문가는 아니지만 외국계 기업과 스타트업에서 팀원부터 팀장에 이르기까지 40명 이상을 직접 채용해보았고 이를 위해 본 면접만 수백 번에 가깝습니다. 신입이나 인턴 채용도 많았어요.

다른 팀장들은 모르겠으나 적어도 저는 팀원을 채용할 때 자격증이나 공모전 같은 소위 '스펙'이라는 것을 신경 쓰지 않는 편입니다. 최근에는 학력도 크게 신경 써서 보지 않아요. 10년 가까이 채용하고 일을 하며 알게 되었기 때문입니다. 일 잘하는 팀원은 스펙이나 학력, 수상 경력과 무관했습니다.

포트폴리오가 중요하다고 말하는 취업 전문가들도 있습니다. 물론 포트폴리오를 통해 지원자의 기술과 역량을 파악하는 것이 중요한 포지션도 있어요. 하지만 채용하는 팀장 입장에서 보면 대부분의 포트폴리오는 믿기 힘들 정도로 좋은 숫자만 나열되어 있거나, 일부 참여한 프로젝트를 마치 본인의 단독 결과물인 것처럼 과장한 경우가 많았습니다. 화려함으로 눈을 속이는 포트폴리오도 이제는 크게 신경 쓰지 않아요. 스펙과 포트폴리오 모두 참고만 하는 정도입니다.

언젠가부터 제가 주니어 팀원을 **채용할 때 집요하게 확인하려고 하는 것은 바로 지원자의 문제 해결 경험입니다.**

이 또한 일을 하며 알게 되었습니다. 일 잘하는 팀원은 모두 훌륭한 문제 해결사였습니다. 저는 문제 해결과 극복의 경험이 많은 지원자와 일하고 싶습니다.

특히 신입, 주니어 팀원일 경우에는 더욱 그렇습니다. 이유는 간단해요. 경력직과 같은 전문성을 갖추지 못한 주니어 팀원에게 기대할 수 있는 것은 훌륭한 태도가 전부인 경우가 많기 때문입니다.

스노우폭스 창업자 김승호 회장의 쇼츠 영상이 기억에 남습니다. 어느 날 김승호 회장이 백화점에 갔는데 주차 안내 요원의 태도가 너무 좋아 입사 제안을 했다고 해요. 그런데 그 주차 요원은 그날 하루 동안 백화점을 방문한 기업 대표들에게 비슷한 제안을 이미 여러 번 받았다고 합니다.

JYP 수장 박진영 씨도 비슷한 말을 했습니다. JYP에서는 아이돌 연습생을 뽑을 때 실력보다 태도를 먼저 본다고 합니다. 실력은 가르치면 느는 반면 태도는 가르칠 수 없는 경우가 많은데, 태도가 아이돌로서 성공하는 데 실력보다 큰 영향을 주기 때문이라고 해요.

좋은 태도가 중요하다는 이야기는 이미 수없이 들었습니다. 하지만 주니어라면 더 구체적으로 생각해볼 필요가 있습니다. 어떤 태도가 회사에서 기대하는 좋은 태도일까요?

'내 손으로 직접 문제를 찾고 해결하는 것'이 회사에서 기대할 수 있는 가장 좋은 태도 중 하나입니다. 이런 태도만 갖추었다면 당장 기술이나 지식, 실력이 부족하더라도 경험이 차곡차곡 쌓인 후에는 누구보다 빨리 일 잘하는 팀원이 될 수 있습니다. 그런 사람들은 스스로 문제를 정의하고, 방법을 찾고, 도움을 구하고, 부족한 것은 배워서 끝내 문제를 극복하는 경험을 했으니까요.

주니어에게 필요한 경험도 이런 것이 아닐까 싶어요. 그래서 저도 박진영 씨와 비슷한 입장이에요. 스펙과 포트폴리오가 좋다고 그 지원자를 무조건 채용하진 않지만, 좋은 태도를 증명할 수 있는 경험이 있다면 꼭 채용하고 싶어요.

VS

부족한　　　　　　　　　　지금
스펙 채우기　　　　　작은 문제부터 풀어보기

작은 문제 풀어보기

누군가는 '문제 해결 경험'이 거창한 것이라 생각할 수 있지만, 꼭 그렇지만은 않습니다. 회사에서 일하며 작은 영역에서 직접 문제를 찾고 풀어본 경험이 있다면 좋겠지만, 꼭 그럴 필요도 없어요.

우리는 아르바이트를 하면서도, 학교에 다니면서도, 봉사 활동을 하면서도 다양한 문제를 마주합니다. 친구나 가족 관계에서도 어려운 문제는 언제든 발생할 수 있고, 즐거움을 찾는 동아리에서도, 의무를 다하는 군대에서도 문제가 생길 수 있습니다.

이 점을 알아주셨으면 해요. 누구나 할 수 있는 쉬운 일에서도 남들은 찾지 못하는 문제를 찾고 해결할 수 있습니다.

저는 아직도 제가 뽑았던 팀원들의 이야기가 기억에 남습니다. 여기서 그들의 이야기를 소개해볼까 합니다.

한 명은 대학 시절 취업 준비를 하면서 화장품 매장에서 아르바이트를 했다고 해요. 아르바이트를 하며 가장 먼저 배운 것은 제품 진열 위치와 진열 방법이었습니다. 그런데 아무리 생각해도 기존 진열 방법이 좋아 보이지 않았습니다.

불과 얼마 전까지 고객 입장이었던 그녀는 매니저에게 며칠 동안만 상품 위치를 바꿔볼 것을 제안했습니다. 지금까지 그런 아르바이트생이 없었기에 매니저는 당황했다고 해요. 그래도 의견을 받아들여 며칠간 위치를 바꿨는데, 하루에 2~3명이 더 그 상품을 구매했습니다.

굳이 그런 제안을 하지 않았어도 그녀는 월급을 받는 데 문제가 없었을 거예요. 하지만 월급에 상관없이 남들은 찾지 못했던 문제를 정의하고 해결하는 경험을 했습니다. 그 팀원은 채용 후 모두가 알아주는 '일잘러'가 되었어요.

어떤 팀원은 취업하기 전에 주유소 아르바이트를 했습니다. 차가 들어오면 주유를 하고 계산하는 일이에요. 주유소 사장님은 주유를 하면서 기름과 함께 넣는 엔진 첨가제를 팔아달라고 말했습니다. 그런데 같이 일하는 아르바이트생들은 아무도 첨가제를 팔려 하지 않았다고 해요. 그들은 모두 당연한 듯 기름만 넣고, 계산한 뒤 고객을 보냈습니다.

하지만 이 친구는 약간의 노력으로 엔진 첨가제를 놀라울 정도로 많이 팔았습니다. 그가 한 일은 단순합니다. 그저 주유소를 방문한 손님들에게 엔진 첨가제도 함께 넣지 않겠냐고 물어본 것입니다. 관심을 보이는 손님에게는 1~2회 더 권하는 것이 전부였어요. 그는 문제 해결을 시도한 것만으로 두둑한 보너스를 받았고, 이 이야기로 취업에 성공했습니다. 역시 지금도 여러 회사에서 일잘러로 활약하고 있습니다.

참 신기하죠. 채용한 팀원들의 스펙은 전혀 기억나지 않는데, 그들이 살면서 어떤 문제를 해결했는지는 아직도 기억이 납니다.

제가 하고 싶은 말은 단순해요. 거창한 일을 할 때만 '문제 해결'이나 '극복'이라는 특별한 경험을 할 수 있는 것은 아닙니다. 누군가는 인턴을 하며, 누군가는 아르바이트를 하며 문제를 찾고 해결합니다. 누군가는 학회에서, 누군가는 동아리에서, 누군가는 군대에서 문제를 해결했을 거예요. 모두 누구나 할 수 있는 쉬운 일입니다.

하지만 중요한 것은 누구나 할 수 있는 일을 누구나처럼 하지 않는 사람들이 문제를 찾고 해결한다는 점입니다.

저도 10년 넘게 다양한 팀원과 일하며 알게 된 사실입니다. 지금도 그리고 앞으로도 이런 사람들과 함께 일하고 싶어요. 어떤 사람들은 이런 태도에 '그릿grit'이라는 이름을 붙이기도 합니다. 적절한 명칭인지 확신은 없지만, 제가 함께 했던 일잘러 신입 팀원들은 모두 이런 태도를 갖추고 있었습니다.

문제 해결 경험을 물어보는 이유

그래서 "살면서 겪은 가장 어려운 문제가 무엇이었고, 어떻게 해결했나요?"라는 면접관의 질문이 지원자들에게 가장 중요합니다. 회사가 지원자의 문제 해결 경험을 파악하고자 던지는 것이기 때문입니다.

테슬라와 스페이스엑스라는 세계적인 혁신 기업을 이끄는 일론 머스크도 면접에서 이 질문이 가장 중요하다고 말했습니다. 그는 채용 과정에서 지원자가 문제를 어떻게 정의하고 풀어나가는지, 이를 통해 무엇을 배웠고 어떤 의사 결정을 했는지 파악하는 데 집중한다고 해요. 그리고 그는 좋은 문제 해결 경험이 있는 지원자를 '느낌gut feeling이 오는 지원자'라고 말합니다.

참 재미있죠. 느낌이라는 것은 일반적으로 직감을 말합니다. 구체적인 근거를 파악할 수 있어 쉽게 비교하고 무엇이 더 좋은지 알 수 있는 스펙과는 정반대입니다. 일론 머스크의 생각을 따라가기 힘들지만, 아마 그도 지원자의 스펙보다 좋은 태도와 문제 해결 경험을 찾기 위해 직감을 발휘하는 것이 아닌가 싶습니다.

일론 머스크라는 권위를 빌리지 않더라도 제 주위 많은 팀장이 이미 면접에서 이런 질문을 수없이 던지고 있습니다. 저는 이 질문이 주니어에게 특히 중요하다고 생각해요. 그래서 취업을 준비하며, 그리고 일을 하면서 스스로에게 꼭 던져보아야 하는 질문입니다.

무엇보다 주니어는 아직 전문성이나 성과를 구체적으로 증명할 수 있는 직업 경험이 부족합니다. 앞에서도 이야기한 것처럼 그럴수록 중요한 것은 태도입니다.

다른 이유도 있어요. 이 질문에서 묻는 경험은 오랫동안 경험하게 될 일과 정확히 일치하기 때문입니다. 일을 시작했다고, 좋은 기업에 이직했다고 해서 학습을 멈춰도 되고, 아무 문제 없는 길이 펼쳐지는 것은 아닙니다. 진짜 학습과 문제는 그 이후에 시작됩니다.

하루에도 여러 번 모르는 일이 등장하고, 어려운 문제가 발생합니다. 필요한 수단과 방법을 배우고 알아나가며 문제를 해결해나가는 것이 결국 직장인들이 하는 일이에요. 지금까지 그런 경험이 없고 그런 일에서 보람을 느끼지 못한다면, 오랫동안 계속하게 될 일이라도 거기서 즐거움을 느끼지 못할 거예요.

하지만 안타깝게도 이런 질문에 깊이 고민해보고, 나만의 답을 생각해보는 지원자는 거의 없어요. '부유하진 않았지만 큰 고민이나 어려움 없이 자랐다'고 질문을 피해 가는 답변을 하거나, 학교 시험이나 성적에 관련된 어려움 정도를 말하는 경우가 대부분입니다.

저는 여기에 2가지 이유가 있다고 생각해요. 먼저 답변을 제대로 준비하지 못했기 때문입니다. 이런 질문의 의도나 중요성을 미처 헤아리지 못한 것이죠. 그리고 실제로 회사 안이나 밖에서 직접 찾고 풀어본 문제가 없기 때문일 것입니다. 하지만 문제를 해결하는 경험은 문제를 찾고 마주하는 것에서 시작합니다.

다양한 이유로 많은 사람이 문제를 찾을 시도조차 하지 않습니다. 하지만 저는 진심으로 믿어요. 문제를 찾고, 이를 해결해보는 경험이 앞으로 원하는 일을 하는 데 가장 큰 도움이 될 것입니다. 주니어가 할 수 있는 많은 경험 중 작은 문제라도 직접 해결하는 것은 그들이 보여줄 수 있는 가장 좋은 태도를 대변합니다.

스펙이나 학력, 포트폴리오는 전혀 필요 없으니 신경 쓰지 말라는 무책임한 말을 하려는 것은 아닙니다. 기본적인 스펙은 불확실한 세상에서 경쟁력과 자격을 보여줄 수 있는 최소한의 지표 역할을 합니다.

어떤 회사들은 표준이나 기준이 명확해 특정한 조건을 충족하는 지원자만 채용하기도 합니다. 팀이나 회사에 부족한 특정 기술이나 지식을 보충하고자 하는 경우 거기에 맞는 구체적인 스펙을 갖춘 지원자를 찾고 채용하죠. 물론 경험이나 전문성이 부족한 신입이나 주니어 채용 시 그런 경우는 많지는 않지만요.

하지만 저는 '균형'이 중요하다고 생각합니다. 다양한 스펙과 실제 문제 해결 경험 사이의 균형입니다. 그런 의미에서 저는 주니어가 가장 먼저 스펙에 대한 환상을 내려놓았으면 좋겠습니다. 이를 위해 생각해볼 문제는 내 스펙이 지닌 설득력에 대한 것입니다. 내 스펙이 얼마나 설득력 있는지 입장을 바꿔 생각해보면 좋겠습니다.

실무 경험이 많지 않은 주니어의 자기소개서에 특정 분야에 관련된 자격증이나 공모전 수상 경력이 있다고 해서 그를 전문가라고 생각하기는 힘듭니다. 그런 스펙이 없는 사람보다는 그 분야에 대한 기본적인 이해를 갖추었다고 볼 수 있겠지만, 그것만으로 전문성을 위한 충분한 경험을 했다고 판단할 수는 없습니다.

그래서 스펙을 많이 수집했다는 이유로 성장을 낙관하기는 힘들어요. 주니어의 스펙이 증명할 수 있는 것은 해당 분야의 기초 지식이나 열정, 성실함 등이기 때문입니다.

스펙은 그 자체보다 문제 해결 경험과 잘 연결될 때 설득력이 더욱 커집니다. 그저 '나에게 없는 것'을 찾고 채우는 목적의 스펙은 의미 있는 설득력을 발휘하지 못하는 경우가 많아요. 스펙은 하나의 수단이어야 한다고 믿습니다. 내가 찾은 문제를 푸는 방법을 찾는 과정에서 스펙이라는 수단을 찾고 배우게 되는 것이죠.

반대로 생각해도 좋습니다. 지금 내 스펙은 '무엇을 위한' 것일까요? 만약 열심히 공부해서 얻은 영어 점수가 오로지 취업을 위한 것이었고, 자격증을 많이 가지고 있지만 그것으로 작은 문제라도 직접 해결해본 적이 없다면 스펙의 설득력을 다시 한번 고민해볼 필요가 있습니다. 당장 "영어 점수가 높은데 이걸로 무엇을 하셨죠?"라는 면접관의 질문에 말문이 막힐 거예요.

문제 해결과 연결된 스펙은 전혀 거창할 필요 없습니다. 누구나할 수 있는 쉬운 일을 하면서도 그것을 더 잘하기 위한 다양한 수단을 찾으면 되니까요.

저는 학창 시절 아르바이트로 했던 과외를 더 잘하기 위해 사무용 프로그램 사용법을 익혔습니다. 가르치던 학생들의 진도와 약점을 기록하고 이를 체계적으로 관리하기 위해 엑셀 같은 프로그램을 활용할 필요가 있었거든요.

어릴 때는 친구들과 좋아하는 연예인 '덕질'을 하며 온라인 카페의 불편을 개선한 팬 사이트를 만들었어요. 그 과정에서 자격증을 따고, 공모전에서 수상도 했습니다. 어떤 사람들은 아르바이트를 하면서 더 좋은 수단을 찾고 배웁니다. 아르바이트에서 신입을 교육하면서 심리학이나 커뮤니케이션 공부를 하기도 하고, 외국 전문가의 노하우를 제대로 배우기 위해 영어 공부를 하기도 합니다.

물론 조금 더 실용적이고 사업적인 영역에서 문제를 풀어보며 스펙을 쌓을 수도 있습니다. 누구나 쉽게 소셜 미디어 콘텐츠를 제작해 팔로어를 모으고, 나이에 상관없이 무자본으로 창업해 작은 수익을 직접 내볼 수 있는 시대이기 때문입니다. 이런 크고 작은 일을 하면서 문제를 찾고, 이를 해결하고 더 잘하는 방법을 구하다 보면 스펙과 문제 해결 경험이 쌓일 겁니다.

여기 제가 하고 싶은 말이 있습니다. 주니어라면 '내가 가지지 못한 것'이 아니라 내가 가진 것으로 '지금 풀어볼 수 있는 문제'에 집중해보라는 것입니다. 지금 내 스펙, 경험, 학력, 배경으로 해볼 수 있는 간단한 일이면 충분해요. 남들과 달라 보이게 해줄 증거를 수집하는 사람이 아니라, 모두가 할 수 있는 쉬운 일에서도 남들과 다른 방법을 시도해본 멋진 경험을 쌓은 미래의 일잘러들을 기다립니다.

단, 지금 가진 것으로 해볼 수 있는 일을 찾다 보면 당장 몇 번 넘어질 각오는 해야 할 거예요. 누구나 경험이 부족한 영역에서 한 번에 문제를 풀지는 못하기 때문입니다.

넘어져도 괜찮다

요즘 6세 딸아이가 롤러스케이트를 배우고 있어요. 바퀴 달린 신발을 즐겁게 타는 언니들 모습을 보고 배우고 싶었나 봅니다. 잔뜩 기대한 딸과 처음으로 롤러스케이트장에 간 날, 첫발을 내디딘 딸은 한 걸음도 가지 못하고 넘어졌어요. 잔뜩 기대한 마음과 달라 당황한 표정이었지만 딸아이는 이후에도 계속 롤러스케이트 연습을 하고 있습니다.

첫날, 저는 한 걸음도 제대로 걷지 못하는 딸아이가 넘어지는 것이 무서웠어요. 다치기도 할 것 같고, 계속 넘어져서 금방 그만두겠다고 할까 봐 걱정되기도 했습니다. 그래서 딸아이 뒤에 바짝 서서 겨드랑이 밑에 손을 넣고 넘어질 것 같으면 바로 잡아주며 엉거주춤 뒤따라 걷고 있었습니다.

조금만 넘어지려고 해도 뒤에서 획 잡아버리는 제가 불편했는지, 아이가 멈춰 선 후 돌아서서 이런 말을 했습니다.

"아빠, 넘어져도 괜찮으니까 혼자 한번 해볼게요."

그 말을 듣고 아차 싶었어요. 알겠다고 하고 트랙 가장자리로 가서 딸아이가 타는 것을 지켜보았습니다. 아이가 롤러스케이트를 배울 때, 사실 제가 도와줄 수 있는 것은 별로 없더라고요. 트랙에 있는 안전 손잡이를 놓고 걷는 것도, 넘어지는 것도, 그리고 다시 일어나 조금 더 걸어보는 것도 온전히 아이의 몫입니다. 그 시간 동안 제가 할 수 있는 것은 트랙 가장자리에서 큰 소리로 괜찮냐고 묻고, 응원해주는 것뿐이었습니다.

아이에게 롤러스케이트를 가르쳐주면서 알게 되었습니다. 우리가 흔하게 듣고 또 남에게 해주는 "넘어져도 괜찮다"는 말은 사실 스스로에게 가장 먼저 해줘야 하는 말이었어요.

다른 것에서도 마찬가지입니다. 무언가 배우고 문제를 풀어보려고 할 때 넘어지는 것은 피할 수 없고, 그 뒷감당은 온전히 당사자의 몫입니다.

스키를 처음 배우던 때가 생각납니다. 스키를 탈 때 가장 먼저 배운 것은 다름 아닌 넘어지고 혼자 일어나는 방법이었어요. 스키를 배우기 위해서는 숱하게 넘어져야 하니까요.

안전하게 넘어지고, 혼자 일어나는 방법을 모른다면 누군가의 도움 없이는 스키 실력이 늘지 않을 거예요. 아프고 부끄럽다는 이유로 넘어지지 않는 것에 집중하면 실력이 늘지 않습니다. 조금 더 가파른 경사를 타는 것도, 빠르게 속도를 내는 것도, 울퉁불퉁한 요철 코스를 통과하는 것도 모두 숱하게 넘어져야만 가능합니다.

학교에서 공부했던 시간을 떠올려봐도 좋을 것 같아요. 모든 문제를 단번에 맞히는 사람은 없습니다. 우리는 시험을 치르고 틀리면서 모르는 것을 발견하고 배워나갑니다. 다행스럽게도 학교에는 틀린 것을 바로잡아줄 선생님과 틀릴 때 참고할 수 있는 답안지가 있습니다.

그저 문제를 틀리지 않는 데 집중하면 잘 알고 있는 문제만 풀려고 할 거예요. 해결하려는 문제의 난도를 낮추는 것이죠. 많은 학생이 문제의 난도를 낮추며 위안을 얻습니다.

하지만 스키나 롤러스케이트처럼 공부도 넘어지지 않으면 배울 수 없습니다. 틀리면서 배운다는 말은 스스로에게 해줘야 하는 말입니다. 하지만 사람들은 넘어지면 안 된다고 생각합니다. 회사에서도 마찬가지예요. 저 또한 그랬습니다.

회사에서 사람들은 넘어지지 않기 위해 많은 애를 씁니다. 왜 지금 하는 일만으로 충분한지, 왜 새로운 일을 할 필요가 없는지 열심히 설명하는 데 시간을 쓰는 사람들이 있습니다.

이런 사람들은 대부분 늘 하던 일에 집중하고자 합니다. 그게 쉽기 때문입니다. 넘어질 일도 없고, 그래서 아프거나 부끄러울 일도 없으니까요. 학생들이 틀리지 않을 문제만 푸는 것처럼 일의 난도를 스스로 낮춰버립니다.

다행히 회사에서도 학교처럼 좋은 상사나 선배가 선생님 역할을 합니다. 누군가가 넘어질 것 같으면 주의를 주고, 넘어졌을 때 힘내서 일어날 수 있도록 손도 내밀어주니까요.

회사에는 기꺼이 넘어질 것 같은 일에 도전하는 사람들도 있습니다. 반짝이는 그들의 눈에는 넘어져도 괜찮으니 혼자 한번 해보겠다던 딸아이의 눈에서 보이던 것과 비슷한 것이 있었습니다.

저도 언젠가부터 넘어지면 안 된다고 생각했던 것 같아요. 회사 안에서, 그리고 밖에서도요. 새롭게 도전하는 모든 일에서 넘어지는 것이 무서웠습니다. 처음 글을 쓰고 책을 내며 제 생각을 글이나 영상으로 많은 사람에게 전할 때 "네가 뭔데 그런 말을 하냐"며 부족한 점을 비난하는 사람이 있을 것 같아 두려웠습니다.

새롭게 준비해 출범하는 프로젝트를 담당할 때도 그랬습니다. 열심히 했는데 성과가 좋지 않아 "네가 하자고 해서 했는데 이게 뭐냐"는 핀잔과 책망이 돌아올까 봐 전전긍긍했거든요.

처음 출간한 책과 고생해서 준비한 프로젝트가 모두 성공한 것도 아니에요. 기대에 미치지 못하는 적은 판매 부수와 소소한 프로젝트 결과를 보며 아쉬운 마음도 컸습니다. 하지만 일을 하면서 저 또한 실망에 익숙해지는 법을 배울 수 있었습니다. 우리는 언제든 넘어질 테니까요.

야심 차게 준비한 프로젝트가 아무런 관심을 받지 못하면, 부족한 점을 보충해야겠다고 생각하며 더 나은 다음을 준비하는 것 외에 할 수 있는 것은 없었습니다. 무엇이 부족했을까 살피고, 주위에서 조언을 구하고, 딸아이가 했던 것처럼 다시 일어나 다음에 넘어지기 전까지 조금 더 롤러스케이트를 타보는 것이죠.

우리 모두 넘어져야 합니다. 넘어져도 괜찮다는 생각과 기꺼이 넘어져보겠다는 마음이 성장과 기회를 만들기 때문입니다. 그리고 그 결정은 오롯이 스스로의 몫입니다.

껍질을 뚫고 싹을 틔운다

②

문제 해결사가 되기 위한
핵심 역량

문제를 해결하는
사람들

커리어라는 씨앗의 싹을 틔우는 가장 좋은 방법은 내 앞에 놓인 문제를 직접 찾고 해결해보는 것입니다. 그런 경험이 흡수하기 좋은 양분과 물이 되어 딱딱한 씨앗에서 싹이 나오게 만들어요.

그렇다면 문제를 해결하는 사람들은 어떤 사람들일까요?

회사에서 만나는 사람들은 크게 2가지 부류로 나눌 수 있습니다. 문제를 해결하는 '문제 해결사'와 문제를 피하고 싶어 하는 '문제 회피 전문가'입니다.

물론 모든 사람이 정확하게 이 둘 중 하나라고는 말하기 힘들어요. 그 중간에 위치한 '문제 구경꾼'도 있습니다. 문제 구경꾼은 항상 문제 주변에 서성이고 있어 문제 해결사처럼 보이기도 합니다. 하지만 이들 대부분은 문제를 조망하거나 구경만 할 뿐 적극적으로 해결하려고 하지는 않아요. 화재 현장에 사람들이 많이 모이지만 정작 불을 끄거나 불길 속으로 뛰어드는 사람은 극소수인 것과 마찬가지입니다.

문제 해결사를 알아보기 전에 문제 회피 전문가와 문제 구경꾼에 대해 먼저 살펴보겠습니다.

문제 회피 전문가

문제 회피 전문가가 가장 많이 하는 말은 "이건 효과가 없을 것 같은데, 꼭 해야 하나요?"입니다. 항상 이런 질문으로 대화를 시작하죠.

사실 이런 질문은 회사에 꼭 필요합니다. 회사가 한정된 자원으로 성장하고 큰 성과를 내기 위해서는 반드시 우선순위가 필요하기 때문입니다. 우리가 하려는 일이 얼마나 효과가 있을지 다각적으로 판단하고, 그 효과가 분명할 일에만 자원을 투입하는 것이 우선순위 판단의 핵심입니다. 이런 고민이 모여 회사 업무 전반의 효율성을 개선하기도 합니다.

하지만 문제 회피 전문가가 던지는 이런 질문은 새로운 아이디어로 문제를 해결한다는 것 자체가 매우 비효율적이라는 사실을 간과한다는 점에서 문제가 있습니다.

어떤 일이건 사람이 하는 일의 70%는 반드시 실패한다는 통계를 본 적이 있습니다. 저는 이 말이 회사에서 우리가 하는 일에도 적용된다고 생각합니다. 문제를 해결하기 위한 새로운 시도들은 모두 시행착오를 거치고, 초반에는 직접 해보며 배워야 할 것이 많아 약간의 위험과 비효율을 감수해야 합니다.

문제 회피 전문가는 약간의 위험과 비효율을 감수하고 시도하며 자원을 '낭비'하는 대신 아예 아무것도 시도하지 말자고 결정합니다. 그리고 효과가 좋을 것이라고 확신할 수 있어 모두가 안심할 일을 찾아내기 전까지는 아무것도 하지 말자고 제안합니다.

하지만 늘 똑같은 일만 하는 사람의 커리어가 정체되듯, 회사도 늘 하는 일만 반복해서는 발전할 수 없습니다. 우리는 모든 회사에 새로운 시도와 과감한 도전이 필요하다는 것을 잘 알고 있습니다.

문제 구경꾼

문제 구경꾼이 가장 많이 하는 말은 "완벽하게 준비되지 않아 진행할 수 없어요"라는 것입니다. 보통 이런 단언으로 대화를 시작하거나 끝내버리죠.

이런 생각을 하는 사람들 또한 회사에 꼭 필요합니다. 타협하지 않는 완벽주의와 철두철미한 논리적 사고는 데이터 분석이나 전략 기획에서 회사의 전반적인 수준을 높이기 때문입니다.

하지만 논문 수준의 허점 없는 분석만 신뢰하거나, 〈백분토론〉 수준의 끝없는 토론만을 사랑하는 문제 구경꾼의 태도는 분명 문제가 됩니다. 우리가 일하는 곳은 학회나 실험실이 아니고, 연구기관이나 토론장도 아닌 회사이기 때문입니다.

회사는 고객의 문제를 해결함으로써 경제적 가치를 만들어냅니다. 하지만 문제 구경꾼은 이 과정에서 모든 것이 완벽하게 짜인 해답의 순간을 기다립니다. 그건 마치 가려고 하는 길의 모든 신호등이 초록색으로 동시에 바뀌면 출발하겠다는 생각과 다르지 않습니다.

문제 구경꾼이 원하는 한 치의 허점도 없는 완벽한 근거와 이를 찾기 위한 끝없는 준비는 문제 해결사의 발을 묶습니다. 결국 문제 해결은 뒤로 미루어지게 되죠. 문제 구경꾼이 새로운 일이나 아이디어의 근거가 되는 세부 데이터나 분석에 수많은 질문을 던지니까요. 문제 구경꾼이 문제 근처에 있어 문제 해결사처럼 보이지만 정작 아무 문제도 해결하지 않는 이유가 여기에 있습니다.

문제 해결사의 4가지 특징

제가 지금까지 일하며 만났던 훌륭한 문제 해결사는 이와 반대로 일했습니다. 그들은 **한번에 완벽한 해답을 찾지는 못했지만 끝내 '좋은 해답'을 찾았죠.**

1. 현재 알고 있는 것을 어떻게 활용할 수 있을지 고민한다

문제 해결사는 문제 구경꾼과 달리 '어떻게 완벽한 근거를 마련할까'가 아니라 '현재 우리가 알고 있는 것을 어떻게 활용할 수 있을까'에 집중합니다. 우리가 알고 있는 정보나 데이터가 완벽하지 않다 하더라도 본인이 실무를 하며 문제 가까운 곳에서 매일 얻은 정보와 인사이트를 결합해 문제의 원인을 짚어내고 이를 해결할 수 있는 상식적인 가설을 만들어냅니다.

그들의 가설이 모든 상황과 정보에 완벽하게 부합하지는 않지만, 대부분의 상황과 정보를 연결해 해결 가능성을 해석하기에 충분한 경우가 많습니다.

2. 어떻게 낮은 비용과 위험으로 실행할 수 있을지 고민한다

문제 해결사는 '큰 성과를 한 번에 낼 만한 일을 찾을 수 있을까'가 아니라 '어떻게 낮은 비용과 위험으로 해결책을 찾을 수 있을까'에 집중합니다. 본인이 생각한 해결책이나 가설이 무조건 맞거나 틀렸다고 생각하지 않고 '시도해서 확인해볼 정도'까지 구체화해 많은 사람의 의견을 듣습니다. 다양한 피드백을 받으며 부족한 부분은 보완해나가죠.

그러면서 가장 효율적인 실험 방법을 찾아냅니다. 이를 위해 실행에서 중요하지 않은 부분은 과감히 포기하거나, 품질을 낮추거나, 조금 어설프더라도 직접 할 수 있는 방법을 찾아내는 경우가 많습니다. 여러 사람의 손을 빌리기 시작하면 금방 큰 프로젝트가 되어버리니까요.

그리고 실패를 무릅쓰고 빠르게 실행해봅니다. 문제 해결사는 그렇게 얻은 결과에서 배움과 교훈을 발굴하고 성공 가능성이 조금 더 큰 방안을 구상해, 다시 스스로 시도할 수 있는 효율적인 방법을 찾아 실행하기를 반복하며 정답을 찾아나갑니다.

제가 본 문제 해결사도 많은 실패를 경험했지만 대부분 끝내 해결책을 찾아 문제를 풀어냈습니다. 조금 어설프더라도 합리적인 가설을 빠르게 실행해 해결의 실마리를 계속 찾아내면서요.

문제 해결사가 말하는 아이디어나 제안이 항상 문제 회피 전문 가나 문제 구경꾼이 수긍할 정도로 완벽한 수준은 아닐 수도 있습니다. 하지만 문제가 넘쳐나는 회사에서 해결의 단서를 찾고 수사망을 좁혀 완벽에 가까운 해결책을 찾아나서는 시작점이 되기에는 충분한 경우가 많습니다.

특히 문제 해결사는 문제 회피 전문가나 문제 구경꾼이 본인의 의견에 반대하리라는 것을 잘 알고 있어요. 하지만 작은 가능성만 보이더라도 확신을 가지고 동료들을 설득하며 모두를 대신해 위험을 감수하는 경우가 많았습니다.

3. '좋은 질문'을 던지는 것에 집중한다

문제 해결은 좋은 질문을 하는 것에서 시작됩니다. 여럿이 같이 문제를 풀다가 가로막혀 고민할 때 좋은 질문이 막힌 생각을 뚫어 주기도 합니다.

저 또한 이런 경험을 여러 번 하다 보니 막막할 때 스스로에게 던지는 질문들이 생겼습니다.

① 목표 달성에 가장 큰 걸림돌은 무엇인가?

우리는 다양한 방법으로 문제를 해결할 수 있습니다. 잘되고 있는 것을 더욱 잘되게 해서 해결할 수도 있고, 안 되던 것을 되게 함으로써 해결할 수도 있어요.

둘의 공통점은 원인을 잘 알아야 한다는 것입니다. 잘되는 것을 더 잘되게 하기 위해서도, 그리고 그 반대 경우에도 원인을 구체적으로 알아야 그것을 활용할 수 있습니다.

과거의 경험을 떠올려보면 큰 목표를 달성해야 할수록 평소에는 안 되던 것들을 되도록 해서 문제를 해결해야 하는 경우가 많았습니다.

그래서 큰 문제에 맞닥뜨렸을 때는 '목표를 달성하기 위해 가장 큰 걸림돌은 무엇인가?', '목표 달성에 가장 큰 핑곗거리는 무엇일까?' 같은 질문을 스스로에게 해봅니다. 가장 큰 걸림돌과 목표를 달성하지 못하게 만들 핑계를 찾아, 이를 집중적으로 해결하기 위해서요.

방향성을 잡지 못할 때, 문제의 우선순위가 복잡하게 얽혀 있고 동료들의 의견이 너무 많고 다를 때, 이 질문이 함께 문제를 해결해나가는 과정에서 항상 큰 도움이 되었습니다.

② 이미 알고 있는 것들을 어떻게 연결할 수 있을까?

문제를 깊이 파고들다 보면 단서가 부족하거나, 반대로 단서가 너무 많아서 막막한 경우가 있습니다. 2가지 경우 모두에 이 질문이 도움이 됩니다.

데이터나 경험이 제한적이어서 단서가 부족할 때는 시나리오 기반의 가설이 필요합니다. 여기서 시나리오는 몇 안 되는 듬성듬성 흩뿌려진 단서를 이어 붙일 수 있는 '스토리'를 말합니다. 문제 해결사는 이 스토리텔링을 고객 입장에서 써 내려가죠. 회사는 항상 고객의 문제를 해결하기 위해 존재하니까요.

완벽하지 않은 몇 가지 데이터를 연결해 합리적인 시나리오를 도출하기 위해서는 고객들이 어떻게 생각하고 행동하는지 떠올려 봐야 합니다. 어설프더라도 고객 입장에서 충분히 그럴 만한 가설이 나오면 제한된 단서로도 가설을 검증하는 데 필요한 기초 실험을 시작할 수 있습니다.

단서가 너무 많아 어려운 경우도 있어요. 데이터가 너무 많아 그것들의 의미가 감이 잡히지 않을 때, 혹은 많은 데이터가 상반된 의미를 내포하는 경우에 특히 그렇습니다. 이때도 경우의 수가 필요합니다. 어떤 경우의 수가 충족되어야 이 데이터의 대부분이 연결될지 생각해보는 것이죠. 모든 데이터가 완벽하게 연결될 필요는 없습니다. 그저 대부분이 상식적으로 연결되는 수준이면 충분해요.

데이터가 제한된 경우에는 몇 안 되는 데이터가 시나리오를 통해 다양한 가설로 확장될 수 있도록, 반대로 데이터가 너무 많은 경우에는 이들을 하나로 꿰어낼 수 있는 방식으로 가설을 좁혀나가야 합니다. 대부분의 데이터를 관통하는 1~2가지 경우의 수가 잘 보이지 않던 문제와 원인을 알려주고, 이것이 해결의 실마리가 되는 경우가 많기 때문입니다.

아무리 유능한 분석가라도 모든 데이터의 의미를 완벽하게 연결하는 경우의 수를 찾기 힘들고, 그럴 필요도 없다고 생각해요. 모든 데이터의 완전무결한 연결점을 찾기보다 적당히 합리적인 가설을 세워 직접 고객을 대상으로 실험을 하는 것이 답을 찾는 데 훨씬 효율적이라고 생각합니다.

4. '문제의 원천'으로 직행하는 데 집중한다

우리가 푸는 문제는 대부분 퍼즐이 아니라 미스터리인 경우가 많습니다.

미스터리는 퍼즐보다 풀기가 훨씬 더 어려워요. 퍼즐은 조각만 찾으면 비교적 쉽게 풀 수 있지만, 미스터리는 조각을 모아 퍼즐을 맞추고 그 퍼즐이 이루는 그림이 무엇을 의미하는지까지 해석해내야 풀 수 있습니다. 그래서 미스터리를 풀기 위해 여러 개의 퍼즐을 맞추었다 해도, 그 그림들을 이리저리 돌려봐야 큰 그림이 보일지도 몰라요.

이 과정에서 빠지기 쉬운 '데이터의 저주'는 양자역학과 비슷합니다. 과학자들에 따르면 미시 세계 속 원자에 대해 알면 알수록, 거시 세계에서 사물을 이해하는 데 도움이 되는 고전역학에서 알고 있던 것과 서로 모순되는 점이 발견된다고 해요.

미스터리를 풀어나길 때도 마찬가지입니다. 너무 많은 데이터를 보면서 퍼즐을 맞추다 보니 상충하거나 모순되는 퍼즐의 그림을 마주하는 경우가 많아요. 그래서 여러 퍼즐을 맞추고 나서 그림을 보며 '알 수 없다'는 결론과 함께 그 문제를 포기하는 사람들도 많습니다.

하지만 양자역학과 우리가 푸는 미스터리에는 차이점이 있어요. 바로 미스터리를 만들어낸 사람이 명확하다는 것입니다. 과학자들은 신에게 찾아가 양자역학의 미스터리를 물어볼 순 없지만, 우리는 미스터리의 비밀을 물어볼 수 있어요. 미스터리를 만들어낸 사람이 있기 때문입니다. 바로 고객이에요.

우리가 밤낮으로 고민하는 퍼즐 조각과 큰 그림 뒤에는 회사가 상대하는 고객이 있습니다. 엑셀 시트 속 미궁처럼 느껴지는 숫자 뒤에도 고객의 행동이 있습니다. 고객이 바로 문제의 원천입니다.

그래서 그림이 완벽하게 만들어지지 않더라도 포기할 필요 없어요. 모든 퍼즐 조각으로 하나의 완벽한 그림을 그려내지 못하더라도 고객을 관찰하고 조사해 그 그림이 무엇을 말하는지 알아낼 수 있기 때문입니다.

문제 해결은 성장으로 이어진다

뒤에서 자세히 알아보겠지만 문제 해결사가 된다는 것은 결코 쉽지 않습니다. 그래서 문제 해결사에게는 응원이 필요해요. 문제를 풀다 문제 회피 전문가와 문제 구경꾼을 자주 마주하면, 문제 해결사도 금방 지치거나 풀이 죽을 수 있습니다. 문제 해결사가 되겠다고 굳게 마음먹어도 문제 구경꾼이나 회피 전문가가 되어버리는 이유는 문제를 해결하는 일 자체가 매우 어렵기 때문입니다. 좋은 해답을 찾기 위해 오늘도 손가락질받고 있을지도 모를 훌륭한 문제 해결사에게 작은 응원을 보냅니다.

하지만 한 가지는 분명합니다. 이 어려운 문제 해결의 과정에서 성장할 거라는 사실이죠.

이런 성장을 거듭하면 조직 내에서 리더가 됩니다. 리더는 꼭 누군가가 임명해서 되는 것은 아니라고 생각해요. 리더십은 곧 영향력이고, 이는 누군가에게서 주어지는 것이 아니라 스스로 획득하는 것이기 때문입니다. 영향력을 획득하는 가장 빠른 방법은 주도적으로 사람들을 모아 문제를 찾고 해결하는 것입니다.

문제 회피 전문가나 문제 구경꾼은 문제 해결의 책임이 대부분 팀장이나 리더에게 있다고 여기죠. 반대로 '팀장'의 탈을 쓴 문제 구경꾼은 팀원들에게 책임이 있다고 생각할 테고요.

이 둘 모두 잘못된 생각입니다. 문제를 해결해야 할 책임은 우리 모두에게 있으니까요.

문제를 해결하지 못하는 팀원들을 보면서 팀장은 열정이 없어서, 손이 느려 속도가 안 나니까, 꼼꼼하지 못하게 실수를 해서 등의 이유로 팀원 개인에게 잘못이 있다고 생각합니다. 하지만 일하다 보면 잘못이 개인에게만 있는 경우는 그렇게 많지 않아요. 누가 그 일을 했더라도 동일한 실수나 오류를 범할 가능성이 있다년 팀원 개인의 역량 문제로 보기 어렵습니다.

어떤 일이 제대로 굴러가기 위해 담당자의 열정이나 높은 수준의 도덕성에 의존해야 한다면 그 일에서 문제가 발생하더라도 개인의 문제라고 말하기 힘들죠. 개인의 열정이나 도덕성은 언제든 쉽게 변할 수 있기 때문입니다.

누가 하더라도 달성하기 힘든 프로젝트의 결과가 부진하더라도 개인의 문제라고 보기 힘들어요. 대부분 잘못은 개인보다 구조나 프로세스, 전략이나 리소스에 있는 경우가 많습니다. 모두 팀장이나 상사가 책임지고 관리해야 하는 부분이에요. 문제와 책임을 회피하는 팀장 때문에 팀원들이 문제 구경꾼이 되기도 합니다.

그렇다고 이런 문제를 해결하는 것이 온전히 팀장의 몫이라고는 할 수는 없어요. 어찌 되었건 가장 가까이에서 그 일을 하는 사람이 그 문제를 가장 잘 해결할 수 있기 때문입니다.

앞서 말했듯 영향력은 스스로 획득하는 거예요. 회사에서 영향력은 문제를 해결하는 과정에서 얻는 경우가 많았습니다.

결국 영향력은 문제를 직접 해결하려는 '책임감'에서 나옵니다. 높은 오너십을 가진 사람들이 그 문제를 풀어야 한다고 소리 내서 말하고, 그 문제를 함께 풀 동료들을 먼저 살피고, 힘을 모아 문제를 풀려고 해요. 그 과정에서 진짜 문제 해결사가 탄생합니다. **어쩌면 문제 해결사가 책임지는 것이 아니라, 책임지려는 사람이 문제 해결사가 되는 것일지도 모르겠어요.**

그런 의미에서 모든 문제 해결사는 진정한 리더입니다.

문제 해결사는
누구인가?

여러 회사에서 일하며 문제 해결사의 탄생을 가까이에서 지켜봤습니다. 처음부터 문제 해결사였던 사람은 많지 않아요. 그들 모두 처음에는 평범한 동료이자 팀원이었습니다. 똑같은 출발선에서 시작하더라도 일하다 보면 서서히 두각을 나타내는 존재가 생겨납니다. 그리고 빛을 발하는 멋진 문제 해결사로 성장합니다.

회사에서 문제 해결사를 만나면 참 반갑습니다. 쉽게 만나기 힘든 존재거든요. 마치 유니콘처럼요. 그들은 본인과 동료들의 역량을 잘 활용해 어려운 문제를 찾고 머리를 맞대 해결 방법을 모색하고, 몇 번의 시행착오를 겪더라도 결국 문제를 해결해내는 사람이에요. 그래서 주위에 문제 해결사가 있다면 막힘없이 일할 수 있습니다. 문제 해결사는 자신의 문제도 해결하지만 근처에 보이는 문제도 가만히 내버려두지 않거든요.

그렇다면 문제 해결사는 어떤 사람이고, 어떻게 해결사가 되었을까요?

문제 해결사의 정체

먼저 '문제 해결사'를 현실적이고 실용적으로 정의해야 합니다. 문제 해결사가 되기 위해서는 그의 정체가 무엇인지 구체적으로 잘 알아야 하니까요.

요즘은 '일잘러'라는 말도 많이 씁니다. 일잘러도 문제 해결사와 비슷한 의미를 지니고 있어요. 하지만 많은 사람이 제각각의 방식으로 일잘러와 문제 해결사를 정의합니다. 대기업이든 스타트업이든, 어느 회사를 막론하고 문제 해결사의 모습은 비슷합니다. 제가 만난 문제 해결사는 다음과 같은 사람들이었어요.

---

① 남들은 못 푸는 힘든 문제를 해결하는 사람
② 구조적으로 문제 해결을 반복하는 사람

문제 해결사는 시간이 걸리더라도 다른 사람들은 풀기 힘든 문제를 찾고 거기에 과감히 도전합니다. 모두가 알고 있듯, 그런 문제를 풀어내는 과정은 매우 힘듭니다. 많은 실수와 시행착오가 불가피해요.

특히 처음 마주하는 문제에서는 큰 실패나 좌절을 경험하기도 합니다. 하지만 문제 해결사는 이런 과정을 통해 다양한 배움을 얻고, 문제를 해결해 좋은 성과를 냅니다.

문제 해결사는 운이 좋아 문제를 해결하는 '운 좋은' 사람과는 다릅니다. 진짜 문제 해결사는 다양한 문제 해결 경험을 통해 본인만의 접근법과 해결책을 찾고, 이를 구조적으로 활용해 문제 해결을 반복할 수 있는 사람들입니다.

아마 여러분 주위에도 있을 거예요. 처음에는 평범한 동료였는데 어느새 문제 해결사가 되어 있는 사람들이요. 저도 이런 동료를 여럿 보았습니다. 그런 사람들을 볼 때마다 생각합니다. '문제 해결사는 태어나는 게 아니라 만들어지는 것이구나.' 평범한 사람들도 특정한 방식으로 일하다 보면 유니콘 같은 문제 해결사가 됩니다. 그럼 문제 해결사는 어떻게 일할까요?

체계적인 문제 해결 과정

문제 해결사는 모두 합리적이고 체계적인 과정으로 문제를 풀어갑니다. 남들이 풀지 못하는 어려운 문제를 해결하기 위해서는 어렵고 복잡한 요소를 분해해 하나하나 체계적으로 들여다보는 과정을 거치고, 그 과정에서 발견하는 구체적 근거를 기반으로 합리적으로 접근해야 하기 때문입니다.

무엇보다 이렇게 문제를 해결해야 그 성과를 재현할 수 있습니다. 한순간에 번뜩이는 아이디어나 찰나의 통찰로 문제를 해결하는 것도 좋은 방법이지만 그런 방식으로 일관된 해결력을 발휘하기는 힘들기 때문입니다. 문제 해결사들은 어떤 문제를 마주하더라도 큰 기복 없이 균일한 성과를 냅니다.

문제 해결사가 일을 시작하면 그 과정과 결과가 어느 정도 예측 가능한 경우가 많습니다. 어려운 문제를 맡겨놓으면 동료들도 '아, 지금쯤은 문제를 분석하고 있겠구나', '이제는 가설을 기반으로 대안을 찾고 있겠구나'라고 그들의 풀이법을 예측할 수 있습니다. 합리적이고 체계적인 과정으로 문제에 접근하니까요.

합리적으로 문제를 해결하는 과정은 비단 회사에서 일할 때뿐 아니라 문제를 찾고 해결하는 어떤 경우에도 똑같이 적용할 수 있습니다.

의사들을 생각해볼까요? 질병을 치료하는 의사도 문제 해결사입니다. 환자의 몸에서 문제를 찾고 다양한 치료법을 고안해 그 문제를 해결하는 사람들이니까요. 의사가 번뜩이는 아이디어와 순간의 영감에 의존해 환자를 치료한다면 어떻게 될까요?

저는 그런 의사에게 제 건강을 맡기고 싶지 않아요. 새로울 것이 전혀 없는 방법이더라도 내 몸의 문제를 체계적으로 진단하고, 문제 원인을 심도 있게 찾아내고, 이를 해결할 수 있는 합리적 진료법을 제안하는 의사를 만나고 싶습니다.

건축가도 마찬가지입니다. 멋진 건축물을 보며 건축가가 창의성에 의존해 일한다고 생각할 수도 있지만 건축가야말로 누구보다 합리적으로 일해야 하지 않을까요. 중력을 거스르고 멋진 건물을 창조해내는 과정에서 풀어야 할 문제가 한둘이 아니거든요.

건축가는 건물을 만들어야 하는 지역의 토양과 지대의 장단점을 정확히 파악하고, 건물이 목적을 수행할 수 있는 합리적 구조와 형태를 고안해내고, 실제 그 구조를 구현하기 위해 체계적인 방식으로 건축 작업을 해야 하죠. 저는 상상력과 창의성에만 의존하는 건축가에게 건물을 의뢰하고 싶지 않아요. 누구보다 합리적인 방식으로 일하는 건축가에게 제 건물을 맡기고 싶습니다.

이렇듯 회사 밖 문제 해결사도 합리적으로 문제를 찾고 해결해나갑니다. 그렇다면 이 '합리적인 문제 해결 과정'은 무엇일까요?

사실 합리적인 문제 해결 과정은 모두가 잘 알고 있어요. 앞에서도 말한 것처럼 문제는 매번 바뀌지만 문제의 원인을 찾고 해결하는 방법은 새로울 것이 없기 때문입니다.

① 상황에 맞는 목표를 세운다
② 목표 달성을 막는 문제와 원인을 정의한다
③ 원인을 해결할 수 있는 가설과 대안을 수립한다
④ 효율적으로 시도해보며 결과를 바탕으로 개선점을 찾아낸다

1. 목표를 명확히 세운다

문제 해결사는 먼저 목표를 세웁니다. 누군가가 시킨 일이라면 그 일의 목표를 명확히 이해하고, 본인이 제안하고 꾸려나가는 일이라면 항상 목표부터 세워요. 이렇게 세운 목표에 대해 사전에 동료들과 충분히 소통해 이 일을 왜 하는지, 내가 생각하는 이상적인 결과물이 무엇인지 명쾌하게 합의합니다.

문제 해결사의 과정과 결과가 예측 가능한 이유는 가장 먼저 목표를 명확히 하고 같이 문제를 풀 사람들과 열심히 소통하기 때문

입니다. 이렇게 합의한 목표가 명확할수록 동료들이 문제 해결사를 돕기도 수월합니다. 목표를 이해하면 문제 해결사가 무엇을 하고자 하는지 쉽게 이해할 수 있거든요. 문제 해결사 입장에서도 일이 끝난 후 목표를 중심으로 직관적 회고를 통해 개선점을 찾기에도 좋습니다.

2. 문제와 원인을 정의한다

문제 해결사는 복잡한 일도 쉽게 접근합니다. 그들은 복잡한 상황을 단순화해, 집중해서 해결해야 할 문제와 원인을 파악하는 데 많은 시간을 할애합니다. "나에게 나무를 벨 시간이 1시간 주어진다면 그중 40분은 도끼날을 갈겠다"라는 링컨의 말처럼요.

여러 변수가 복잡하게 얽힌 상황에서도 스스로 정의한 목표 달성에 가장 큰 변수로 작용할 핵심적 문제와 그 문제의 근원적 원인을 찾습니다. 이를 위해 깊은 데이터의 바다로 빠져들기도 하고, 정보의 원천에서 문제를 직접 관찰하기도 합니다. 많은 사람의 조언을 구하거나 배움을 얻기도 하고, 먼저 그 문제를 해결한 사람들에게 가르침을 구하기도 하죠.

이렇게 발견한 문제와 원인을 동료들에게도 충분히 공유하고, 피드백을 받아 반드시 합의하고 일을 시작합니다. 문제 해결 과정에서 잠정적으로 합의한 문제와 원인이 앞으로 이어질 가설과 실행에 큰 영향을 주기 때문입니다. 풀고자 하는 핵심 문제와 근원적 원인이 결국 풀이 과정의 큰 방향을 결정합니다.

한마디로 문제를 풀기 전에 풀이법에 대해 합의하는 것이죠.

3. 가설과 대안을 찾는다

문제와 원인을 명확히 했다면 가설을 수립하고 대안을 찾습니다. 여기서 가설은 아직 검증되지 않았지만 추론해낼 수 있는 잠정적 해결책을 말합니다. 대안도 비슷한 의미고요.

사실 가설과 대안은 의외로 쉽게 찾을 수 있어요. 문제 해결사 본인이 직접 찾지 않더라도 문제와 원인만 분명하다면 주위에 있는 각 분야 전문가 동료들이 집단 지성을 발휘하기도 하거든요. 그래서 문제 해결사가 이 단계에서 집중하는 것은 우선순위와 시나리오입니다.

우선순위가 중요한 이유는 명확합니다. 해결사에게는 항상 시간과 자원이 제한적으로 주어지기 때문입니다. 원인을 해소할 수 있는 다양한 대안과 아이디어가 있다면 어떤 것이 가장 근원적인 원인을 해결해줄 수 있을지, 어떤 대안이 가장 임팩트가 클지, 어떤 아이디어가 가장 현실석이고 효율적일지 생각해야 합니다.

시나리오를 세우는 일도 중요합니다. 쉽게 말해 가설과 대안을 적용한 이후 발생할 수 있는 다양한 경우의 수를 미리 생각해보고, 이에 대한 대응책도 준비해놓는 것을 말합니다. '이렇게 해봤는데 잘되면 어떻게 하고, 잘 안되면 어떻게 할 것이다'라고 생각해두는 것이죠. 이렇게 만들어놓은 시나리오가 여러 변수 때문에 예상하기 힘든 문제 해결 과정에서 해결사에게 좋은 길잡이가 됩니다.

4. 실행하고 배움을 얻는다

그럴싸한 가설과 대안과 이를 기반으로 한 우선순위 시나리오가 완성되었다면, 해결사는 망설이지 않고 곧바로 실행에 옮깁니다. 많은 사람이 문제 해결사의 이런 실행력에 감탄하지만, 그렇게 놀랄 일도 아니에요. 좋은 생각만 했다고 해서 문제가 해결되지 않기 때문입니다. 직접 해보면서 오답과 정답을 찾아야 문제를 해결할 수 있습니다.

아무리 빠르게 실행에 옮긴다 하더라도 우선순위나 시나리오가 없다면 항상 제자리일 수도 있습니다. 누군가에게 이런 말을 들은 적이 있어요. "확신이 없는 운전자는 일단 눈앞에 보이는 페달을 모두 밟으려고 한다. 가속페달과 브레이크페달이 섞여 있다는 것을 알지 못한 채."

안타깝게도 모든 페달을 밟으면 차는 앞으로 나가지 않습니다. 문제 해결력이 떨어지는 사람은 그것이 안전하다고 생각해 일단 눈에 보이는 모든 페달을 모두 밟아 제자리에 머물게 됩니다.

문제 해결사가 실행 단계에서 집중하는 것은 '집요함'입니다. 가설에 대한 확신을 가지고 하나의 페달을 추려내고 실행 단계에서 힘껏 밟아봅니다. 가설을 집요하게 눈앞에 보이는 진짜 해결책으로 만드는 것이죠. 모두가 알고 있듯 여기에는 꼼꼼함과 장인 정신이 필요합니다.

문제 해결력이 떨어지는 사람들은 가설을 온전히 실행하지 못하는 실수를 합니다. 그러면 여러모로 문제가 생깁니다. 내가 생각한 가설과 아이디어가 제대로 구현되지 않아 문제가 해결되지 않을뿐더러, 가설 중 무엇이 문제 해결에 도움이 되는지 정확히 판단할 수 없어 회고를 제대로 하지 못하게 되는 것이죠. 그러면 힘들게 실행하더라도 배울 점이 없습니다.

문제 해결사는 가설이 온전히 실현된다면 단번에 문제가 해결되지 않더라도 그 과정에서 모든 것이 배움이 된다는 사실을 잘 알고 있습니다. 하나의 페달을 제대로 밟았을 때 차가 앞으로 나가지 않는다면 적어도 그 페달은 정답이 아님을 확실히 알게 됩니다. 그러면 다시 한번 남은 페달 중 확실하게 밟아볼 페달을 정하고 힘껏 밟아봅니다.

이렇게 일하는 문제 해결사에게 시행착오는 당연한 거예요. 시행착오를 반복하지만 확실한 가설을 가지고 힘껏 페달을 밟다 보면 액셀을 찾을 수 있습니다. 평범한 사람들이 모든 페달을 동시에 밟아 제자리에 멈춰 있을 동안에요.

그래시 문제 해결사는 실행 결과가 좋지 않더라도 당황하시 않습니다. 실행이 시작되면 가설의 오답 노트를 꺼내놓고 결과가 나오기를 기다리거든요. 문제와 원인에 대한 확신이 있으니 올바른 실행 방법만 찾으면 된다고 생각합니다.

가설을 집요하게 실행으로 옮겼지만 원하는 결과가 나오지 않는다면 오답 노트의 해당 선택지에 가위표를 치고 다음 가설로 넘어갑니다. 가능성이 보이는 결과가 나오면 이를 더 빨리 크게 확대·재생산할 수 있도록 개선점을 찾아 더 큰 성과를 만들어나갑니다.

문제 해결사가 빠지기 쉬운 4가지 함정

문제 해결사는 목표를 정하고, 문제와 원인을 정의하고, 해결을 위한 가설을 수립하고, 이를 효율적으로 실행해 검증합니다. 알고 보면 이 문제 해결 과정은 생각보다 단순합니다. 이 과정대로 일하면 누구나 문제 해결사가 될 수 있어요. 하지만 막상 현실에서는 이렇게 일하는 문제 해결사를 만나기 힘듭니다.

왜 그럴까요? 결론부터 말하면 '습관' 때문입니다. 합리적이고 체계적인 문제 해결 과정을 익히고 실행한다면 누구나 문제를 해결할 수 있지만, 각자의 습관이 이 과정을 따라가다 길을 잃게 만듭니다. 지금까지 각자가 일해온 방식이 모두 다르기 때문입니다.

각자의 업무 방식은 타고난 성향이나 일하면서 겪은 경험에 따라 크게 달라지는데, 이렇게 자리 잡은 각자의 방식이 익숙하고 편하니, 어떤 일을 하든 자연스럽게 원래 방식으로 돌아갑니다.

그래서 문제 해결사가 되고 싶은 사람들은 문제 해결 과정을 잘 따라갈 수 있도록 의식적 노력이 필요합니다. 이때 자신의 습관적인 업무 방식을 알고 있다면 큰 도움이 됩니다. 자세히 알수록 피하기도 쉬울 테니까요.

문제 해결사에 도전하는 사람들이 흔히 보이는 습관적인 업무 방식은 몇 가지로 나눠볼 수 있고, 이에 따른 업무 성향을 크게 4가지로 나눌 수 있습니다. '과다 열정러', '완벽주의자', '프로 걱정러', '테크니션'입니다. 이를 하나씩 살펴보도록 할게요.

1. 과다 열정러

먼저 과다 열정러입니다. 과다 열정러는 과감하고 도전적인 실행파라고 할 수 있습니다. "일단 한번 해볼게요", "해보기 전까지는 모르니까요" 같은 말을 자주 한다면 과다 열정러일 가능성이 높습니다.

과다 열정러는 항상 주어진 업무에 최선을 다하기 때문에 일을 열심히 하고 잘한다는 소리를 한 번쯤은 들어봤을 거예요. 그 이름에 맞게 항상 도전적이고 열정도 충만해 다른 동료들보다 업무 시간도 길고, 힘들고 어려운 프로젝트도 일단 빠르게 실행해보는 사람들입니다. 팀의 에너지를 높여주는 고마운 존재이기도 하죠.

과다 열정러의 좋지 않은 습관은 문제나 원인보다 '현상 자체에 집중한다'는 것입니다. 이 열정이 넘치는 실행파들은 일하다 마주하는 현상만 보고 바로 행동을 취하거든요.

매출이 떨어졌다는 소식을 접하면 매출을 올리기 위해 가장 먼저 떠오르는 아이디어를 곧바로 실행에 옮깁니다. 수익성 개선이 필요하다는 말을 들으면 일단 비용을 절약할 방법을 찾고 곧바로 적용하기도 하고요. 그러다 보면 문제 해결 과정에서 구체적 문제와 근원적 원인을 진단하는 단계를 건너뛰게 됩니다.

과다 열정러의 높은 에너지와 빠른 실행력이 문제 해결에 큰 도움이 될 때가 많지만 전략적이고 효율적으로 문제를 해결하기 위해서는 실행으로 옮기기 전에 풀고자 하는 문제와 이것의 근원적 원인이 무엇인지 명확히 할 필요가 있습니다. 문제를 풀어나가는데 가장 중요한 자원은 사람의 에너지와 시간인데, 현상에만 집중하면 근본적 원인을 해소할 방법을 찾을 때 갈피를 잡지 못한 채 다양한 방향의 가설이 난무하고, 큰 고민 없이 실행하며 이 중요한 자원을 소모하게 됩니다.

자신이 열정이 앞서 현상만 보고 일을 시작하려는 과다 열정러라고 생각된다면, **무언가를 실행하기에 앞서 풀려는 문제와 그 원인을 정확히 파악했는지** 한번 되돌아보세요. 매출이 떨어진 원인을 명확히 하고 나서, 수익성이 악화된 원인을 찾고 나서 이를 해결할 방법을 찾아야 효율적으로 문제를 해결할 수 있으니까요.

이를 위해서는 에너지를 발산하기 전에 잠시 한숨 돌리며 지금 해결하려는 문제는 무엇인지, 원인은 무엇이라고 생각하는지 깊이 생각해보는 여유가 필요합니다.

쉬운 방법은 움직이기 전에 종이를 꺼내 10분만 생각해보고 적어보는 것입니다. "문제는 A이고 그 원인은 B이다"라고요. 만약 그 문장이 명확하지 않거나 확실하게 느껴지지 않는다면, 실행하기 전에 문제와 원인을 더 깊이 파악해야 한다는 신호입니다.

누군가와 함께 행동해야 한다면 무언가를 시작하기 전에 지금 실행하려는 아이디어가 구체적으로 어떤 문제의 어떤 원인을 어떻게 해결해줄 것이라 생각하는지 체크해보는 것도 문제 해결사로 거듭나는 데 도움이 됩니다.

2. 완벽주의자

다음으로는 완벽주의자입니다. "○○이 없어서 안 돼요", "○○을 하려면 시간이 더 필요해서 지금은 못해요" 같은 말을 한다면 완벽주의자일 가능성이 높습니다.

완벽주의자는 다른 사람들보다 세심하고 꼼꼼합니다. 업무에서 작은 디테일까지 꼼꼼히 챙기므로 문제를 해결하는 과정 중 실행 단계에서 큰 강점을 발휘합니다. 가설의 아이디어와 의도를 온전히 구현해 문제를 해결하고 핵심적인 배움을 얻는 데 '장인 정신'과 '집요함'이 필요한데, 바로 이 두 단어가 완벽주의자를 묘사하는 데 가장 적합한 말입니다.

이들은 동료들에게 '회사 안의 장인'이라고 불리기도 합니다. 진짜 장인처럼 업무의 완성도를 높이는 데 필요한 번거로운 작업을 마다하지 않고, 세부 사항까지 높은 수준으로 마감하기 위해 힘든 일도 기꺼이 감수하거든요. 완벽주의자 동료가 있다면 든든합니다. 동료들이 놓친 세부 사항까지 발견하고 챙겨주는 경우가 많아 전반적인 업무의 질이 높아집니다.

하지만 완벽주의자라면 결과보다 과정 자체에 집중해 시간을 쏟고 있지 않은지 세심히 살펴볼 필요가 있습니다. 완벽주의자는 모든 과정의 완성도를 중요하게 생각하기에, 결과에 큰 영향이 없을지도 모르는 과정이라도 완벽해야 한다고 생각하는 경우가 많거든요.

그 때문에 가설과 대안을 찾는 단계에서 실행과 배움을 얻는 단계로 넘어가지 못하고, 문제 해결 과정 중에 멈춰 서는 경우가 많습니다. 그래서 프로세스와 역할과 책임Role&Responsibility, R&R, 매뉴얼, 협업 체계 같은 것을 만들고, 그것을 관리하는 데 과도하게 시간을 쓸 수도 있습니다. 다른 팀이나 동료들도 본인과 같이 모든 과정을 완벽하게 챙기면서 높은 완성도로 일해주길 바라는 경우도 있을 거예요.

물론 효율적으로 문제를 풀어 좋은 결과를 내기 위해서는 좋은 과정도 필요합니다. 특히 이런 과정은 크고 복잡한 문제를 풀 때 도움이 됩니다. 큰 문제 해결에는 여러 사람의 참여와 세세한 디테일 수행이 필요하기 때문입니다. 여러 사람이 힘을 모아야 하는 일일수록 명확한 프로세스와 매뉴얼이 그들을 한 몸처럼 움직이게 해주고요.

완벽주의자는 일을 하는 이유가 '프로세스를 만들기 위함'이 아니라 '문제를 해결하고 결과를 만들어내기 위한 것'이라는 점을 명심해야 합니다.

문제를 해결하기 위해서는 완벽하지 않은 무언가를 감수해야 할 때도 많습니다. 스타트업에서 유행하는 문구가 있는데 'Done is better than perfect(완벽보다 완성이 낫다)'라는 말입니다. 완벽을 지나치게 추구하느라 실행은 하지 못한다면 그것만큼 안타까운 상황이 없다는 의미로 자주 쓰이죠.

완벽주의자는 '문제 해결 과정'이 완전하지 않은 가설을 완벽할 수 없는 실험과 실행을 통해 검증하기 위한 것이라는 점을 항상 상기해야 합니다. 특히 어려운 문제일수록 해결하는 과정에서 더 큰 모호함과 불확실성을 감수해야 할지도 몰라요.

그래서 문제 해결사는 완벽하지 않은 과정에 불완전한 가설뿐이더라도 집요하게 실행해 개선점을 찾아내고 끊임없이 고쳐나가는 일에 집중합니다. 이들은 자신의 일이 '약간 부족한 채로 시작해 개선해야 하는 부분을 찾았을 때' 시작된다는 것을 잘 알고 있거든요. 훌륭한 문제 해결사는 실행 단계에서 문제가 생겼을 때 이렇게 말하기도 합니다. "이제 내가 일할 시간이로군!"

완벽주의자는 새로운 가설을 검증할 때 약간의 불확실성을 감수해야 한다는 점과, 문제를 풀기 위해 불완전하더라도 일단 시작해 계속 개선점을 찾고 보완해나가는 일이 필요하다는 점에 익숙해져야 합니다.

만족스럽지 않은 첫 결과물을 내는 것이 '일의 끝'이 아닙니다. 오히려 개선점을 찾고 계속 보완해나가기 위한 '일의 시작'에 가깝습니다. 하지만 완벽주의자는 첫 결과물을 내는 과정에서 완벽을 추구하느라 이미 많은 에너지와 시간을 써버리는 경우가 많아요.

따라서 지금 자신이 시간과 공을 들여 완벽을 기하려 하는 그 무언가가 문제 해결 과정과 최종 결과에 어떤 영향을 미칠지 고민해보면 좋습니다.

만약 영향이 없거나, 있더라도 가설을 검증하고 개선점을 찾아내는 데 큰 영향을 주지 않는 것이라면 과감하게 리스크를 감수하거나, 불완전함을 인정하고 타협해야 할지도 모릅니다. 심지어 어떤 경우에는 결과를 위해 과정에서 겪는 혼란을 감수해야 할 때도 있어요.

결과 지향적으로 생각하며 완벽주의자 스스로가 결과에 더 큰 임팩트를 주는 일의 우선순위는 무엇인지 생각해보고 그것에 집중한다면 값진 문제 해결 경험을 할 수 있을 것이라고 믿습니다.

3. 프로 걱정러

세 번째는 '프로 걱정러'입니다. 이들은 "근데 이건 어떡하죠?"로 시작해 "그래서 하면 안 될 것 같아요"라고 끝맺곤 합니다.

그들은 조심스러운 성향을 지니고 있습니다. 매사 신중하고 침착해 큰 실수를 범하는 경우가 거의 없어요. 비판적 시선으로 가끔 날카로운 피드백이나 의견을 주기도 해 동료들에게 큰 도움이 됩니다.

또 열심히 일하기 위해 일단 깊이 고민을 합니다. 다른 사람들보다 다각적인 고민을 하고 신중하게 접근법을 찾아갑니다. 그래서 문제 해결 과정에서 문제를 명확히 하고 원인을 파악하는 단계에서 큰 강점을 발휘합니다.

그 대신 일을 오래 품고 있어요. 품속에 들어간 일이 돌아오지 않아 이야기를 나눠보면 고민이 많습니다. 기획이나 의사 결정에 모든 변수와 요인을 포함시키려 하다 보니 고민거리가 늘어납니다. 물론 모든 것을 고민하고 염두에 두는 것의 장점도 있습니다. 모든 의사 결정에서 고려 가능한 모든 변수를 감안한다면 틀린 결정을 할 확률이 낮아질 테니까요.

문제는 프로 걱정러가 고민하는 과정에서 일이 '될 이유'보다 '안 될 이유'에 과도하게 집중하는 경우입니다. 문제 해결 과정에서 지나친 고민으로 '문제와 원인 파악' 단계에서 다음으로 나아가지 못하고 주저하는 것이 프로 걱정러가 가장 많이 빠지는 함정입니다.

이 또한 좋은 점이 있습니다. '일이 안 될 이유'를 찾았다면, 그 문제를 해결해 일이 되게 만들면 되니까요. 하지만 '일이 안 될 이유'에만 집중해 그 자리에 멈춰버린다면 큰 문제입니다.

앞에서 말한 완벽주의자와 비슷하다고 생각할 수 있는데 완벽주의자가 문제 해결 과정에서 '해야 하는 일'의 완성도에 과도하게 집착해 문제 해결을 하지 못한다면, 프로 걱정러는 과도한 고민으로 '하지 말아야 하는 이유'에 집착해 이 일은 하면 안 된다는 결론을 내립니다.

완벽주의자가 '고집 센 장인'이라면 프로 걱정러는 '걱정 많은 분석가'입니다. 물론 상호 호환되는 경우도 있을 것이고요. 같은 '안 될 이유'를 보고도 문제 해결사는 다른 반응을 보입니다. '안 될 이유'를 찾았다면 내심 기뻐하거든요. 부분에서의 '안 될 이유'를 파고들어 해결하면, 더 큰 문제를 해결할 가능성이 더 높아지니까요. 하지만 프로 걱정러는 '안 될 이유'를 발견하면 그 자리에 멈춰서버립니다. "문제가 너무 많아 안 될 것 같다"는 말과 함께요.

프로 걱정러는 **'안 될 이유'를 해결하면 문제 해결에 더 가까워진다는 것을 명심해야 합니다.** 그래서 '안 될 이유'를 발견했다면 이것을 어떻게 해결할 수 있을지, '될 이유'로 만들기 위해서는 어떤 전략과 변화, 도움과 지원이 필요한지 생각하는 데 더 많은 시간과 에너지를 쓰면 좋겠어요.

그러면 언젠가 '문제란 언제든 발생할 수 있는 것', 그리고 '문제란 성공 확률을 높이는 것'이라는 연결 고리를 깨닫고 직접 문제를 해결하는 경험을 할 수 있을 겁니다. 대부분은 진짜 문제를 찾지 못해 큰 문제를 해결하지 못하거든요.

4. 테크니션

마지막으로 화려한 테크니션입니다. 이들은 일을 잘한다는 소리를 종종 들어보았을 거예요. 최근 트렌드나 업계 동향에 대해 잘 알고 있고, 외부 활동도 열심히 해서 개인 네트워크나 지인을 통해 얻는 고급 정보가 많아 팀과 동료들에게 도움이 되는 경우가 많습니다.

테크니션은 이름 그대로 기술과 테크닉이 좋습니다. 누군가가 지나가듯 한 말을 듣고도 많은 데이터를 수집해 멋진 대시보드와 문서를 만들어 '짜잔' 하고 나타납니다. 그래서 손이 빠르다는 칭찬도 여러 번 들었을 거예요.

테크니션은 일을 잘하고 싶다는 열정도 있고 호기심이 왕성한 경우가 많아요. 문제 해결 과정 중 가설을 수립하고 실행하는 단계에서 높은 수준의 테크닉을 활용해 큰 강점을 발휘합니다.

하지만 테크니션이 가장 빠지기 쉬운 함정도 있습니다. 바로 트렌디한 레퍼런스 발굴에만 집중하거나, 인사이트보다 데이터 자체를 많이 수집하거나, 문서 작업에 지나치게 신경 쓰는 것입니다.

모두 주객이 전도된 상황입니다. 문제 해결의 본질보다 수단에 가까운 것들이니까요. 테크니션은 이런 수단과 기술의 수준을 높이기 위해 시간과 에너지를 쓰는 경우가 많아요.

수단과 기술이 중요하지 않다는 의미는 아닙니다. 이런 것들은 업무 효율을 개선하는 데 도움을 주거든요. 하지만 이를 통해 문제 해결이라는 목적이 경시되어 주객이 전도되는 것은 경계할 필요가 있습니다.

이런 함정에 빠지는 데는 여러 이유가 있겠지만 제가 관찰한 가장 단순한 이유는 테크니션들이 이런 기술을 좋아하기 때문입니다. 좋아하는 영역에서 습관이 형성되기 쉽듯, 이들은 화려한 수단과 최신 기술에 흥미를 느껴 어떤 일을 하든 자연스럽게 이런 것들에 집중하는 경우가 많았어요. 회사 안의 '얼리 어답터'입니다.

스스로 화려한 테크니션이라고 생각한다면 다음과 같은 것들을 유의하면 좋겠습니다.

먼저 타사의 성공 레퍼런스를 따라 한다고 우리도 같은 성과를 얻기는 힘들다는 사실을 이해해야 합니다. 문제 해결 과정에서도 말했듯 우리 문제를 풀려면 고유한 문제와 그 원인의 인과관계를 찾아야 합니다. 타사의 성공 사례라는 결과물은 쉽게 따라 할 수 있지만, 이것이 풀어주었던 타사의 문제와 원인의 인과관계까지는 모방하지 못하기 때문입니다.

타사의 성공 사례는 큰 참고가 되지만 문제 해결사는 우리만의 문제를 깊이 정의하고 이에 대한 뾰족한 원인을 찾는 것이 먼저라는 사실을 알고 있습니다. 그래서 섣불리 레퍼런스를 기반으로 가설을 떠올리거나 해결책을 속단하지 않고, 문제와 원인을 찾아내는 것에 집중하는 경우가 많습니다.

데이터는 그 자체만으로는 아무런 의미가 없다는 것도 알아야 합니다. 데이터를 많이 수집하고 이를 누구나 보기 좋은 대시보드를 만드는 일이 즐겁다면, 그 대시보드를 통해 어떤 인사이트를 도출할 수 있는지도 함께 생각해보세요. 인사이트는 바로 행동에 옮길 수 있을 정도로 구체적일수록 좋습니다.

호기심이 많고 내·외부 정보를 많이 알고 있는 테크니션의 특성상 다양한 데이터를 줄줄 외우고 있는 경우도 많아요. 회고 단계에서 리뷰할 많은 데이터를 수집하고 이를 멋진 장표나 문서로 정리하기도 합니다.

반대로 너무 많은 데이터를 수집해 정작 그 이면에 있는 문제 해결을 위한 인사이트를 놓치는 경우가 많습니다. 왜 이런 데이터가 나왔는지, 이 데이터가 의미하는 것은 무엇인지, 그래서 결국 무엇을 해야 하는지 스스로에게 묻고 답해보세요. 그럼 자연스럽게 데이터 자체의 수집이나 정리가 아니라 문제 해결을 위한 인사이트와 행동을 위한 시사점에 초점을 맞춰 데이터를 바라보게 될 테니까요.

마지막으로 화려한 PPT는 그 자체만으로는 설득력이 없다는 것도 생각해볼 일입니다. 화려한 그림보다 짧은 몇 줄의 글이 문제 해결사들이 선호하는 설득의 방식이에요.

레퍼런스와 데이터가 많은 테크니션은 화려한 슬라이드와 대시보드를 만들어 그것을 공유하는 데 많은 시간을 쓰는 경우가 많습니다. 정작 중요한 문제와 원인, 그리고 어떻게 이것들을 해결할 수 있을지 같은 핵심 메시지나 시사점을 놓치는 경우도 많고요.

가장 핵심적인 메시지로 짧은 글을 작성해보면 본인의 의견을 단순하고 명쾌하게 정리하는 데 도움이 됩니다. 이때 도움이 되는 문서 툴은 '원 페이저one pager'입니다.

원 페이저는 말 그대로 종이 1페이지에 본인의 제안 사항을 텍스트로 구술하는 형태의 문서를 말합니다. 머릿속 복잡한 생각과 마구 떠오르는 좋은 레퍼런스, 내가 전하고 싶은 메시지를 단순하게 요약해 소통할 수 있습니다. 그러면 함께 일하는 모든 사람들의 시간이 절약되는 경우가 많으니 화려한 테크니션일수록 원 페이저 활용에 익숙해지면 해결사의 순서를 따라오는 데 큰 도움이 됩니다.

결국 문제 해결사가 된다는 것은 자신이 익숙하고 좋아하는 방식으로 일하는 것이 아니라 '문제 해결'이라는 결과를 위한 합리적인 과정을 차근차근 밟아나가는 것을 의미합니다. 원래 하던 방식보다 조금 번거롭고 유난스럽더라도요.

어떤 사람들에게는 무엇이든 무작정 시작해보는 것은 어렵지 않은 일입니다. 하지만 그러다 문제의 원일을 놓치기도 하지요.(과다열정리). 무한히 완벽을 추구하며 일을 끝내지 않거나(완벽주의자), 다양한 문제를 이유로 그 일을 하지 않겠다고 결정하면서도 '나는 누구보다 열심히 일하고 있다'고 생각할지도 몰라요(프로 걱정리). 문제 해결이라는 결과가 아니라 과정에 필요한 수단과 기술만 갈고닦는 것도 어쩌면 익숙한 영역에서 같은 일을 반복하는 쉬운 문제 풀이일지도 모릅니다(테크니션).

그럴 때는 문제를 해결하기 위해서는 내가 익숙한 방식이 아니라 '문제 해결의 합리적 과정'으로 일해야 한다는 것을 떠올려보면 좋겠습니다. 조금은 까다롭고 번거로운 이 과정이 익숙해질 때, 문제 해결사가 되는 것이 아닐까요?

물경력을
피하는 방법

요즘 소셜 미디어에서 '물경력'이란 단어가 자주 눈에 띕니다. 일반적으로 물경력은 '경쟁력 없는 경력'을 말합니다.

경쟁력 없는 경력이라니, 참 무서운 말입니다. 시간과 노력을 투자해 커리어라는 결과물을 만들어나가는 직장인에게는 특히 말이죠.

좋은 투자로 만든 경력은 직장인에게 말 그대로 소중한 자산이 됩니다. 이 자산을 가지고 다양한 일을 해볼 수도 있고, 남들에게 도움이 되는 가치를 만들어낼 수도 있으니까요.

모두가 주식 투자를 하지만 누군가는 우량한 주식에 투자해 수익을 얻고, 누군가는 그러지 못해 돈을 잃습니다. 돈을 잃게 만드는 부실한 자산이 '물경력'이라고 한다면, 나에게 수익을 안겨줄 우량하고 든든한 자산은 '불경력'이라고 할 수 있겠네요. 그래서 이번에는 물경력과 불경력에 대해 이야기해보려고 합니다.

불경력은 어떻게 만들 수 있을까요? 이를 알아내기 위해서는 먼저 물경력의 의미를 구체적으로 이해해야 합니다. 물경력이란 경력은 길지만 세부적으로 살펴보면 연차에 비례하는 핵심 역량이 명확하게 보이지 않거나 문제를 해결해 만들어낸 성과가 없는 경력을 말합니다.

이렇게 정의한 물경력의 의미를 분해해보면, **물경력 직장인이 갖추지 못한 것은 '연차에 비례하는 핵심 역량'과 '문제 해결 성과'입니다. 반대로 말하면 이 2가지가 있다면 불경력이라고 할 수 있습니다.** 그럼 먼저 연차별 핵심 역량에 대해 이야기해보도록 할게요.

연차별 핵심 역량 찾기

물경력에 대한 정의는 연차에 따라 달라집니다. 당연하게도 연차가 쌓여갈수록 역량에 대한 기대치도 높아지니까요. 같은 마케터라고 하더라도 1~2년 차 주니어에게 기대하는 역량과 10년 차 시니어에게 기대하는 역량은 확연히 다르다는 것을 생각해보면 쉽게 알 수 있습니다.

연차별 역량에 대한 기대치가 잘 충족된다면 모두가 인정할 수 있는 불경력이라고 할 수 있습니다. 따라서 물경력을 피하기 위해 필요한 것은 연차에 맞는 핵심 역량을 쌓는 데 필요한 경험을 충분히 하는 것입니다.

이를 자세히 이해하기 위해서는 연차별로 기대되는 역량을 잘 이해해야 합니다. 산업과 직군에 따라 기준과 조건이 다르겠지만,

제 개인적인 기준으로 연차별 핵심 역량에 대한 '불경력 진단표'를 만들어봤습니다. 구체적인 진단표를 보기 전에 연차별로 기대할 수 있는 핵심 역량을 4단계로 구분해 정리해보겠습니다.

레벨 1: 시킨 일을 완수한다

가장 낮은 레벨입니다. 일하는 방법과 기술을 습득해 자신에게 주어진 가장 기본적인 일을 수행하는 것입니다.

마케터를 예로 들어보자면, 다양한 툴을 활용해 광고 소재를 만들고 협의된 타깃에 따른 설정대로 광고를 운영할 수 있도록 실수 없이 광고를 세팅하는 일을 말합니다.

레벨 2: 문제와 해결책을 찾아낸다

단순히 시킨 일을 해내는 것을 넘어 발전을 모색하는 단계입니다. 주어진 기본 단위의 일을 더 잘 수행하거나, 주어진 목표를 더 효과적으로 달성하기 위해 해결해야 할 문제 및 원인을 찾고 더 나은 해결책을 찾아내는 것을 말합니다.

마케터를 예로 들어보면, 기존 광고 소재의 문제를 찾고 더 나은 성과를 내기 위해 새로운 광고 소재의 방향성을 제시하는 일이라고 볼 수 있습니다.

레벨 3: 목표와 전략을 수립한다

이제 더 큰 방향성을 이야기하는 단계입니다. 레벨 2에서 찾은 문제와 해결책을 바탕으로 직접 문제를 풀어보며 목표와 전략, 즉 큰 단위의 방향성을 스스로 설정하는 것을 말합니다.

마케터를 예로 들어보면, 기존 광고 성과를 바탕으로 더 높은 수준의 목표를 달성할 만한 상품 광고 전략을 수립하고 이해관계자들을 설득해 일을 추진하는 것을 말합니다.

레벨 4: 사람들을 이끈다

정의된 목표를 달성하고, 합의한 전략을 수행하기 위해 동료들과 협업하거나, 유관 부서 혹은 외부 파트너와의 협업을 이끄는 것을 말합니다.

마케터를 예로 들어보면, 수립한 전략에 맞춰 광고를 집행하기 위해 동료들의 협업을 이끌어내거나, 구조적 협업을 위해 프로젝트를 발의하거나, 직접 TF 혹은 팀을 꾸려 사람들을 이끄는 것 등이 포함됩니다.

이제 연차별 핵심 역량에 대한 기대치를 살펴보겠습니다. 다음 표에서 연차별 행에 표시된 핵심 역량을 갖추었다면 불경력입니다. 해당 연차에서 좋은 경험을 기반으로 두루 인정받을 만한 탄탄한 경력을 쌓아 이를 자산으로 보유했다고 볼 수 있습니다.

핵심 역량	세부 기준	인턴~ 1년 차	2년~ 3년 차	4년~ 5년 차	6년~ 7년 차	8년~ 10년 차
시킨 일을 완수한다	정해진 대로 실수 없이 일한다	○	○			
	더 나은 방법을 알아낸다		○	○		
문제와 해결책을 찾아낸다	문제와 해결책을 찾는 데 참여한다		○	○		
	문제와 해결책을 직접 찾아내 제안한다			○	○	○
목표와 전략을 수립한다	기존 전략을 고도화한다				○	○
	더 나은 전략을 찾아낸다					○
사람들을 이끈다	동료들과의 협업을 이끈다			○	○	○
	상사가 없어도 영향력을 발휘한다				○	○

인턴/1년 차

수단과 방법을 숙지해 시킨 일을 알려준 방법대로 실수 없이 완수합니다. 같은 방법으로 일하더라도 같은 시간에 남들보다 더 많은 일을 완수합니다. '손이 빠르다'는 말을 듣기도 합니다.

2~3년 차

시킨 일을 완수하는 더 나은 방법을 스스로 알아내거나 만듭니다. 주어진 과업을 수행하는 것을 넘어 목표를 달성하는 과정에서 문제와 기회를 포착하고 이를 해결하거나 활용할 수 있는 실마리나 인사이트를 상사나 사수에게 제공합니다. '일머리가 있다'는 말을 듣기도 합니다.

4~5년 차

목표를 달성하기 위해 문제와 해결책, 기회와 활용 방안을 직접 찾아내고 이를 바탕으로 작은 그룹의 동료들을 모아 협업을 이끌어 직접 그 문제를 해결합니다. '팀의 에이스'라는 말을 듣기도 합니다.

6~7년 차

문제를 해결하고 기회를 활용한 경험이 쌓여 이를 기반으로 기존 전략을 고도화해본 경험이 있습니다. 특정한 상황에서는 상사나 사수가 없더라도 다양한 역할로 구성된 그룹에서 동료들과의 협업을 원만히 이끕니다. '부서의 에이스'라는 말을 듣기도 합니다.

8~10년 차

기존 전략을 고도화해본 경험을 바탕으로 목표를 직접 수립해 이를 달성할 수 있는 전략을 도출합니다. 이해관계자들에게 영향력을 행사해 목표와 전략에 대한 합의를 이끌어낼 수 있으며, 상사가 없더라도 유관 부서와 협업하는 데 전혀 문제가 없습니다.

사실상 '팀장' 역할을 합니다.

불경력 진단표는 이렇게 활용할 수 있습니다. 먼저 자신이 연차에 맞는 핵심 역량을 갖추고 있는지 점검해봅니다. 해당 핵심 역량을 키울 만한 충분한 경험을 했고, 이를 보여줄 수 있는 사례가 많은지 회고해봅니다.

만약 해당 연차에 필요한 핵심 역량을 갖추는 데 필요한 경험과 사례가 충분하다면, 축하드립니다. '불경력'에 가까운 경험을 가지고 계시네요. 그렇지 않다면 시간과 노력을 물경력에 투자하고 있었던 것은 아닌지 살펴볼 필요가 있습니다.

만약 연차에 맞는 핵심 역량에 관련된 경험과 사례가 부족하다면 이를 만들어나가야 합니다. 낯설거나 힘들더라도 새로운 일에 도전하거나, 그런 업무 기회를 잡기 위해 상사와 이야기해보는 것도 좋은 방법입니다.

물론 제가 제시한 진단표에 해당하는 핵심 역량을 갖추지 못했다고 크게 낙심하거나 걱정할 필요는 없습니다. 앞에서도 말한 것처럼 불경력에 대한 기준은 산업과 직군, 포지션에 따라 크게 다를 수 있으니까요. 그래서 자신이 생각하는 불경력의 기준을 정리하고 이를 바탕으로 판단해보는 것이 도움이 됩니다.

제가 만든 진단표가 아니라 본인이 생각하는 연차별 핵심 역량의 로드맵과 이에 필요한 경험과 사례를 그려보고 매월, 매년 그런 일에 의도적으로 도전하고 있는지 점검하며 그 경험을 통해 얻은 역량과 경험을 회고해보면, 어느덧 불경력을 만드는 데 시간과 노력을 투자하게 될 겁니다.

성과를 만드는 태도

진단표에 맞는 핵심 역량을 갖추었다면 이제 필요한 것은 '문제 해결 성과'입니다. 연차별 핵심 역량을 활용해 문제를 직접 해결해본 경험이 더해지면 금상첨화거든요. 핵심 역량을 뒷받침하는 좋은 성과는 그 자체로도 불경력 역량을 증명하는 명확한 근거가 됩니다.

여기서 문제 해결 성과는 '문제를 해결하고 얻은 성과를 정량화할 수 있는 성공 사례'를 말합니다. 이를 만들기 위해서는 자신의 성과를 말할 때 그저 열심히 했던 일을 두루뭉술하게 말하는 것이 아니라, 내가 해결한 문제와 이를 증명할 수 있는 정량화된 수치를 말하는 것이 중요합니다.

연차별로 필요한 핵심 역량을 쌓아나가기 위해 여러 시도를 하는 중이라면, 좋은 성과가 자연스럽게 생기고 있겠죠. 여기서는 문제 해결 성과를 조금 더 많이 만들기 위해 필요한 태도에 대해 이야기해보려고 합니다.

---

① 시킨 일만 하지 않는다
② 쉬운 일만 하지 않는다
③ 혼자 일하지 않는다

---

1. 시킨 일만 하지 않는다

물경력을 피하기 위해 가장 먼저 필요한 태도는 시킨 일만 하지 않는 것입니다. 주도적으로 일하는 것만으로도 물경력을 피해 갈 수 있습니다.

시간과 노력을 투자해 경쟁력 있는 경력을 만들기 위해서는 누군가가 시킨 일뿐 아니라, 내가 직접 문제를 찾고 이를 해결하기 위한 솔루션을 주도적으로 고민하고 제시한 경험이 있어야 합니다. 연차가 높아질수록 사람들이 기대하는 것은 '시키는 일을 잘하는 것'이 아니라 '어떤 일을 해야 하는지 알아내는 것'이라고 할 수 있으니까요.

시키는 일만 하면 지금 회사나 팀이 어떤 상황에서 어떤 문제를 풀어야 하는지, 그리고 그 문제가 해결되었을 때 어떤 결과를 얻을 수 있는지에 대한 거시적인 관점은 놓친 채 일하게 됩니다. 이렇게 일하다 보면 당장 오늘 주어진 업무만 바쁘게 하다가 하루가, 일주일이 끝나버립니다. 매일 그런 업무만 하게 되니 주도적으로 문제를 찾고 풀 수 없습니다.

반면 자신이 직접 발의하고 제안해 진행하면 시킨 일만 반복적으로 할 때와 달리 더 큰 책임감을 가지고 일하게 됩니다. 잘 안 되더라도 비교적 더 끈기 있게 노력해 결과를 만들려고도 할 것이고요.

시키지 않은 일을 주도적으로 하다 보면 불가피하게 위험을 감수해야 하는 경우가 있습니다. 시킨 일을 한다는 것은 그 일에 대한 책임은 다른 사람이 진다는 것인데, 자신이 제안해 진행하는 일은 자신도 책임을 져야 하니 위험 부담이 있죠.

하지만 주식 투자에서도 가끔은 리스크를 감수하는 것이 필요한 것처럼, 경력을 개발할 때도 위험을 감수해야 할 때가 있습니다. 처음 그런 시도를 하면 덜컥 겁도 나고, 그래서 내가 감수해야 하는 리스크가 더 크게 느껴질 수 있습니다.

생각해보면 그렇게 잃을 것이 많지도 않아요. 스스로 제안한 일을 추진해 의미 있는 성과를 얻으면 '성공 경험'이라는 값진 결과를 얻을 수 있는 반면, 그 일이 잘 안되었을 때 감내해야 하는 리스크는 내 시간과 회사의 돈(많이 잃으면 안 되겠지만) 정도일 테니까요. 그 과정에서 귀한 교훈과 배움을 얻어 다음에 일을 더 잘할 수 있게 되니 잃는 것이 그렇게 많지 않을 수도 있습니다.

2. 쉬운 일만 하지 않는다

몸경력을 쌓는 데 필요한 또 다른 태도는 힘들더라도 쉽지 않은 일에 도전하는 것입니다. 남들이 다 하는 일을 똑같이 하면 '경쟁력이 있다'고 말하기 힘드니까요.

남들이 시도할 엄두를 내지 못했거나 풀지 못한 문제를 풀어낸 경험만큼 값지고 인정받는 불경력은 없겠죠. 이를 위해 힘들더라도 어려운 일을 해야 합니다.

회사에서 일하다 보면 여러 번 반복해서 편안하고 익숙하게 느끼는 분야와 일이 생깁니다. 경력 초반에는 이런 일이 많아질 때마다 성취감을 느낍니다. '나도 이제 능숙하게 이런 일을 처리할 수 있게 되었구나'는 생각이 들죠.

하지만 경력이 길어질수록 이렇게 생겨난 '편안하고 익숙한 영역'에서 벗어나야 성장할 수 있습니다. 그런 영역에만 머무르면 시간이 흐르더라도 똑같거나 비슷한 일만 반복하게 될 테니까요.

한 포지션에서 3년간 일했다 하더라도 늘 편한 일만 반복하고 새로운 시도를 하지 않았다면 좋은 경력이라고 보기 힘듭니다. 그런 일만 하면 일하는 속도나 효율은 좋아지겠지만 손이 빠르다고 해서 언제까지나 좋은 경력을 쌓고 있다고 말하지는 않으니까요.

진단표에서 본 것처럼 '손이 빠르다'는 것은 2~3년 차에서 경쟁력이 있는 역량입니다. 경쟁력 있는 불경력은 어려운 문제에 도전해 남들이 쉽게 얻지 못하는 경험이나 교훈을 얻는 것에서 시작합니다. 팀에 어려운 프로젝트나 미션이 주어졌을 때 먼저 손을 들고 한번 해보겠다며 도전하는 자세가 도움이 되는 경우가 많습니다.

3. 혼자 일하지 않는다

마지막은 혼자 일하지 않는 것입니다. 앞서 이야기한 것처럼 불경력을 피하기 위해서는 혼자서는 풀지 못하는 어려운 문제에 도전하고 그것을 풀어내야 합니다. 그런 문제에 도전하기 위해서는 협업이 꼭 필요합니다. 큰 성과를 내기 위해서는 여러 명이 힘을 모아야 하니까요.

가끔 혼자서만 잘해도 좋은 성과를 내고 탄탄한 경력을 쌓을 수 있다고 생각하는 동료들을 만납니다. 물론 상대적으로 협업 비중이 적고 혼자 일해서 성과를 낼 수 있는 일도 있겠지만, 회사에서 일하는 우리 대부분은 여럿이 힘을 모아 큰 문제를 해결해나갑니다.

연차가 차곡차곡 쌓일수록 사람들을 이끄는 리더십 또한 중요한 경력 기준이 됩니다. 8년 차 이상이 되면 해당 분야에서 쌓은 전문성뿐만 아니라 충분한 협업 경험과 동료들을 이끈 리더십 경험을 기대합니다. 이를 바탕으로 향후 얼마나 좋은 리더가 될지 판단할 수 있으니까요. 물경력을 피하기 위해서는 혼자 일하는 것이 아니라, 동료들에게 영향을 미치고 참여를 이끌어내 협업에서 성과를 내기 위한 시도를 계속해야 합니다.

그런데 사람을 이끄는 것은 막상 해보면 참 어려운 일입니다. 일만 잘해서 되는 것이 아니라 동료들에게 관심을 가지고 서로 도와야 하니까요. 회사에서 마음 맞는 동료들과 함께 일하는 것이 가장 큰 복이라는 말처럼, 여러 사람과 한마음이 되어 일하는 것은 힘든 일입니다.

여기에는 필요한 정보를 공유하고, 사소한 부분까지 꼼꼼하게 커뮤니케이션하고, 의견이 맞지 않는 부분은 조율하는 외재적 관리 업무도 필요합니다. 동시에 이 일을 해보자고 설득하고, 멋진 목표를 세우고, 동료들이 그 목표에 몰입하게 만드는 내재적 동기를 만들어내야 합니다.

내 일 하나 잘 마치기에도 힘든데 관리와 동기부여라니, 생각만 해도 머리가 지끈거립니다. 하지만 어렵더라도 사람들과 소통하고 머리를 맞대 문제를 풀어내는 경험이 나중에는 큰 자산으로 돌아옵니다.

불경력이냐, 워라밸이냐

시킨 일만 하지 않고, 쉬운 일만 하지 않고, 여럿이 힘을 모아 큰 문제를 푼다…. 이렇게 일하면 워라밸을 지킬 수 있을까요?

요즘 "월급받는 만큼만 일하고 '칼퇴' 하는 게 좋다"는 말이 많이 들립니다. 나아가 회사에서는 최소한의 일만 하고 퇴근 후 원하는 일에 더 몰입하는 '조용한 퇴사' 열풍에 대한 기사도 보여요.

건강하고 충만한 삶을 위해 워라밸을 지키는 것은 너무나 중요한 일입니다. 아마 이 전제에 반대하는 사람은 없으리라 생각합니다. 하지만 사람들이 인생에서 추구하는 가치와 경험은 모두 다릅니다. 귀한 것을 얻기 위해 때로는 희생해야 하는 부분도 있습니다.

남들보다 특별한 재능이 있어 워라밸을 문제없이 지키면서도 남들이 갖추지 못하는 '불경력'을 쌓은 사람도 분명 있겠죠? 하지만 특출날 것 없는 저는 남들보다 조금 더 많은 시간을 쓰고 노력하는 것 말고는 다른 방법이 없었던 것 같습니다. 유명한 수능 강사분이 이런 말을 했다고 합니다.

"우리는 경쟁 사회에 사는 것이 아니다. 열심히 하는 사람은 어떤 분야에서나 극소수이기 때문이다."

물경력을 피하는 것도 같은 맥락입니다. 남들보다 조금 더 많은 시간과 노력을 투자해야 경쟁력 있는 경력이 쌓입니다. 아마 이

책을 선택하신 분들은 저와 비슷한 생각이겠죠? 불경력을 얻기 위해서는 시킨 일의 더 큰 맥락을 고민해 주도적으로 더 나은 해결책을 찾거나, 남들은 피하고 싶어 하는 조금 어려운 일에 기꺼이 도전하거나, 사람들을 불러 모으고 설득해 큰 문제를 찾고 해결해야 하니까요.

누구도 강요하지 않는데 이렇게 일한다는 것은 사실 생각보다 힘들고 지치는 일입니다. 하지만 여러분이 고생하는 과정에서 소소한 보람과 즐거움, 그리고 작지 않은 배움과 교훈을 얻길 바랍니다. 그 끝에 우량하고 든든한 불경력이 있을 것입니다.

기획력에
물 주기

무언가를 잘하기 위해서는 먼저 그것을 정확히 정의해야 합니다. 이때 누구나 이해할 수 있는 쉽고 실용적인 언어로 정의하는 것이 중요합니다. 언어가 단순하고 직관적일수록 대상을 구체적으로 정의하고 그것을 잘하기 위한 노력을 할 수 있으니까요.

문제 해결사가 되기 위한 핵심 역량도 그렇게 생각해보면 좋겠습니다. 기획력부터 창의력, 실행력, 소통력 같은 핵심 역량을 하나씩 정의해보며 각각을 키워나갈 방법을 살펴보도록 해요.

기획력, 경우의 수를 생각하는 능력

기획력은 어떻게 정의할 수 있을까요? 취업과 이직을 준비하며, 회사에서 평가를 받으며 많이 들어본 말인데 막상 구체적으로 정의하려고 하면 단순하고 실용적인 정의가 잘 떠오르지 않습니다.

사람들은 이때 거창한 대답을 생각하는 함정에 빠집니다. '기획력은 다른 사람들이 생각해내지 못한 전략과 방법을 제시하는 것이다'처럼요. 그래서 나의 작은 경험으로는 기획력을 키울 수 없다고 믿어요. 기획력을 너무 어렵게 정의해서 발생하는 문제입니다.

기획력을 두루뭉술하게 생각하는 실수도 합니다. 막연하게 '똑똑하거나 논리적 면모를 갖추는 것' 정도로 정의하며 기획력을 키우기 위한 구체적 노력을 하지 못해요. 나는 특별히 똑똑하거나 논리적이지 않으니 어쩔 수 없다고 생각하죠.

하지만 제 생각은 조금 다릅니다. 우리는 각자의 언어와 경험으로 기획력을 정의할 수 있어요. 훨씬 더 단순하고 실용적으로요.

저는 기획력을 '경우의 수로 현상을 분해해 문제를 해결하는 방식'으로 정의합니다.

'경우의 수'라니. 네, 맞습니다. 고등학교 수학 시간에 배운 바로 그거예요. 경우의 수를 활용하면 원하는 결과로 도달하는 길을 구체화하고 이를 구조적으로 이해할 수 있습니다. 기획력은 결과 지향적 사고이고, 결과를 위한 경로를 예측하고 최적화하는 것이 전략적 사고의 뼈대가 됩니다.

저는 게임과 스포츠를 참 좋아하는데 여기서는 축구 이야기를 한번 해보겠습니다. 지금부터 우리 모두 축구팀 감독이 되었다고 상상해볼까요? 축구에서는 수비도 중요하지만 경기에서 이기려면 골을 넣어야 합니다. 여기서 골은 '결과'입니다. 감독이 수립해야 하는 기획의 도착 지점이죠.

결과를 정하고 나면 경우의 수를 활용해 골을 넣을 수 있는 경로를 그려봅시다. 골을 넣으려면 어떻게 해야 할까요? 물론 슈팅을 많이 해야 합니다. 너무 당연한 인과관계죠. 슈팅을 많이 하기만 하면 될까요? 슈팅 성공률도 높아야 합니다. 골을 넣는 경우의 수를 간단한 수식으로 정리해보면 다음과 같습니다.

골 = 슈팅 시도 횟수 × 슈팅 성공률

몇 번 더 경우의 수를 생각해봅니다. 공격수가 슈팅하려면 무엇이 필요할까요?

공격수는 상대 수비수를 돌파해 제치고 나가야 합니다. 그럼 공격수의 드리블 돌파 횟수와 돌파 성공률이 중요하겠네요.

그 전에 또 무엇이 필요할까요? 공격수가 상대 수비수를 돌파하려면 우리 편 수비수가 공격수에게 패스해주어야 할 것입니다. 그럼 미드필더가 공격수에게 해주는 패스 시도 횟수와 패스 성공률도 중요해집니다. 이런 연쇄적인 인과관계의 경우의 수를 수식으로 정리해보면 다음과 같습니다.

골 = 슈팅 시도 횟수 × 슈팅 성공률
슈팅 시도 횟수 = 돌파 시도 횟수 × 돌파 성공률
돌파 시도 횟수 = 패스 시도 횟수 ×
패스 성공률

여기서 우리가 원하는 결과에는 다양한 경우의 수가 연쇄적으로 연결되어 있다는 점을 알 수 있습니다. 패스가 성공해야 돌파할 수 있고, 돌파할 수 있어야 슈팅이 성공하는 것처럼요. 이를 보통 인과관계나 상관관계라고 하는데, 이 인과관계와 상관관계의 경우의 수가 목표를 달성할 때 중요한 중간 다리가 됩니다.

그래서 결과를 분해해 그것에 연결된 연쇄적 경우의 수를 그려보는 것만으로도 목표를 달성하는 데 필요한 경로를 그려볼 수 있어요. 큰 틀에서 이를 '결과 지향적 사고'라 부르고, 각 경우의 수를 이루는 중간 다리를 목표를 달성하기 위한 중간 지표 혹은 'KPIKey Performance Indicator'라고 부릅니다.

KPI와 목표를 같은 의미로 사용하는 사람을 많이 봅니다. 혹은 KPI를 개인이 달성해야 하는 인사 고과 지표나 평가 척도 정도로 생각하는 사람도 많더라고요. 목표는 큰 것, KPI는 작은 것 정도로 해석하는 사람도 보았습니다. 회사의 목표는 목표이고, 개인의 목표는 KPI라고 생각하는 것이죠.

하지만 목표와 중간 지표에 대한 단순한 접근은 기획을 어렵게 만듭니다. 반대로 목표와 KPI를 구분해 결과 지향적으로 생각하면 기획하기 쉬워집니다.

KPI는 목표를 달성하기 위해 반드시 갖추어야 하는 필요충분조건이고, 기획은 세분화된 KPI를 따라 경로를 그리고 그 경로를 효율화해 목표를 달성하는 방법을 정리하는 것입니다. 그래서 기획은 KPI를 밝혀내고, 이것들을 연결해 여러 경로를 그려보고, 그 경로에서 가장 취약한 부분과 기회를 밝혀내, 이를 해소하거나 활용할 수 있는 수단을 찾는 일이라 할 수 있습니다. 목표 달성은 곧 핵심적인 경우의 수인 KPI의 연쇄적 달성을 의미하기 때문입니다.

전략적으로 사고하기

축구에서 골을 넣는 것이 원하는 목표라면, 팀의 전략 기획자가 해야 하는 일은 슈팅 시도 횟수, 돌파 성공률 같은 경우의 수를 이루는 KPI를 밝혀내고, 이들을 연결해 작전을 짜고, 그 작전의 경우의 수에서 우리 팀의 취약점과 기회를 찾아내, 골을 넣기 위한 최적의 경로를 정리하는 것입니다. 이것이 바로 작전 기획, 전략 기획입니다.

우리가 기획을 하는 이유는 이루고 싶은 목표를 달성할 방법을 찾기 위해서입니다. 그래서 기획자는 항상 막막합니다. 목표는 거창해 보이는데 이를 달성할 방법은 늘 묘연하거든요.

하지만 기획을 경우의 수와 중간 지표, 이를 통한 결과 지향적 사고라고 정의하면 훨씬 더 구체적이고 실용적으로 일할 수 있습니다. 저는 이 일련의 과정을 전략적 사고에 기반한 기획이라고 부릅니다.

축구 이야기로 잠깐 돌아가볼게요. 앞서 함께 살펴본 경우의 수를 임의로 '벤투 감독의 작전 기획'이라고 해보겠습니다.

골 = (패스 시도 횟수 × 패스 성공률) × (돌파 시도 횟수 × 돌파 성공률) × (슈팅 시도 횟수 × 슈팅 성공률)

이렇게 경우의 수로 목표를 분해해 작전을 기획하면 결과를 구조적으로 관리할 수 있습니다. 그저 '골을 많이 넣어야지'라고 생각하는 것과 '나는 돌파 성공률과 슈팅 횟수가 부족하네. 골을 많이 넣기 위해 이것들을 먼저 보완해야겠다'고 생각하는 것은 천지 차이입니다.

하지만 골을 넣기 위한 경우의 수는 이것 말고도 무수히 존재합니다. 어떤 축구 감독은 골은 공격수가 아닌 누구라도 넣을 수 있다고 생각할 수 있습니다. 그런 감독에게는 다른 경우의 수가 보일 거예요. 이를 임의로 '히딩크 감독의 작전 기획'이라고 해볼게요.

$$골 = (선수 1의 분당 득점 \times 체력) + (선수 2의 분당 득점 \times 체력)$$
$$+ (선수 3의 분당 득점 \times 체력) + \cdots$$

'골을 넣기 위해 선수늘한테 열심히 하라고 독려해야지'라고 두루뭉술하게 생각하는 것과 '선수 1의 출전 시간은 줄이고 선수 2의 체력은 길러야 팀의 득점이 더 늘어나겠군'이라고 생각하는 것도 천지 차이입니다.

그래서 흔히 벤투 감독식 축구를 '점유율 축구'라 하고 히딩크 감독식 축구를 '체력 중심의 토털 사커'라 합니다. 실제로 두 감독의 경기를 보면 스타일이 완전히 달라요. 그래서 같은 축구 경기라도 관중들에게 서로 다른 재미를 선사합니다.

이는 감독이 각자의 방식으로 경우의 수 경로를 그리고 작전을 기획했기 때문입니다. 벤투 감독은 수비부터 공격까지 유기적 짜임과 연결을 중요하게 생각한 경우의 수를, 히딩크 감독은 모든 포지션에서 높은 체력과 생산성을 만들어내기 위한 경우의 수를 생각했습니다.

두 감독은 골을 넣고 이긴다는 같은 목표를 달성하기 위해 다른 경우의 수를 보고 다른 기획을 했습니다. 이렇게 감독이 기획한 경우의 수가 정해지면 두 감독이 선수들을 훈련시키는 모습도 크게 달라질 거예요. 히딩크 감독의 경우의 수를 보면 아마 코치들이 선수들의 체력 강화에 신경을 많이 쓸 것입니다. 목표를 달성하기 위해 '체력 유지 시간'을 중요한 KPI로 설정했기 때문입니다. 그리고 모든 포지션의 선수를 위한 공격적 전술 훈련을 할 거예요. 이 또한 경우의 수에서 중요한 KPI이기 때문입니다.

하지만 벤투 감독의 트레이닝 캠프의 모습은 사뭇 다를 거예요. 아마 벤투 감독의 코치들은 수비수에게는 수비라는, 미드필더에게는 패스라는, 공격수에게는 슈팅이라는 역할을 분담하고 각 역할에서 높은 전문성을 요구하겠죠. 그리고 이에 맞는 기술 훈련과 유기적 조합을 만들어내려고 할 테고요. 그런 것들을 중요한 KPI로 설정하는 기획을 했기 때문입니다.

이처럼 원하는 결과에 따른 경우의 수는 다양한 방식으로 분해할 수 있고, 그에 따라 목표에 영향을 미치는 중요한 변수가 바뀌어 팀의 '전략'이 달라집니다. 이 또한 전략적 사고의 또 다른 단순하고 실용적인 모습입니다.

쉽게 정리하면 이렇습니다. 어떤 일을 할 때 측정 가능한 분명한 목표를 세우고, 목표에 이르는 경로를 인과관계가 있는 세부적 하위 지표로 이루어진 경우의 수로 구조화할 수 있습니다. 이 경우의 수 조합을 살펴보며 문제와 기회를 찾고, 문제를 해결하고 기회는 극대화하는 것이 전략적 사고이자 우리가 찾는 기획력입니다.

이제 다음 질문은 이것입니다. 기획력에 물을 주고, 이것을 키워 나가기 위해서는 무엇이 필요할까요?

결론부터 말하자면 **'작은 일에서도 경우의 수로 상황을 분해해 문제를 해결해나가는 경험'을 쌓아야 합니다.** 원하는 목표를 구체화하고, 다양한 경우의 수로 목표를 달성할 방법을 분해해보고, 그중 어디에 문제와 기회가 있는지 파악하고, 나만의 경로로 문제를 해결해보는 경험이요. 이런 경험이 전략적 사고 역량을 자라게 하는 깨끗하고 맑은 물이 될 거예요.

크고 거창한 일이 아니어도 좋아요. 큰일부터 작고 사소한 일까지, 우리가 하는 모든 일에는 목표가 있고 이를 달성할 때 전략적 사고는 언제나 도움이 됩니다. 지금 작은 일을 하고 있다면, 그 일부터 목표와 경우의 수를 분해해 접근해보세요. 그렇게 작은 문제를 해결하고 나서 조금 더 큰 일에서 전략적 사고를 발휘해 문제를 해결하는 경험을 쌓아나가다 보면 어느새 전략적 사고와 막강한 기획력이라는 무기를 확보하게 될 것입니다.

전략적 사고 활용해 기획하기

지금까지 기획력과 전략적 사고에 대한 정의와 이를 얻기 위한 방법을 쉽고 실용적으로 정의해보았습니다. 이번에는 실제 회사에서 하는 일에 전략적 사고를 어떻게 활용할 수 있을지도 살펴보겠습니다.

　전략적 사고를 통해 기획을 하기 위해 가장 먼저 해야 하는 것은 다양한 변수 중 '목표 달성에 도움이 되는 변수를 추려내는 일'입니다. 실제로 어떤 결과값이 나오는 과정에는 아주 많은 변수가 얽히고설켜 있습니다. 이를 그저 내버려두면 복잡하게 뒤엉킨, 서로 관계없는 변수의 합에 지나지 않을 거예요. 다음 그림처럼요.

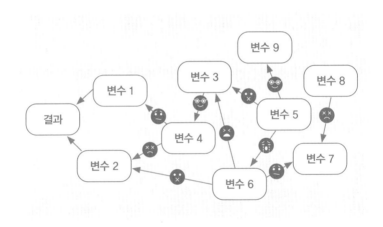

　이런 상황에서 핵심적인 경우의 수를 추려내기 위해서는 내가 원하는 결과에 연결된 변수의 인과관계를 파악해야 합니다. 여기서 길게 설명하기는 힘들지만 의도적 실험과 회고를 통해 여러 변수(독립 변수, 통제 변수)가 목표(종속 변수)에 대해 미치는 영향을 파악할 수 있습니다.

실험은 의도적으로 실험 그룹과 대조 그룹을 만들어 변수의 관계성을 파악하는 소규모 실행을 말합니다. 회고는 실험 결과를 공정하게 판단해 변수의 영향을 정량적으로 이해하고, 반복적 실험을 통해 그 관계성을 검증하는 것이고요. 마치 실험실에서 실험을 하는 연구자처럼요. 이것이 요즘 스타트업에서 강조하는 린 어프로치lean approach입니다.

이런 과정을 반복하다 보면 복잡하게 엉킨 변수를 구조화할 수 있습니다. 목표에 가장 큰 영향을 미치는 핵심적 경우의 수가 보일 것이고, 이것들에 영향을 미치는 작은 경우의 수도 보일 거예요.

그래서 기획을 위한 첫 번째 단계는 이 변수의 영향을 파악하고, 인과관계에 따라 목표와 변수의 관계를 아래와 같이 구조화하는 것입니다. 변수가 정신없이 연결되었던 이전 그림보다 훨씬 보기 편해졌죠? 여기서 결과를 목표로, 변수를 KPI로 치환하면 우리가 생각하는 경우의 수가 만들어집니다.

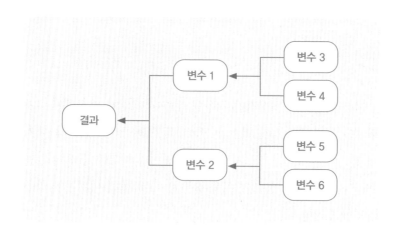

복잡하게 섞인 변수를 구조화하며 경우의 수를 그리다 보면 KPI 사이에도 선후 관계가 생겨요. 이때 우리가 원하는 목표와 직접적으로 연결된 KPI를 '1차 KPI' 혹은 '결과 지표'라 하고, 여기에 영향을 주는 KPI를 '2차 KPI' 혹은 '행동 지표'라 합니다.

이 말이 낯선 사람도 있을 것 같은데, 결과 지표와 행동 지표의 관계는 인풋과 아웃풋의 관계라고 생각하면 이해하기 쉽습니다. 하나의 목표에 연결된 수많은 변수의 관계에도 인풋이 있고 아웃풋이 있기 때문입니다. 목표에서 가장 멀리 있는 태초의 인풋을 행동 지표라고 합니다. 행동이 결과로 이어져 행동 지표가 순차적으로 넘어뜨리는 도미노들은 결과 지표가 됩니다.

그다음부터는 간단해요. 우리가 해야 할 일은 각 변수의 현재 상황을 파악하는 것입니다. 어떤 변수는 튼튼한 중간 다리일 수도 있고, 어떤 변수는 약해서 문제가 될 수도 있습니다.

그럼 우리에게는 2가지 선택지가 생겨요. 튼튼한 변수를 더 강하게 만들어 목표를 달성할 수도 있고, 약한 변수를 고치고 개선해 목표를 달성할 수도 있습니다. 즉 어떤 경우의 수에 집중해 목표를 달성할지 핵심적 공략 지점이 되는 변수를 좁히는 것이죠. 이는 기획자가 현재 회사의 상황과 각 선택의 장단점, 외부 시장의 기회나 고객의 상황 등을 고려해 종합적으로 판단하면 됩니다.

그렇게 집중 공략할 변수를 정하고 나면, 그 변수를 더 좋게 만들 방법을 찾아 매칭하는 것으로 기획을 마무리할 수 있습니다.

단순하지만 명료한 기획을 통해 문제를 해결하는 문제 해결사를 보면 늘 KPI 설정에 많은 시간을 씁니다. 어떤 경우의 수로 목표를 달성할지, 무엇이 핵심 KPI가 되어야 하는지가 문제 해결의 가장 큰 방향성을 결정하기 때문입니다. 그래서 그들은 항상 KPI 설정이 문제 해결 과정의 대부분이라고 말해요. 저도 공감합니다. 좋은 기획 중 절반은 정확한 KPI의 구조를 설계하는 것입니다.

반대로 문제 해결력이 떨어지는 기획자는 KPI 설계보다 참신한 아이디어를 떠올리는 데 더 많은 시간을 씁니다. 이런 사람은 기약 없는 브레인스토밍과 아이데이션에 많은 시간을 쓰면 좋은 기획이 나올 것이라 생각합니다.

이는 기획을 운에 맡기는 것이라고 생각해요. 무엇을 목표 달성을 위한 핵심 KPI로 정해야 하는지 구체적이고 명확한 해답 없이 아이디어를 떠올리는 것은 도착 지점을 정확하게 표시한 지도나 나침반 없이 "저 방향에 보물이 숨겨져 있을 거야"라고 말하는 것과 다르지 않으니까요.

물론 한두 번 우연히 문제를 해결할 수는 있겠지만 목표 달성을 위한 구체적 경우의 수에 대한 구조적 이해 없이 어려운 문제를 반복적으로 풀어내는 사람은 본 적이 없습니다.

사례 1: 매출 늘리기

전략적 사고를 기반 삼은 기획력을 활용할 수 있는 조금 더 구체적인 사례도 살펴보겠습니다.

'매출'은 회사에서 가장 흔하게 접하는 목표입니다. 그래서 목표가 되는 경우가 많아요. 축구로 따지면 골과 같습니다.

그럼 KPI가 되는 것은 무엇일까요? 매출에 따라 반드시 늘거나 줄어들어야 하는 중간 지표를 생각해보면 됩니다. 매출 뒤에는 항상 소비자가 있으니 소비자 관점으로 생각해볼까요? 소비자와 관련된 경우의 수로 매출을 분해해보면 다음과 같습니다.

매출 = 구매자 수 × 구매 횟수 × 회당 구매 금액

매출을 늘리기 위해서는 구매자 수, 연간 구매 횟수, 1회당 구매 금액이 증가해야 합니다. 매출은 이 3가지 변수의 곱이기 때문입니다. 그럼 구매자 수, 연간 구매 횟수, 1회당 구매 금액이 목표 달성을 위한 KPI가 됩니다. KPI의 여러 단계 중 목표에 가장 가까운 1차 KPI 혹은 결과 지표라고 할 수 있겠네요.

일차적인 KPI를 생각해보았으니 2차 KPI 혹은 행동 지표에 대한 경우의 수도 생각해보겠습니다. 구매자 수를 증가시킨다는 1차 KPI에 연결된 2차 KPI를 떠올려볼까요?

구매자 수를 증가시키기 위해서는 신규 고객의 구매나 기존 고객의 재구매가 증가해야 합니다. 그래서 경우의 수를 신규 구매와 재구매로 구분해 생각해볼 수 있어요. 만약 판매하는 상품이 다양하다면 A상품 구매자가 증가하거나 B상품 구매자가 증가하는 경우의 수가 있습니다. 이외에도 다양한 경우의 수를 생각해볼 수 있을 거예요.

기획자의 판단에 따라 하나의 경우의 수를 결정하면 이후 전체적인 기획 방향 또한 결정됩니다. 신규 구매와 재구매로 구분하는 순간, 이후에 연결되는 중요한 3차, 4차 KPI는 새로운 고객을 늘리는 데 필요한 광고나 재구매 고객을 늘리는 데 필요한 고객 관리 활동 등이 될 거예요. A상품이나 B상품 구매자를 늘린다는 경우의 수를 선택한다면 이후의 KPI는 각 상품에 맞는 잠재 고객을 찾고 발굴하는 형태가 될 것입니다.

기획을 할 때 이렇게 구조화된 경우의 수를 연결해나간다면 날카로운 기획안을 만들 수 있습니다. 목표와 KPI만 들어도 상사와 동료들이 여러분의 목표와 기획 의도, 전략 방향을 쉽게 이해할 거예요. 그렇지 않다면 "왜 이걸 해야 하죠? 왜 이게 효과가 있죠? 왜 이게 최선이죠?"라는 질문을 계속 받게 될 것입니다.

사례 2: 유튜브 구독자 늘리기

이번에는 조금 더 복잡한 상황을 예로 들어보겠습니다.

우리가 브랜드의 유튜브 채널을 운영하는 마케터라고 생각해볼게요. 어느 날 팀장이 구독자를 20% 늘려보자고 합니다. 여기서 구독자 20% 증가는 우리가 원하는 '골'입니다. 구체적인 목표죠.

그럼 구독자를 늘리기 위해 반드시 늘어야 하는 변수는 무엇인지, 그 경우의 수를 생각해야 합니다. 우리 유튜브 채널로 유입되는 사람이 많아야 할 것이고, 그들 중 많은 사람이 구독자로 전환되어야 합니다.

신규 구독자 수(목표) = 채널 유입자 × 구독 전환율(1차 KPI)

1차 경우의 수를 구상했으니, 2차 경우의 수도 생각해볼게요.

'채널 유입자'라는 1차 KPI를 늘리려면 어떻게 해야 할까요?

사람들이 우리 채널로 유입되는 경로를 따라가보면 도움이 됩니다. 유튜브에서 검색하다가 우리 채널을 알게 되었을 수도 있고, 유튜브 홈 피드에 우리 콘텐츠가 우연히 노출되어 유입되었을 수도 있습니다.

어떤 경로가 되었건 우리 콘텐츠가 노출되면 사람들이 그것을 클릭해야 합니다. 그래야 '우리 채널로 들어온다'는 고객의 행동이 이루어지니까요. 그러려면 섬네일이나 타이틀의 주목도가 높아야 합니다. 이 외에도 입소문이나 지인 추천, 커뮤니티 등에서 바이럴된 콘텐츠를 보고 직접 유입되는 경우도 있을 것입니다. 물론 광고를 통해서도 채널을 노출할 수 있고요.

이런 경우의 수를 생각해보면 '채널 유입자 증가'라는 1차 KPI에 연결되는 2차 경우의 수는 다음과 같이 정리할 수 있습니다.

$$\text{채널 유입자}(1차 KPI) = (\underline{\text{검색 노출}} + \underline{\text{피드 자연 노출}}) \times \underline{\text{섬네일 주목도}} + \underline{\text{직접 유입}} + \underline{\text{광고 유입}}(2차 KPI)$$

또 다른 1차 경우의 수인 '구독 전환율'을 높이려면 어떻게 해야 할까요? 채널로 들어온 사람들이 한번 보고 반할 만한 매력적인 '킬러 콘텐츠'가 있어야 할 것이고, 그 콘텐츠를 시청하는 데 유의미한 시간을 투자해야 할 것입니다. 콘텐츠를 한두 개 보고 마음에 든 시청자가 유튜브 채널을 여기저기 둘러볼 수도 있으니 채널 브랜딩이나 콘셉트의 매력도도 중요하겠죠? 마음에 드는 영상이 얼마나 많이 업로드되어 있는지 볼 것이고, 콘텐츠가 얼마나 자주 업로드되는지도 볼 것입니다. 그럼 '구독 전환율'에 연결되는 2차 KPI들은 이렇게 정리해볼 수 있을 거예요.

구독자 전환율(1차 KPI) = (킬러 콘텐츠 매력도 × 최소 시청 시간) + 채널 브랜딩 매력도 + 콘텐츠 볼륨 + 잦은 콘텐츠 업로드(2차 KPI)

이때 KPI가 반드시 정량적으로 측정 가능한 것이 아닐 수도 있으니 주의해야 합니다. 경우의 수에서 '채널 브랜딩 매력도' 같은 KPI는 구체적인 수치로 평가하기 힘들 수도 있으니까요. 이런 경우 개인의 전문성과 과거의 회고 경험을 바탕으로 이를 정량화할 방법을 찾아보면 좋습니다. 동료들의 피드백을 통해 집단 지성의 도움을 받아도 좋고요. 중요한 것은 수치로 표현하기 힘든 KPI도 최대한 객관적으로 정량화하는 시도를 해보는 것입니다.

기존 성공 사례에서 기준을 도출해 이를 점수화할 방법을 찾고, 지속적으로 점수를 매기는 것도 방법입니다. 그것을 잘하고 있는 경쟁사와의 비교를 통해 부족한 부분을 찾아내고 이를 지수화해 지속적으로 측정해나가는 것도 도움이 될 거예요.

어떻게든 정량화해야 측정하고 관찰하며 연결된 문제를 해결할 수 있습니다. 이러한 정량화 또한 전략적 사고의 중요한 기초가 됩니다.

이제 우리는 유튜브 구독자가 증가하기 위한 모든 경우의 수를 구조화해보았습니다. 그럼 다시 생각해봅시다. 팀장이 대뜸 유튜브 채널 구독자 수를 20% 늘려달라고 했지만 다음과 같이 찰떡같이 생각하면 됩니다.

"경우의 수를 진단해보니 자연 노출 시 유입이 늘도록 섬네일과 타이틀 주목도를 재정비해야겠어. 직접 유입은 충분하니 광고 유입을 시도해보자고 제안해야겠다. 구독 전환율을 지금보다 높이려면 채널 브랜딩도 손보고 일관성 있는 콘텐츠 재생 목록도 탄탄하게 구성해놔야겠어!"

이렇게 주어진 목표를 구체적인 KPI로 치환하면 어떤 부분에서 해결책을 찾아야 하는지 저절로 정해지는 경우가 많습니다. 앞에서 '좋은 기획의 절반은 구체적인 KPI의 구조를 설계하는 것'이라고 한 이유가 여기에 있습니다.

목표와 KPI를 설정했다면 기획의 50%는 끝난 것이나 다름없습니다. 하지만 많은 기획자가 유튜브 채널 구독자를 늘려보자는 말을 들으면 '어떤 새로운 콘텐츠를 만들어볼까?', '어떤 구독자 이벤트를 해볼까?' 등 두루뭉술한 생각을 하거나 다짜고짜 아이디어를 떠올리려고 합니다. 새로운 콘텐츠나 구독자 이벤트가 원하는 경우의 수에 어떤 영향을 미치는지 생각해보지 않은 채로요. 이것이 전략적 사고와 정반대 방식으로 이루어지는 기획의 모습입니다.

남들이 파악하지 못한 인과관계를 바탕으로 색다른 KPI와 그것이 연결된 경우의 수를 찾아낼 수 있다면 그 분야에서 높은 수준의 전문성을 갖추었다고 볼 수 있습니다. 남들과 다른 관점에서 목표 달성을 위한 새로운 인과관계를 파악해내는 일이 프로젝트의 성공 여부를 결정하는 매우 중요한 요소이기 때문입니다.

그럼 어떻게 남들이 파악하지 못한 인과관계나 상관관계를 찾아낼 수 있을까요? 이때 필요한 것은 촘촘한 실무 경험과 호기심입니다. 해당 업무의 최전선에서 다양한 변수에 대한 호기심을 가지고 인과관계를 파악하려는 집요한 태도에 기반한 실무 감각이 남들은 생각하지 못한 다양한 KPI를 떠올리게 해줍니다.

그래서 어떤 일에 대한 경우의 수는 남다른 집요함으로 가장 가까이에서 그 일을 해온 사람이 가장 잘 알 수밖에 없어요. 적어도 기획에서는 호기심 많은 실무자가 깐깐한 팀장이나 거시적 관점을 지닌 사장을 이길 수 있습니다. 여러분의 실무 감각이 그런 사람들보다는 훨씬 더 활성화되어 있으니까요.

창의력에
거름 주기

창의력이 중요하다는 말은 누구나 한 번쯤은 들어본, 당연한 말입니다.

최근 창의성을 요하지 않는 일은 거의 없는 듯합니다. 회사 홈페이지에 들어가보면 인재상에 하나같이 '창의적인 사고' 같은 키워드가 빠지지 않고 등장하거든요. 제가 하고 있는 마케팅 일은 특히 그렇습니다. 마케팅 전략이나 소비자 커뮤니케이션 전략을 수립하는 데 창의성이 중요한 역할을 합니다.

창의적 사고는 문제 해결사가 되는 데도 필요합니다. 남들은 찾지 못하는 문제를 찾고, 유효한 해결책을 떠올리는 데 큰 도움이 되기 때문입니다.

누구나 입을 모아 중요성을 강조하는 창의적 사고, 창의력은 무엇일까요?

구체적이고 실용적인 아이디어

사람들은 '창의력'이라고 하면 무시무시한 것을 상상합니다. 타고난 재능이나 쉽게 따라 하기 힘든 영감이나 감각 같은 것들 말이죠. 물론 그런 종류의 창의력도 있습니다. 위대한 혁신가나 세상에 없던 것을 창조해내는 예술가는 그런 창의력을 발휘해 세상을 깜짝 놀라게 하는 결과물을 내놓기도 하니까요.

하지만 창의력이 항상 그렇게 거창한 것만은 아닙니다. 여기서는 평범한 사람들도 따라 할 수 있는 '실용적인 창의력'에 대해 이야기해보려고 합니다. 회사에서 일하는 우리에게 필요한 것은 딱 그런 실용적인 창의력이거든요.

회사에서 가끔 창의적 해결책으로 어려운 문제를 풀어내는 사람들을 봅니다. 그런데 그중 대부분은 더 평범할 수 없을 만큼 평범한 사람들이었어요. 평범한 사람들이 모인 팀에서 문제 해결에 딱 필요한 창의적 결과물이 나오기도 하고, 평소에는 별다를 것 없어 보이는 사람이 가끔 특정 분야에서 높은 수준의 창의력을 발휘하기도 합니다. 그래서 저는 우리도 충분히 창의적 아이디어와 해결책을 내놓을 수 있다고 믿습니다.

그러기 위해서는 먼저 우리에게 필요한 창의성이 무엇인지 정의해야 합니다. 전략적 사고에서도 그랬던 것처럼 쉽고 단순하게요.

회사에서 아이데이션이나 브레인스토밍을 위해 다양한 사람들이 모일 때면, 정말 생각하지도 못한 참신한 아이디어를 쏟아내는 사람들이 있습니다. 그런 사람들을 보면 분명 타고나는 창의성도 있는 것 같아요. 한편으로는 그런 사람들이 부럽기도 합니다.

하지만 중요한 것은 남들은 생각하지 못한 참신한 아이디어가 반드시 '좋은 아이디어'는 아니라는 사실입니다. 사람들의 의표를 찌르는 아이디어는 '아무 말 대잔치'일 가능성도 높거든요.

문제 해결사에게 필요한 창의력은 남들이 생각하지 못한 아이디어나 세상에 없던 아이디어, 혹은 세상을 완전히 바꿔놓을 거창한 아이디어를 내는 능력이 아니에요. 문제 해결사에게 필요한 **창의력은 '문제를 해결하는 구체적이고 실용적인 아이디어를 구상하는 힘'을 말합니다.**

아무 말 대잔치 아이디어를 좋아하는 사람들은 남들이 하지 않은 생각을 하는 데 집착합니다. 이를 위해 필요한 것은 문제 해결을 위한 전략적 고민이 아니라 '순발력' 같은 찰나의 기지인 경우가 많아요. 이런 아이디어는 다음과 같은 한두 가지 간단한 질문에 금방 길을 잃어버리기도 합니다.

"그 아이디어가 어떻게 우리 문제를 해결해주나요?"

"왜 그 아이디어가 다른 대안보다 더 효과적인가요?"

순발력과 찰나의 기지, 순간의 영감을 중요하게 생각하는 사람들은 이런 질문에 쉽게 대답하지 못합니다. '특이하다' 혹은 '색다르다' 같은 단어가 그들이 아이디어의 유효성을 설명하는 주된 근거인 경우가 대부분이기 때문입니다.

우리가 지금 해결하고자 하는 문제는 무엇인지, 문제의 원인은 무엇인지, 이 아이디어가 그 원인을 어떻게 해결해줄지에 대한 날카로운 통찰이 빠진 아이디어를 '창의력'의 결과라고 평가하기에는 무리가 있지 않을까요.

창의력은 관찰에서 나온다

그럼 여기서 문제 해결사에게 필요한 창의력의 기준을 구체화하기 위해 다 같이 생각해볼 만한 질문을 던져보겠습니다. 혼자서도 등에 골고루 로션을 바를 수 있는 좋은 방법은 무엇일까요?

요즘 혼자 사는 사람들이 늘어나서인지 이 질문은 제가 면접에서 정말 들었던 질문이에요. 혼자서는 등 구석구석까지 로션을 바르기 힘듭니다. 이 문제를 해결하기 위해서는 어떤 아이디어가 필요할까요?

주위 친구들에게 이런 질문을 던지면 생각하지 못한 재미있는 답변이 돌아옵니다. 저는 대학생을 상대로 강연을 하면서 이 질문을 던진 적이 있는데 기억에 남는 답변이 많았습니다.

그중 하나는 롤러를 만들겠다는 것이었습니다. 페인트를 칠하듯 롤러에 로션을 발라 효자손처럼 혼자서 등을 문지르는 것이죠. 생각해보면 참신하고 재미있기도 한 아이디어입니다.

하지만 생각해볼 일입니다. 우리가 정말 그 기구를 사용하고 싶어 할까요? 그래서 그 아이디어를 낸 학생에게 그런 제품이 있으면 살 것 같냐고 묻자 학생은 아무런 대답이 없었습니다.

벽에 로션을 미리 발라놓고 등을 문지르겠다는 답변도 재미있었습니다. 마치 등이 가려운 곰이 나무에 등을 비비는 것처럼요. 곰의 행동을 모방해 등에 로션을 바르는 방법을 제안하다니, 참신하죠.

그런데 저는 그렇게 로션을 바르고 싶지 않아요. 아마 이 아이디어를 듣고 웃음을 터뜨리는 사람은 많겠지만, 오늘 저녁 이렇게 로션을 바르는 사람은 없을 것 같습니다.

그러던 중 이런 대답을 들었습니다. 사람들에게 로션을 손바닥으로 바르는 게 아니라 손등으로 바르라고 알려주겠다는 것입니다. 이 아이디어는 신기하거나 재미있게 들리지는 않았지만 고개가 끄덕여졌습니다. 그래서 그 학생에게 그게 좋은 해결책인 이유를 물었습니다. 그 학생은 이렇게 대답했습니다.

> "질문을 듣고 사람들이 등에 어떻게 로션을 바르는지 생각해보았는데, 손바닥에 로션을 짜서 바르더라고요. 그런데 손바닥을 등에 문지르기는 힘들지만 손목을 돌려 손등을 댔더니 등을 문지르기가 비교적 쉬웠습니다."

저는 참 좋은 아이디어라고 생각했습니다. 여러분의 생각은 어떤가요?

얼핏 들으면 별 볼일 없는 아이디어입니다. 앞서 이야기했던 '로션 효자손'이나 '곰처럼 바르기'에 비하면 전혀 새롭거나 참신하지도 않아요. 세상에 없던 아이디어나 세상을 완전히 바꿔놓을 만한 아이디어도 아닙니다.

제가 '손등 답변'이 좋다고 생각한 이유는 딱 하나입니다. 이 아이디어를 낸 그 학생은 다른 학생들과 달리 '관찰'을 했기 때문입니다.

맞습니다. 그 학생은 관찰했습니다. 초등학교 과학 시간에 애벌레를 관찰했던 것처럼요. 사람들이 어떻게 행동하는지, 고객이 어떤 생각을 하는지 관찰한 거예요. 관찰을 기반으로 문제를 가장 효율적으로 해결할 아이디어를 생각해냈습니다.

그래서 다른 학생들과 다르게 본인의 아이디어가 왜 좋은지 설명할 수 있었습니다. 이것이 큰 차이입니다. 앞에서도 말했듯 아무 말 대잔치 아이디어를 낸 사람들은 대부분 그것이 문제를 해결해주는 이유를 설명하지 못하거든요. '새롭다'와 '참신하다'는 말만 반복할 뿐이죠. 그 학생은 관찰을 해서 세밀하게 문제의 원인을 파악했고, 그 원인을 해결할 수 있는 뾰족하고 효율적인 방법을 떠올렸습니다.

다른 학생들의 아이디어는 참신하기는 했지만 문제를 해결하는 좋은 방법은 아니었습니다. 문제의 원인을 관찰하지 않았고, 그래서 구체적으로 무엇이 문제인지 몰랐습니다. 문제는 건너뛰고, 수능 문제 풀듯 남들이 생각하지 못한 '아이디어를 떠올리는' 순발력과 기지, 영감에만 몰두했던 것이겠죠.

물론 손등 바르기가 등에 로션을 바르는 가장 완벽한 대안이 아닐지도 모릅니다. 하지만 저는 관찰을 기반으로 해결책을 떠올린 그 학생이 분명 훌륭한 문제 해결사가 될 것이라고 믿습니다.

문제 해결사에게 필요한 창의력은 단순히 독특하고 색다른 아이디어가 아니라 구체적인 문제를 해결할 수 있는 효율적인 수단을 떠올리는 능력을 말합니다. 광범위하고 두루뭉술하게 문제를 보는 것이 아니라 구체적인 문제와 원인을 찾고, 이를 해소할 수 있는 실질적이고 명확한 솔루션으로서 아이디어를 떠올리는 것이죠. 그래서 문제 해결사에게 필요한 창의력의 기준은 '관찰을 기반으로 한 효율적인 해결 수단을 떠올릴 수 있는가'가 됩니다.

이를 위해 문제 해결사가 해야 하는 일은 딱 한 가지예요. 문제의 대상을 잘 관찰하는 것입니다. 깊이 관찰해 문제와 그 원인을 파악하는 것이죠. 사람들이 왜 그렇게 행동하는지, 그렇게 행동하는 원인은 무엇인지, 대안은 없는지 살펴보는 겁니다.

해결책으로서 내 아이디어가 어떤 효과가 있을지도 구체적으로 구조화해봅니다. 지금 고객들이 A와 같이 행동하고 있는데 내 아이디어로 고객의 행동을 B로 바꾸겠다고요. 고객의 행동을 A에서 B로 바꿀 수 있다면 그 아이디어는 구체적이고 실용적인 해결책이 됩니다. 문제를 해결하는 아이디어니까요.

여기서 문제 해결사가 집요하게 파고들어야 하는 것은 '왜 지금 고객들이 A처럼 행동할까?'라는 질문입니다.

이 질문에 대한 구체적인 답을 떠올릴 수 없는 상황에서는 어떤 아이디어를 떠올리더라도 아무 말 대잔치가 되어버릴 확률이 높습니다. 고객의 행동을 바꾸기 위해서는 지금 고객이 왜 그렇게 행동하는지 알아야 합니다.

'간편 주식 투자 서비스로 주식 투자를 해본 적이 없는 직장인들이 투자를 시작하게 만들자'라는 목표를 들은 사람들은 대부분 이런 생각을 먼저 합니다. '어떻게 하면 직장인들이 주식 투자를 많이 하게 만들까?', '지금 직장인들이 좋아하는 건 뭐지? 그걸 해 볼까?' 하지만 이런 질문 뒤에는 아무 말 대잔치가 따라오는 경우 가 많습니다.

직장인들이 어떻게든 주식 투자를 하게 만들 방법, 직장인들이 좋아하는 것과 주식을 연결할 방법은 수없이 많습니다. 그 많은 선택지 중 좋은 해결책을 고르는 것은 너무나 힘든 일이에요. 질 문 자체가 잘못되었기 때문입니다.

문제 해결사가 집중해야 하는 질문은 '왜 지금은 주식 투자를 하지 않을까? 방법을 모르는 것일까? 어려워서일까? 막연히 두려 워서일까?' 같은 것들입니다. 이런 질문이 현재 직장인들이 지닌 문제와 그 원인을 파악할 수 있게 해주니까요. 원인을 알아야 우 리가 원하는 방향으로 행동하도록 고객을 바꿀 수 있습니다.

그래서 저는 누군가가 좋은 아이디어의 기준이 무엇이냐고 묻 는다면 다음과 같이 답하고 싶습니다.

> "문제 해결사에게 필요한 좋은 아이디어란 문제와 원인을 관찰해 얻은 단순한 근거로 그 효과를 설명할 수 있는 아이디어입니다."

무엇을, 누구를 관찰할까

집요하게 관찰해 문제의 원인을 알아낼 수 있다면 누구나 문제 해결사가 될 수 있습니다. 그렇다면 우리는 관찰을 통해 '무엇'을 알아내는 데 집중해야 할까요?

첫째, '핵심적인 문제'입니다. 현재 관찰 대상이 겪는 문제가 무엇인지 파악해야 합니다. 여기서 문제는 실체가 뚜렷이 존재하는 것일 수도 있고, 실체가 없는 관념적이거나 추상적인 것일 수도 있습니다.

둘째, 문제의 '원인'입니다. 왜 그런 문제를 겪게 되었는지, 원인의 원인을 깊이 파헤쳐가면 문제의 근원을 관찰할 수 있습니다.

셋째, 지금 관찰 대상이 그 문제를 어떻게 '해결'하고 있는지입니다. 적절한 해결책이 있을 수도 있고 없을 수도 있습니다.

마지막으로는 고객의 '대안'을 파악해야 합니다. 문제에 대한 직접적인 해결책이 아니라 하더라도 고객의 상황이나 맥락에서 선택할 수밖에 없는 대안이 있을지 모릅니다.

직장인 주식 이야기로 돌아가볼게요. 앞에서 이야기한 4가지 요점에 집중해 직장인들을 관찰하면 다음과 같은 관찰 결과를 얻을 수 있습니다.

- 문제: 주식 투자가 자산 형성에 중요한 역할을 한다는 것은 알지만 시도하지 못하고 있다
- 원인: 실패 사례를 많이 봐와서 주식 투자에 대한 두려움이 크기

때문이다

- 해결 시도: 소액으로 주식 투자를 해보려 하지만, 서비스 사용법이 어려워 포기한다
- 대안: 소액 주식 투자를 안전하게 할 방법을 유튜브나 책을 통해 배우고 있다

이렇게 관찰을 통해 문제부터 대안까지 고객의 생각과 행동을 파악하는 것이 문제 해결을 위한 인사이트의 시작점이 되는 경우가 많습니다. 이와 같은 관찰 결과를 얻는다면 막연히 '어떻게 직장인들이 주식 투자를 하게 만들까'가 아니라 '어떻게 직장인들이 주식 투자를 안전하고 간편한 것이라고 생각하게 만들까'라는 뾰족한 질문에 집중할 수 있게 됩니다.

그럼 '누구'를 관찰해야 더 풍부한 인사이트를 얻을 수 있을까요? 저는 대상을 5가지로 분류하고 관찰할 것을 추천합니다.

먼저 '최초 경험자'입니다. 이전에 해당 서비스나 제품을 사용해보지 않아 모든 것이 처음인 고객은 편견 없는 인사이트를 제공합니다. 투자를 처음 해보는 사람, 주식 투자 앱의 복잡한 화면을 처음 본 고객의 반응은 많은 것을 설명해줍니다.

저는 테슬라가 문제에 접근하는 방식이 이와 유사하다고 생각합니다. 많은 엔지니어가 테슬라의 자동차를 보며 자동차를 처음 만들어보는 사람들이 만든 차 같다고 합니다. 전기 자동차를 처음 만들어보는 사람들의 편견 없는 시각으로 문제와 원인에만 집중해 기존 자동차의 문제를 풀어나가는 것이죠.

둘째로는 '불만이 많은 대상'입니다. 리뷰나 댓글에서 불만을 토로하는 고객을 관찰하는 것이 이에 해당합니다. 우리가 고객을 관찰하는 이유는 문제와 원인을 파악하기 위함인데, 이런 고객들은 다양한 문제를 친절하게(?) 알려줍니다. 그것도 다양한 방식으로 깊게요. 반대로 평범한 고객을 관찰하면 딱히 불만이 없다는 평범한 결과만 얻을 수도 있습니다.

그래서 불만이 많은 고객을 인터뷰하면 다양한 인사이트를 얻을 수 있습니다. 특히 스마트폰이나 노트북처럼 기능이 다양하고 사람마다 쓰임새가 다른 제품이나 서비스를 담당하고 있다면 이런 고객을 관찰하는 것이 좋은 아이디어를 얻는 데 큰 도움이 됩니다.

대중 고객을 직접 담당하는 일을 하지 않더라도 마찬가지입니다. 클라이언트 중 불만이 가장 많은 클라이언트가, 나와 협업하는 동료 중 불만이 가장 많은 동료가, 내 창작물을 가장 크게 비판하는 독자가 문제 해결의 중요한 인사이트를 제시해줄 것입니다.

셋째는 '헤비 유저'입니다. 운동화를 만든다고 하면 마라톤을 하는 사람을 관찰하는 것이고, 자전거를 만든다고 하면 사이클 선수를 관찰하는 것입니다.

운동화를 신고 3km, 5km를 달리는 사람과 10km, 20km를 달리는 사람은 생각과 행동이 크게 다를 거예요. 헤비 유적들은 평범한 고객과 달리 운동화의 아주 작은 디테일에서 불편이나 행복을 느낄지도 모릅니다. 같은 제품이나 서비스라도 다른 사람들보다 훨씬 더 깊고 진지하게 사용하니까요. 경쟁사 제품이나 서비스도 다양하게 사용했을 것이고, 꼭 우리 제품이 아니더라도 다양한 대안을 가지고 있을 겁니다. 그래서 이런 고객을 관찰했을 때 객관적인 인사이트를 얻을 수 있는 경우가 많았습니다.

꼭 대중 고객이 아니어도 좋습니다. 가장 오래 협업한 클라이언트를, 나와 가장 오래 일한 상사를, 내 창작물을 오래 즐겨온 구독자를 관찰하면 문제와 원인을 찾을지 몰라요.

넷째, '극단적 대상'을 관찰하는 것이 도움이 될 때가 있습니다. 어디선가 일본 보험사의 재미있는 사례를 들은 적이 있습니다. 그 보험사는 예상치 못한 상황에서 직업을 잃은 사람들을 위한 보험 상품을 만들고자 했습니다. 그래서 불의의 사고나 건강 문제 등으로 실직한 사람들을 면밀히 조사했고, 그들의 상황에 맞는 보험 상품을 고안해냈습니다.

그런데 그 상품은 경쟁사의 상품과 크게 다르지 않았다고 해요. 아마 경쟁사도 똑같이 나이나 건강 문제로 실직하게 된 일반적인 근로자를 조사했기 때문이었겠죠.

그래서 보험사는 조사 대상을 파격적으로 바꿉니다. 누가 가장 예상치 못한 상황에서 직업을 잃게 될지 곰곰히 생각해본 것이죠. 그렇게 해서 생각해낸 대상이 '20대 초반에 프로 운동선수로 데뷔를 하자마자 큰 부상을 당해 선수 생명이 끝난 사람'입니다. 아주 극단적이죠.

보험사는 그런 사람들을 수소문해 인터뷰를 진행했고, 기존 조사 대상과 진행한 인터뷰로는 얻기 힘든 여러 인사이트를 얻었다고 합니다. 특히 그들이 얼마나 막막했는지, 실질적으로 또 다른 삶을 준비할 때 힘든 점이 무엇이었는지 등을 알 수 있었죠. 평균적인 실직자는 말해주지 않은 인사이트입니다.

이처럼 '평균적인 소비자의 적당한 대답'이 크게 도움이 되지 않을 때가 있습니다. 대부분의 고객은 적당히 좋고, 적당히 나쁘다는 의견을 주거든요. 그럴 때는 극단에 있는 대상을 찾아 관찰하는 것이 도움이 됩니다. 즉 아무것도 모르는 사람이나, 너무 잘 아는 사람입니다.

극단적 대상이 누구냐에 따라 같은 제품이나 서비스에 대해 전혀 다른 인사이트를 얻기도 합니다. 스마트폰을 생각해볼까요? 새로운 기술에서 즐거움을 얻는 혁신자는 약간의 불편과 위험을 감수하고서라도 최신 모델을 먼저 써보려 할 거예요. 안전한 선택을 추구하는 후기 수용자는 편의성과 가격을 중요하게 생각할 것입니다. 그렇다면 기획자가 어떤 대상을 관찰하느냐가 문제 해결 방향을 결정하게 됩니다.

만약 향수를 팔아야 한다면 향기에 미쳐 사는 사람과 삶에서 향기는 전혀 필요 없다고 생각하는 사람을 만나 관찰해보면 창의적 해결책에 도움이 되는 인사이트를 얻을 수 있습니다. 극단적 대상을 관찰함으로써 평균적인 사람들을 설득할 아이디어를 찾을 수 있는 것이죠.

마지막으로 다른 분야 대상과의 '연결점'을 찾는 것도 도움이 됩니다. 한 병원이 응급실의 효율성을 개선할 방법을 찾고 있었습니다. 응급실이 항상 혼잡했거든요. 긴급한 환자가 많이 들어오는 탓도 있겠지만 전반적으로 응급실의 구성원이 일사불란하게 움직이지 못했습니다.

이 응급실 운영 효율화 프로젝트를 이끌게 된 담당자는 응급실로 유명한 병원을 찾아다녔습니다. 직접 찾아가 관찰도 해보고, 인터뷰도 해봤지만 조사를 하면 할수록 의사나 간호사의 숙련도를 제외하고는 자신의 병원 응급실과 운영 방식이 크게 다르지 않다는 것을 알게 됩니다.

담당자는 곰곰이 생각하다가, 병원이 아닌 다른 조직을 연구하기로 합니다. 병원들의 운영 방식은 크게 다르지 않으니, 응급실과 비슷하게 일사불란하게 움직이지만 전혀 다른 분야를 찾아본 것이죠. 그래서 담당자가 생각해낸 조직이 F1 레이싱 팀입니다.

F1 레이싱 경기를 본 적이 있나요? 트랙 위에서는 레이서가 혼자 F1 머신을 운전하지만, 파손 부품·타이어 교체 등은 레이서 혼자 할 수 없습니다. 하지만 F1 머신은 워낙 빠르고 정교해서 작은 파손이나 타이어 마모가 큰 사고로 이어질 수 있기에 경기 중간중간 빈드시 교체가 이루어져야 합니다.

말 그대로 속도를 다투는 경기다 보니 교체도 매우 신속하게 이루어집니다. 전문가들은 메카닉 팀원들이 부품이나 타이어를 얼마나 빨리 교체하느냐도 승패에 큰 영향을 미친다고 입을 모아 말합니다.

그래서 담당자는 F1 레이싱 팀을 조사했고, 직접 F1 레이싱 팀 메카닉 팀원을 만나 어떻게 그렇게 효율적으로 한 몸처럼 움직일 수 있는지 자문을 구했습니다. 결국 이를 응급실에 적용해 큰 효과를 얻었다고 합니다.

참고할 만한 사례입니다. 대부분의 기획자가 해결해야 할 문제를 찾으면 일단 경쟁사를 살펴보거든요. 그런데 경쟁사를 조사해 보면 사실 우리와 큰 차이가 없는 경우가 다반사입니다. 소비자와의 누적된 상호작용이나 기존 고객이 형성한 독특한 문화 등 모방하기 힘든 부분에서 작은 차이만 있는 경우가 많아요. 이런 부분은 우리에게 적용하기 힘듭니다.

그럴 때는 과감하게 전혀 다른 업계를 관찰해 유사점을 찾고 이를 연결해보는 건 어떨까요? 향기를 강조하는 향초 브랜드가 고급 향수나 패션 브랜드를 연구하고, 남자들의 워너비 브랜드가 되고자 하는 면도기 브랜드가 슈퍼카나 스포츠 브랜드를 연구하는 것과 마찬가지로요.

에이브러햄 링컨이 "나에게 나무를 벨 수 있는 1시간이 주어진다면, 그중 40분은 도끼를 가는 데 쓸 것이다"라는 말을 했다고 하는데, 이는 창의력이 필요해 관찰을 하려는 문제 해결사를 위한 말인 것 같습니다. 제가 하고 싶은 말은 "문제 해결사에게 기획할 수 있는 1시간이 주어진다면, 그중 40분은 대상을 관찰하는 데 쓸 것이다"라는 것입니다. 그리고 이왕이면 최초 경험자, 불만이 많은 대상, 헤비 유저, 극단적 대상, 전혀 다른 분야의 유사 대상을 집중적으로 관찰해야 해요.

창의력은 거창하거나 대단한 것을 생각해내는 능력만 말하는 것은 아닙니다. 우리에게 필요한 것이 남들은 전혀 생각하지 못한, 세상에 없던 혁신적인 아이디어는 아니니까요. 문제의 대상에 대한 끈질긴 관찰과 호기심이 좋은 아이디어를 만들어내는 창의력의 밑거름이 될 것입니다.

실행력에
햇살 쬐기

실행력에 대한 오해

"실행력은 더 많은 일을 더 빨리 하는 것이다."

실행력에 대한 흔한 오해입니다. 그래서 많은 사람이 실행력을 생각할 때 생산성, 자동화 같은 키워드를 떠올리죠. 손이 빠르다, 빠릿빠릿하다는 말로 실행력을 칭찬하기도 하고요.

물론 일을 빨리 하는 것은 중요합니다. 같은 일을 남들보다 빨리 할 수 있다면 남들은 갖지 못하는 여러 기회가 생기니까요.

가장 큰 기회는 시도 횟수입니다. 큰 성과를 내기 위해서는 여러 번 시도해야 하는데, 남들보다 일을 빨리 끝낼 수 있다면 같은 시간에 더 많이 시도할 수 있습니다. 널리 알려져 있듯 더 많은 시도는 더 많은 성장과 성과를 이룰 기회를 의미합니다.

손이 빠른 사람들은 남들보다 일을 빨리 끝내고 다른 사람들이 더 잘 일할 수 있도록 도울 기회도 얻습니다. 주위 동료들의 문제를 함께 해결하면서 영향력이 생기고 리더가 탄생하기도 하니 이 또한 좋은 기회죠.

하지만 문제 해결사에게 필요한 실행력은 '더 많이, 그리고 더 빨리'를 넘어서는 경우가 많습니다. 이유는 단순해요. 그들이 풀고자 하는 문제는 대부분 크고 어려운 경우가 많기 때문입니다.

이런 문제를 손이 느리고 시간이 모자라서 풀지 못하는 경우는 많지 않아요. 어떻게 해결해나가야 할지 막막하고, 해결할 방법을 알더라도 실행하기가 너무 어려워 실패하는 경우가 대부분입니다.

수능을 생각해보면 좋겠어요. 수능에는 쉬운 문제도 있고, 어려운 문제도 있습니다. 고득점자의 변별력은 어려운 문제를 얼마나 풀어내느냐에 달려 있다고 합니다. 쉬운 문제를 얼마나 많이 빨리 푸느냐가 아니라, 누가 어려운 문제를 많이 푸느냐의 대결입니다.

물론 쉬운 문제를 빨리 풀 수 있는 빠른 손과 빠릿빠릿한 태도를 갖춘다면 큰 도움이 될 거예요. 쉬운 문제를 남들보다 빨리 풀 수 있다면 어려운 문제에 더 많은 시간을 쓸 수 있기 때문입니다. 하지만 손이 빠르다고 항상 어려운 문제를 풀어낼 수 있는 것은 아닙니다.

수학 문제를 한번 생각해볼까요. 어려운 수학 문제는 기존에 알고 있는 다양한 공식과 원리를 조합해 풀어야 합니다. 그것들을 잘 조합하고 활용해 문제를 풀어낼 수 있는 효율적이고 단순한 길을 찾아야 해요. 특히 수능에서는 이 조합이 더욱 중요합니다. 출제 범위가 정해져 있기 때문입니다. 출제 범위에 포함되는 수학의 이론과 원리를 알고 있으면 이들을 조합해 문제를 풀 수 있습니다.

하지만 문제는 아는 것을 조합해 해법을 만들어내는 것이 어렵다는 점입니다. 대부분 아는 원리와 공식이 적용되었는데, 문제를 풀 때는 이상하게 그것들을 어떻게 활용해야 할지 잘 떠오르지 않아요.

문제 해결사에게 필요한 실행력도 이와 비슷합니다. 많은 일을 빨리 해낼 수 있다면 어려운 문제를 푸는 데 도움이 되겠지만 그것만으로는 어려운 문제를 풀기 힘듭니다.

그래서 문제 해결사에게는 '답안지'가 필요해요. 내가 알고 있는 원리와 공식을 조합하고 활용하는 방법, 즉 나만의 답안지를 먼저 만들어보는 것이죠.

학창 시절을 떠올려보면 끝내 풀지 못했던 어려운 수학 문제의 답이 궁금해 답안지를 보았더니 생각보다 풀이법이 단순했던 경험이 있을 거예요. 답안지만 손에 있다면 풀지 못할 문제는 없습니다.

그래서 문제 해결사에게 필요한 **실행력은 '결과물을 구체화하고 그것에 다다를 수 있는 가장 효과적이고 효율적인 루트를 찾아내는 능력'입니다**. 지금 풀어야 하는 문제의 답안지를 만들어내는 것이죠. 길을 떠나기 전에 도착지까지의 지도를 그리거나, 레고를 조립할 때 조립 설명서를 먼저 찾아보는 것과 같은 이치입니다.

아는 길이라고 생각해 내비게이션 없이 출발했는데 중간에 길을 헤맨다든가, 설명서를 대충 보고 일단 조립을 시작했는데 레고를 완성하지 못했던 경험도 있을 거예요. 요즘은 내비게이션 없이 운전대에 앉는 것을 상상하기 어렵습니다. 지도가 있다면 훨씬 더 빨리 목적지에 도달할 수 있습니다. 설명서를 보면서 레고를 조립하면 중간에 만든 부분을 해체하거나, 다 만들고 나서 원하던 결과물이 아니라서 허탈해할 일도 없을 거예요.

문제는 일을 시작하는 우리에게 조립 설명서가 없다는 것입니다. 그래서 문제 해결사가 실행력을 발휘할 때는 얼마나 빨리 조립 설명서를 만들어내느냐가 관건입니다. 손이 빠르다고 조립 설명서를 쉽게 만들어낼 수 있는 건 아니에요.

답안지 만들기

그럼 문제 해결사는 어떻게 조립 설명서를 만들까요? 여러 방법이 있겠지만 나에게 없는 조립 설명서를 만드는 일은 '리버스 엔지니어링reverse engineering'을 통해서도 가능합니다.

리버스 엔지니어링은 가끔 뉴스에서 들을 수 있는 용어인데, '역공학'이라고도 불립니다. 완성된 장치나 시스템의 구조를 역순으로 분해해 창작 원리를 추론해내는 기술을 말합니다. 이 용어는 복제품 제조 기업을 묘사할 때 사용되면서 부정적으로 인식되기도 합니다. 예를 들어 특정 기업이 경쟁사의 혁신적인 신제품 스마트폰을 분해해 제조 방법을 알아냈다면 카피, 복제 논란이 일겠죠. 실제로 일부 국가에서는 특정 상품이나 시스템의 리버스 엔지니어링을 금지하고 있다고 합니다.

하지만 리버스 엔지니어링은 다양한 산업에서 광범위하게 활용되고 있어요. 세상에 없던 제품이 출시되면 많은 사람이 그것을 분해하며 내부 구조를 이해하고 제조 방식을 추론합니다.

테슬라를 보면 알 수 있어요. 테슬라는 창업한 지 10년이 넘은 전기 자동차 생산 기업이지만, 여전히 혁신적인 자동차를 만들어 냅니다. 테슬라가 새로운 자동차를 출시할 때마다 많은 전문가와 유튜버가 이를 분해해 연구합니다. 테슬라가 만들어낸 혁신의 비밀을 파헤치는 것이죠. 어떤 부품을 사용했는지, 그 부품이 기존 자동차의 부품과 어떻게 다른지, 어떤 구조로 부품을 연결했는지 등을 자세히 살펴보며 비밀을 찾습니다.

윤리적 문제를 빼고 생각해보면 혁신적 결과물을 분해하고 재설계하는 리버스 엔지니어링은 스마트한 방법입니다. 이 기술을 잘 활용하면 세계 최초로 무언가를 해낼 수는 없지만, 누군가 해낸 일을 빠르게 따라 할 수 있으니까요.

문제 해결사도 마찬가지입니다. 리버스 엔지니어링을 잘 활용하면 내 손에 없는 조립 설명서를 그려낼 수 있습니다. 문제 해결사가 가장 간단하게 실행력을 끌어올리는 방법은 이미 그 문제를 푼 사람의 방법을 참고하는 것입니다. 이를 분해하고 재설계해 나만의 조립 설명서를 만드는 것이죠.

기존 조립 설명서를 볼 때 다르게 적용해야 하는 부분이 보인다면 체크해두었다가 나만의 조립 설명서에서 그 부분만 바꾸고 개선하면 됩니다. 그럼 누군가가 어렵게 얻은 비법을 쉽게 배우고 해킹할 수 있습니다.

여기서 조심해야 하는 것은 어디까지나 방법을 분해하고 재설계해야 한다는 점입니다. 타인의 결과물 자체를 그대로 따라 만들면 그건 정말 모방품이나 복제품 정도밖에 되지 않으니까요.

방법을 배울 대상은 많습니다. 가깝게는 회사 안에도 있을 거예요. 내가 풀고자 하는 문제를 먼저 푼 사람이 어떤 방식으로 접근했는지, 그 과정에서 어떤 장애물이 있었고, 그 장애물을 어떻게 해결했는지 참고하는 것이죠.

만약 자신이 기획한 프로젝트가 4~5개 부서가 힘을 모아야 하는 큰 과업이라면, 먼저 그런 프로젝트를 성공적으로 수행한 동료를 찾아 방법을 살펴보며 어떻게 해냈는지 연구하면 됩니다. 만약 수행해야 하는 업무가 다수의 클라이언트를 동시에 관리해야 하는 복잡한 일이라면, '올해의 영업왕'을 수상한 선배가 어떤 방식으로 관리하고 있는지 배우면 되죠.

그래서 많은 사람이 템플릿이나 매뉴얼을 좋아합니다. 일을 먼저 수행한 사람들이 만들어놓은 템플릿과 매뉴얼은 그 일의 전반적 과정을 분해해 이해할 때 가장 좋은 참고서가 되기 때문입니다.

'역기획'으로 연구할 수 있는 대상은 무궁무진합니다. 꼭 먼저 그 문제를 해결한 사람만 분해 대상으로 생각할 필요는 없어요. 회사에 같은 문제에 도전했다가 실패한 사람이 있다면 그 또한 도움이 됩니다. 그의 실행과 접근 방식을 분해해 어떤 점이 문제였는지 알아내고, 이에 대한 개선점을 찾음으로써 나만의 조립 설명서를 만들 수 있습니다.

회사 밖에서도 분해 대상을 찾을 수 있어요. 꼭 우리 회사 동료가 아니더라도 비슷한 문제를 해결한 사람이 있다면 그들의 방법을 찾아 분해하고 재설계하며 나만의 방법을 찾아가면 됩니다.

누군가는 분해하고 재설계하는 과정은 '실행'이 아니므로 이런 것을 '실행력'이라 말하기 힘들다고 여길 수도 있어요. 하지만 제 생각은 다릅니다. 힘든 문제를 풀기 위해서는 복잡하고 난도 높은 실행이 필요합니다. 난도 높은 실행은 그저 일을 빨리 한다고 해낼 수 있는 게 아니에요. 앞에서 예로 든 수능 문제처럼요.

힘들고 복잡한 실행일수록 잘 수행하기 위해서는 수준 높은 실행력이 필요한데, 이런 실행력은 '당장 그 일을 시작하는 것'이 아니라 '어떻게 하면 그 일을 정확하고 효율적으로 해낼 수 있는지 명확히 하는 것'이 절반입니다.

누군가는 "그거 너무 당연한거 아냐?"라고 말할 수도 있습니다. 대부분은 어떤 일을 하기 전에 그 일을 어떻게 할지, 어떻게 해야 더 정확하고 효율적으로 해결할지 곰곰이 생각하고 시작하니까요.

하지만 안타깝게도 이 당연한 것을 깊이 고민해보지 않고 일단 눈앞에 보이는 일부터 처리하는 사람들이 있어요. 조립 설명서 없이 내 앞에 놓인 블록을 가지고 무턱대고 무엇이든 만들어보는 사람들이죠. 이런 사람들은 실행력의 의미를 '더 빨리, 그리고 더 많이'로 오해하고 있을 거예요.

이들이 조립 설명서 없이도 일단 조립을 시작하는 이유는 그것이 쉽고 익숙하기 때문입니다. 앞이 잘 보이지 않는 안개 속에서 길을 찾는 것이 어려운 것처럼, 조립 설명서를 먼저 만드는 일은 어렵거든요. 일단 눈앞에 보이는 블록으로 과거에 만들어봤거나 익숙한 모양을 만들어보는 것이 훨씬 쉽습니다. 그것이 문제를 해결하는 데 필요한 것이 아니라고 하더라도요.

이들은 대부분 과거에 본인이 했던 익숙하고 쉬운 방식을 빨리 반복하는 것으로 부족한 실행력에 대한 위안을 찾습니다. 하지만 이렇게 레고 블록을 조립하다 보면 분명 중간에 블록을 여러 번 분해해야 할 거예요.

참고할 답이 없다면? 최소 요건으로 실행하기

"만약 분해해 재설계할 대상이 없다면?"

진짜 문제는 이것입니다. 회사 안이나 밖에서 분해하고 재설계하며 배움을 얻을 대상이 없다면, 여기서부터는 진짜 실행력이 필요한 영역이니까요.

남들이 만들어놓은 지도나 조립 설명서를 보며 길을 찾거나 조립해나가면 편하겠지만 문제 해결사는 많은 경우 레퍼런스가 없는 영역에서 빈 종이에 직접 지도를 그려가며 출발해야 해요. 이는 분명 어렵고 난해한 일입니다.

이럴 때일수록 본질로 돌아가야 합니다. 앞에서 실행력의 본질은 자신이 원하는 결과물을 구체화하고, 이에 도달할 수 있는 가장 효과적이고 효율적인 루트를 찾아 그대로 수행하는 것이라고 했습니다. 이 일은 2단계로 구성되어 있어요.

1단계는 '내가 원하는 결과물을 구체화하는 것'입니다. 2단계는

'이를 분해하고 재설계해 가장 효율적인 루트를 찾는 것'이에요. 2가지를 순차적으로 함으로써 어려운 실행을 해낼 수 있습니다.

1. 원하는 결과물을 구체화하기

하지만 많은 사람이 눈앞에 보이는 일을 먼저 하느라 중요한 본질을 놓칩니다. 자동차를 만들어야 한다고 해봅시다. 갑자기 자동차를 만들라니, 생각만 해도 어려운 실행 과제네요. 무엇부터 시작해야 할까요?

아마 대부분은 일단 눈에 보이는 대로 자동차를 만들려고 할 것입니다. 먼저 자동차를 떠올려보겠죠. 바퀴가 있고, 차체와 프레임이 있고, 엔진이 있고, 시트가 있고, 핸들이 있습니다. 그 구성품들을 조립해 자동차를 완성하니 '좋아, 그럼 핵심 부품인 엔진부터 만들어야겠다'라고 생각하며 어떻게든 엔진을 만들어보려 할 수도 있습니다.

하지만 이는 매우 어려운 일이에요. 공정도 복잡하고 기술자도 여럿 필요합니다. 대규모 투자도 필요하고요. 눈에 먼저 보인다는 이유로 실행하기 어려운 일을 붙잡고 자원을 투자하면 시간은 지연되고 돈은 많이 들고 실행력은 떨어질 수밖에 없습니다.

그런데 실행력이 좋은 문제 해결사는 '스케이트보드'를 먼저 만듭니다.

스케이트보드라니 이게 무슨 말일까요?

문제 해결사는 자동차를 만든다는 목표 뒤에 숨은 '정말로 원하는 결과물'을 먼저 생각하기 때문입니다. 바로 '편리한 이동 수단'

이죠.

앞서 말했듯 좋은 실행력의 첫 번째 단계는 내가 원하는 결과물을 구체화하는 것입니다. 하지만 많은 사람이 결과물을 구체화할 때, 가장 겉에 보이는 '수단'에 집착하는 함정에 빠집니다. 조립 설명서를 만들기 위해 구체화하고 분해해야 하는 것은 결과물을 만드는 수단이 아니라 '목적'과 '방향성'인데 말이죠.

미국의 유명한 작가 사이먼 시넥은 '골든 서클' 개념을 통해 일의 구조를 지름이 다른 3개의 동심원으로 설명합니다. 모든 일의 구조를 설명할 수 있는 이 동심원의 가장 바깥에는 'WHAT(수단)'이 있어요. 그 일을 잘할 수 있는 수단이나 행위가 여기에 포함됩니다. 가장 바깥에 있는 것이라서 누구나 쉽게 보고 알 수 있습니다. 수단은 눈에 잘 보이니까요.

수단의 원 안에는 'HOW(방향성)'라는 조금 더 작은 원이 있습니다. 그 일을 잘할 수 있게 해주는 방향이나 의도에 대한 것입니다. 가장 안쪽에는 'WHY(목적)'라는 원이 있습니다. 그 일의 본질적 목적을 말합니다.

동심원에서처럼 목적은 가장 안쪽에 있으며, 일에서 가장 중요한 것임에도 수단과 행위에 가려 잘 보이지 않는 경우가 많습니다.

자동차 이야기로 돌아가볼게요. 자동차를 구성하는 수단은 누구나 쉽게 알 수 있습니다. 자동차를 잘 관찰하기만 하면 되거든요. 잘 굴러가는 바퀴, 연비 좋은 엔진, 튼튼한 차체, 편안한 시트 등이 자동차에 필요한 좋은 수단입니다. 자동차의 방향성은 이것들의 조합으로 비교적 쉽게 유추할 수 있습니다. 바로 동력으로

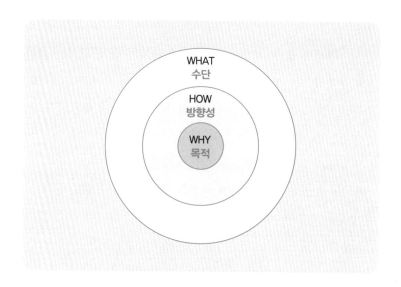

움직이는 이동 수단입니다.

　그럼 자동차의 목적은 무엇일까요? 자동차가 필요한 이유는 편리하고 안전한 이동을 원하기 때문입니다. 이것이 동심원 가장 안쪽에 있는, 수단에 가려져 잘 보이지 않는 자동차의 목적이에요.

　골든 서클에 따르면 대부분의 일은 목적이 방향성을, 방향성이 수단을 정당화합니다. 본질적인 목적이 핵심적인 행위를, 핵심적인 행위가 필수적인 수단을 만들어낸다는 것이죠. 자동차의 본질은 자동차의 수단에 따라 정해지는 것이 아닙니다. 오히려 동심원의 구조상 그 반대에 가깝죠.

　자동차의 수단이 필요한 이유는 자동차의 목적이 존재하기 때문입니다. 그래서 좋은 목적을 구체화하고 이를 위한 핵심적인 행위를 구상하면 좋은 수단을 떠올릴 수 있게 됩니다. 앞에서 언급했듯 명료한 목적이 핵심적인 행위를, 핵심적인 행위가 필요한 수단을 만들기 때문입니다. 그리고 이 동심원의 구조에서 가장 마지막에 있는 수단이 우리가 실행해야 하는 구체적인 대상이고요.

2. 최소 요건으로 시작하기

문제 해결사는 자동차를 만드는 과제에서 그 일의 본질적인 목적을 먼저 생각합니다. 가장 겉에 있어 명확하게 보이는 자동차의 수단만 보고 당장 실행에 착수하지 않아요. 자동차의 본질적인 목적과 행위가 각각 '편리한 이동'과 이를 위한 '간편한 이동 수단'이라는 것을 분명히 하고, 이를 위해 지금 당장 할 수 있는 수단을 떠올리고 실행해봅니다.

그래서 문제 해결사는 스케이트보드를 먼저 만듭니다. 완벽한 이동 수단을 만들기 위해 언젠가는 엔진과 바퀴, 튼튼한 프레임 같은 것들이 필요하겠지만 그것들은 지금 당장 만들기 힘든 것들이니까요. 하지만 스케이트보드는 달라요. 작은 나무 합판과 쓸 만한 바퀴 4개만 있으면 비교적 쉽게 만들 수 있습니다. 편리하게 이동하기에 완벽한 수단은 아니지만 최소한의 요건으로 편리한 이동과 간편한 이동 수단이라는 목적과 행위를 달성할 수 있습니다.

하지만 문제 해결사는 여기서 멈추지 않습니다. 그렇게 스케이트보드를 만들고 나면 1차 결과물을 잘 관찰해봅니다. 스케이트보드가 약간의 편리함은 주지만 운전하기 힘들어 속도를 내기는 어려워요. 그럼 스케이트보드에 손잡이 모양의 핸들을 달아봅니다. 그렇게 킥보드가 만들어져요.

킥보드를 타보니 운전하기 쉬워져 먼 거리를 이동할 수 있게 되었는데, 먼 거리를 서서 이동하니 불편합니다. 그럼 앉을 수 있는 안장을 달아 자전거를 만들어보는 거죠.

자전거는 편하지만 계속 발로 페달을 밟아야 합니다. 이 정도 되면 과감한 집중과 투자를 통해 자원을 투입하고 아주 작은 첫 엔진을 만들어 오토바이를 완성합니다. 본질적인 목적과 행위에 대한 초점을 잃지 않으면서 조금씩 부족한 부분을 채워나가면 언젠가 자동차가 완성될 거예요.

이것이 문제 해결사가 어려운 실행에서 문제를 풀고 결과물을 만들어나가는 과정입니다. 엄청난 투자와 시간이 필요해 만들 엄두가 나지 않는 자동차를 보며 발만 동동 구르고 아무것도 이루지 못하는 평범한 사람들과는 대조되는 모습이죠.

우리는 이런 접근 방법을 오래전부터 들어 잘 알고 있었습니다. '첫술에 배부르지 않는다' '천 리 길도 한 걸음부터' 같은 속담이 가장 익숙한 말일 거예요. '완벽보다 완성이 낫다'처럼 조금 더 세련된 표현도 있어요. 모두 문제 해결사의 실행력을 잘 묘사한 표현이에요.

어려운 일에 도전할 때, 같이 일했던 동료들을 보면 크고 완벽한 결과물을 막연히 상상하며 어떻게 시작할지 감을 잡지 못하고 영원히 '준비'만 하는 사람들이 있었습니다. 반면 내가 만들어야 하는 결과물의 핵심적인 목적과 행위를 눈앞에 보이듯 구체화하고 이를 단계별로 달성할 수 있도록 명확한 실행 로드맵을 그리는 사람들이 있었어요.

이들은 크고 어려운 과제에 참고할 답안지나 조립 설명서가 없어도 당장 눈앞에 보이는 수단이 아니라 방향성과 목적에 집중해 자신만의 조립 설명서를 먼저 만듭니다. 비록 첫술에 배부르지 않더라도 천 리 길을 가기 위한 첫걸음을 계획하고 실행하는 것이죠. 이런 사람들이 바로 어려운 실행을 해내는 문제 해결사입니다.

이런 실행 접근법을 '린 어프로치'라고 합니다. 린 어프로치는 린 스타트업과 함께 최근 스타트업의 실행력을 묘사하는 말이에요. 실리콘밸리에서 불가능할 것이라고 한 어려운 일을 대부분 해내며 급속 성장한 에어비앤비나 우버 같은 스타트업이 추구하는 업무 방식입니다.

린 어프로치에서는 앞서 살펴본 스케이트보드를 'MVP'라고 불러요. MVP는 최소 기능 제품Minimum Viable Product의 약자입니다. 우리가 해야 하는 일의 본질적인 목적과 행위를 충족할 수 있는 최소 요건의 수단을 모은 '초안' 정도의 의미입니다. 당장 만들 수 없는 거창하고 복잡한 자동차가 아니라, 본질에 초점을 맞추고 방법을 찾아보면 어떻게든 만들어볼 수 있는 스케이트보드처럼요.

문제 해결사는 일을 시작할 때 MVP를 생각합니다. 이때 **중요한 것은 '어떻게 모든 것을 다 해내지'가 아니라 '무엇을 안 해도 일을 해낼 수 있을까'예요.** 눈치채셨겠지만 수단을 더하는 질문보다 수단을 덜어내는 질문이 본질에 집중해 우선순위를 추려내고 실행하기에 더 적합하기 때문입니다.

이 질문에는 위험이 따릅니다. 편리한 이동 수단을 원하는 누군가에게 스케이트보드는 만족스러운 결과물이 아닐 테니까요. 하

지만 만들어지지 않는 자동차를 상상만 하다 결국 터덜터덜 걸어
가는 것보다, 만족스럽지 않더라도 일단 스케이트보드를 타고 출
발하는 것이 결국 도착지에 더 빨리 도착한다는 것을 명심해야 합
니다. 스케이트를 타고 가면서 부족한 부분을 보완해 킥보드와 자
전거를 만들면서 점점 더 안전하고 빨리 이동할 수 있게 됩니다.

　그래서 문제 해결사는 어디서 위험을 감수할지 선택해야 합니
다. 당장 할 수 있는 것과 없는 것이 있으니까요. 이때 앞에서 말한
것처럼 본질에 집중해야 합니다. 동심원 안에 있는 핵심적인 목적
과 필요한 행위를 생각하며 우리가 가진 것으로 무엇을 할 수 있
을지 생각해야 해요.

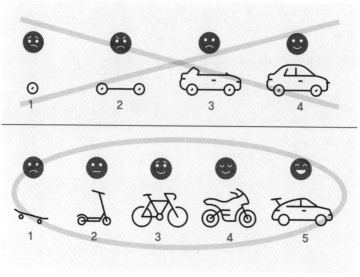

© Henrik Kniberg

목적에 초점을 맞추고 일단 시작하기

훌륭한 문제 해결사는 어려운 실행을 앞두고 자신의 불완전한 수단으로 로드맵을 만들고, 작은 위험을 감수할 방법을 찾습니다. 정신없이 바쁜 와중에도 다른 사람들의 도움 없이 직접 시도해볼 수 있을 수준의 방법을 찾고, 발 빠른 실행을 통해 1차 결과물의 문제점과 개선안을 찾죠. 즉 스케이트보드를 킥보드로 만들 방법을 찾아냅니다.

일단 부딪혀보는 것 같은 문제 해결사의 모습을 보고 그들을 손에 잡히는 대로 무턱대고 일하는 사람들과 혼동하면 안 됩니다. 후자는 동심원을 깊이 뜯어보지 않고 바깥쪽 수단에 집착하는 함정에 빠지거든요.

이런 함정에 빠지는 이유는 그 편이 쉽기 때문입니다. 내게 주어진 일의 동심원 가장 안쪽까지 들어가 본질을 정의하고, 이를 위해 필요한 수단을 찾아 위험을 감수할 로드맵을 그리는 것은 어려운 일이거든요. 그래서 많은 사람이 일단 눈에 보이는 수단을 관찰해 일을 시작하고, 결과물을 만들지 못한 채 불가능하다고 말하며 일을 끝내버리는 선택을 합니다.

하지만 문제 해결사는 무턱대고 시작하는 사람들과는 달라요. 그들은 천 리 길도 한 걸음부터 나아가기 위해 동심원 깊이 뛰어들어 조립 설명서를 먼저 만드는 사람들이니까요.

문제 해결사가 이런 실행력을 발휘하면 반대하는 사람들도 있습니다. 생각보다 그 방식에 반대하는 동료가 많죠. 동심원 바깥에 집착하는 그들 눈에는 문제 해결사의 천 리 길을 위한 한 걸음이 마음에 들지 않기 때문입니다. 스케이트보드는 그저 허점투성이 수단으로 보일 거예요.

어디서나 이렇게 완벽함을 추구하는 사람들은 문제 해결사의 첫걸음을 보며 결국 실패할 것이라고 말합니다. 반대하는 사람들의 피드백을 경청하는 것도 중요하지만, 이런 반대 의견에 너무 신경 쓰지 않기를 바라요. 결국 문제 해결사의 첫걸음을 반대하는 사람들은 '실패할 바에는 아예 시도 자체를 하지 말자' 혹은 '완벽한 수단을 쓸 수 있는 순간까지 아무것도 하지 말자'라고 결론 내리는 문제 회피 전문가나 문제 구경꾼인 경우가 대부분이거든요.

모두가 알고 있듯 이런 결론으로는 문제를 해결하지 못합니다. 그들이 가는 길과 문제 해결사가 가는 길이 다른 것이죠. 그래서 저는 문제 해결사들을 응원합니다. 오늘도 반대를 무릅쓰고 시도하려는 문제 해결사들의 작은 '스케이트보드'에 응원을 보냅니다.

소통력에
바람 쐬기

회사 생활을 한 지 10년이 넘으니 '커뮤니케이션'이라는 단어를 쓰는 데 익숙해졌지만, 회사에 막 들어온 사회 초년생 시절에는 그 단어 자체가 아주 낯설었습니다.

커뮤니케이션이란 무엇일까요? 적절한 한국말을 찾아보면 소통 역량, 소통력 정도일 겁니다. 요즘은 '컴케' 혹은 '컴'으로 줄여서 쓰기도 하죠. 보통 "이 이슈는 다른 부서에 '컴케'되었나요?"라던가 "이 부분은 ○○님이 '컴'해주세요"처럼 '말하다' 혹은 '소통하다'라는 의미로 자주 사용합니다.

우리가 단순히 '말하다'라고 하지 않고 '커뮤니케이션하다'라고 거창한 표현을 사용하는 이유는 거기에 말하는 것 이상의 의미가 담겨 있기 때문입니다.

유려하고 능숙하게 말하기 이상의 소통

제 첫 직장은 외국계 회사였어요. 영어를 잘하는 사람들이 많았지만, 영어를 잘하지 못하는 사람들도 많았습니다. 저도 그랬고요.

그런데 영어에 능숙하지 않아도 일을 잘하는 사람들이 있었어요. 그들은 영어 실력에 상관없이 문제 해결사가 되었습니다. 영어로 능수능란하게 농담을 하거나 아이스브레이킹을 하지도 못하고, 고급스러운 비유를 하거나 원어민 발음으로 유창하게 말하는 것도 아닌데 경영진부터 팀원까지 긴밀하게 소통하고 협업하는 데 문제가 없었습니다. 게다가 남들은 어려워하는 일을 해내며 큰 성과를 내기도 했습니다. 그때 깨달았습니다.

> '문제 해결사에게 커뮤니케이션은 능숙하게 말하는 것 이상을 의미하는구나.'

회사 생활을 하다 보면 커뮤니케이션이 중요하다, 커뮤니케이션을 잘하고 싶다는 말을 정말 많이 듣습니다. 저도 그런 생각을 자주 했고, 최근에는 이런 고민을 하는 팀원이나 동료도 여럿 만났습니다. 그럴 수밖에 없습니다. 여러 사람이 함께 일하는 회사에서는 커뮤니케이션 능력, 즉 소통력이 중요하기 때문입니다.

회사에 입사하는 순간, 우리는 모두 암묵적인 동의를 합니다. '우리는 혼자가 아니라 여럿이 일하기로 합의했고, 혼자가 아니라 여럿이 일할 때 더 큰 문제를 풀 수 있다.' 함께 일해서 성과를 내기로 했다면, 남은 것은 소통뿐입니다. 각자가 본인의 역할을 충실히 수행하는 것도 중요하지만, 여러 사람과 일할 수 있는 유일한 방법은 소통하는 것뿐이니까요. 문제 해결사에게 커뮤니케이션이 매우 중요한 이유가 여기에 있습니다.

그런데 커뮤니케이션을 잘하고 싶다는 사람은 대부분 그것을 조리 있는 말 혹은 설득력 있게 말하는 방법 정도로 생각하는 경우가 많습니다.

물론 같은 내용에 대해 커뮤니케이션하더라도 남들보다 조리 있게 말하거나, 아나운서처럼 듣기 좋게 말하거나, 당당하고 자신감 넘치는 태도로 말할 수 있다면 큰 도움이 됩니다. 내 의견을 분명하게 전달하고 쉽게 상대방을 설득할 수 있을 테니까요. 상대방을 쉽게 설득할 수 있다면 자신이 정한 계획이나 세부 내용을 바꿀 필요가 없으니 효율적이기도 할 것입니다.

하지만 여럿이 모여 큰 성과를 내기 위해 일하는 문제 해결사에게 필요한 소통력이 '내 생각을 쉽게 설득하는 능력'인지는 생각해볼 문제입니다. 물론 일하는 과정에서 문제 해결사의 말을 믿지 않거나 반대하는 사람이 있더라도 본인이 확신하는 바를 많은 사람에게 전파하고 설득해야 하는 경우가 있을 거예요.

하지만 다 같이 모여 큰 성과를 내기 위해 반드시 누군가를 설득할 필요는 없습니다. 문제 해결사가 소통을 통해 얻어야 하는 결과는 '더 나은 결과'이지 '내 의견대로 하기'가 아니기 때문입니다. 현실에서는 더 나은 성과나 결과를 얻기 위해 문제 해결사가 설득당해야 하는 경우도 많습니다.

커뮤니케이션이 필요한 이유

창의력과 실행력에서도 그랬던 것처럼 문제 해결사에게 필요한 소통력을 계발하기 위해서는 무엇보다 먼저 그것을 정의해야 합니다. 쉽고 실용적으로요.

문제 해결사가 커뮤니케이션을 하는 목적은 무엇일까요? 중요한 질문입니다. 문제 해결사에게 필요한 소통력을 정의할 수 있을 테니까요.

우리가 하는 커뮤니케이션 중에는 서로의 안부를 묻거나 편한 대화를 하며 친목을 도모하거나 즐거움을 얻기 위한 것도 있을 것입니다. 서로 알면 좋을 정보를 공유하는 경우도 있겠네요. 상대방에게 피드백을 주는 것 또한 중요한 커뮤니케이션일 것입니다. 하지만 문제 해결 맥락에서 생각해보면 문제 해결사에게 커뮤니케이션이 필요한 이유는 다음과 같습니다.

공동의 목표를 달성하기 위해 더 나은 결론을 내고 서로의 명확한 행동을 촉구한다.

이것이 문제 해결에 필요한 커뮤니케이션의 목적입니다. 문제 해결사가 소통하는 중요한 이유이기도 하고요. 이 목적은 몇 가지로 나눠볼 수 있습니다.

먼저 '공동의 목표'를 달성한다는 것입니다. 문제 해결사에게 필요한 소통은 내 의견대로, 내 생각대로 밀어붙이기 위한 것이 아니라 모두가 합의한 목표를 달성하기 위한 소통입니다.

둘째, '더 나은 결론'을 낸다는 것입니다. 문제 해결사에게 소통력이 중요한 이유는 서로의 의견과 생각을 더해 혼자일 때보다 더 좋은 결론을 내려야 하기 때문입니다.

그래서 소통의 결과가 누군가는 설득하고, 누군가는 설득당하는 것이 아닐 수도 있어요. 충분한 소통을 통해 내 의견보다 더 나은 생각이 있다면 그 의견을 따르거나, 상대방의 피드백을 충분히 듣고 합리적으로 판단해 의견을 교정할 수도 있으니까요.

셋째, '서로의 명확한 행동'을 촉구한다는 것입니다. 여기서 말하는 '행동'은 합의나 승인 같은 절차적 행동, 도움, 협조 혹은 구체적 실행 같은 실질적 행동을 포함합니다. 좋은 소통을 통해 여럿이 모여 더 나은 결론을 도출했을 때 이에 대한 승인을 받고, 관련된 사람들과 합의를 이루고, 동료들의 협조와 실행을 이끌어내는 것이 이에 해당합니다.

이 3가지 요건이 문제 해결사가 집중하는 소통력의 실체입니다. 10년 넘게 다양한 회사에서 문제 해결사를 만났는데, 그들 모두 모습은 조금씩 달랐지만 커뮤니케이션에서 항상 이 3가지 목표를 우선했습니다. 어떤 일을 하더라도 공동의 목표를 생각하고, 누구와 소통하더라도 합리적으로 더 나은 결론을 내리고, 직급이 높은 사람들에게도 명확한 행동을 촉구했습니다.

이렇게 보면 문제 해결사에게 필요한 소통 능력은 협업 능력 그 자체일 수도 있습니다. 문제 해결사에게 커뮤니케이션이 중요한 이유는 여럿이 함께 모여 더 큰 문제를 풀기 위해서니까요.

더 나은 소통을 위한 6가지 원칙

지금부터는 문제 해결사에게 필요한 소통 능력을 업그레이드할 수 있는 단순한 6가지 원칙을 알아보려고 합니다.

1. 의견은 명확하게, 결론부터 말한다

문제 해결사의 생각은 구체적이고 분명합니다. 커뮤니케이션을 통해 더 나은 결론을 내리기 위해서는 먼저 문제 해결사의 분명한 의견이 필요합니다. 그 의견이 좋은 커뮤니케이션의 시작이 되는 경우가 많거든요.

더 나은 결론을 내리기 위해서는 서로의 의견을 쉽고 명확하게 전달하고, 각자의 의견에 대한 상대방의 생각을 경청해야 합니다. 그래서 문제 해결사는 본인의 의견에 부족한 부분이 있다 하더라도 어떤 정보와 맥락을 살펴보았고, 이를 바탕으로 어떤 근거를 찾았으며, 이를 통해 어떤 결론을 내렸는지 분명하게 말합니다. 이것이 좋은 논의의 출발점입니다.

많은 전문가가 커뮤니케이션에서 두괄식으로 일목요연하게 말해야 한다고 입을 모아 강조합니다. 이 또한 같은 맥락의 조언이에요. 두괄식으로 말하기 위해서는 대화를 시작하기 전에 본인의 생각과 결론을 분명히 해둬야 하기 때문입니다. 즉 의견이 분명해야 두괄식 소통이 가능합니다.

일반적으로 사람들은 배경, 근거, 결론 순서로 생각합니다. 배경이나 맥락에서 근거를 발견하고, 그 근거에서 결론을 도출하는 경우가 많기 때문입니다. 하지만 대화를 시작할 때는 결론, 근거, 배경 순서로 말하는 것이 좋습니다. 이렇게 말하면 상대가 쉽고 편안하게 들을 수 있습니다.

우리 모두 알고 있듯, 적절한 배경에서 확실한 근거를 찾는 일은 어렵습니다. 시간도 오래 걸리고요. 하지만 긴 시간 동안 내가 힘들게 찾은 배경과 근거에 대한 이야기를 듣는 사람에게 모두 전달할 필요는 없습니다. 배경, 근거, 결론 순서로 말하면 듣는 사람도 배경에서 근거를, 근거에서 결론을 추론하며 들어야 합니다. 추론은 생각보다 에너지가 많이 필요한 일이고요.

두괄식으로 말해 상대방이 쉽고 분명하게 내 의견을 이해하면 좋은 점이 많습니다. 일단 상대방이 내 생각에 대해 더 정확하고 좋은 의견을 줄 수 있습니다. 이것이 모두를 위한 더 나은 결론으로 이어질 것이고요. 그래서 내 의견을 요점부터 분명하게 말하는 대화가 '더 나은 결론'을 내리기 위한 대화의 출발점이 됩니다.

문제 해결사는 대화를 시작하기 전에 충분히 고민하고, 힘들더라도 나만의 명확한 결론을 내려야 합니다. 그렇게 하려면 다양한 배경과 근거를 검토해야 합니다. 내가 내린 결론과 근거가 커뮤니케이션의 출발점이자 논의의 기준이 되기 때문입니다. 비록 그것이 불완전하다고 할지라도요.

조금 부족해도 괜찮아요. 우리는 여럿이 함께 일하기로 합의했으니까요. 명확한 결론이 잘 전달되기만 하면 동료들이 내 의견의 부족한 점을 보완해줄 겁니다. 이렇게 믿으면 커뮤니케이션이 한결 편안해집니다.

2. 결국 대화임을 명심한다

문제 해결사는 모든 커뮤니케이션이 결국 '대화'라는 것을 잘 알고 있습니다. 처음 팀장이 되었을 때 다른 사람의 도움 없이 외국인 사장님을 처음으로 독대해 설득했던 일이 아직도 생생하게 기억납니다. 그때 저는 제가 하려는 일에 대해 사장님의 승인을 반드시 받아낼 심산으로 엄청난 자료와 메시지를 준비했습니다. 단번에 승인받는 것이 팀원들에게 좋으리라고 생각했거든요.

저는 어설픈 영어로 사장님의 모든 질문과 피드백을 방탄복처럼 튕겨냈고 "아니에요. 제 말이 맞아요"라는 태도로 준비해 간 자료를 보여주며 설득하려 총력을 기울였습니다. 그런 저의 모습이 가여웠는지 사장님은 1시간 정도의 긴 미팅 끝에 프로젝트를 승인해주었습니다. 왠지 찜찜하긴 했지만 일단 생각대로 설득했으니 되었다는 안도감이 들었어요. 그런데 일어서 나가려는 저를 바라보며 사장님이 이렇게 말했습니다.

"현직, 우리 논의가 다음부턴 대화였으면 좋겠어. 일방적인 설득이 아니라."

아직도 그 말을 생각하면 머리가 멍합니다. 정말 부끄러운 모습이었습니다. 커뮤니케이션의 목적을 전혀 이해하지 못하고 소통하려 했으니까요. 사장님은 제 생각을 듣고 합리적인 질문과 의견으로 대응했지만, 미숙했던 저는 더 나은 결론을 내는 것이 아니라 사장님을 설득하는 것이 대화의 목적이라고 생각했습니다.

이후로 문제 해결사의 커뮤니케이션을 더 자세히 관찰하게 되었습니다. 커뮤니케이션은 결국 대화입니다. 일방적인 전달이 아닙니다. 전달은 일방향적 소통이지만 대화는 양방향으로 이루어지는 소통입니다. 그래서 대화 상황은 유동적일 수밖에 없고 결과도 예측하기 힘듭니다. 내 결론만 말하면 되니 소통 결과를 쉽게 예측할 수 있는 전달과는 반대입니다.

그렇게 좋은 대화를 하다 보면 내 생각이 바뀌기도 하고 상대방의 생각이 바뀌기도 합니다. 대화를 하면서 몰랐던 정보를 접하고, 놓쳤던 관점을 알게 되고, 다른 사람들의 합리적인 의견도 듣다 보면 자연스럽게 대화에 참여하는 사람들의 생각이 달라집니다.

어떤 사람들은 커뮤니케이션 과정에서 의견을 바꾸는 사람을 이상하게 보기도 하고, 심지어 '말을 바꾸는 사람'이라고 부정적으로 묘사하기도 하지만 저는 그렇지 않은 게 더 부자연스럽다고 생각합니다. 내가 몰랐던 사실이나 합리적인 의견을 듣게 되었는데, 결론이 바뀌지 않는다면 상대방은 나를 고집불통이라고 느끼게 될 테니까요.

앞에서 좋은 커뮤니케이션의 시작은 명확한 나만의 결론이라고 했습니다. 좋은 커뮤니케이션의 과정은 결론이 유연하게 바뀔 수 있다는 것을 인지하고, 또 그렇게 바꾸는 것입니다. 다시 말해 상대방을 무조건 설득해야 한다는 생각으로 고집을 피우지 않는 것이죠.

앞으로 누구와 커뮤니케이션을 하더라도 생각과 결론이 자유롭게 바뀔 수 있는 '대화'라고 생각해보세요. 문제 해결사에게 필요한 소통 능력은 상대방을 단순히 설득하는 것이 아니라 더 나은 결론의 실마리를 찾아나가는 것이니까요. 그러면 마음이 한결 편안해질 거예요.

3. 먼저 신뢰 관계를 쌓는다

문제 해결사는 커뮤니케이션에 신뢰 관계를 활용합니다. 요즘은 '라포(라포르rapport)'라는 말로 신뢰 관계를 설명하기도 합니다. 라포는 심리학 용어로 사람과 사람 사이에 생기는 신뢰 관계를 말합니다. 최근에는 진솔하고 명확한 소통을 위해 회사 내에서도 라포가 중요하다고 생각하는 사람이 많아졌습니다.

신뢰 관계라는 말을 듣고 '사내 정치'와 혼동할 수 있습니다. 저도 처음에는 그랬으니까요. 커뮤니케이션을 하는 데 본인의 인맥이나 관계를 활용하는 사람들을 정치꾼이라고 생각했던 적이 있습니다. 평소에 '자기편'을 많이 만들어놓고 중요한 결정의 순간에 그들을 활용하는 것을 보면서요.

하지만 회사 생활을 하면서 생각이 바뀌었습니다. 문제 해결사가 문제를 풀어나가는 과정에는 많은 사람의 동의와 승인, 협조와 참여가 필요합니다. 이때 미리 만들어놓은 신뢰 관계가 문제를 해소해주는 경우가 많습니다. 정치꾼들이 부당한 결정을 위해 자기편을 이용한다면, 문제 해결사는 어려운 소통을 이어나가기 위해 신뢰 관계를 활용합니다.

또 문제 해결사는 많은 사람을 만납니다. 그들을 관찰해보면 항상 누군가를 만나 대화를 하고 있어요. 좀 어렵거나 껄끄러운 사람들과도요. 오다가다 그들이 하는 이야기를 들어보면 급한 업무 이야기가 아닌 경우도 많았습니다. 회사 생활을 처음 시작했을 때는 이런 모습을 이해하지 못했습니다. '차라리 저럴 시간에 중요한 업무 처리를 하는 게 낫지'라고 생각하면서요.

하지만 지금은 잘 알고 있습니다. 이 또한 문제 해결사의 중요한 업무입니다. 신뢰 관계는 결국 커뮤니케이션 비용과 큰 관련이 있거든요. 문제 해결사는 해결 과정에 필요한 다양한 부서의 사람들과 자주 대화하며 심리적 거리감을 좁히고 신뢰 관계를 구축합니다. 신뢰 관계만 있다면 대부분 커뮤니케이션이 수월해지죠.

우리는 동료들과 회사에서 만났다는 이유만으로 서로를 존중하며 일해야 합니다. 회사 밖에서 전혀 모르는 사이였던 사람들과도요. 회사에서 처음 그런 사람을 만나면 서로 의심하고 경계하는 경우가 많습니다. 이런 반응을 보이는 것은 당연합니다. 처음 만난 사람들이 서로를 신뢰해야 할 이유가 딱히 없거든요.

이런 상황에서는 커뮤니케이션을 하기 힘듭니다. 기본적으로 경계와 의심이 깔려 있으니까요. 문제 해결 과정을 일일이 의심하고 직접 하나씩 확인하려고 할 거예요. 발전적인 커뮤니케이션을 하기 어려우니 부정적인 피드백을 하거나, 힘들고 까다로운 요청을 할 때면 상황이 더욱 심각해집니다.

신뢰 관계는 커뮤니케이션 비용도 크게 낮춥니다.

커뮤니케이션 비용은 커뮤니케이션을 하는 데 소요되는 모든 시간과 노력, 비용의 합입니다. 커뮤니케이션 비용이 크면 사소한 대화에도 시간과 노력이 많이 들어가고, 커뮤니케이션 비용이 작으면 힘든 대화도 적은 시간과 노력만으로 수행할 수 있어요.

문제 해결사는 신뢰 관계를 구축해 커뮤니케이션 비용을 줄입니다. 커뮤니케이션 비용이 낮아지면 비교적 쉽게 상대방의 분명한 행동을 촉구할 수 있습니다. 이는 앞에서도 말한 커뮤니케이션의 중요한 목적 중 하나입니다.

지금 하는 일을 멈추고 다른 일을 다시 시작하자는 것도, 지금의 방식이 아니라 완전히 새로운 방식을 시도해보자는 것도, 의심과 경계가 깔린 상황에서는 제안하기 힘들겠죠. 하지만 신뢰 관계가 커뮤니케이션 비용을 낮춰준다면 비교적 쉽게 이야기를 꺼내고, 허심탄회하게 의견을 나누고, 분명한 행동을 취할 수 있습니다.

그렇다면 어떻게 신뢰 관계를 구축할 수 있을까요? 많은 사람이 함께 커피를 마시며 사적인 이야기를 하거나, 점심을 같이 먹으며 친해지려 합니다. 이것도 좋은 방법이지만 회사에서 사적인 대화를 불편해하거나, 개인적으로 친해지는 것을 불필요하게 생각하는 사람들도 있으니 조심할 필요가 있어요.

그래서 '업무적인 신뢰'를 쌓는 것이 기본이 되어야 한다고 생각해요. 서로 믿고 일할 수 있도록 협업 경험을 만드는 것을 말합니다. 상대방의 업무도 중요하게 생각해 업무 요청에 협조적으로 응하며, 동료가 도움을 필요로 할 때 먼저 돕는 것이죠. 같이 하는 일에서 힘들어하는 부분이 있다면 함께 방법을 찾아보고, 나아가 동료가 원하는 하는 바를 이룰 수 있도록 지원하는 것입니다. 이런 경험이 쌓이면 업무적으로 신뢰할 수 있는 사이가 될 겁니다.

동료의 생일이나 개인적인 취향은 모른다고 하더라도 괜찮습니다. 문제 해결사에게 필요한 신뢰 관계는 단순히 '사적으로 친한 관계'가 아니라 '믿고 협업할 수 있는 관계'인 경우가 많기 때문입니다. 우리는 그런 사람이 하는 말에 더 귀 기울이며, 내 업무를 돕는 사람을 돕고 싶어 합니다.

그래서 문제 해결사는 평소에 많은 사람과 대화를 하면서 무엇을 하려는지 묻고, 그 과정에 어떤 도움이 필요한지 궁금해해요. 그런 다음 일을 도우며 관계를 구축합니다. 이것이 '회사에서 친해진다'는 것의 의미겠죠.

저는 회사에서 처음 만난 사람에게 반갑게 인사를 하고, 평소에 자주 대화를 하고, 먼저 다가가 도움이 필요한 부분이 없는지 묻는 일이 중요한 업무라고 이해하게 되었습니다. 어떤 일을 처음하는 동료가 도움을 요청하면 절호의 기회라고 생각하고요. 동료가 이루고자 하는 것을 먼저 이룰 수 있도록 도와주면 언젠가 있을 그와의 협업을 위한 신뢰 관계를 쌓을 수 있으니까요.

이때 협업의 '키 맨key man'을 파악하는 것도 중요합니다. 문제 해결하는 과정에서 의사 결정이 필요하거나, 지원이 필요한 경우 어떤 사람이 그런 권한과 영향력을 지니고 있는지 알면 커뮤니케이션 비용을 크게 줄일 수 있으니까요.

더불어 많은 사람과 신뢰 관계를 쌓아나가면 자연스럽게 회사에서 좋은 평판이 생겨납니다. 평판이 좋으면 다시 한번 커뮤니케이션 비용이 낮아집니다.

문제 해결사가 되고 싶다면 그저 친해지는 것이 아니라 믿고 함께 일할 수 있는 동료가 되어보세요. 먼저 안부를 묻고, 필요한 도움을 주고, 동료가 하는 일도 내 일처럼 중요하게 생각하면 됩니다. 그것들이 쌓여 신뢰 관계와 좋은 평판을 만들고 커뮤니케이션 비용을 크게 낮춰줄 거예요.

4. 배경과 맥락을 강조한다

문제 해결사는 처음 커뮤니케이션을 시작할 때 배경과 맥락을 자주 이야기합니다. '그건 기본 아니야?', '요즘 안 그런 사람도 있어?'라고 생각할 수도 있습니다. 하지만 문제 해결사에게 배경과 맥락이 특히 중요한 이유가 있어요.

다 같이 모여 일을 하는데 일을 하는 배경과 중요한 맥락을 모른다면 제대로 일하기 힘들 것은 분명합니다. 배경과 맥락은 보통 일의 긴급성을 강조할 때 많이 활용됩니다. 사람들이 말하는 배경과 맥락은 어쩌면 이 일을 왜 빨리 해야 하는지 설득하는 수단일지도 모르겠습니다.

문제 해결사도 이런 이해와 협조의 목적으로 배경과 맥락을 자주 이야기하지만 그들에게는 또 다른 의도가 있습니다. 바로 '더 나은 해결책'을 도출하는 것입니다. 이런 맥락에서 문제 해결사가 말하는 배경과 맥락이 구체적으로 무엇인지 짚어볼 필요가 있습니다.

배경은 회사의 많고 많은 문제 중 왜 지금 우리가 이 문제에 집중하려고 하는지에 대한 것입니다. 맥락은 그 문제에 대해 현재 알고 있는 중요한 정보나 문제 상황을 말하고요. 배경과 맥락을 충분히 설명한다는 것은 우리가 집중하려고 하는 문제가 중요한 이유와 그 문제에 대해 지금 알고 있는 중요한 정보를 구조화하는 것을 말합니다.

회사에서 일하다 보면 똑똑한 사람들이 모여 함께 일하는데 대화가 잘 이루어지지 않는다고 생각될 때가 있습니다. 저도 자주 마주하는 상황이죠. 대부분 분명한 배경과 맥락을 몰라서 그런 경우가 많았습니다.

코끼리는 아주 큰 동물이라서 누군가는 코만 보면서, 누군가는 발만 보면서 코끼리에 대해 이야기합니다. 회사에서도 자주 경험하는 맹인모상의 상황입니다. 이러면 더 나은 결론을 도출하기 위한 대화를 나누기 어렵습니다. 큰 문제의 서로 다른 부분을 이야기하거나, 현재의 문제 상황에 대해 잘못 이해하고 있거나, 같은 현상의 서로 다른 데이터를 보고 있다면 자연스럽게 각자의 결론도 달라질 테니까요.

문제 해결사는 시작할 때 대화 참여자와 구체적인 배경과 맥락을 합의합니다. 코끼리의 코가 문제니 이야기해보자는 것이 배경이라면, 현재 코끼리 코가 어떤 상태인지 정확히 말하는 것이 맥락이라고 볼 수 있습니다. 누군가가 코끼리의 귀나 다리에 대해 이야기하려고 한다면 문제 해결사는 다시 배경과 맥락을 조율합니다. 모두 하나의 지점을 바라보게 만들어 더 나은 결론을 내리려는 노력입니다.

미팅에서의 모습만 봐도 누가 문제 해결사인지 쉽게 알아차릴 수 있습니다. 일상적인 미팅이 아니라 중요한 업무 대화를 시작할 때도 마찬가지입니다. 대형 프로젝트를 시작할 때 배경과 맥락을 합의하기보다 당장 할 수 있는 일을 빨리 진행하는 데 집중하는 사람들이 있습니다. 빠르게 일을 시작한다는 관점에서는 효율적인 방법이지만, 배경과 맥락을 분명히 전달하고 일의 방향성을 구체적으로 합의하는 단계를 건너뛰는 것은 문제입니다. 당장은 일을 빠르게 진행할 수 있지만 중간중간 계속 멈춰 서게 되거든요.

참여했던 프로젝트에서도 차이를 느낄 수 있었습니다. 많은 사람이 참여하는 프로젝트에서 바로 일을 시작했다가 중간에 생각이 서로 달라 계속 혼란이 발생하기도 하고, 결과물을 만들었는데 모두가 원하는 것이 아닌 경우도 있었어요.

반대로 프로젝트의 출발점에서 조금 과하다 싶을 정도로 배경과 맥락을 합의하는 데 신경 썼던 경우 시작은 조금 늦을 수 있지만 구체적인 프로젝트 목표부터 상세한 방법까지 일사천리로 의견을 모을 수 있었습니다. 결과적으로 더 빨리 원하는 성과를 낼 수 있었고요.

문제 해결사는 항상 배경과 맥락 합의를 통해 더 좋은 의견을 구하고자 합니다. 정확하게 공유하고 합의하기만 한다면 함께 일하는 전문가들이 훨씬 더 좋은 결론을 내릴 수 있다고 생각하거든요. 나아가 내가 내린 결론이 명료한 배경과 맥락에서 도출된 것이라면 배경과 맥락을 잘 설명하는 것만으로도 합의나 동의를 쉽게 얻을 수 있었어요.

이 모두가 커뮤니케이션의 출발점에서 배경과 맥락을 합의하는 것의 중요성을 말해주는 사례가 아닐까 합니다.

5. 커뮤니케이션 프로세스를 만든다

문제 해결사는 우연이 아니라 프로세스를 기반으로 소통합니다. 프로세스를 답답하고 비효율적인 것이라 생각해 손사래를 치는 사람들이 많고, 저 또한 그랬습니다. 주어진 과업을 '개인'으로 수행하고 달성해야 했던 주니어 때는 소통 프로세스의 중요성을 크게 느끼지 못했습니다. 하지만 여러 이해관계자들과의 협업이 잦아진 지금은 프로세스 없이는 일하기 힘든 경우도 많습니다.

혼자 일할 때는 프로세스가 필요 없다고 느껴지기도 하지만, 협업으로 공동의 결과물을 만들어야 할 때 프로세스가 없다면 몇 발자국 가지 못하고 모두 넘어져버릴 것입니다.

문제 해결사도 이를 잘 알고 있어요. 제가 관찰한 문제 해결사도 많은 사람과 협업할 때는 구체적인 소통 프로세스를 만들어 이런 문제를 피했습니다.

우리 모두 원활한 소통이 얼마나 중요한지 잘 알고 있습니다. 소통이 원활하게 자주 이루어지면 각자의 진행 상황을 공유하며 일의 전체적 상황을 파악할 수 있습니다. 문제나 의사 결정이 필요한 일이 생기면 빠르게 서로 의견을 주고받아 문제를 해결하고 결정을 내려 일이 쉬지 않고 굴러가도록 할 수 있고요.

그래서 사람들은 협업을 할 때 "우리 앞으로 자주 소통하며 일해요"라고 말하고 여기에 쉽게 동의하지만, '어떤 이야기'를 '얼마나 자주' 하자는 것인지는 각자가 이해하기 나름입니다. "결과가 나오면 공유해주세요"라고 요청하기는 쉽지만 자리로 돌아가 생각해보면 애매한 점이 많아요. 어떤 결과를 언제 공유해달라는 것인지 각자 생각이 다르니까요.

이런 모호함이 쌓여 문제가 됩니다. 경험상 각자가 원하는 소통의 '언제'와 '어떻게'는 모두 달랐거든요. 모호함 위에서 일을 시작하면 자의적이고 부정기적으로 소통하게 되고, 중요한 피드백이나 의사 결정이 제시간에 이뤄지지 못하고 수준도 낮아집니다.

그래서 저는 일을 시작하기 전에 소통 프로세스도 구체적으로 합의하곤 합니다. 예를 들어 마케터들과 캠페인을 론칭했다면 다음과 같이 미리 합의하는 것이죠.

> "캠페인 론칭 초반 2주 동안은 격일에 한 번씩 만나 A와 B 지표를 중심으로 진행 상황을 확인해요. 30분 정도 서로 관찰한 지표의 상황을 공유하고 개선이 필요한 지점을 같이 찾고 싶어요. 협업 부서의 도움이 필요한 부분이 발견되면 누구와 언제 논의할지 그 자리에서 함께 결정하고요."

새로 입사한 팀원과도 이렇게 합의합니다.

> "서로를 알아가는 시간이 필요하니 입사 후 3개월 동안 매주 1시간씩 정기적으로 만나고 싶어요. 1시간 동안 업무 우선순위와 주요 진행 상황을 공유받고 싶어요. 진행 상황에 관련해서는 해당 업무의 최근 성과와 다음 일정, 의사 결정이나 협의가 필요한 부분을 집중적으로 논의하고 싶습니다. 일하면서 잘 모르는 부분이 있거나 도움이 필요하다면 함께 알려주세요."

단번에 모든 사람이 만족하는 소통 프로세스를 찾지 못할지도 몰라요. 하지만 이 또한 계속 소통하면서 합의하는 것이 중요합니다.

문제 해결사는 커뮤니케이션을 시작할 때 일의 목표나 전략만큼 앞으로 어떻게 소통할지 합의하는 것을 중요하게 생각합니다. 그래서 매주 만날지 아니면 격주로 만날지, 만나면 어떤 주제로 이야기를 나누고 싶은지, 피드백이나 의사 결정이 필요한 경우에는 어떻게 할지, 긴급하게 공유해야 하는 특이 사항이 발생하면 어떻게 공유할지 등을 미리 논의하고 결정합니다.

이렇게 소통 프로세스를 만들면 좋은 점이 많습니다. 무엇보다 협업 참여자들이 효율적으로 소통할 수 있습니다. 언제 어떤 식의 보고를 요청할지 예측하기 힘든 상사나 동료와 일하는 것만큼 힘들고 번거로운 게 없으니까요. 예측할 수 있게 소통하면 각자가 좋은 대화와 논의를 위해 충분히 준비할 수 있습니다. 결국 대화의 효율성이 좋아지고 효과적인 대화가 이루어집니다.

소통 프로세스에서 고려할 점

소통 방식은 협업의 규모나 일의 특징, 참여하는 사람들의 숙련도에 따라 달라지지만, 일반적으로는 다음과 같은 점을 고려해보아야 합니다.

가장 먼저 '얼마나 자주' 만날지 정해야 합니다. 참여하는 사람들의 숙련도가 낮고, 프로젝트의 난도가 높을수록 자주 만나 대화할 수 있는 프로세스가 필요합니다.

'언제' 만나 소통할지 결정하는 것도 중요합니다. 이는 보통 소통 목적에 따라 달라지기도 합니다. 우선순위 조율이나 해야 하는 일에 대해 협의해야 할 때는 주 초반에, 일의 진행 상황을 맞춰보거나 운영 과정에서 문제 해결이 필요한 경우에는 주 중반에, 결과를 함께 리뷰하며 회고를 기반으로 의사 결정을 할 때는 주 후반부에 만나는 것이 일반적입니다.

횟수와 일정을 정했다면 '무엇을' 이야기할지도 합의해야 합니다. 이때 서로가 서로에게 기대하는 주제를 미리 말하면 좋습니다. 일반적으로 우선순위, 업무 진행 상황, 함께 해결해야 할 문제, 진행 중인 업무의 성과, 서로에 대한 피드백 등이 커뮤니케이션 프로세스를 만들 때 검토해야 할 중요한 주제입니다.

마지막은 '어떻게 기록할지' 정하는 것입니다. 대화가 일회성으로 휘발해버리지 않고, 중요한 내용을 다 함께 기억하고 결정된 내용을 순조롭게 실행하기 위해서는 모두가 쉽게 작성하고 살펴볼 수 있는 방식으로 대화를 기록해야 합니다. 그래야 대화가 끝나고도 언제든 그것을 꺼내 보며 주요 내용을 떠올릴 수 있으니까요.

문제 해결사는 어떤 일을 하더라도 이런 소통 프로세스를 떠올립니다. 대규모 인원이 참여하는 협업이나 프로젝트가 아니라 하더라도요. 상사나 동료들과도 서로 구조적으로 대화를 이어나갈 수 있도록 목적에 맞는 소통 프로세스를 떠올리고, 항상 주도적으로 그 프로세스를 제안하고 실행하는 사람들이었습니다.

그래서 그들은 누구와 일하더라도 항상 조율이 잘되어 있고, 제대로 이해하고, 쉽게 대화를 이어가고, 좋은 의사 결정과 실행을 이끌어내는 경우가 많았어요. 단지 그들의 화술이나 스피치, 기억력이 좋아서 그런 것이 아니었습니다.

문제 해결사를 목표로 한다면 "앞으로 자주 소통해요"라고 두루뭉술한 기대를 말하기보다 대화의 목적을 생각하고 협업의 구조와 업무 난이도를 고려해 구조화된 소통 프로세스를 생각해보고 먼저 제안하면 좋겠습니다.

6. 오퍼레이터가 아니라 드라이버

커뮤니케이션을 잘하는 문제 해결사의 또 다른 특징은 '오퍼레이터'가 아니라 '드라이버'라는 것입니다.

오퍼레이터는 '운영자'를 말합니다. 무언가가 매끄럽게 운영되도록 과정을 관리하는 사람입니다. 사람들이 모인 온라인 커뮤니티가 있다면 커뮤니티가 문제없이 운영되도록 돕는 사람이 운영자가 됩니다.

드라이버는 '구동자'를 말합니다. 무언가가 움직이고 나아가도록 만드는 사람을 뜻해요. 운영자가 만든 커뮤니티에서 누군가가 목소리를 내고, 의견을 모으고, 변화를 만들어나간다면, 그 사람이 바로 구동자가 됩니다.

앞서 문제 해결사는 소통 프로세스를 만든다고 했는데, 그들은 단순히 프로세스의 관리자에 머무는 것이 아니라 그 프로세스에서 무언가가 멈추지 않고 움직이고 나아가도록 만드는 일을 주도하는 역할을 자처합니다.

저도 처음 다양한 부서의 동료들이 참여하는 협업을 이끄는 역할을 맡았을 때 생각처럼 일이 잘 진행되지 않아 힘들었던 기억이 납니다. 일의 배경과 맥락도 분명히 공유하고, 어떤 방향으로 문제를 풀어갈지 방향성도 합의하고, 프로세스를 만들어 동료들과 자주 진행 상황과 의견을 공유했는데도 생각처럼 일이 잘 진행되지 않더라고요.

지금 생각해보니 저는 당시 사람을 모으고, 서로 의견을 나눌 수 있는 미팅을 주재하고, 회의록을 작성해 공유하는 데 집중했던 것 같습니다. 의견을 잘 전달하게 만들면 이후의 일은 알아서 진행될 줄 알았던 것이죠. 하지만 여러 이유로 생각했던 결과와 변화는 잘 이뤄지지 않았습니다. 제가 대화 프로세스에서 관리자에 머물렀기 때문입니다. 커뮤니케이션의 최종 목적이 명확한 행동을 만들어내는 것이라는 점을 간과했죠.

문제 해결사는 커뮤니케이션 과정에서 본인의 역할이 단순히 관리자가 아니라 변화를 만들어내는 구동자라는 것을 잘 알고 있습니다. 의견을 나눌 수 있는 구조를 만들고, 소통을 가능하게 하는 윤활유 역할을 잘 수행해낸다고 하더라도 결국 사람들의 행동으로 이어지지 않으면 반쪽짜리 커뮤니케이션이기 때문입니다.

여기서 오퍼레이터와 드라이버의 차이를 만들어내는 것은 바로 '주도성'입니다. 목마른 사람이 우물을 파듯 주도하고자 하는 사람이 소통 과정에서 구동자가 됩니다. 우물을 팔 수 있는 과정과 도구는 관리자가 마련해준다 하더라도요.

어떤 팀원은 업무를 요청하면 짧은 시간이라도 제가 요청하는 업무를 메모하고, 구체적으로 무엇을 해야 하는지 이해하기 위해 질문을 하고, 일을 마쳐야 하는 명확한 일정을 확인합니다.

더 놀라운 건 그 대화 이후입니다. 퇴근 시간쯤 그 팀원으로부터 메시지가 옵니다. 아까 함께 정리했던 할 일 목록과 타임라인을 짧은 텍스트로 요약해서 공유해준 것입니다. 이 일을 진행하기 위해 타 업무의 일정을 조정해야 할 것 같으니 내일 다시 짧게 30분 정도 논의가 필요하다는 말도 함께죠.

이런 모습을 보면 그 팀원이 구동자로서 좋은 커뮤니케이션을 한다고 생각하게 됩니다. '다른 업무 조정'이라는 명확한 행동이 나오기도 했지만, 무엇보다 자신에게 주어진 업무를 주체적으로 이해하고 소통해 직접 실행해내겠다는 주도성이 느껴져서 좋았습니다.

문제 해결사는 큰 규모의 협업에서도 오퍼레이터가 아니라 주도적인 드라이버 역할을 수행하려고 합니다. 회의록을 작성하고 공유하는 것을 넘어 상대방의 표정을 살피며 난감해하거나 어려워하는 부분은 없는지 파악합니다. 그런 동료가 보이면 따로 찾아가 미팅에서 나눈 대화는 어땠는지, 혹시 걸리는 부분은 없는지 물어보고요. 대화에 문제를 느낀 참여자가 있다면 구체적인 행동으로 이어지지 않을 테니까요. 그래서 주도적으로 나서 소통 과정에서 생기는 문제까지 직접 해결하려는 것입니다.

문제 해결사는 많은 인원이 참석하는 미팅에서 1~2시간 남짓의 긴 대화 끝에 '그래서 내가 뭘 해야 하지?'라고 생각하는 동료가 없도록 명확한 결론을 내기 위해 커뮤니케이션 과정 내내 의식적으로 노력합니다. 상대방이 반대 의견이나 문제를 제기하더라도 더 나은 결론은 무엇인지, 그것을 위해 지금 구체적으로 무엇을 해야 하는지 찾아내기 위해 상대방과 함께 고민하는 것도 문제 해결사가 소통 과정에서 보이는 공통적인 특징입니다.

문제 해결사의 모습을 보면 단순히 특별한 기술로 이런 일을 한 것은 아니었습니다. 지금 내가 하고 있는 일을 주체적으로 이끌어

완수해내겠다는 주도성이 핵심이었던 것 같아요. 아무리 좋은 커뮤니케이션 스킬을 갖추었더라도 주도성이 없다면 원하는 결과를 얻지 못할지도 모릅니다.

앞에서 말한 것처럼 **명확한 생각을 가지고, 유연하게 대화하고, 배경과 맥락을 자주 공유해 소통 프로세스를 만들면, '주도성'이 커뮤니케이션의 목적을 완성해줍니다.** 커뮤니케이션도 결국 내가 원하는 문제를 해결하기 위한 수단이니까요.

합의는 길게, 납득은 빠르게

결국 커뮤니케이션은 '어떻게 협업하느냐'의 문제입니다. 앞에서 말한 것처럼 커뮤니케이션의 목적은 더 나은 결론을 도출하고 이를 명확한 행동으로 옮긴다는 협업 목표와 맞닿아 있기 때문입니다. 여기서 마지막으로 주의해야 하는 것이 있습니다.

소통 과정에서 반드시 의사 결정을 하는 순간이 찾아옵니다. 하지만 그 순간 내가 꼭 그 결정을 내릴 수 있는 건 아니에요. 팀장도, 본부장도 마찬가지입니다. 회사에는 상위 의사 결정권자가 있으니까요.

내가 직접 결정할 수 없는 것이 많은 회사에서 우리가 해야 하는 것은 커뮤니케이션이라는 큰 틀에서 의사 결정권자에게 영향력을 발휘하고, 좋은 결정을 이끌고, 그것이 어떤 결정이든 명확한 행동으로 이어가는 일입니다.

이때 모든 것이 내 맘대로만 되지는 않습니다. 내 의견과 다른 방향으로 결정될 수도 있고, 그 과정에서 내 의견보다 중요한 것을 발견할 수도 있습니다.

하지만 충분한 소통을 통해 한번 결정을 내렸다면, 어떤 결정이든 내 의견인 것처럼 빠르게 수용하고 최선을 다해 다음 단계로 넘어가야 합니다. 물론 그 과정에서 내 의견이 잘 반영될 수 있도록 최선의 영향력을 발휘해야겠지만요.

내 의견을 명확하게 전달하고, 유연하게 대화하고, 신뢰 관계를 구축하고, 구조적으로 소통하는 모든 것은 의사 결정 과정에 최선의 영향력을 발휘하기 위한 것입니다. 그리고 그렇게 결정된 사항을 잘 수용하는 것이 훌륭한 커뮤니케이션의 마지막 단계라고 볼 수 있습니다.

이때 '내 의견은 충분히 합리적이었는데 왜 수용되지 않았지?', '나를 무시하나?'라는 마음으로 결정을 내린 상대방을 의심하기 시작하면 공든 커뮤니케이션이 원점으로 돌아가게 됩니다. 최선을 다해 영향력을 발휘했다면 무엇이든 내 의견인 것처럼 지지하고 함께 나아가보세요. 그게 문제를 좀 더 빠르게 해결하는 방법일지도 몰라요.

내 의견대로 결정되지 않더라도 슬퍼하지 마세요. 회사에서 우리가 하는 일은 보통 일회성으로 끝나지 않기 때문입니다.

논리력이라는
지지대

"왜 그렇게 생각했나요?"

"이유는 무엇인가요?"

열심히 준비해 간 보고에서 질문 폭격을 받고 어려움을 겪는 사람들이 많습니다. 왜 보고는 항상 어려울까요?

저도 비슷한 어려움을 겪었습니다. 논리적으로 나만의 결론을 도출하는 것과 이를 논리적으로 쉽게 설명하는 것 모두 쉽지 않기 때문입니다. 논리적 사고는 스스로 좋은 결론을 도출하고 상대방을 설득하는 뼈대가 되지만, 실제 업무에서 이를 잘 활용하기란 여간 어려운 것이 아닙니다. 이번에는 기본적인 수준의 논리적인 보고서를 쓰는 간단한 방법을 알아보려고 합니다. 논증의 구조를 갖추고 체계적으로 제안하는 방법입니다.

논증의 구조 갖추기

논리적 사고는 '논증의 구조'를 갖춘 생각의 뼈대를 말합니다. 논증은 누군가를 설득하기 위해 특정 근거나 원리에 기반해 주장을 펼치는 것입니다. 논증의 구조를 검증할 때는 다시 논리의 전개를 위한 형식적 구조와 각 구조의 논리적 건전성으로 구분해 살펴볼 수 있습니다.

논리를 전개하기 위한 형식적 구조는 내 주장과 근거가 완결성 있게 구조화된 것을 말합니다. 근거와 근거 사이에 중첩되거나 모호한 부분은 없는지, 비약이나 과장은 없는지 살펴보는 것도 이 형식적 구조를 만드는 것에 해당합니다. 회사에서 일하며 한 번쯤은 들어보았을 'MECE(미시)' 프레임워크나 'So What/Why So' 등의 방법도 논리의 형식적 구조를 만들기 위한 수단입니다.

MECE는 'Mutually Exclusive Collectively Exhaustive'의 약어로 상호 배타적이지만mutually exclusive 모였을 때 빈틈없이 전체를 구성할 수 있도록collectively exhaustive 현상이나 문제를 구분해 접근하는 방법을 말합니다. MECE 프레임워크의 구조로 현상이나 상황을 구분해나가면 논증 구조에서 집중해야 하는 문제나 근거를 중첩이나 누락 없이 파악할 수 있습니다.

So What/Why So는 데루야 하나코의 《로지컬 씽킹》에서 소개한 개념으로 논리적 사고를 많이 하는 전략 컨설턴트가 광범위하게 활용하고 있습니다. MECE가 논리의 근거가 되는 상황이나 현상을 구분해 문제나 기회를 찾는 방법이라면 So What/Why So

는 근거와 주장의 구조를 만들기 위한 것입니다.

MECE를 통해 현상을 분해하고 나면, 그 분해된 근거 위에 "So What?", "그래서 어떠해야 한다는 말이지?"라는 질문을 계속 던짐으로써 개별 근거의 상위에 존재하는 주장을 도출할 수 있습니다. 반대로 그렇게 도출된 주장에는 "Why So?", "왜 그래야만 하지?"라는 질문을 던짐으로써 이를 뒷받침하는 주장과 근거의 구조에 빈틈이 없는지 확인합니다.

이렇게 만들어진 논리의 형식적 구조에 개별 논거들의 '논리적 건전성'이 확인된다면 좋은 논리가 됩니다. 논리적 건전성은 쉽게 말해 논리를 구성하는 주장과 근거의 조각이 개별적으로 모두 참인 것을 말합니다. 논리의 구조가 아무리 좋다고 하더라도 구조를 이루는 부분이 개별적으로는 참이 아니라면 상대방을 설득하기 쉽지 않을 테니까요. 부분이 참인지 확인하기 위해서는 조사와 분석이 필요합니다.

3가지 논증 방식

논리적 사고를 위한 논리의 형식과 논리적 건전성을 여기서 충분히 설명하기는 힘들겠지만, 이것들을 활용해 논리적 사고와 보고를 할 수 있는 기본적인 방법을 짧게나마 살펴보려고 합니다. 다음과 같이 크게 3가지 방법이 있습니다.

1. 연역적 구조의 제안

연역법은 '참'이라고 할 수 있는 전제를 통해 해결책을 도출하고 제안하는 방법을 말합니다. 대부분이 알고 있는 삼단논법이 대표적인 예입니다. 경쟁사의 성공 사례를 벤치마킹하자거나 최근의 트렌드를 근거로 전략을 제안하는 것이 연역적 구조의 제안에 해당합니다.

연습을 위해 "헬스장이 있는 건물 1층에서는 무엇을 팔아야 할까?"라는 질문에 대한 답을 연역적으로 도출해볼게요. 예를 들어 다음과 같은 것입니다.

- 전제 1: 헬스장에 오는 사람들은 건강을 중요하게 생각한다.
- 전제 2: 건강을 중요하게 생각하는 사람들은 건강에 좋은 음식을 먹는다.
- 결론: 헬스장 1층에서는 건강에 좋은 샐러드를 팔아야 한다.

연역적 제안을 할 때 가장 중요한 것은 중심이 되는 전제(사례의 전제 1)의 타당성입니다. '헬스장에 오는 사람들은 건강을 중요하게 생각한다'는 전제를 시작점으로 논리를 펼치고 있으니까요. 이 전제가 그것 자체로 참인지, 참이라면 그 전제를 우리 상황과 맥락에도 적용할 수 있는지에 관련해 분명한 논거가 필요합니다.

헬스장의 예에서는 "헬스장에 오는 사람들이 건강을 중요하게 생각하는 게 맞아?"라는 질문을 통해 전제가 그것 자체로 참인지 확인하고 "우리 헬스장 회원들에게도 그 말이 참이야?"라는 질문을 통해 우리에게도 그 전제를 적용 가능한지 확인할 수 있습니다. 이렇게 스스로 묻고 답하면 논리적 비약이나 오류를 피할 수 있습니다. 예를 들어 우리 헬스장에 오는 사람들을 인터뷰해 실제로 건강을 중요하게 생각하는지 확인해보는 것이죠. 그 전제가 우리에게는 통용되지 않을 수도 있으니까요.

2. 귀납적 구조의 제안

귀납법은 관찰을 통해 공통점을 도출해 해결책을 제안하는 것을 말합니다. 관찰을 기반으로 한 논리이므로 확률적 추론이라고도 합니다. 마케팅으로 따지면 고객이나 경쟁사 고객의 행동과 현상을 개별 관측해 시사점을 찾아내고 이를 통해 해결책을 제시하는 것을 말합니다. 헬스장을 예로 들어보자면 다음과 같은 것이죠.

- 사례: 헬스장에 왔다 돌아가는 사람들을 관찰했더니, 50명 중 40명이 기름진 음식을 사 먹었다.
- 결론: 헬스장 1층에서는 기름진 도넛을 팔아야 한다.

연역적 논리에서는 전제의 타당성이 중요했다면, 귀납적 논리에서는 확률이 중요합니다. 얼마나 많은 개별 대상을 관찰해 확률적으로 높은 개연성을 찾아냈느냐 하는 것이죠. 그래서 귀납적 제안의 타당성을 높이기 위해서는 명확한 논거를 위해 관찰된 현상의 원인까지 추론해보면 좋습니다. 그래야 확률적 개연성에 확신을 더해줄 근거가 생기는 것이니까요.

헬스장 사례에서는 생리학적으로 운동 후 기름진 음식이 필요한 이유나 심리학적으로 운동 후 어떤 보상 심리가 작동하는지 확인해 관찰로 도출한 확률적 개연성의 타당성이나 합리성을 확인해보는 것을 예로 들 수 있습니다.

3. 변증법적 구조의 제안

마지막은 변증법적 구조의 제안입니다. 쉽게 말해 '정'에서 버릴 것은 버리고, '반'에서 취할 것은 취해 '합'을 만드는 일입니다. 상반된 논거에서 타협점을 찾아 더 나은 대안을 제안하는 것이죠.

변증법적 제안의 가장 큰 장점은 극단적 사고나 흑백논리의 함정을 피해 갈 수 있다는 것입니다. 모든 제안에는 각자의 논거가 있고, 그 논거가 틀리지 않는다면 꼭 둘 중 하나만 선택해야 하는 것은 아니거든요. 하지만 우리는 둘 중 하나를 꼭 선택해야 한다는 잘못된 생각으로 논리적 오류를 범합니다.

헬스장 사례를 살펴보면 연역적으로는 샐러드 가게도, 귀납적으로는 도넛 가게도 모두 말이 됩니다. 각자의 논거가 명확하니 틀렸다고 할 수 없으며, 한쪽을 주장하는 이유가 다른 쪽이 틀렸기 때문은 아니니까요.

이때는 변증법으로 해결책을 제시하는 것이 방법입니다. 예를 들어 샐러드 가게에 치팅 데이용 음식을 추가하거나 도넛 가게에 건강한 메뉴를 추가하는 식입니다. 샐러드와 도넛을 같은 매장에서 판매하는 것도 이에 해당하겠네요.

변증법적 논리 구조에서 한 번에 완벽한 정반합이 이루어지지는 않습니다. 모든 논거에는 약점과 모순이 있다는 것이 변증법의 전제이므로, 이렇게 생성된 합은 다시 '정'이 되어 지식과 경험이 허용하는 선에서 또 다른 '반'을 만나게 됩니다.

논리적 완결성만 추구하며 탁상공론에 머무르면 곤란하겠지만, 각 대안의 반복되는 정반합을 통해 해결책을 찾아내려는 시도는 회사에서 논리적이면서 현실적인 제안을 하는 데 도움이 될 때가 많습니다.

회사에서 이 3가지 방법은 이렇게 활용할 수 있습니다. 먼저 내가 펼치려고 하는 주장의 출발점이 무엇인지 생각해봅니다. 만약 내가 발견한 구체적인 전제에서 출발한다면 연역적 주장, 개별 대상을 관찰해 얻은 인사이트에서 출발한다면 귀납적 주장이 됩니다.

그 후에는 각각에 맞는 논리의 형식적 구조를 만듭니다. 연역적 구조라면 삼단논법처럼 전제에서 도출되는 결론을, 귀납적 구조라면 충분한 수의 대상을 관찰해 확률적으로 개연성 있는 결론을 구조화하는 것이죠. 구조가 만들어지면 논리적 건전성도 확인해야 합니다. 연역적 구조에서는 전제의 타당성과 적용 가능성을, 귀납적 구조라면 확률적 개연성을 설명해줄 충분한 근거를 확인해봅니다.

이렇게 만든 논리적 제안에는 여러 반대 의견이 있을 거예요. 반대 의견을 만나면 변증법적으로 타협안을 도출해봅니다. 논리적인 반대 의견에서 취해야 할 것은 취하고, 내 논리에서 버릴 것은 버리면서요. 그러면 어느 순간 현실적이면서도 논리적인 주장과 근거가 도출될 거예요.

이렇게 제안의 논리가 만들어지고 나면 직접 실행해보면서 인과관계에 대한 명확한 사후 분석을 진행해야 합니다. 사후 분석과 함께 고객 인터뷰를 더해 분석을 통해 발견한 인과관계의 '이유'까지 알아내면 더욱 좋고요. 그렇게 인과관계를 검증하기 위한 논리적인 실험과 사후 분석이 더해져야 확신을 가지고 말할 수 있는 논리, 즉 확고한 전략이 완성되는 경우가 많았습니다.

당연한 것은 없다

논리적 제안을 할 때 경계해야 하는 것 중 하나는 '당연함'입니다. 참이 아닌 당연함은 연역적 논거나 귀납적 논거에 상관없이 비약을 불러오거든요. 그래서 항상 내가 당연하다고 간주한 것은 없는지 되짚어보아야 합니다. 이를 위해 '문제의 원천'으로 직행하는 것이 도움이 될 때가 많습니다.

아프리카 한 나라의 영아 사망률이 높았다고 합니다. 자선단체의 전문가들이 문제를 살펴보니 백신만 있으면 쉽게 치료할 수 있는 단순한 질병이 원인이었습니다. 그래서 자선단체는 그 질병을 치료할 수 있는 백신을 그 나라의 모든 병원에 무료로 공급하기로 결정했습니다. 이후 그 문제는 해결되었을까요?

안타깝지만 해결되지 않았습니다. 그 이유는 무엇이었을까요?

문제는 도로였습니다. 비포장도로가 대부분인 그 나라에서는 열이 끓는 아이를 데리고 빨리 병원으로 달려갈 수 없었어요. 영아 사망률을 낮추기 위해서는 다른 방법이 필요했습니다. 도로포장률을 높여 누구나 쉽게 병원을 이용할 수 있게 하고, 엄마들에게 본인과 아이의 손을 자주 씻어야 한다는 사실을 가르치는 것이었죠. 한스 로슬링의 《팩트풀니스》에 나오는 이 사례는 정보의 원천에서 얻게 되는 현실적인 근거가 얼마나 중요한지를 잘 보여줍니다.

많은 사람이 그럴싸한 해결책에 자원을 낭비합니다. 하지만 효과가 없는 경우가 많습니다. 특히 전문가들이 그런 실수를 많이 합니다. 전문가일수록 '당연한 것'이 더 많기 때문입니다.

이 당연함은 문제의 원천을 되짚어보지 않게 만듭니다. 문제를 제대로 파악하기 위해서는 원천을 살펴봐야 합니다. 원천으로 가보면 누군가에게는 당연한 것이 누군가에게는 당연하지 않다는 것을 알게 됩니다.

스티브 잡스는 문제가 생기면 본부장, 팀장을 모두 건너뛰고 문제가 된 일을 직접 수행하는 직원의 자리로 직행했다고 합니다. 중간 관리자를 믿지 못해서가 아니라, 문제의 원천에서 문제를 파악하기 위해서였다고 해요.

한 생산 공장의 이야기를 들은 적이 있습니다. 퇴사율이 높아지자 직원 복지 수준을 높여야 한다는 '당연한' 해결책에 대한 목소리가 커졌다고 해요. 인사 팀에서는 대표에게 강화된 직원 복지안을 제안했습니다. 하지만 대표는 이를 실행하기 전에 상황을 직접 확인해보고 싶어 직원들을 관찰하고 이야기를 들어볼 요량으로 아침 일찍 혼자 공장에 갔습니다. 출퇴근하는 직원들을 살펴보았더니 공장 앞까지 도착하는 시내버스의 운행 노선이 변경되어 출근하기 힘들어졌다는 사실을 알게 되었습니다.

대표가 찾은 답은 단순했습니다. 그는 직원 복지를 대대적으로 개선한 것이 아니라 버스 회사와의 노선 협의를 통해 이 문제를 해결했습니다. 문제의 원천을 파악했기 때문에 가능한 일입니다.

저도 그런 적이 많습니다. 프리미엄 상품의 판매가 저조하면 경쟁사 제품보다 비싸서 그렇다는 그럴싸한 답변이 돌아오지만, 정작 고객이 제품을 사용하는 순간으로 거슬러 올라가면 제품을 어떻게 사용해야 하는지 모르는 고객들의 모습을 보게 됩니다.

새로운 광고 상품을 만들어 광고주에게 소개했는데 그들의 반응이 저조하면 영업 담당자는 광고주에게는 너무 복잡해서, 다른 좋은 광고 수단이 많아서라는 그럴싸한 답변을 하지만 정작 직접 광고주를 만나보면 지나치게 상업적이라서 망설여진다는 답변을 듣게 됩니다.

누군가가 그럴싸한 답변을 한다면 이렇게 생각해봐야 합니다.

'정말 그 대답은 문제의 원천에서 온 것일까? 아니면 그럴싸한 이유를 당연하게 생각하는 누군가의 건너짚음에서 온 것일까?'

논리적으로 말하는 4가지 방법

주장과 근거의 논리적 구조를 만들고 문제의 원천에서 검증도 했다면, 이를 논리적으로 말하고 전달해야 합니다. 마지막으로 회사에서 나누는 일상적인 대화에서도 논리적으로 말할 수 있는 간단한 방법을 살펴보겠습니다.

1. 'A'와 'A 아닌 것' 사이 스펙트럼을 이해한다

A와 A여집합을 극단적으로 나누는 것은 대표적인 흑백논리입니다. 흑백논리의 함정에 빠지는 사람들은 A를 주장한다는 것은 A를 제외한 모든 것에 반대한다는 의미라고 넘겨짚습니다. 세상을 흑이 아니면 백이라는 식으로 나누는 것입니다.

이때 논리적 비약이 발생합니다. A를 주장하는 사람들은 A에 찬성하는 근거가 A 여집합에 찬성하는 근거보다 크다는 점에 집중하는 경우가 많습니다. 사형제도에 찬성한다고 인권을 깡그리 무시하는 것이 아니고, 전략을 변경하는 데 찬성한다고 기존 전략에 완전히 반대하는 의미는 아닌 것처럼요.

찬성과 반대 사이에 '적당한 찬성'과 '그럭저럭 반대'도 존재합니다. 중요한 것은 서로의 근거를 파악하는 것입니다. 서로의 근거를 파악했다면 변증법적 주장을 통해 발전을 모색할 수 있습니다.

2. 구체적인 근거를 제시한다

"A를 해야 합니다. A를 해보지 않았기 때문입니다."

"B를 해야 합니다. 지금까지는 A를 했기 때문입니다."

회사에서 자주 듣는 말이지만, 두 경우 모두 주장을 위해 단순히 또 다른 주장을 근거로 제시했습니다. A를 해보지 않았기 때문에 A를 해야 한다는 주장에는 '해보지 않은 수많은 것 중 특히 A가 필요한 이유'를 설득해야 이해가 됩니다. 지금까지 A를 했기 때문에 B를 해야 한다는 주장은 'A가 아니라 굳이 B를 해야 하는 근거'를 설명해야 납득이 가고요.

주장에는 단순 사실이 아니라, 구체적인 근거가 필요합니다. 만약 내가 주장에 단순 사실을 근거로 말하고 있다면 연역적 논리나 귀납적 논리를 통해 구체적인 근거를 생각해봐야 합니다.

3. 아는 것을 나열하지 않는다

매출 하락을 방어할 방법을 질문하면 매출에 대해 알고 있는 모든 것을 설명하려는 사람들이 있습니다. 프로젝트에서 취할 전략을 묻는 질문에 그것에 대해 자신이 아는 세세한 정보를 다 말하려는 사람들도 자주 봤어요. 질문을 받고 이에 대한 대답이 오가는 대화에서는 질문에 논리적으로 답변하는 것을 최우선으로 생각해야 합니다. 그러기 위해서는 질문의 핵심을 생각해야 하고요. 그런 다음에는 내가 아는 것 중 무엇을 어떤 순서로 조합해야 핵심을 꿰뚫는 답이 될지 생각해보면 좋습니다.

이때 MECE나 So What/Why So 방법을 활용해볼 수 있습니다. 질문의 핵심이 되는 상황이나 현상을 MECE로 구분해보고 그중 답변이 필요한 영역에서 도출되는 So What/Why So에 대한 질문을 통해 답변을 구조화해나갈 수 있으니까요.

4. 똑같은 말을 반복하지 않는다

"태도가 경쟁력이다. 태도는 재능을 꽃피울 수 있게 도와준다. 태도의 역할이 타고난 역량을 더욱 발휘할 수 있게 해준다고도 볼 수 있다. 좋은 태도를 보여야 좋은 역량이 돋보이기 때문이다. 반대로 좋은 태도를 보이지 않으면 재능이 평가절하되기도 한다. 우리 주위에도 안 좋은 태도로 재능을 무시받는 사람들이 많다. 그래서 우리는 좋은 태도를 길러 역량을 더 잘 활용해야 한다."

긴 대화를 했는데 대화의 요점을 파악하자니 막연했던 경험이 있나요? 위 문장에서는 '좋은 태도가 재능을 꽃피우는 데 도움이 된다'는 단순한 주장을 여러 형태로 반복했습니다. 유사한 의미의 다른 표현을 사용하거나, 같은 의미를 지닌 '대우 명제'로 논거를 여러 번 반복하며 말을 늘리는 것이 대표적입니다.

이런 말은 듣는 순간에는 그럴싸하지만, 막상 돌아서면 기억에 남는 것이 별로 없습니다. 결국 내가 들은 말은 '태도가 재능에 도움이 된다'는 한 문장이기 때문입니다. 같은 내용을 여러 번 반복하며 말을 늘리기보다 간단한 명제에 연결되는 단순한 근거를 MECE 형태로 전달하는 것이 좋습니다. 좋은 태도가 재능을 발휘하는 데 도움이 된다는 말의 근거를 업무적, 개인적, 사회적으로 나누어 설명했다면 훨씬 더 논리적인 주장이 되었을 것입니다.

감각이라는
영양제

일을 잘하는 사람들에게 '센스'가 좋다고 합니다. 여기서 센스는 '감각'을 말하는데, 일반적으로 기술이나 스펙같이 정량화할 수 있는 구체적인 테크닉과 반대되는 개념으로 일컬어집니다. 회사에서는 '일하는 감각'이나 '일머리' 등의 단어로 이 감각을 설명하기도 합니다. 회사에서 문제를 해결하는 데 필요한 감각이란 무엇일까요? 이 또한 쉽고 실용적으로 정의해볼 필요가 있습니다.

남들이 모르는 것을 먼저 알아차리는 능력

감각은 '무언가를 알아차리는 능력'을 말합니다. 사전을 찾아보면 내부와 외부의 다양한 상황과 변화를 감지하는 능력이라고 설명합니다. 영화 〈스파이더맨〉에서 주인공 피터가 신기한 거미에게 물려 동물적 능력을 얻으면서 위험이 다가오면 자동으로 온몸의

털이 삐쭉 서죠. '피터 찌리릿'이라고 부르는 이 초감각이 발달된 감각의 좋은 예 아닐까요. 남들은 알아차리지 못하는 것도 스파이더맨은 알아차리니까요.

동물의 세계에는 비슷한 예가 많습니다. 태풍이 오기 전 미리 이동하는 철새나 홍수가 발생하기 전에 미리 높은 곳으로 이동하는 곤충 이야기는 뉴스에서 한 번쯤은 들어봤음직한 것들이죠.

인간 세계에서도 이런 이야기를 종종 들을 수 있습니다. 경제 상황의 미묘한 변화를 포착해 큰돈을 번 금융가의 이야기나, 고객의 작은 불편에 숨은 기회를 알아채 성공을 거둔 사업가의 이야기가 심심치 않게 들려옵니다. 모두 잘 발달된 감각을 발휘한 예입니다.

감각적이라는 말이 여러 맥락에서 다양한 의미로 쓰이지만, 일터에서의 감각은 구체적으로 정의할 수 있습니다. 일터에서의 감각이란 '크지도 작지도 않은 미묘한 영역, 수치화하기 힘든 정성적인 영역, **가이드나 매뉴얼이 없는 애매한 영역에서 다른 사람들은 쉽게 눈치채지 못하는 징후와 의미를 알아차리는 것**'을 말합니다.

그런 감각이 있다면 일하는 데 도움이 될까요? 물론입니다. 쉽게 눈치채지 못하는 징후를 감지해 인풋에 반영하면 남들과는 미묘하게 다른 아웃풋을 만들어낼 수 있습니다. 앞에서 이야기한 기업가나 사업가의 거창한 예에서만이 아니라 회사에서 매일 하는 업무에서도 잘 발달된 감각은 큰 도움이 될 거예요.

가령 지표 분석에도 도움이 됩니다. 지표를 측정하는 것은 기술이지만, 같은 수치를 보더라도 지표 사이 미묘한 연결점을 감지해 의미 있는 스토리를 만들어내는 것은 감각이니까요.

소통에도 도움이 됩니다. 말을 조리 있게 하는 것은 기술이지만, 상대방의 미묘한 반응과 표정을 감지해 그들에게 필요하고 중요한 것을 중심으로 소통하면서 설득하는 것은 감각이니까요.

의사 결정에도 도움이 됩니다. 필요한 근거를 다양한 방법으로 수집하고 정리하는 것은 기술이지만, 근거 사이에서 수치화할 수 없는 맥락을 알아차려 우선순위를 도출해내는 것은 감각이니까요.

그렇다면 중요한 질문이 남습니다. 감각은 어떻게 발달시킬 수 있을까요?

감각을 발달시키는 방법

저는 가장 먼저 '지식'이 필요하다고 믿습니다. 감각의 시작점은 무언가를 알아차리는 것입니다. 미묘한 징후, 평균에서 벗어난 낌새를 알아차리기 위해서는 이런 것들이 일반적으로 어떤 형태로 존재하는지 알아야 합니다. 정규분포를 떠올려보면서 평범한 수준부터 극단적인 수준까지 다양한 편차를 이해하면 큰 도움이 됩니다.

예를 들어 클라이언트를 설득하기 위해 미팅에 참석했는데 내 말에 클라이언트의 눈썹이 올라가고 코를 만지면 불만족스럽다는 표시입니다. 반대로 가슴을 펴고 테이블 쪽으로 조금 당겨 앉으면 내 제안에 관심이 간다는 징후죠.

이를 알아채는 감각을 키우려면 먼저 관련 지식을 습득해야 합니다. 위 예에서는 의사소통 과정에서 발생하는 다양한 비언어적 심리 표현에 대해 미리 공부하는 것이 되겠네요. 이런 것들을 직접 수많은 경험을 통해 알아나가는 것도 좋지만, 더 효율적인 방법이 있습니다. 책이라는 훌륭한 간접경험 모음집을 활용하는 것입니다.

다른 예도 생각해볼 수 있어요. 매출을 관리하는데 이상하게 기온이 오를 때 매출이 떨어지는 낌새가 보인다면 관련 지식이나 정보를 찾아볼 수 있습니다. 기온의 변화에 영향을 받는 고객의 행동이나 심리에 대한 지식이 도움이 되겠죠. 만약 그런 지식을 미리 알고 있었다면 매출이 오르거나 떨어질 때 기온이라는 변수도 함께 고려할 거예요. 기온이 변화한다는 뉴스를 접하고 앞으로 일어날 매출 변화를 예측하기도 합니다. 원인을 찾지 못해 발만 동동 구르는 사람들과는 다를 거예요.

경험과 학습을 통해 지식을 습득한 다음에 해야 할 것은 끝없는 실험과 검증입니다. 지식으로 알게 된 이상 징후 또는 평균적인 모습과 다른 듯한 낌새가 보인다면 직관과 해석에 따라 조치를 취해보고 예상대로 흘러가는지 살펴보는 것이죠.

미팅에 나온 클라이언트가 내 제안에 보이는 긍정 징후를 포착해 그 제안을 뒷받침하는 근거를 말했는데, 상대방이 좋아하나요? 그럼 그렇게 반복하면 됩니다. 클라이언트가 시큰둥한가요? 그럼 그 예측을 멈추면 됩니다. 낌새를 잘못 감지한 것이니까요.

이를 반복하다 보면 '이럴 때는 이렇게, 저럴 때는 저렇게'라는 나만의 '감각 빅 데이터'가 형성됩니다. 또 계속되는 학습을 통해 데이터의 범주를 경험해보지 못한 영역까지 확장하면 데이터의 범용성이 넓어집니다. 이 과정을 통해 나만의 감각을 날카롭게 단련할 수 있습니다.

미팅으로 돌아가볼까요. 처음 몇 번은 힘들겠지만, 책으로 공부한 설득법이라도 현실에서 실험하고 검증하면서 감각을 충분히 예리하게 만들 수 있어요. AI가 데이터를 학습할수록 더 잘 작동하듯, 나만의 빅 데이터가 쌓일수록 감각은 훨씬 더 예민해질 것입니다.

그래서 저는 센스는 타고나야 한다는 사람들의 말에 반대합니다. 센스는 타고나는 재능이 아니라 정량화하기 힘든 애매한 영역에서 느껴지는 미묘한 징후와 낌새를 알아차리는 능력이고, 이를 키우기 위해서는 관련 지식을 습득하며 이를 기반으로 한 실험과 검증을 반복해 나만의 빅 데이터를 만들어나가면 되니까요.

센스나 감각이라는 멋진 말로 포장되어 있지만, 사실 이것은 나도 모르는 사이에 나의 빅 데이터에서 원인과 결과를 찾아내는 비인지적인 논리적 사고의 한 형태일지도 모르겠습니다.

잡부의
성장 로드맵

"어쩌다 보니 '잡부'가 된 것 같은데 어떡해야 하나요?"

요즘 '잡부'라는 말이 많이 들립니다. 되돌아보면 저도 잡부였어요. 처음에는 B2B 마케팅으로 시작해 B2C 마케팅도 했습니다. 세일즈부터 브랜딩까지 다양한 영역을 경험했어요. 스타트업에서는 더 넓은 범위에서 회사에 필요한 일을 했습니다. 게임을 좋아하긴 했지만 e-스포츠 쪽으로는 전혀 경험이 없었는데, e-스포츠 구단을 조직하고 출범하는 일도 해야 했습니다. 덕분에 오랜만에 캠퍼스 생활을 하며 e-스포츠를 배울 기회도 있었습니다.

외국계 기업에서 사업을 총괄하며 마케팅, 영업, 재무, 유통 등 다양한 영역으로 구성된 조직을 이끌어보기도 했고, 스타트업에서 커머스 플랫폼을 론칭하고 성장시키는 일을 총괄하기도 했습니다. 이 과정에서 그 일을 잘 아는 전문가 팀원들에게 많이 배웠습니다.

몸담았던 산업도 천차만별이에요. 제조업 기반의 외국계 기업에서 일하며 세탁 세제, 면도기, 기저귀 등 다양한 상품을 팔아봤고 핀테크, 콘텐츠, 여행, 패션 등 다양한 산업에서 문제를 해결했습니다.

여러분 중에도 저와 같이 정신없이 일하다 보니 어느덧 잡부가 된 사람이 많으리라 생각해요. 멀티플레이어나 올라운더라고 포장할 수도 있지만 일반적으로 잡부는 '가리지 않고 자질구레한 일을 다 하는 사람'을 말합니다. '기술자'라는 타이틀은 없고 '전문가'라는 인정도 받지 못한 잡부는 고민이 많습니다.

하지만 잡부도 성장할 수 있습니다.

우리가 경계해야 하는 것은 잡부가 되는 것이 아니라, 잡부로서 성장하지 못하는 것입니다. 그래서 잡부는 어떤 방향으로 성장해야 하는지, '해결력'과 '능동성'이라는 2가지 축을 중심으로 성장 로드맵을 살펴보겠습니다.

해결력을 갖추면 문제 해결사가 된다

먼저 해결력의 축입니다. 해결력을 갖췄다는 것은 단순히 여러 일을 하는 것이 아니라 다양한 경험으로 구체적인 문제를 해결하는 역량을 키웠다는 말입니다.

해결력의 반대는 반복성입니다. 잡부가 가장 흔히 빠지는 함정 중 하나가 다양한 일에서 깊이를 더하지 못하고 쉽고 반복적인 업무만 지속하는 것입니다. 잡부에 반복성이 더해지면 '잡일꾼'이 되

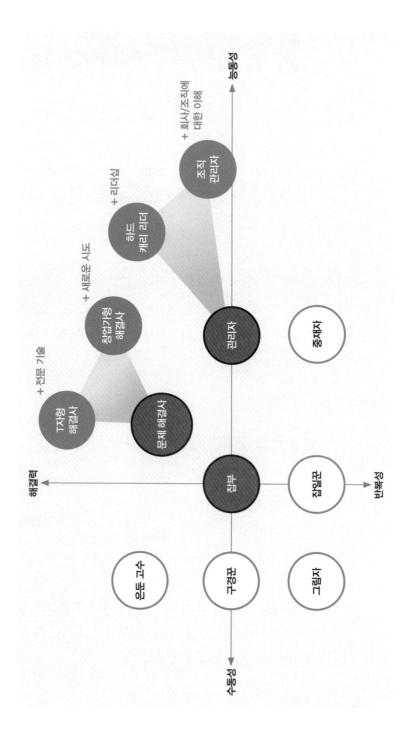

어버립니다.

잡부에 문제 해결력이 더해지면 올라운더 '문제 해결사'가 될 수 있습니다. 단순하게는 잡일꾼과 반대라고 생각하면 됩니다. 쉽고 반복적인 일을 하는 잡일꾼과 달리 문제 해결사는 다양한 영역에서 쌓은 통섭적 경험을 바탕으로 문제를 찾고 해결하는 것에 집중하거든요. 잡일꾼이 쉬운 일에 집중한다면, 문제 해결사는 어려운 일에 집중합니다.

문제 해결사는 다시 2가지 형태로 성장할 수 있습니다. 바로 'T자형 해결사'와 '창업가형 해결사'입니다.

T자형 해결사는 잡부가 문제 해결 과정에서 필요한 전문 기술을 습득하는 경우를 말합니다. 일반적으로 T자형 인재는 특정 영역의 전문 기술(T자의 몸통)을 바탕으로 다양한 영역(T자의 머리)으로 경험을 확장하는 사람을 말합니다. 잡부로 일하면서 다양한 영역에서 마주하는 문제를 해결하기 위해 전문 기술을 습득하다 보면 T자형 해결사가 됩니다. 잡부 마케터가 문제 해결 과정에 필요한 데이터 기술을 습득해 분석에 강점을 가지는 마케터가 되거나, 잡부 디자이너가 문제 풀이 과정에서 마케팅 지식과 기술을 습득해 마케팅 관점을 탑재한 디자이너가 되는 것이 T자형 해결사의 대표적인 예입니다.

T자형 해결사는 요즘 많은 기업이 선망하는 인재입니다. 한 가지 영역의 경험과 전문성만으로는 해결하기 힘든 통섭적 문제를 풀어나가야 하는 경우에 특히 그렇습니다. 성숙한 산업에서 한 단계 도약이 필요할 때 찾는 인재이기도 하고요.

창업가형 해결사는 창업가가 아무것도 없는 불모지에서 해결책의 실마리를 찾아내는 것처럼 잡부가 문제 해결 과정에서 경험이 없는 분야에서 새로운 시도를 반복할 때 도달할 수 있는 형태입니다. 저도 그런 경험이 많아요. e-스포츠에 대한 지식과 경험이 없는 데 e-스포츠 구단을 출범하기도 했고, 어깨너머로만 배웠던 커머스 사업을 총괄하기도 했습니다.

창업가형 해결사는 스타트업에서 선호하는 대표적인 인재상입니다. 스타트업은 부족한 자원을 가지고 경험이 없는 영역에서 새로운 시도를 해야 하기 때문입니다. 스타트업이 존재하지 않던 산업을 개척하는 경우도 많은데, 이때 함께 시행착오를 해줄 훌륭한 창업가형 해결사가 필요합니다. 이들 모두 시작은 잡부였을 거예요.

T자형 해결사나 창업가형 해결사에게 필요한 것은 '학습력'입니다. 문제를 해결하는 과정에서 전혀 모르는 분야에 대한 이해나 구체적인 기술이 필요할지도 모르거든요. 그래서 잡부가 집요한 학습력을 바탕으로 새로운 영역에서 문제를 해결하거나, 구체적인 기술을 추가해 프로젝트를 이끌면서 해결력을 더한다면 유능한 문제 해결사로 성장할 수 있습니다.

능동성을 갖추면 관리자가 된다

능동성의 축도 살펴보겠습니다. 능동성은 단순히 누군가가 시키는 일만 하는 것이 아니라 주도적이고 능동적으로 스스로의 역할을 다양한 범주로 확장해나가는 것을 말합니다.

능동성의 반대는 수동성입니다. 잡부가 쉽게 빠지는 유혹 중 하나이죠. 다양한 일을 주도하며 업무 영역을 확장하는 것이 아니라 누군가가 시키는 일을 하다 보니 잡다한 업무를 하게 되는 경우입니다. 잡부에 수동성이 더해지면 '구경꾼'이 되어버립니다.

잡부에 능동적이고 주도적인 태도가 더해지면 '관리자'가 될 수 있습니다. 관리자는 다양한 업무 영역에 대한 경험과 이해를 바탕으로 2가지 이상의 영역이 서로 얽혀 진행되는 팀이나 프로젝트의 업무와 성과를 관리합니다. 제가 여러 부서가 참여하는 TF나 사업을 총괄하거나, 다양한 기능이 한 몸처럼 움직여야 하는 신사업을 기획했던 경험이 관리자 경험에 해당합니다. 아마 이 책을 읽는 분들도 비슷한 경험을 했으리라 생각해요.

구경꾼이 시키는 일만 하다 보니 이것저것 하게 되었다면, 관리자는 잡부로서 다양한 경험을 활용해 공동의 목표를 세우고 함께 해보자고 격려합니다.

관리자는 다시 2가지 형태로 성장할 수 있습니다. 바로 '하드 캐리 리더'와 '조직 관리자'입니다.

잡부가 경험을 살려 여러 역할과 배경을 지닌 사람들을 모으고, 사람들의 힘을 빌려 문제를 해결하면 하드 캐리 리더가 됩니다. 능동성과 주도적 업무 원칙을 활용해 멋진 일을 꾸미고, 리더십을 발휘해 사람들을 참여시키고, 이들의 힘을 빌려 문제를 해결해나갑니다. 그래서 문제 해결력과 능동성의 조화가 필요해요.

우리 주위에도 이런 사람이 많습니다. 마케터가 주도해 다양한 부서의 사람들이 참여하는 IMC(통합 마케팅 커뮤니케이션) 캠페인을 리드하거나, 디자이너 출신의 프로젝트 매니저가 새로운 제품을 기획하고 출시하는 과정 전반을 관리하는 경우를 말합니다.

리더는 어느 회사에서나 가장 중요한 직책 중 하나입니다. 훌륭한 팀장의 수를 통해 그 조직의 성공을 점칠 수 있다는 말도 있어요. 그만큼 통섭적 문제를 능동적으로 해결해나가는 하드 캐리 리더는 어느 조직에서나 환영받는 인재입니다.

조직 관리자는 잡부가 회사와 조직에 대한 이해가 극대화되어 발전한 형태입니다. 마케터가 CMO가 되고, 영업 담당자나 사업 기획자가 COO가 되는 극단적 사례를 생각해보면 이해하기 쉽습니다.

예를 들어 마케터가 마케팅 팀장이나 CMO가 되면 실무 마케팅뿐 아니라 회사라는 전체 프레임에서 마케팅 조직이 어떤 일을 해야 하는지, 세일즈 및 개발 조직 등 다른 조직과 어떻게 협업해야 하는지 구상하고 이끌어나가는 일을 합니다. 마케팅 본연의 업무보다 조직을 구성하고 잘 구동하도록 관리하는 일에 더 많은 시간을 쓰게 되죠. 이때 필요한 것은 조직과 회사라는 큰 틀을 이해하는 것입니다.

저의 경우 스타트업에서 한 부서 전체를 관리하며 여러 팀을 구성하고 공동의 목표를 수립하고 프로세스를 구축했던 일이 여기에 해당합니다. 이런 일을 할 때는 당시 제가 하고 있던 마케팅 일보다 조직을 관리하고 사람을 만나는 일을 훨씬 더 많이 했어요.

하드 캐리 리더나 조직 관리자에게 필요한 것은 사람을 관리하는 '피플 매니징' 능력과 '리더십'입니다. 이들에게 문제 해결력이 필요 없다는 의미는 아니지만, 이들의 전문성은 사람과 조직을 관리하는 영역에서도 발휘되어야 하기 때문입니다. 그래서 능동적이고 주도적인 잡부가 리더십을 키워나간다면 하드 캐리 리더나 조직 관리자로 성장할 수 있습니다.

잡부가 능력을 갖추지 못했을 때

물론 해결력과 능동성이라는 2가지 축에서 모두 성장해 로드맵의 1사분면을 향해 나가면 좋겠지만 그렇지 못한 경우도 있어요. 이른바 '은둔 고수'와 '중재자'입니다.

은둔 고수는 해결력은 뛰어나지만 수동적인 잡부를 말합니다. 어려운 문제를 풀 수 있는 경험과 통섭적 전문성을 갖추었지만 능동적으로 역량을 펼치려 하지 않기 때문에 숨어 있어요. 직접 어려운 과제가 부여되기 전까지 평범한 일 뒤에 숨어 있을 수도 있습니다. 은둔 고수는 주도성을 더하면 훌륭한 문제 해결사로 성장할 수 있습니다.

중재자는 능동성은 높지만 쉬운 일만 반복하는 잡부를 말합니다. 해결력이 부족한 중재자는 문제를 직접 해결하는 주체적인 역할을 하지는 못하지만, 여러 기능을 모으고 문제를 제기하는 주도성으로 문제 해결을 위한 여러 영역 사이 중재자 역할을 자처합니다. 중재자는 문제 해결력을 키움으로써 관리자로 성장할 수 있어요.

이렇게 잡부는 여러 성장 가능성을 지닌 시작점입니다. 그래서 저는 잡부 그 자체는 문제가 아니라고 생각해요. 우리가 경계하는 것은 잡부가 성장하지 못하고 구경꾼이나 잡일꾼이 모두 더해져 회사에서 존재가 느껴지지 않는 '그림자'가 되는 것입니다.

잡부라는 전문가

잡부는 전문가가 되기 힘들다는 말을 많이 듣습니다. 하지만 제 생각은 조금 달라요. 전문가와 잡부는 상호 배타적인 것이 아니기 때문입니다.

먼저 일하는 사람을 잡부, 기술자, 전문가로 나눠봅시다. 잡부는 영역을 넘나들며 다양한 일을 하는 사람을 말합니다. 잡부의 반대 편에는 기술자가 있습니다. 기술자는 한 영역에 몰두해 높은 수준의 기술로 문제를 해결하는 사람입니다. 방법은 다르지만, 이 둘의 공통점은 모두 문제를 해결하는 사람이라는 거예요.

- 잡부　　영역을 넘나드는 통섭적인 경험으로 문제를 해결하는 사람
- 기술자　한 영역에 집중한 기술로 문제를 해결하는 사람

저는 잡부와 기술자 모두 전문가가 될 수 있다고 생각합니다. 전문가는 '어떤 분야에서 집중적인 성공 경험을 한 사람'을 말하기

때문입니다. 잡부와 기술자는 방법이 다를 뿐, 각자 문제를 해결해 성공 경험을 만들어갑니다. 잡부에게는 통섭적 경험이, 기술자에게는 고도화된 기술이 문제를 해결하고 성과를 만들어나가는 데 중요한 수단이 됩니다.

유명 예능 프로그램 〈흑백요리사〉에서 화제가 된 두 심사 위원을 비교해보면 더 명확해지지 않을까요. 안성재 셰프는 파인 다이닝을 위한 식재료에 대한 높은 이해도와 고급 요리 스킬을 갖춘 국내 최고의 기술자입니다. 물론 요리 전문가이고요.

백종원 대표는 특정 분야에서는 안성재 셰프만큼 뛰어난 스킬을 갖추고 있진 않지만, 다양한 요식업의 가치 사슬에서 활약하며 문제를 해결해온 잡부입니다. 백종원 대표도 두말할 것 없는 음식 전문가죠.

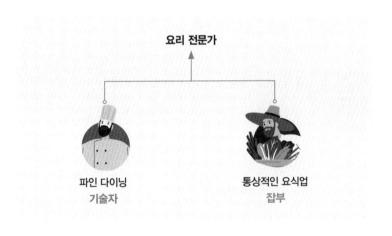

잡부가 있다면 백종원 대표와 같은 모습을 지향해야 하지 않을

까 해요. 꼭 화려한 스킬이 있어야 문제를 풀고 성과를 낼 수 있는 것은 아니거든요. 기술은 필요에 따라 습득할 수도 있고, 전문 기술을 갖춘 동료들의 도움을 받아도 됩니다.

주위에서도 이런 잡부들을 찾아볼 수 있습니다. 특정 분야의 기술자는 아니지만 초기 스타트업에서 필요한 최초의 상품을 만들어 사업성을 증명하며 0에서 1을 창조해내는 경험이 많았다면 그 잡부는 전문가입니다. 시리즈 A 투자 이후 스케일업 과정에서 통섭적 이해와 경험을 바탕으로 다양한 문제를 해결해본 잡부는 스케일업 전문가가 될 수 있어요. 외국계 기업에서 광범위한 전략을 지역 맞춤화하고 본사를 설득한 경험이 많은 잡부 또한 전문가가 될 수 있습니다.

이 모든 것이 자신의 커리어에 어떤 의미를 부여하고 어떤 의도적 노력을 기울일지 결정하는 것에 달려 있습니다. 자신의 동기를 구체화해 목표를 세우고, 이를 위해 활용할 수 있는 역량과 성향을 구조화해보고, 이를 통해 의도적으로 경험을 쌓아 성공을 만들어나가는 것 이것이야말로 구체적인 커리어의 구조를 설계하는 방법입니다.

비바람을 이겨낸다

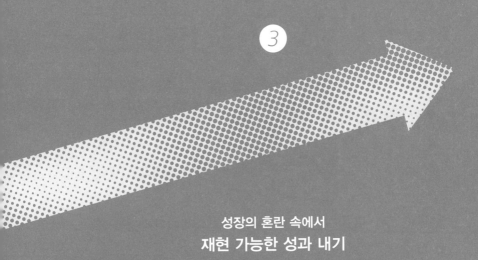

③

성장의 혼란 속에서
재현 가능한 성과 내기

뒤돌아봐야
눈에 들어오는 의미

"일을 하는 이유는 무엇인가요?"

참 어려운 질문입니다. 이런 질문을 받으면 아직도 한참 생각합니다. 질문을 한 사람들은 저에게 커리어에 대한 멋지고 원대한 비전이나 신념 같은 것을 기대했겠죠.

하지만 저에게 그런 것은 없었습니다. 지금까지 저의 성장을 이끈 것은 멋지지 않더라도 지금 할 수 있는 일을 찾고, 그것을 더 잘할 방법을 고민하는 약간의 모험심과 치열함 정도였습니다.

처음부터 모든 이유와 의미를 잘 알고 일하는 사람은 많지 않습니다. 무언가를 해보기 전에 그 일의 의미와 이유를 명확히 알기란 힘들기 때문입니다.

저는 이유와 의미는 배워나가는 것이라 믿습니다. 그래서 모든 것을 그려놓고 시작하기보다, 길을 걸으면서 자주 뒤를 돌아보는 편입니다. 조금씩 걸으면서 알게 된 것들로 다음 발을 내디딜 방향을 정하면서요.

모두가 거창한 이유로 일을 시작하지는 않는다

커리어라는 길에 옳고 그름은 없으니, 누군가의 것이 정답이라고 말하기 힘듭니다. 저는 원대한 목적과 멋진 이유를 가지고 커리어를 시작하고, 삶의 목적과 커리어의 방향을 아름답게 조화시킨 사람들이 부럽습니다. 커리어를 시작할 때 세운 명확한 이유와 목적을 차근차근 달성해 성공에 이른 사람들도 참 멋지다고 생각합니다.

하지만 저의 경우는 그렇지 않았습니다. 그리고 저 같은 사람들이 많을 것 같아요.

처음 회사 생활을 시작하면서 어쩌다 들어선 이 길을 그저 열심히 걸었습니다. 명확한 목적이나 이유 같은 것은 없었습니다. 졸업 이후의 세계가 궁금했던 저에겐 그저 '출발'하는 것 자체가 목표였습니다. '도착'과 '목적지'를 생각할 정도의 여유는 없었으니까요.

신념이나 목표는 차치하고서라도, 분명한 이유나 계획조차 없었던 것이 사실입니다. 그래서 제가 걷기 시작한 이 길이 어떤 목적지로 연결되어 있을지 상상하지 못했어요. 그저 물 흐르듯 지금에 이르렀습니다. 도미노가 오차 없이 순서대로 넘어지듯 모든 걸음이 맞아떨어져 매끄럽게 흘러왔다는 의미는 절대 아닙니다. 어쩌다 보니 이렇게 되었다는 것이 더 정확한 표현이겠네요.

그 과정에서 잘못된 결정도 많았고, 후회스러운 이직도 있었습니다. 도대체 무슨 의미인지 모른 채 '일단 해보자'며 시작한 일도 많았고요. 그중 예상치 못하게 잘된 일도 가끔 있었지만, 몇몇은 완전히 실패했습니다. 그럼에도 그냥 물 흐르듯 걸었습니다. 그저 딱 한 치 앞의 길만 또렷이 보려고 노력하면서요.

앞을 내다보기 힘든 길이었지만, 10년 넘게 걷다 보니 사람들이 제가 지나온 길을 보며 그 의미를 물었습니다. 외국계 기업과 스타트업을 넘나든 것이나 제조업부터 엔터테인먼트까지 다양한 영역을 경험한 것에 원대한 목표나 이유가 있을 것이라 생각한 듯합니다.

하지만 다시 생각해봐도 거창한 이유나 목표는 없었습니다. 그저 지금 조금 더 잘할 수 있는 일을 찾고 도전하는 모험심과 거기서 좋은 성과를 내고 싶은 경쟁심, 치열함이 저를 이끌었습니다.

이제야 제가 했던 일들의 의미를 알게 되었습니다. 모두 시간이 지나고 나서야 알게 된 것들이에요. 직접 해보기 전까지는 잘 알 수 없었습니다. 경험이 쌓이고 몰랐던 의미를 알게 되니, 스스로에 대해서도 더 잘 알게 되었습니다.

대단할 것 없는 커리어지만, 다양한 회사에서 보람차게 일했고 나름의 성장을 맛봤으며 작가로서 활동도 시작했습니다. 이 모두 시작하기 전에는 상상하지 못했던 일들입니다. 지금도 저는 커리어를 시작할 때 한 번도 생각해보지 않은 회사에서, 지금까지 해보지 않은 낯선 일을 하며 지내고 있습니다. 이 또한 전부 처음에는 예상하기 힘들었던 것들이에요.

종종 성공한 사람들이 본인을 성공으로 이끈 창대한 비전과 이유를 멋지게 설명합니다. 하지만 그런 분들도 분명 처음부터 모든 의미와 이유를 오차 없이 그려놓지는 않았을 것이라 생각해요. 이유는 간단합니다. 아무리 위대한 사람이라도, 무언가를 해보기 전에 그 일의 의미와 이유를 명확히 알기란 힘들기 때문입니다.

막상 해보니 생각했던 이유와 다르거나, 원하지 않은 경험이었지만 삶에서 커다란 의미를 지니게 되는 일도 있습니다. 가까운 예로는 기대했지만 실망한 여행지, 우연히 먹었는데 '솔 푸드'가 된 음식, 남들이 다 한다길래 따라 했다가 푹 빠져버린 새로운 취미가 있을 거예요.

그래서 저는 처음부터 가지는 크고 창대한 비전이 환상일 수도 있다고 생각합니다. 소박하고 평범한 이유로 일을 하고 있어도 괜찮아요.

일을 시작하기 전에 원대한 목표와 이유를 찾아 헤매는 사람들에게 말하고 싶어요. 어떤 일을 해보기 전에는 이유나 의미를 상상하기 힘든 경우가 대부분입니다. 큰 꿈을 가지고 시작한 일인데 기대와 달라 실망하는 경우도 허다해요. 반대로 억지로 했는데 큰 뜻을 가지게 되는 일도 있을 겁니다.

목적과 이유 없이 지금의 일을 하고 있어 불안해하는 사람들에게도 말하고 싶어요. 그런 것이 없어도 성장할 수 있습니다. 목적이 없고 이유를 모른다고 멋진 사람이 되지 못하는 것은 아닙니다. 삶의 의미는 역사 속 세계적인 철학자들도 답을 찾지 못한 난제지만, 우리는 모두 각자 멋진 삶을 살아가고 있잖아요.

목표나 신념이 너무 소박해 남들과 비교되어 실망하는 사람들에게도 말하고 싶어요. 전혀 실망할 필요 없습니다. 모든 사람이 처음부터 원대한 꿈을 꿀 필요는 없습니다. 각자 원하는 여행지가 다르듯, 우리는 모두 다른 마음을 가지고 일을 합니다. 오늘 해야 할 일을 조금 더 잘하고, 조금 더 가치 있는 결과물을 만들어내고, 그것으로 내가 더 보람을 느끼고 다른 사람에게도 도움이 되었다면 그것으로 충분합니다.

지금 할 수 있는 일을 하다 보면 처음에는 흐릿했던 이유와 의미들을 조금씩 알아가게 될 거예요. 그렇게 조금씩 알아가다 보면 눈앞의 의미가 또렷해지고 눈이 번쩍 뜨이는 순간이 있을 것입니다.

일단 시작하고 가끔씩 돌아볼 것

하지만 이 모두 일을 시작하기 전에는 알 수 없는 것들입니다.

사람들이 소박한 이유와 의미라도 지금의 생각대로 길을 걷고, 조금 걷고 난 뒤 가끔씩 뒤를 돌아보면 좋겠습니다. 짧은 길이라도 그 길을 걸으면서 알게 된 의미와 이유로 다음에 걸어갈 방향을 잘 정하면 되니까요.

커리어도 이것의 반복입니다. 조금 헤매더라도 상관없어요. 우리가 가는 길은 100m 달리기 코스가 아니라 언제든 뒤돌아 다시 뛸 수 있는 마라톤 코스이기 때문입니다. 모두가 처음인 이 길에서 한 번도 뒤돌아 가지 않고, 망설이지 않고, 앞으로만 곧바로 뛰어가는 사람은 별로 없습니다.

누군가는 화를 낼 수도 있습니다. 어떻게 이유와 의미도 모르는 일을 무턱대고 하냐면서요. 선택할 수 있는 길이 부족한 젊은 사람들에게 '일단 하면서 생각하라'는 말은 폭력과 같다고요.

저는 그런 분들께 묻고 싶습니다. 그렇다면 대안은 무엇인가요?

타인이 의미를 정해주는 것이 더 큰 폭력이므로, 내가 일을 하는 의미와 이유는 직접 찾아야 합니다. 하지만 아무것도 하지 않고 오로지 생각과 사유만으로 하지 않은 일의 이유와 의미를 알아내는 것은 불가능합니다. 우리는 직접 탐험하고 시도하면서 알아가는 사람들이니까요.

물론 각자 타고난 것이 다르고 주어진 것이 다른 만큼, 우리 각자가 할 수 있는 경험이나 꿈꿀 수 있는 수준이 모두 다를 수 있습니다. 하지만 모두가 알고 있듯, 우리가 할 수 있는 최선은 각자가 가지고 있는 패를 가지고 최선의 수를 만드는 것입니다.

처음 받아 든 카드가 마음에 들지 않아도 너무 낙심하지 마세요. 승패를 가늠할 카드 중 이제 1~2장 정도를 받았을 뿐이니까요. 게임을 하면서 앞으로 우리가 받게 될 카드가 훨씬 더 많습니다.

제가 하고 싶은 말은 단순합니다. 원대한 이유나 의미를 몰라도 좋은 사람으로 성장할 수 있습니다. 딱 눈앞에 보이는 한 치 앞의 길에 집중해 아주 조금 더 잘할 수 있는 일을 찾고 거기에 도전하는 모험심이면 충분합니다. 그 일을 조금 더 잘할 수 있는 방법을 찾고 시도해서 성장하겠다는 마음이면 충분해요.

아직 이유를 찾지 못한 당신은 분명 멋진 사람이 될 것입니다. 오늘도 직접 걸으면서 이유를 찾아나갈 테니까요.

성장하고
있다는 착각

비슷하게 시작했는데 확연히 빨리 성장하는 사람들이 있습니다. 헬스장에서도 그런 사람들을 볼 수 있습니다. 저는 한 헬스장을 꽤 오래 다니고 있는데, 비슷한 시간에 꾸준히 운동을 해서 자주 마주치는 사람들이 있습니다.

그중 운동 기간은 비슷한데 더 빨리 체격이 좋아지는 사람들이 있습니다. 반대로 몇 년 동안 크게 바뀌지 않는 사람들도 있고요. 처음에는 타고난 운동 능력의 차이라고 생각했는데, 계속 관찰해 보니 꼭 그런 것만은 아니었습니다.

저는 수술 후 재활 때문에 헬스장에서 운동을 시작했습니다. 왼쪽 발목을 수술했는데 수술 부위의 근육이 약해졌거든요. 왼쪽 다리를 오래 쓰지 않다 보니 오른쪽 다리와 두께 차이도 컸습니다. 그래서 좌우 균형을 맞추고 수술 부위의 근육을 강화하기 위해 운동을 시작했습니다.

일주일에 3일씩 꾸준히 헬스장에 갔고, 매번 정해진 루틴을 꼼꼼히 지키며 운동을 했는데도 한동안 생각보다 변화가 없었습니다. 한 달이면 오른쪽 다리와 비슷해질 것이라고 생각했던 왼쪽 다리는 3개월이 지났는데도 그대로였습니다.

처음에는 운동 시간이 부족한 줄 알았습니다. 그래서 가장 먼저 운동 시간을 늘려보았습니다. 헬스장에 더 자주 나가고, 가서도 더 오래 운동했어요. 몇 달이 지난 후, 작은 변화가 있었지만 여전히 두 다리의 차이는 컸습니다. 그래서 무엇을 바꾸어야 할지 고민했습니다. 새로운 자세로 운동을 해보기도 하고, 영양 섭취가 부족한가 싶어 식단도 바꿔보았어요. 모두 작은 변화를 가져다주었지만 전체적인 변화 속도는 예전과 크게 다르지 않았습니다.

다른 것들을 모두 시도해도 큰 차이가 없자 저는 마지막으로 운동 중량을 늘리기 시작했습니다. 매주 중량을 2~3kg씩 늘려 매달 10kg 늘리는 것을 목표로 했습니다.

그 과정은 힘들었습니다. 무게를 늘릴 때마다 다치지 않을까 걱정도 많이 했습니다. 평소 익숙하지 않았던 자세도 연습해야 했어요. 자세를 바꾸고, 잘 쓰지 않던 근육 부위도 썼습니다. 결과는 놀라웠습니다. 느리게만 느껴지던 변화 속도가 중량을 늘리면서 빨라지기 시작했죠.

이후 꾸준히 그렇게 운동해오고 있습니다. 그 사이 체지방은 비슷하게 유지하면서 체중은 10kg 가까이 늘었어요. 좌우 균형도 맞춰졌고, 사람들을 만날 때마다 건강해 보인다는 말을 듣습니다.

그간의 시행착오를 생각해보면 저는 **'성장하고 있다는 착각'을 했습니다. 그저 하는 일이 힘들었기 때문에 잘하고 있다고 생각했던 것입**

니다. 힘들게 운동 시간을 늘리고, 다양한 운동을 시도하고, 맛없지만 근육을 키우는 데 좋은 음식을 챙겨 먹었지만 정작 몸에는 큰 변화가 없었는데도요.

원하는 목표를 달성하기 위해서는 맞지 않는 방법을 빠르게 버리고 새로운 방법을 찾아야 했지만, 제대로 된 회고와 반성은 없었습니다. 이 또한 잘하고 있다는 착각 때문이었습니다. 매일 운동을 열심히 하는 자신의 모습 자체에 만족하고 있었는지도 모릅니다.

지금 생각해보면 '내 몸이 바뀌지 않는 이유는 뭘까', '무엇이 문제일까', '그 문제를 어떻게 해결할 수 있을까'처럼 더 빨리 진지하게 회고했어야 했습니다.

효과 없는 운동으로 몇 년을 보내고 난 후 알게 되었습니다. 두각을 나타내는 사람들의 차이는 '학습력'과 '회복 탄력성'에서 온 것이었습니다.

그들은 실패를 반복하는 일이 있다면 스스로를 되돌아보며 깊이 생각을 해봅니다. 자신이 반복적으로 실패하는 이유는 무엇인지 찾고, 방법을 바꿔가며 무엇이 유효하고 또 그렇지 않은지 찾습니다. 이것이 학습력입니다. 비슷한 시도를 하고도 무엇이 목적을 달성하기에 알맞은 방법인지 빠르게 찾아내는 사람이 학습력이 좋은 사람입니다.

이 과정에서 수많은 실패와 실수가 있을 거예요. 어떤 방법은 생각보다 효과가 없거나 역효과를 내기도 합니다. 하지만 두각을 나타내는 사람들은 포기하지 않고, 실망하지 않고 자신에게 맞는 해결책을 찾아냅니다. 이것이 회복 탄력성입니다. 다른 사람들은 해도 소용없다며 불평할 때 회복 탄력성이 좋은 사람들은 그저 다른 대안을 찾고 또 다른 시도를 해볼 뿐입니다.

이런 일은 회사에서도 똑같이 벌어집니다. 비슷한 대학을 나오고, 비슷한 스펙을 지닌 동기들이 같은 회사에 입사합니다. 처음 1~2년은 다 비슷해 보이다가도 누군가는 탁월한 문제 해결사가 됩니다. **단번에 좋은 성과를 내지 못하더라도 결국 탁월한 성과를 내는 사람들의 특징이 바로 학습력과 회복 탄력성이었습니다.**

탁월한 성과를 내지 못하는 사람들은 헬스장에서 제가 그랬던 것처럼 성장하고 있다는 착각에 빠져 있지 않은지 살펴봐야 합니다. 이렇게나 힘들게 일하고 있으니 잘하고 있다고, 성장하고 있다고 생각하는 경우가 많기 때문입니다. 하지만 자신이 했던 일을 냉철하게 회고하고 반성해서 더 힘들지도 모르지만 더 알맞은 방법을 찾지 않는다면 성장 가능성은 낮아집니다.

다양한 이유가 있겠지만 사람들이 학습력을 발휘하지 못하는 이유는 결과보다 과정에 집중하기 때문입니다. 충분히 '많이' 일하거나 '힘들게' 일하면 성장이 자연스럽게 따라올 것이라고 생각하는 것이죠.

가장 대표적인 경우는 '쉬운 일을 많이' 하는 것과 '같은 일을 오래' 하는 것입니다. 이 2가지 모두 힘들거든요. 하지만 자신이 지금 하는 일이 결과에 어떤 영향을 주는지, 더 큰 영향을 주기 위해서는 어떤 일이 필요한지 생각하지 않으면 성장을 위한 순환고리가 만들어지지 않습니다. 잘못된 과정을 찾아 결과에 맞게 바꿔나가는 것이 성장의 시작이니까요. 학생 시절 작성해본 오답 노트처럼요.

틀린 것을 다시 틀리지 않고 성장할 수 있도록 해주는 오답 노트처럼, 과정에서 틀린 점을 찾는 회고는 무언가를 배우고 성장하려는 사람에게 중요한 도구가 됩니다. 이 오답 노트는 '목표'를 중심으로 순환합니다. 그래서 성장을 위한 오답 노트를 만들기 위해서는 목적과 결과를 먼저 생각해야 합니다. 목표를 달성하기 위해 했던 일의 결과를 돌아보며 부족한 점을 알아내는 것을 다시 시도해보는 것입니다. 여기서 학습력과 회복탄력성이 발휘됩니다.

하지만 같은 일만 반복하면 성장이 이루어지지 않습니다. 성장한다는 착각은 하게 될 수 있지만요. 성실하게 수년간 운동해도 몸이 크게 변하지 않는 사람들처럼 말입니다.

성장과 숙달의 차이

회사에서 종종 이런 이야기를 듣습니다.

"저는 이미 지금 하는 일을 능숙하게 하고 있는데 그걸로 충분하지 않나요?"

"굳이 승진이나 새로운 업무에 도전하지 않더라도 지금 이대로만 잘하면 충분하지 않을까요?"

'성장'과 '숙달'을 혼동한 사람들이 자주 하는 말입니다.

이런 사람들에게는 공통점이 있어요. 주위 동료들에게 '손이 빠르다', '일을 빨리 배운다'는 소리를 한 번쯤은 들어보았다는 것입니다. 상사나 후배들에게 '믿을 수 있는 팀원', '배우고 싶은 선배'

라는 평가도 받아봤을 거예요.

하지만 그런 사람들에게도 이런 생각은 위험할 수 있습니다. 다채로운 커리어라는 큰 그림과 그 그림을 채우는 데 필요한 성장의 색채를 알아채기 전에 본인의 역량에 대해 너무 성급하게 확신하면 성장에 방해가 되는 경우가 많기 때문입니다.

미국의 소설가 마크 트웨인은 이런 말을 했습니다. "우리가 곤경에 처하는 이유는 무언가를 몰라서가 아니다. 무언가를 확실히 안다는 착각 때문이다." 현재의 능숙함으로 앞으로 계속 이어질 커리어의 큰 그림을 충분히 채울 수 있을지 진지하게 고민해봐야 합니다.

그러려면 숙달과 성장의 차이를 구분해야 합니다. 헬스장 이야기를 다시 한번 들여다보겠습니다. 같은 기간 열심히 운동하더라도 누군가는 크고 강한 몸을 얻고, 누군가는 그렇지 못합니다. 이런 결과의 차이를 만드는 것은 '점진적 과부하의 원칙'입니다.

이 원칙은 간단합니다. 어제보다 오늘 조금이라도 더 힘들게 운동하지 않으면 근육은 성장하지 않는다는 것이죠. 오늘 50kg을 들었다면 다음 주에는 51kg을, 다음 달에는 60kg을 들어야 늘어나는 무게에 맞춰 근육이 성장한다는 것이 이 원칙의 요점입니다.

물론 늘 강도가 같은 운동을 하더라도 변화는 있을 것입니다. 시간이 지날수록 훨씬 더 쉽게 그 운동을 할 수 있을 거예요. 근육과 몸이 조금씩 적응하고 익숙해지기 때문입니다. 매일 성실히 운동하지만 정작 근육에는 큰 변화가 없는 이유가 여기에 있습니다. 같은 무게에 '적응'해 더 쉽게 운동할 수 있다는 '변화'가 일어나지만,

이 변화가 원하는 목표와 부합하는지 생각해볼 필요가 있습니다.

매일 운동을 해서 많은 운동에 적응했지만 정작 근육은 성장시키지 못하는 사람들은 대부분 과부하의 원칙을 지키지 않았기 때문입니다. 과부화 운동과 적응 운동에는 큰 차이가 있습니다. 매번 조금씩 더 무거운 무게를 들려고 시도한다면 난도가 조금씩 높아집니다. 대신 근육은 조금씩 크고 단단해지는 변화를 경험합니다. 저는 이것이 '성장'이라고 생각해요.

매일 같은 무게를 드는 운동을 하면 시간이 갈수록 체감하는 운동 난도는 낮아질 거예요. 우리 몸과 근육이 같은 운동에 익숙해지는 경험을 하게 됩니다. 저는 이것이 '숙달'이라 생각합니다. 무언가에 익숙해져 실수 없이 능숙하게 해내는 것을 숙달이라고 부르기 때문입니다.

하지만 성장하기 위해서는 익숙하지 않은 무게를 들고, 그 과정에서 과감한 실수와 실패를 거쳐야 합니다. 처음 들어보는 무게에 도전할 때는 주위 사람의 도움을 받거나 실수를 줄이기 위해 따로 시간을 내 연습을 하거나 훈련을 해야 할지도 모릅니다.

우리는 성장과 숙달을 구분해야 합니다. 이를 위해 필요한 경험이 다르기 때문입니다. 숙달에는 익숙함이, 성장에는 낯섦이 필요합니다.

우리가 즐겨 하는 게임도 마찬가지입니다. 같은 스테이지를 계속 플레이하면 그 스테이지의 난도에 익숙해져 실수 없이 더 빠른 속도로 클리어할 수 있게 될 거예요. 그 과정에서 즐거움과 짜릿함을 느낄 테고요.

하지만 같은 스테이지만 계속 플레이하면 성장을 경험할 수 없고 게임의 엔딩을 보는 보람도 얻을 수 없습니다. 엔딩을 보고 싶은 사람들은 지금의 스테이지에 익숙해진 뒤에는 어려워서 실수하더라도 다음 스테이지에 도전해야 합니다.

다른 일에서도 마찬가지입니다. 매일 5km를 몇 년 동안 달린다고 하더라도 마라톤에는 도전하지 못할 거예요. 마라톤에 도전하려면 조금씩 달리는 거리를 늘려야 합니다. 등산도 마찬가지입니다. 누구보다 열심히 산을 오르더라도 매일 같은 산에만 간다면, 그 산에는 익숙해지겠지만 에베레스트 정복에는 도전하기 힘들 거예요. 운전도 마찬가지입니다. 매일 이어지는 평범한 운전에 익숙해진다고 카레이서가 될 수는 없을 거예요.

지금 어떤 일에 충분히 능숙하다는 생각이 든다면 내가 성장하고 있는지, 아니면 무언가에 숙달되고 있는지 고민해야 합니다. 지금의 숙달만으로 앞으로의 커리어에서 필요한 만큼 성장 가능하다고 낙관할 수는 없기 때문입니다. 운동이나 운전에서뿐만 아니라 커리어 전반에도 점진적 과부하가 필요한 이유입니다. 숙달된 일을 매일 반복한다고 앞으로도 계속 성장한다고 장담하기 힘듭니다.

물론 모든 일에는 숙달이 필요합니다. 그 숙련된 경험과 익숙함으로 다른 사람들보다 생산성을 더 높일 수 있으니까요. 성장에는 반드시 많은 시도가 필요한데, 높은 생산성은 더 많은 시도를 가능하게 해 성장을 돕습니다.

하지만 무언가에 숙달되고 나면 다음 단계로 넘어가야 성장할 수 있습니다. 성장은 어제보다 무거운 무게를 들 때 일어나니까요.

또 성장에는 몰입이 필요한데, 몰입 이론을 주장한 미하이 칙센트미하이에 따르면 본인의 능력보다 난도가 조금 더 높은 일을 할 때 가장 깊이 몰입할 수 있다고 합니다. 시인 T. S. 엘리엇은 이런 말을 했습니다. "너무 멀리 가는 위험을 감수하는 사람만이 본인이 얼마나 멀리 갈 수 있는지 안다."

스스로를 우물 안에 가둘 필요 없습니다. 익숙함의 우물에서 벗어나기 위해 매일 조금 더 무거운 무게에, 조금 더 어려운 스테이지에 도전해야 합니다.

조금 다른 관점에서 생각해보아도 좋습니다. 지금 들어보려고 하는 무게가 조금은 버겁다면 성장하는 중일지도 모르겠습니다.

회고의
기술

회고를 말하기 전에 성장의 의미를 다시 정리해보겠습니다. 성장은 난도 높은 문제를 풀거나, 범위가 더 큰 문제를 해결하는 것을 말합니다. 그래서 성장에서 경계해야 하는 것은 그냥 오래 일하는 것, 매일 같은 일만 반복하는 것, 그래서 결과적으로 아무 문제도 직접 나서서 해결해본 경험이 없는 것입니다.

이전보다 조금 더 어려운 문제를 해결하기 위해서는 3가지 요소가 필요합니다. 저는 이 3가지를 합쳐서 '과부하 회고'라고 부릅니다.

① 스스로 목표를 세우고 결과를 회고하는 자기 주도적 회고
② 조금씩 어려운 문제에 도전하는 점진적 과부하
③ 의도적인 연습의 반복

'회고'라고 하면 그저 오늘 한 일을 나열하는 일기를 떠올리는 사람들이 많습니다. 하지만 점진적 과부하를 위한 의도된 연습과 자기 주도적 회고가 없다면 문제 해결사로 성장하기 힘듭니다.

점진적이고 확실한 성장을 이루기 위해서는 스스로 목표를 세우고 회고하는 '자기 주도적 회고'와 오늘 5km를 달렸다면 다음 주에는 6km에 도전하는 '점진적 과부하', 그리고 더 오래 달릴 수 있는 자세를 수련하는 '의도적인 연습'이 필요합니다.

회고는 성장 목표를 세우는 것으로 시작합니다. 내가 원하는 성장의 수준을 그려보고, 도전해 풀어보고 싶은 조금 어려운 문제를 정하는 것이죠. 목표를 세웠다면 이를 달성할 수 있는 성장 계획을 함께 세워야 합니다. 목표와 계획을 세웠다면 이를 달성하기 위해 지금 무엇을 해야 하는지, 어디서 어떤 일을 해야 그런 경험을 얻을 수 있을지 고민이 필요합니다.

만약 지금 하고 있는 일을 통해서는 성장 목표와 계획을 이룰 수 없다면, 상사와 사수에게 요구해서 다른 일을 해야 합니다. 작은 영역이더라도 자율성을 가지고 직접 문제를 해결하거나, 문제 해결 과정에서 지금보다 범위가 더 큰 업무를 경험할 수 있는 일에 참여해야 하니까요.

그 후에는 성장 목표와 계획을 달성할 수 있도록 의도적으로 연습과 시도를 반복합니다. 마치 운동 후 기록하고 회고하는 것과 같습니다. 프로젝트를 마치고 성과를 회고하는 것과도 정확히 일치하고요.

성장 목표와 계획을 세웠다면 이번 달에 그 목표를 달성했는지 살펴보고, 목표를 달성하는 데 유효했던 연습과 무효했던 시도를 구분해봅니다. 시도에 도움이 되는 책과 강의도 찾아보고요. 그리고 다시 다음 달 성장 목표를 세우고, 이를 달성하기 위해 필요한 계획을 구상하고, 회사에 요구해야 할 것이 있다면 얻어내 연습하고 시도합니다. 결국 성장은 회고와 시도의 반복에서 일어납니다.

하지만 안타깝게도 회사에서 이런 일을 요구하는 사람들은 극히 소수입니다. 2~3년간 같이 일하더라도 본인의 성장을 위해 스스로 목표를 세우고, 이를 달성하기 위해 상사나 사수에게 무언가를 요구하는 사람은 손에 꼽습니다. 연차는 쌓여가지만 처음과 크게 다르지 않은 일을 하고 있다면, 자신의 성장이 정체되고 있을지도 모른다는 경각심을 가질 필요가 있습니다.

회사 일에서는 프로젝트의 성공만큼이나 개인의 성장을 위해서도 회고가 중요합니다. 문제를 찾고 개선하기 위해서는 개인에게도 '피드백 루프'가 필요하기 때문입니다.

성장을 위한 회고의 조건

피드백 루프는 짧은 단위의 실행에서 얻은 교훈을 확인하고, 이를 다시 다음 실행 계획에 반영해 점진적 개선을 만드는 피드백의 순환 고리를 말합니다. 프로젝트뿐만 아니라 개인의 목표에서도 피드백 루프를 활용하면 점진적 성장을 이루어나갈 수 있습니다.

성장을 위한 피드백 루프를 만들기 위해서는 잦은 회고가 필요합니다. 회고는 지금까지 얻은 교훈을 확인하고 다음 계획을 조정하는 과정을 말합니다. 이루고 싶은 개인의 성장을 짧은 단위의 실행으로 나누고, 각 실행 단위마다 반복적으로 실행 후 교훈을 확인함으로써 목표를 이루기 위한 시도를 점진적으로 개선해나가는 것입니다.

하지만 많은 사람이 귀찮다는 이유로 교훈을 수집하고 계획을 조정하는 일을 건너뜁니다. 스스로에 대해 회고하는 사람들을 보며 유난스럽다고 말하기도 해요. 하지만 회고를 하는 사람과 하지 않는 사람의 차이는 극명합니다.

앞에서도 말한 운동하는 사람들의 차이와도 같아요. 교훈을 수집하거나 계획을 조정하지 않고 '늘 하던 대로', '일단 되는대로' 운동하는 사람과 스스로의 운동을 되돌아보며 효과가 있었던 것과 없었던 것을 분류하고 계획을 끊임없이 조정해나가는 사람의 차이입니다.

당연하게도 늘 하던 대로, 일단 되는대로 일하는 사람은 스스로 열심히 했다는 만족감을 얻을 수는 있지만 원하는 변화를 얻지는 못합니다. 우리에게 중요한 것은 그런 만족감이 아니라 구체적이고 명확한 성장입니다.

회고를 하긴 하지만 방법이 잘못된 경우도 많습니다. 스스로 회고를 하거나, 유료 회고 모임에 등록해 참여하는 사람들에게 어떻게 회고를 하고 있는지 물어보면 종종 다음과 같은 답변이 돌아옵니다.

"일기를 쓰는 것처럼 단순히 했던 일을 나열해요."

"체계적인 방법을 모르니 어떻게 회고해야 하는지 모르겠어요."

"구체적인 지침이 없으니 하다가 그만두게 돼요."

그래서 이번에는 성장을 위한 구체적인 회고의 기술과 '과부하 회고'에 대해 살펴보겠습니다.

먼저 개인의 성장에 필요한 회고의 요건을 생각해볼 텐데, 앞에서 말한 피드백 루프의 요건을 떠올리면 됩니다. 피드백 루프가 작동하기 위해서는 다음과 같은 3가지 요소가 필요합니다.

① 성장 목표
② 성장 계획 혹은 성장 가설
③ 유/무효성 판단

회고를 잘하기 위해서는 먼저 성장 목표가 필요합니다. 업무에서도 마찬가지입니다. 담당 프로젝트에 분명한 목표가 없으면 무엇부터 해야 하는지 구체적인 계획을 수립하기 힘들고, 당장 무언가를 한다고 하더라도 그것이 잘된 것인지도 판단하기 힘듭니다. 개인의 성장도 그렇습니다. 구체적인 성장 목표를 설정하는 것이 성장 회고의 첫째 단계입니다.

그다음에는 성장 목표를 달성할 수 있는 구체적인 성장 계획이 필요합니다. 목표에 따른 전략을 수립하는 프로젝트 기획과 정확히 일치합니다. 많은 경험을 해본 영역에서는 구체적인 성장 계획을 쉽게 떠올릴 수 있지만, 경험이 없는 영역에서는 성장 가설 수립이 필요할 수도 있습니다.

마지막은 유/무효성 판단입니다. 계획을 실행한 후 목표와 대조해보며 실행을 잘 수행했는지 판단하고, 목표와 대조해보며 실행을 통해 원하는 바를 달성했는지 판단하는 것을 말합니다. 이 과정에서 목표를 달성하는 데 도움이 된 실행은 유효한 것, 도움이 되지 않은 것은 무효한 것으로 분류해 다음 계획에 반영합니다. 이 또한 프로젝트를 실행한 후 성과를 회고하는 것과 같은 방식입니다.

예측하셨겠지만 앞으로 설명할 과부하 회고 또한 목표, 계획, 유/무효성 판단이라는 단순한 핵심 구조를 띱니다.

성장을 위한 과부하 회고

'과부하 회고'가 구체적으로 무엇일까요? 목표, 계획, 유/무효성 판단이라는 성장 회고의 핵심 구조는 그대로 따르면서 '점진적 과부하'와 '의도적인 연습'이라는 개념을 더한 것입니다.

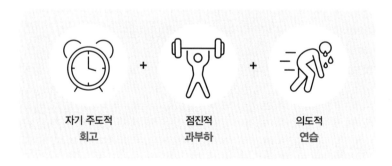

자기 주도적
회고

+

점진적
과부하

+

의도적
연습

점진적 과부하는 지속적으로 성장하기 위해 조금씩 높은 목표를 잡고 이에 도전하는 것을 말합니다. 점진적 과부하를 적용해 개인의 성장을 이끌어내기 위해서는 조금씩 더 어려운 목표를 설정하고 이를 달성하기 위해 난도 높은 과제에 도전해야 합니다.

평소보다 어려운 목표와 이를 위한 과제를 정했다면 이를 달성할 수 있는 의도적 연습이 필요합니다. 새롭게 숙달해야 하는 영역을 밝히고, 어려워서 피하고 싶은 일이라 하더라도 그 일을 익히기 위해 연습을 반복하는 것을 말합니다.

과부하 회고는 다음과 같은 순서로 진행됩니다.

---

① 성장 목표 설정
② 역량과 자원 판단
③ 실행 계획 수립
④ 실행 후 유/무효성 판단
⑤ 다음 목표와 계획 수립
⑥ ①~⑤의 반복, 반복, 반복

1단계: 성장 목표

가장 먼저 성장 목표를 수립합니다. 성장 목표는 다시 몇 가지 항목으로 구분해 정리합니다.

① 장기 목표

달성 시점과 함께 구체적인 성장 목표를 정합니다.

> 예시: 3개월 안에 전사 캠페인을 발족하고 온전하게 프로젝트를 리드한다.

② 성공의 기준

목표를 달성했다고 판단하게 해주는 구체적인 성공의 모습을 2~3개 함께 작성합니다. 이를 바탕으로 이후의 계획을 구체화하고, 유/무효성 판단 단계에서 기준으로 활용합니다.

> 예시: 데이터를 기반으로 목표와 전략을 수립하고 경영진의 승인을 이끌어낸다. 면밀한 실행 계획을 로드맵으로 도출하고 대행사 및 유관 부서와의 합의를 이끈다.

③ 과부하 기준

스스로 수립한 성장 목표가 점진적 과부하의 기준을 충족하는지 판단합니다. 일반적으로 힘든 과제일수록 난도 '상', 쉬운 과제일수록 난도 '하'라고 볼 수 있는데, 난도 '하'라고 판단되면 과부하 조건이 충족되지 않으므로 목표를 다시 설정해야 합니다.

> 예시: 난도 상-스스로 전사 목표를 수립해본 적이 없고, 경영진과의 직접 논의를 통해 승인을 이끌어낸 적이 없음

④ 성공/실패 시 시나리오

과부하 목표를 잡는 만큼 목표 달성에 실패할 수도 있습니다. 실패할 경우 어떻게 도전을 이어나갈지, 성공할 경우 어떤 새로운 목표를 잡을지 성장 목표 수립 단계에서 함께 생각해보면 도움이 됩니다.

예시: 실패 시 다시 3개월간 전사 캠페인의 발족을 시도한다. 성공 시 더 많은 조직이 참여하는 프로젝트를 발족하고 리드하며 이를 기반으로 승진에 도전한다.

2단계: 역량과 자원

성장 목표를 수립했다면 목표를 달성하기 위해 활용하거나 구체적으로 개선해야 할 역량은 무엇인지를 정리하고, 이를 키우기 위해 활용할 수 있는 자원과 획득해야 할 자원을 도출합니다.

① 도움이 되는 강점

목표 달성에 활용할 수 있는 강점으로서의 역량을 말합니다. 성공의 기준에 도달하기 위해 이 역량을 어떻게 활용할지 정리해보며, 이를 통해 강점을 극대화하기 위해 필요한 의도적 연습을 도출합니다.

예시: 고객 조사 역량을 활용해 수준 높은 고객 전략을 도출한다. 이를 위해 필요한 의도적인 연습은 30명 이상의 고객을 직접 인터

뷰하고 경쟁사 실사를 통해 추가적인 인사이트를 얻는 것이다.

② 개선이 필요한 약점

목표를 달성하기 위해 개선 혹은 극복해야 하는 약점을 말합니다. 목표 달성 과정에서 부족한 역량을 보완하기 위해 어떤 의도적 연습이 필요한지 구체화합니다.

> 예시: 협업 로드맵을 수립해 대행사 및 유관 부서 등 다양한 파트너와 소통하는 실행력이 부족하다. 이를 키우는 데 필요한 의도적인 연습은 실행력이 뛰어난 선배의 협업 방식을 배우는 것이며, 대행사와 라포를 형성하는 것이다.

③ 가지고 있는 자원

강점은 활용하고 약점은 개선하기 위해 당장 활용할 수 있는 자원을 정리해봅니다. 여기서 자원은 업무, 시스템, 프로세스, 템플릿, 조언, 피드백, 교육, 인맥, 네트워크 등 다양한 범주의 요소를 모두 포함합니다. 자원이 있다면 어떻게 활용할 수 있는지, 이를 잘 활용하기 위해 필요한 의도적 연습은 없는지 구체화합니다.

> 예시: 회사의 교육 프로그램을 통해 프로젝트 관리와 관련된 온라인 강의를 수강하고 《린 스타트업》 독서를 통해 업무에 바로 적용할 수 있는 프로젝트 협업 관리 스킬 3가지를 도출하고 적용한다.

④ 가지고 있지 않은 자원

필요하지만 지금 가지고 있지 않은 자원을 정리합니다. 자원을 어떻게 획득할 것인지 생각하며, 해당 자원을 획득하고 난 이후 어떻게 활용할지 구체화합니다. 마찬가지로 이를 획득하고 활용하기 위해 필요한 연습이 있다면 함께 정리합니다.

예시: 실행력이 우수한 선배에게 배움을 얻기 위해서는 그 일을 성공적으로 진행한 ○○ 팀 ○○에게 전사 캠페인 협업 프로세스를 다운로드받고, 협업 업무 관리 로드맵 템플릿을 전수받아야 한다.

예시에서 볼 수 있듯 역량과 자원을 구분해 작성하는 것은 가지고 있지 않은 자원의 경우 이를 획득하는 데도 구체적인 계획과 실행이 필요하기 때문입니다. 이런 내용이 다음 단계인 실행 계획에서 충분히 반영될 수 있도록 해야 합니다.

3단계: 실행 계획

목표, 역량, 자원을 구체화했다면 실행 계획을 수립할 차례입니다. 실행 계획은 일반적으로 월 단위로 나누어 수립하며 월을 다시 주 단위로 세분화해 주별로 구체적인 계획을 수립합니다.

실행 계획은 타임라인과 세부 행동으로 구분해 정리하고 추후 실행 시 주별로 실행 여부를 점검할 수 있는 형태로 기록하면 편리합니다. 목표와 역량, 자원에서 도출한 구체적인 내용이 충분히 실행 계획에 반영되었는지 항목별로 꼼꼼히 점검하며 실행 계획을 수립해야 합니다.

목표와 역량, 자원에서 도출한 핵심 내용을 미리 추려놓고, 이것
이 실행 계획에 반영되었는지 하나씩 점검하면 완성도 높은 실행
계획을 수립할 수 있습니다.

4단계: 유/무효성 판단

실행 계획까지 수립하고 나면 주별로 직접 실행하며 계획 실행
여부를 점검합니다. 실행이 모두 끝나고 나면 두 종류의 유/무효
성 판단이 필요합니다. 다음 과정을 통해 성장 목표를 달성하는
과정에서 유효했던 실행과 무효했던 실행을 구분합니다.

① 실행 계획의 유/무효성

계획의 실행 여부를 점검하며 실행 계획의 유효성을 판단합니
다. 일정이 너무 촉박해 실행이 불가능했을 수도 있고, 실행과 실
행 사이 시간적 여유가 부족해 충분히 실행되지 않았을 수도 있습
니다. 실행 여부를 점검하며 실행 계획 차원에서 개선해야 할 부
분은 없는지 판단합니다.

> 예시: 고객 인터뷰 후 경영진과 1차 논의하는 미팅까지 시간이 너
> 무 빠듯했다. 2~3영업일 정도 여유가 있어야 제안의 완성도를 높
> 일 수 있다. 실행력이 우수한 선배에게 노하우를 다운로드받는 일
> 정도 생각보다 촉박해 계획 대비 4영업일 정도가 더 필요했다.

② 역량과 자원의 유/무효성

실행을 통해 필요한 자원을 충분히 확보했는지, 그것을 충분히 활용했는지, 이를 통해 역량이 개선되고 극대화되었는지 세부 회고가 필요합니다. 이를 위해 역량과 자원 단계에서 도출한 계획 중 실행 후 유효했던 것과 무효했던 것을 정리해봅니다.

> 예시: 프로젝트 관리 온라인 강의를 수강했고 대략적인 인사이트를 얻었지만 업무에 적용할 수 있는 구체적인 관리 스킬을 습득하지 못했다. 강의 난도가 너무 낮아 무효했으니 앞으로는 시니어를 위한 세미나에 참석해야 한다. 주기적인 커피 챗을 통해 대행사와 라포 형성을 시도했으나 피상적인 만남으로 무효했다. 업무적인 어려움을 해소할 수 있는 실질적인 논의 기회를 마련하는 것으로 이를 대체한다.

5단계: 다음 목표/계획 수립

유/무효성 판단을 통해 목표 달성에 도움이 된 실행과 아닌 것을 구분했다면 이를 다음 달의 목표와 계획에 반영합니다. 유효했던 것은 반복하고 효과를 극대화하며, 무효했던 것은 배제하고 다른 시도를 해볼 수 있도록 실행 가설을 변경합니다.

이 과정을 반복하면 업무에서도 의도적 연습을 통해 점진적 과부하를 이뤄낼 수 있습니다. 물론 조금 까다롭고 귀찮은 과정이지만, 유난스럽게 일하지 않으면 성장이 이루어지지 않는다는 점을 기억하면 좋겠습니다.

영감보다
프로세스

일잘러가 되기 위해 영감과 아이디어만이 중요하다고 하는 사람들의 말은 듣지 마세요. 하지만 오해는 하지 않았으면 좋겠습니다. 영감이 중요하지 않다는 말은 절대 아니거든요.

세상에는 감도 높은 영감과 번뜩이는 아이디어로 큰 성과를 낸 사람들이 분명 있습니다. '세계적인 성공'을 이야기할 때 가장 먼저 떠오르는 사람들 대부분이 그렇게 성공했을지도 몰라요.

하지만 문제가 있습니다. 그런 **영감과 아이디어는 평범한 사람들이 쉽게 얻지 못한다는 것입니다.**

성장하는 방법에는 여러 가지가 있습니다. 저는 좋은 배움을 얻는 것이 빠른 성장을 위해 가장 먼저 필요한 일이라고 생각해요. 좋은 배움을 얻을수록 막막한 갈림길에서 올바른 방향을 찾고, 험난한 길을 안전하게 걸어나갈 수 있으니까요.

좋은 배움을 얻는 것에도 여러 방법이 있을 거예요. 스스로 문제에 부딪히고, 직접 경험하며 배우는 것도 좋습니다. 모든 배움은 실천함으로써 본인의 무기가 되니까요. 하지만 누구나 쉽게 할 수 있으면서 효율적인 배움의 방법은 '누군가로부터 얻는 것'입니다.

하지만 여기서 중요한 점이 있습니다. 따라 할 수 없다면 배울 수도 없다는 것이에요.

성과를 내고 싶은 영역이 있다면, 이미 그 영역에서 성과를 낸 사람에게 배우는 것이 가장 좋습니다. 사실 우리는 지금 할 수 있는 것의 대부분을 다른 사람들에게 배웠습니다. 타고난 능력이나 스스로의 노력만으로 언어를 깨우치는 사람은 많지 않을 거예요. 나에게 말을 걸어주는 사람들의 이야기를 잘 듣고 그들을 모방하면서 언어를 배웠을 것입니다.

어릴 때 운동과 게임을 좋아해 세계적인 운동선수와 프로 게이머의 플레이를 많이 찾아봤어요. 그리고 부단히 그들의 플레이를 모방하려고 했습니다. 물론 순전히 나만의 창의력이나 독창성으로 세상에 없던 운동 기술이나 작전을 떠올리는 사람들도 있겠지만 대부분은 그런 천부적 재능이나 영감을 갖추지 못했죠.

학교에서도 누군가가 고생해서 알아낸 것들을 '수업'이라는 형태로 배웁니다. 우리가 배운 것들 대부분은 먼저 그 분야에서 성과를 냈던 사람들의 이야기인 경우가 많습니다.

졸업한 이후에도 마찬가지입니다. 제가 지금 할 수 있는 대부분의 것들은 함께 일하며 일하는 법을 가르쳐준 선배와 팀장님에게 배운 것입니다. 특히 취업을 하고 가장 먼저 만난 선배에게 회사에서 '1인분'을 하는 데 필요한 모든 것을 배웠습니다. 문제를 찾고 해결하는 프레임워크 같은 거창한 것부터 설득력 있는 문서를 작성하고 공손하게 메일에 회신하는 방법 같은 사소한 것까지요.

회사에서 감정을 다스리고, 미팅에서 자연스럽게 말하는 방법도 모두 선배들에게 배웠습니다. 가끔 "저는 선배보다 먼저 승진할 거예요"라는 허무맹랑한 농담도 했지만, 대학을 막 졸업한 깡마른 대학생이 어엿한 직장인이 될 수 있도록 업어 키운 것은 모두 선배들이었습니다.

그 후로도 배움을 준 많은 선배와 리더를 만났습니다. 지금도 어려운 일이 있으면 '그 선배였으면 어떻게 했을까' 떠올려보려고 합니다. 나아가 저는 지금도 회사에서 '누구를 모방해야' 더 빨리 성장할 수 있을지 고민합니다.

배움의 대상이 같이 일하는 상사나 선배일 수도 있지만, 나이에 상관없이 그 일에서 나보다 먼저 좋은 성과를 낸 사람이 있다면 누구든 붙잡고 물어볼 수 있습니다.

꼭 주위에 그런 사람이 없어도 상관없어요. 유튜브나 브런치를 찾아보는 것만으로도 직접 만나기 힘든 업계 유명인의 성공기를 세세하게 접할 수 있는 시대니까요. 클릭 몇 번만으로 세계 최고의 축구 선수가 어떻게 훈련하는지 알 수 있고, 세계 최고의 투자자가 지난달에 어떤 종목을 매수했는지도 알 수 있습니다. 서점에 가면 세계적인 거장과 천재의 이야기를 접할 수 있죠. 저는 소셜미디어에서 배움을 줄 수 있는 사람을 찾고 그들의 이야기를 경청하는 것만으로도 좋은 배움을 얻을 수 있다고 생각합니다.

누구에게 배울지에 대한 선택

하지만 이렇게 성과를 낸 사람들의 이야기를 듣다 보면 가끔 성장이 더 멀게 느껴지고 막연해질 때가 있습니다.

저도 처음에는 왜 그런 느낌이 드는지 몰랐지만 많은 사람의 이야기를 듣고 열심히 모방하려 하다 보니 깨달았습니다. 이 괴리감은 모방할 수 없는 방법으로 성과를 낸 사람들의 이야기를 들을 때 더 커진다는 것을요. 모두로부터 무언가를 알아낼 수는 있지만, 알았다고 모두 따라 할 수 있는 것은 아니기 때문입니다.

그래서 무언가를 배울 때 '누구에게 배울지' 신중하게 결정해야 합니다. 따라 할 수 없는 방식으로 성과를 낸 사람들의 이야기는 나를 더욱 막막하게 할 뿐이니까요. 누군가 성과를 낸 방식이 멋져 보이고 나에게 동기를 주더라도 나는 그렇게 할 수 없기 때문입니다.

하지만 좋은 상대를 배움의 대상으로 설정하면 효율적으로 성장할 수 있습니다. 제가 회사에서 선배를 만나 그랬던 것처럼요. 그래서 저는 성장을 위해 모방할 대상을 정할 때 몇 가지 기준에 따라 생각합니다.

다른 사람들의 성공을 관찰할 때 과도하게 결과에 집착하는 경우가 있습니다. "이번에 그 선배가 담당했던 프로젝트가 이걸로 대박 났대", "누가 직장인 콘셉트 유튜브로 몇억 원을 벌었대", "동기가 회사에서 배운 걸로 창업해서 대박이 났대" 같은 것들입니다. 하지만 타인의 결과에 집중하는 것은 자신의 성장에 큰 도움을 주지 못하는 경우가 많습니다.

멋진 성공에 동기와 영감을 얻을 수 있지만 상대방이 낸 결과를 자세히 들여다보는 것이 구체적인 방법을 제시해주는 것은 아닙니다. 오히려 지금의 나와 그 사람 차이에 너무나 큰 격차와 괴리가 있기에 더 막막해집니다.

그래서 우리가 집중해야 하는 것은 '과정'입니다. '저 사람은 어떤 과정을 통해 저런 멋진 성과를 냈을까?'가 우리가 가져야 하는 질문입니다. 과정을 들여다보면 모방할 수 있는 성과인지, 아니면 따라 할 수 없는 성과인지 알 수 있습니다. 안타깝지만 모방할 수 없는 방법으로 성과를 낸 사람에게는 배울 수 없습니다.

따라 할 수 없다면 배울 수도 없다

우리가 모방하기 힘든 것 중 가장 대표적인 것은 '운'입니다. 우연히 성과를 낸 사람이 있다면 그들에게는 배울 것이 없을 거예요. 성과가 우연에 따른 것인지 알아보는 가장 쉬운 방법은 그에게 같은 성과를 같은 방식으로 반복할 수 있는지 물어보는 것입니다.

만약 그 방식으로 같은 성과를 내고, 의도대로 반복할 수 없다면 그 방식은 모방하기 힘든 것입니다. 그가 거둔 성과는 그 사람 고유의 방식이 아니라 우연에 의한 결과일 테니까요. 그래서 배울 대상을 찾을 때는 우연히 성과를 낸 사람은 가장 먼저 피해야 합니다.

영감이나 아이디어도 모방하기 힘듭니다. 만약 누군가가 당신에게 성과를 낼 방법을 알려주겠다고 하는데, 그 비법이 타고난 영감이나 그 순간 처한 상황에서 떠올린 번뜩이는 아이디어라면 우리로서는 어쩔 도리가 없습니다. 그런 영감은 너무 멋지지만 따라 할 수는 없을 거예요.

예전에 작곡가이자 하이브 창립자 방시혁 씨가 〈유 퀴즈 온 더 블럭〉에 나와 유명한 〈총 맞은 것처럼〉이라는 노래를 작곡한 방법을 알려주었는데, 무척 흥미로웠습니다. 방시혁 씨는 좋은 곡을 쓰고 싶어 몇 날 며칠 고민했는데 좋은 음악이 떠오르지 않았다고 해요. 그러다가 우연히 간 찜질방에서 순간 악상이 떠올라 그 자리에서 써 내려간 곡이 〈총 맞은 것처럼〉이라고 합니다. 저도 좋아하는 노래지만, 방시혁 씨처럼 되고 싶은 작곡가들이 그의 방식을 따라 한다고 해서 좋은 곡을 쓰지는 못할 것입니다.

우리도 마찬가지입니다. 타고난 영감이나 아이디어를 통한 문제 해결 방식은 쉽게 따라 하기 힘들어요. 대표적으로 '다양한 경험'에서 아이디어를 얻으라는 조언이 있습니다. 어떤 사람들은 영감과 아이디어를 얻기 위해 남들이 하지 않는 다양한 경험을 하고 세상을 움직이는 트렌드에 민감하게 반응해야 한다고 주장합니다. 그래서 많은 나라를 여행하고, 최근 유행하는 트렌드를 가장 빨리 경험해야 한다고 이야기하죠. 하나를 집중적으로 파고들어 수준 높은 취향을 지녀야 한다고 말하는 사람들도 많습니다.

하지만 한번 생각해볼 일입니다. 성과를 낸 사람들이 거친 개인적 경험이나 취향의 길을 따라 하는 것이 내가 풀고자 하는 문제 해결에 도움이 될까요?

문제 해결사의 합리적인 해결 과정에서도 말한 것처럼 문제를 해결하고 성장하기 위해서는 하고자 하는 일에서 고유한 문제를 찾고 해결해야 합니다. 다양한 경험을 통해 수집할 수 있는 풍부한 레퍼런스는 좋은 참고 자료가 되지만, 해결하려고 하는 문제의 인과관계를 파악하지 않고 다른 사람의 경험이나 취향을 따라 해서는 안 됩니다. 이것은 '화려한 테크니션'이 문제 해결 과정에서 자주 빠지는 함정이기도 합니다.

어떤 사람들은 성과를 낸 사람들을 따라 하지만 정작 문제 해결사는 되지 못합니다. 영감과 아이디어를 모방하는 데 집중하기 때문입니다. 여기에 집착하는 사람들은 다른 이들이 알지 못하는 정보나 비법, 혹은 소수만 경험할 수 있는 특별한 경험만 하면 저절로 영감과 아이디어가 떠오르고, 이를 통해 문제를 해결할 수 있을 것이라 생각합니다. 하지만 그런 마법의 비법은 없습니다.

영감이 중요하다고 말하는 사람들은 '감'에 대한 이야기도 많이 합니다. 하지만 안타깝게도 이 또한 평범한 사람들이 따라 하기는 힘들어요. 엄마가 별 재료 없이 슥슥 만든 너무나 맛있는 요리를 그대로 따라 하기 힘든 이유와 같습니다. 엄마한테 어떻게 만드는지 물어보면 '그냥', '적당히', '간을 보면서' 요리하면 된다고 하죠. 그 말을 듣고 집에서 혼자 요리해보면 전혀 다른 결과물이 나와요. '똥손'이라고 내 손을 탓할 일이 아닙니다. 애초에 엄마의 마법 같은 요리 영감은 내가 쉽게 따라 할 수 있는 것이 아니니까요.

얼마 전 인터넷에서 전 축구 국가대표 선수들이 나와 축구 꿈나무들을 코칭하는 프로그램을 본 적이 있어요. 전 국가대표 선수들 대부분이 '공을 감는다는 느낌으로', '그냥 가볍게 툭' 차라고 가르쳐주었는데 어린 선수들은 그저 어리둥절해할 뿐이었습니다. 그런 말은 같은 수준의 영감을 갖추지 못한 사람들이 듣기에는 너무나 막연한 것들입니다.

그런데 안정환 선수는 두루뭉술한 표현 없이 슈팅 메커니즘을 설명했습니다. 디딤 발과 공의 간격을 얼마나 두어야 하는지, 차는 발은 뒤로 얼마나 높이 올렸다가 내려야 하는지, 왜 그래야 지금의 슈팅 문제가 해결되는지 설명해주었어요. 가볍게 찬다는 막연한 개념도 슈팅을 여러 번 반복시키면서 '아까보다 약하게' 같은 구체적인 피드백을 하며 어린 선수가 '감'을 찾을 수 있도록 도와주었습니다.

따라 할 수 없는 영감보다
따라 할 수 있는 프레임워크

그럼 성장을 위해 모방할 수 있는 것은 무엇일까요? **저는 평범한 우리가 문제 해결사가 되기 위해 배워야 하는 것은 시스템과 프레임워크라고 생각합니다. 이유는 간단해요. 누구나 따라 할 수 있기 때문입니다.** 그리고 그것을 활용해 누구나 반복적으로 균일한 성과를 만들어낼 수도 있고요.

물론 시스템과 프레임워크에 '알레르기 반응'을 일으키는 사람이 많다는 것도, 프로세스가 지루하고 재미없다고 생각하는 사람이 많다는 것도 알고 있습니다. 하지만 배움과 성장을 위해서는 이런 것들이 반드시 필요해요.

성과를 내기 위해서는 남들이 풀지 못한 문제를 찾고 이를 해결해야 합니다. 그리고 이런 문제 해결을 효율적으로 반복할 수 있게 해주는 것이 시스템과 프레임워크입니다.

가끔 생기는 영감이나 아이디어에만 의지해서 일할 수 없습니다. 매일 문제를 조금씩 풀어야 하는데 언제 어떻게 찾아올지 모르는 영감을 손 놓고 기다릴 수는 없으니까요. 우리에게 필요한 것은 매일 문제를 차근차근 풀어나갈 수 있는 시스템과 프로세스입니다. 제가 첫 회사에서 선배들에게 배운 것도 대부분 영감이나 아이디어에 관련된 것이 아니라, 대단한 것도 아니고 지루해 보이지만 바로 따라 할 수 있는 시스템과 프로세스, 프레임워크였어요.

이는 문제를 해결함으로써 성과를 내고 성장하는 모든 사람에게 해당됩니다. 늘 문제를 찾고 해결해야 하는 사람들에게는 각자의 시스템과 프로세스가 있습니다.

의사를 한번 생각해볼까요? 환자의 질병 원인을 찾고 이를 가장 잘 해결할 방법을 고안하는 의사들에게 중요한 것은 영감이나 아이디어가 아니라 환자의 몸 상태를 면밀히 진단하는 프로세스와 가장 좋은 치료 방법을 찾아나가는 프레임워크입니다.

엔지니어들은 어떨까요? 고장 난 자동차를 수리하러 갔는데 번뜩이는 아이디어만으로 자동차를 수리하려는 엔지니어가 있습니다. 그에게는 자동차를 선뜻 맡기기 힘들어요. 문제의 원인을 깊이 파고들 수 있는 진단 루틴과 다양한 문제를 해결할 구체적인 정비법을 아는 엔지니어에게 차를 맡기고 싶습니다. 그 정비법이 전혀 새롭거나 창의적이지 않더라도요.

사실 문제 해결과 상관없이 '예술가적 성과'를 내는 사람들도 많습니다. 앞에서 말한 것처럼 이런 방법이 존재하고 이렇게 성공한 사람들이 낸 성과 또한 대단하다고 생각해요. 하지만 이런 방법은 따라 하기 힘들다는 문제가 있습니다. 어쩌면 예술가적 성과를 내는 사람들은 따라 하기 힘든 영역에서 모방하기 어려운 방식으로 결과물을 만들기 때문에 사람들의 선망을 받는 것일지도 모릅니다.

반면 예술가적 성과를 내는 세계적인 거장들도 입을 모아 프로세스와 프레임워크의 중요성을 말한다는 점에 주목할 필요가 있습니다. 영감이 떠오를 때만 글을 쓴다면 하루 종일 한 글자도 적지 못할 것이고, 아이디어가 머리를 스칠 때만 일한다면 하루 종일 아무것도 할 수 없다는 것이죠. 대신 영감이나 아이디어가 떠오르지 않을 때도 꾸준히 결과물을 만들어낼 수 있는 루틴과 프로세스가 중요합니다.

《창의력》의 저자 실바노 아리에티는 이런 말을 했습니다. "창의적인 결과물은 항상 빛나고 새롭지만 창의적인 과정은 오래되었고 변하지 않는다." 저는 예술가도 아니고 예술가적 성과를 낸 사람도 아니지만, 이 말에 크게 공감합니다.

저는 종종 글을 쓰고 있는데, 가끔 사람들이 어떻게 책을 썼냐고 물어봅니다. 그때마다 저의 대답은 똑같습니다. 일하다가, 책을 보다가, 대화하다가 문득 의견이 도움이 될 것 같다는 생각이 들면 그 자리에서 잊지 않고 메모해놓습니다. 그리고 날을 잡고 앉아 머리를 쥐어짜내며 그것들이 연결되는 지점을 찾아가며 하나의 이야기를 만들어요. 이 글도 그렇게 만들어가고 있습니다.

최근에 《세컨드 브레인》이라는 책을 읽으면서 창작에도 체계적인 접근법이 있다는 것을 알게 되었어요. 이 접근법을 따른다고 당장 엄청난 수준의 창작을 할 수는 없겠지만 적어도 일정한 수준의 결과물을 만들어낼 수 있습니다.

앞서 말한 것처럼 번뜩이는 영감이나 아이디어를 기다리는 것보다 루틴과 규율을 만드는 것이 균일한 성과를 내는 데 더 효율적입니다. 하지만 만들어야 하는 결과나 해결해야 하는 문제와 상관없이 루틴을 유지하는 것 자체가 목표가 되어버리면 그것 또한 문제입니다.

우리는 처음 어떤 일을 하게 되면 우왕좌왕합니다. 초반에는 시행착오를 겪으며 유효한 것과 무효한 것을 찾아나가죠. 이 과정은 굉장히 비효율적입니다.

유효한 것을 찾아 초반 성과를 내면 자연스럽게 비효율의 구간을 끝내기 위해서 루틴과 반복적인 프로세스를 만듭니다. 잘 구축된 루틴은 익숙함과 효율성으로 여유를 선사하죠. 그렇게 편하게 일할 수 있는 '안전지대comfort zone'가 만들어집니다.

안전지대가 만들어지면 아늑한 나만의 루틴을 벗어나고 싶지 않습니다. 그래서 해결해야 하는 문제와 상관없이 이 루틴 안에서 할 수 있는 것만 하고 싶은 유혹에 빠집니다.

가끔은 루틴이 만들어주는 안전지대를 벗어나야만 해결할 수 있는 문제도 있습니다. 기존 수단이나 방법으로는 해결하기 힘든 어려운 문제가 대표적입니다. 이때 어떤 사람들은 다시 비효율의 영역으로 넘어가는 것이 아니라 효율적인 루틴에 머무르겠다고 결정합니다. 이렇게 해서 늘 똑같은 루틴을 지키는 것에서 위안을 찾는 사람들이 탄생합니다.

저는 루틴도 계속 업그레이드해야 한다고 생각합니다. 우리가 마주하는 문제는 조금씩 어려워질 테니까요. 처음 하는 일에서 비효율을 감수하고 시도해 성과를 내고 효율성을 개선하기 위한 루틴을 만들고 나면, 그것을 부수는 일을 반복해야 합니다. 다음 단계로 넘어가기 위해 기존 루틴을 과감히 바꿔 새로운 방법을 찾아야 할지도 모르니까요.

저도 항상 지금의 루틴에 머무르고 싶다는 유혹을 느낍니다. 그게 쉽고 편하니까요. 가끔은 아무런 근거 없이, 지금 반복하는 일이 다른 문제도 해결해주길 기도하기도 합니다. 하지만 그런 일은 벌어지지 않더라고요. 아인슈타인의 말처럼 같은 일을 반복하면서 다른 결론을 기대하기는 힘들기 때문입니다.

그래서 더는 해결할 수 있는 문제가 없는데도 특정 루틴을 고수한다면 그 루틴이 오히려 발목을 잡는다고 생각합니다. 너무 익숙한 루틴이 생겨나면 '이제 부술 시간인가?'라고 생각해봐야 합니다.

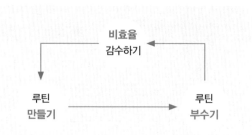

프로세스와 프레임워크를 알기만 한다면 성과를 낼 수 있을까요? 아닙니다. 따라 할 수 있는 프로세스와 프레임워크를 익혔다면, 이를 잘 실행하기 위한 '집요함'이 필요합니다. 성과를 낼 수 있는 프로세스와 프레임워크를 알고 있는데 성과를 내지 못한다면 집요함과 실천이 부족한 경우가 많습니다.

체계적이고 다양한 다이어트 방법과 수단이 있지만 다이어트에 성공하는 사람은 극소수입니다. 요즘은 유튜브에서 다이어트에 관련해 전문가 수준의 정보를 얻을 수 있어요. 조금만 찾아보면 다이어트를 위한 생리학적 지식부터 이를 바탕으로 한 체중 감량 프레임워크, 그리고 이를 실천하기 위한 구체적인 프로세스까지 알 수 있습니다. 하지만 이를 집요하게 실천하는 사람만 다이어트에 성공할 거예요.

재테크도 마찬가지입니다. 요즘은 책과 온라인에서 세계적인 투자자들의 재테크 전략을 배울 수 있어요. 자본주의의 개념과 투자 철학부터 절약해 자산을 획득하는 방법, 그리고 성향에 맞는 다양한 방식으로 자산을 불려나가는 체계적 접근법을 비교적 쉽게 배울 수 있습니다. 하지만 실제 재테크에 성공하는 사람은 소수죠. 방법을 알더라도 실천하지 않으면 성과를 낼 수 없습니다. 그리고 실천에서 중요한 것은 항상 집요함이었어요.

그래서 저는 **문제 해결사가 되기 위해서는 가장 먼저 누군가에게 프로세스와 프레임워크를 배워야 한다고 생각합니다. 그 다음에 갖춰야 할 것은 집요함이에요.**

제가 스타트업에서 일할 때 소속 인플루언서들이 아주 좋아할 것이라고 생각한 커머스 서비스를 출시한 적이 있습니다. 인플루언서들의 콘텐츠에 노출된 상품을 클릭하면 바로 구매할 수 있게 하는 솔루션이었는데, 막상 출시하니 인플루언서들의 반응이 좋지 않았어요. 대부분 관심조차 없는 듯했습니다. 담당 매니저들에게 물어봐도 대부분의 인플루언서가 '지금은 바빠서' 혹은 '다른 더 중요한 일이 있기 때문에' 등의 이유로 새로운 서비스 사용을 거절했다고 해요.

정말 그 말이 맞는지 궁금해서 양해를 구하고 직접 인플루언서들의 이야기를 들어보았습니다. 그랬더니 전혀 다른 이야기를 들을 수 있었습니다. 콘텐츠에서 클릭 한 번으로 상품을 쉽게 살 수 있도록 하면 지나치게 상업적으로 보일 수 있어서 걱정이라는 겁니다. 팬 서비스 차원에서 재미있고 실속 있는 굿즈를 판매할 의향은 있지만, 시청자들에게 영상에 등장하는 기성품 구매를 유도하는 것은 지나치다는 게 그들의 의견이었습니다.

그 말을 듣고 커머스 서비스의 방향을 바꾸었어요. 상업적 면모는 덜어내고 인플루언서들이 콘텐츠의 연장선에서 굿즈로 팬들과 소통할 수 있는 서비스로 바꾸어 큰 성과를 낼 수 있었습니다. 정보의 원천에서 직접 문제와 원인을 파악해야 한다는 것은 모두가 익힐 수 있는 프로세스이자 프레임워크지만, 여기에서 진짜 답을 찾아낼 수 있었던 것은 집요함 때문이었습니다.

피드백을
잘 받는 방법

회사에서 받는 좋은 피드백은 성장에 필수적입니다. 여러 번 말하지 않아도 대다수가 공감하는 부분이죠. 문제 해결사에게 피드백은 특히 중요합니다. 문제 해결 과정에서 마주하는 수많은 난제를 해결하기 위해 다양한 사람들의 조언이 필요하기 때문입니다.

하지만 피드백을 하는 사람과 받는 사람 모두 부담스러워해요. 여기에는 명칭이 주는 오해도 있지 않나 싶어요. '피드백'이라고 하니 괜스레 공식적인 '평가' 같기도 하고, 내가 부족한 점에 대한 '지적'처럼 느껴집니다.

하지만 좀 더 친근하게 생각해보면 어떨까요. 피드백은 어느 한쪽 활동에 다른 한쪽이 반응해 새로운 결과가 나오는 순환적인 과정을 말합니다. 두 손을 마주 쳐 소리가 나는 박수와 같은 것이에요. 한쪽이 물으면 다른 쪽에서 답을 해 의견을 개선합니다. 한쪽이 생각을 내면 다른 쪽에서 의견을 더해 더 나은 관점을 이끌어냅니다. 이 과정 자체가 피드백입니다.

그래서 저는 '피드백'이라는 거창한 말보다 '조언'이라는 단순한 표현이 훨씬 더 직관적으로 목적을 설명해준다고 믿어요. 조언을 구하고 받는 과정이 피드백입니다. 피드백을 받는다고 생각하면 무거운 마음이, 조언을 받는다고 생각하면 한결 가벼워집니다. 조언은 성장을 가속합니다.

성장하기 위해서는 지금 마주한 문제를 풀 수 있는 딱 맞는 해법이 필요합니다. 많은 사람이 '인사이트'라고 말하는 이 거창한 것도 '지혜'라고 부르면 더 손에 잡힐 듯 가까워집니다. 상황에 딱 맞는 지혜를 구하면 빠르게 성장할 수 있습니다.

지혜를 구하는 가장 빠른 방법은 그 지혜를 보유한 사람에게 조언을 구하는 것입니다. 물론 스스로 모든 것을 직접 경험하고, 다양한 시행착오 끝에 지혜를 얻을 수도 있어요. 이 단단한 '직접 경험' 또한 가치 있는 방법이지만, 시간과 노력이 많이 필요하다는 것이 문제입니다.

그 문제를 해결한 사람의 지혜를 구할 수 있다면, 직접 모든 것을 경험하고 해결하는 것보다 훨씬 더 빨리 문제를 해결할 수 있어요. 그래서 조언을 구하는 것은 성장을 위한 일종의 '해킹'이라고 할 수 있습니다. 다른 사람들이 어렵게 구한 지혜를 조언을 통해 쉽게 내 것으로 만들 수 있기 때문입니다. 어쩌면 좋은 조언은 나의 수개월을, 어쩌면 몇 년을 아껴줄지도 모릅니다.

투자를 시작하기 전에 나보다 먼저 투자를 해서 크고 작은 시행착오를 겪고 성공한 사람의 조언을 구할 수 있다고 생각해보세요. 내 돈과 시간을 아껴줄 엄청난 행운입니다. 창업에 도전하기 전에 산전수전을 다 겪은 기업가에게 조언을 구할 수 있다고 생각해보세요. 그런 조언은 몇 년간 겪을 고생길을 단축할 수 있는 대체 불가능한 자원일지도 몰라요.

조언의 가치는 회사에서도 마찬가지로 발휘됩니다. 새로 입사한 개발자가 어려운 개발 과제를 부여받아 고심하고 있었다고 해요. 특히 잘 모르는 영역이라 몇 주 동안 혼자 끙끙대다가, 부끄러움을 감수하고 회사에서 비슷한 일을 한 동료 개발자들을 찾아가 피드백을 받았다고 해요.

동료들에게 피드백을 받는 것은 부끄러운 일이었지만 두세 명을 만나 얻은 30~40분의 조언이 그 사람의 3~4개월을 아껴주었다고 합니다. 피드백과 조언이 원활하게 작동하는 환경은 회사 입장에서도 큰 이득이에요.

저도 조언을 적극적으로 구하는 편입니다. 특히 새로운 환경에서 새로운 일을 하게 되었을 때는요. 그럴 때는 회사에서 그 일을 먼저 해보았거나, 비슷한 일에 성공했거나 실패한 사람들을 찾아가 조언을 구합니다. 가장 가까이에서 제가 일하는 모습을 지켜본 상사나 팀원에게도 물어봐요. 내가 더 잘하기 위해서는 무엇을 개선해야 할지, 그들의 지혜를 구합니다. 그럴 때마다 늘 생각보다 좋은 지혜가 돌아오고, 그 지혜를 통해 생각보다 좋은 효과를 보았습니다.

결국 우리가 피드백이라는 거창한 것에서 원하는 것은 조언입니다. 지혜를 얻는 것이죠. 남들이 어렵게 얻은 해답을 몇 시간의 조언으로 내 것으로 만드는 것은 아주 크게 남는 장사입니다. 이렇게 생각하면 피드백은 피해야 하는 부담스러운 것이 아니라, 다른 사람의 해법을 해킹하기 위해 적극적으로 구해야 하는 인사이트, 지혜라 할 수 있습니다.

피드백을 잘 받는 사람은 무엇이 다를까?

요즘은 사람의 성장 잠재력에 대해 이야기할 때 "코칭할 수 있는coachable" 같은 말도 많이 씁니다. 성장의 한 방법이 피드백이라면, 피드백을 대하는 태도를 통해 얼마나 성장 가능한지 확인할 수 있습니다.

코칭받을 준비가 된 사람들에게는 몇 가지 특징이 있습니다. 항상 스스로 어떤 점이 부족한지 알려고 하며, 더 나은 방법을 찾으려고 하고, 누군가가 가르쳐준 것을 시도해보며, 나에게 맞는 것과 맞지 않는 것을 골라냅니다. 그래서 그들은 마치 스펀지 같습니다. 좋은 피드백과 그렇지 않은 피드백을 가려내고 좋은 것을 쏙쏙 흡수해 성장하니까요.

최근에도 코칭받을 준비가 된 팀원을 만났습니다. 입사 후 본부장님과의 첫 미팅에서 그는 미팅의 목적이나 주요 논점을 먼저 말하지 않았고, 청자의 이해도를 헤아리지 않고 알아듣기 어려운 설명을 했으며, 무엇보다 연배가 훨씬 많은 본부장님과의 미팅 자리에서 좋지 않은 자세를 보여주었습니다.

하지만 미팅은 그럭저럭 잘 끝났습니다. 평소에 열심히 하는 팀원이기에 퇴근 전 메신저로 몇 가지 피드백을 남겼습니다. 미팅은 잘 끝났지만 다음부터는 이런 점들은 고치면 좋겠다고요. 곧바로 '네 알겠습니다'라는 답변이 돌아왔지만, 다른 팀원들이 늘 그랬듯 피드백을 대충 넘기기 위해 대답하는 줄 알았습니다.

그런데 퇴근 시간이 조금 지났을 때 긴 답장이 돌아왔습니다. 피드백을 해주어서 정말 감사하다는 말과 함께 제가 지적한 3가지를 어떻게 개선할지 구체적인 계획을 밝혔습니다. 당장 다음 주에도 비슷한 미팅이 있는데, 그 미팅에서는 달라진 모습을 보여드리겠다는 다짐과 함께요. 미팅을 더 잘하기 위해 필요한 해답을 흡수한 그는 부쩍 나아진 모습으로 미팅을 이끌었습니다.

이 팀원은 피드백을 그저 잔소리로 흘려듣는 사람들보다 훨씬 더 빠르게 성장할 것입니다. 코칭받을 준비가 된 태도는 피드백을 통한 성장 가능성을 만들어내기 때문입니다.

그렇다면 피드백의 흡수력을 결정하는 것은 무엇일까요? 가장 먼저 필요한 것은 '부족한 부분을 찾고 인정하는 태도'입니다. 마른 스펀지가 많은 물을 흡수하듯, 자신의 태도나 역량 중 가장 마른 부분을 찾고 인정하면 더 많은 지혜를 흡수할 수 있습니다.

부족한 부분을 찾기 위해 먼저 질문을 던질 수도 있습니다. 이런 사람들이 가장 많이 하는 질문은 "제가 더 잘할 방법은 무엇일까요?"입니다. 같이 미팅에 참석한 동료에게 다음에 미팅에서 발표를 더 잘하려면 필요한 게 무엇인지 물어볼 수 있습니다. 같이 프로젝트를 진행하는 선배에게 다른 팀과 더 잘 협업하기 위해 바꿔야 할 태도나 관점이 무엇인지 물어볼 수도 있고요.

약점에 대한 의견을 묻는 것도 좋은 방법입니다. 함께 일하는 팀장에게 "최근에 하고 있는 일에서 분석력을 강화해야 할 것 같은데 조언해주실 수 있을까요?"라고 물어볼 수 있습니다. 멋진 프로젝트를 마무리한 팀원에게 "요즘 비슷한 프로젝트에서 일정 관리에 애를 먹고 있는데 나에게 해줄 조언이 있을까?"라고 물어보면 생각보다 좋은 해답을 얻을 수 있을 거예요.

피드백을 잘 받고 싶다면 먼저 질문을 해보세요. 부족한 부분을 찾고 인정하기 위해 먼저 질문을 하는 것은 상대방으로 하여금 내 성장에 대해 능동적인 고민을 하게 만든다는 장점이 있습니다. '생각날 때 조언을 달라'와 '지금 이 문제에 대해 조언을 달라'는 천지차이거든요. 먼저 던지는 단순한 질문이 동료들을 시간을 내 나를 돕는 지원자로 만들어줍니다.

'절실함'도 피드백을 잘 흡수하기 위해 필요해요. 절실함은 스펀지처럼 흡수한 지혜와 조언을 직접 실행해보며 내게 맞는 것을 찾아내게 만듭니다.

피드백을 받아들이지 않는 사람들의 이야기를 들어보면 일하기도 바쁜데 누군가의 조언을 듣고 나만의 해법을 찾을 시간이 없다고 말합니다. 하지만 정말 힘들고 절실하게 새로운 방법을 찾고 있다면 바빠도 시간을 내 조언을 구하게 되죠.

진심으로 더 좋은 방법을 찾고 있다면 유난스럽게 일하게 됩니다. 바쁜 와중에 틈을 내 성장을 위한 피드백을 받고, 개선하고자 시도하기까지 하는 것은 여간 어려운 일이 아니거든요. 그렇게 일하다 보면 나만의 좋은 해법을 찾아내기도 하지만, 허탕을 치는 경우가 더 많습니다.

하지만 적어도 무엇이 나에게 맞는 방법이고 무엇이 맞지 않는 방법인지 알아낼 수 있습니다. 사람들의 지혜 중에 나에게 맞는 것은 무엇이고 맞지 않는 것이 무엇인지, 그중 나만의 경험과 결론을 더할 만한 것이 무엇인지 알 수 있습니다.

앞에서도 말한 것처럼 사람들은 그렇게 버무려진 나만의 해법에 '인사이트'라는 거창한 이름을 붙여줍니다. 예상하시는 대로 나만의 해법과 인사이트가 쌓이면 성장이 빨라집니다.

저도 최근에 간절하게 해결하고 싶은 문제가 있었습니다. 주위 동료들에게 결과물을 보여주며 적극적으로 조언을 구하고, 그 분야에서 성공을 거둔 사람들의 책도 많이 읽었죠. 그 과정에서 공통적으로 발견한 조언을 하나하나 직접 시도해보았고, 배가 부르진 않았지만 낯선 문제에서 그럭저럭 괜찮은 첫술을 떴습니다. 포기하지 않고 방법을 찾아나가다 보면 언젠가 이 문제에 대한 나만의 결론을 내리고 해답을 찾을 수 있을 것입니다. 그리고 이것이 성장을 위한 나만의 인사이트가 될 것입니다.

겉으로는 방법을 찾고 싶다, 방법을 바꿔보고 싶다고 말하지만 진심은 그렇지 않은 사람들이 많아요. 그래서 방법을 알려달라고 해놓고, 조언이 구미에 맞지 않거나 어렵고 귀찮아 보이면 금방 잊고 평소 모습으로 돌아갑니다.

피드백을 통해 나만의 답을 찾고 성장하는 것은 문제를 끝까지 해결해보겠다는 절실함을 갖는 데서 출발하지 않나 싶어요. 지혜롭게 성장하기 위해서는 유난스럽게 피드백을 구하며 문제를 끝내 해결해보겠다는 마음이 필요합니다.

좋은 피드백을 받고 싶다면 내가 어떤 일에 진심으로 임하고 있다는 것을 주위에 적극적으로 알려보세요. 내가 기꺼이 시도해보고 나만의 해답을 찾고 싶은 영역에서 집중적인 조언을 받을 확률이 높아지니까요.

마지막으로 '의도 필터'를 잠시 내려놓는 것도 좋은 방법입니다. 아무리 좋은 피드백이라도 상대방의 의도를 오해하면 흡수력이 떨어질 수밖에 없습니다. 여러 사람에게 피드백을 받다 보면 '저 사람이 왜 나에게 이런 말을 하지?', '나 지금 잘못해서 혼나고 있는 건가?'라는 불안이 엄습하는 순간이 옵니다.

저는 이런 마음을 '의도 필터'라고 부릅니다. 사람들은 상대방의 의도를 짐작해, 선한 피드백은 통과시키고 악한 피드백은 통과시키지 않는 필터를 상대방과 나 사이에 둡니다. 누군가의 좋은 피드백도 의도 필터에 걸러지면 나에게 닿지 않을 수 있습니다. 모든 피드백을 방탄조끼처럼 튕겨내는 동료들을 보면 의도 필터의 민감도가 너무 높아 상대방의 의도를 과도하게 의심하며 조언을 걸러내버립니다.

이런 사람들의 공통점은 상대방의 피드백 중 도움이 될 만한 부분을 찾아내고 이것을 어떻게 적용할지 고민하는 대신 그 사람의 의도를 알아내기 위해 고심하며 스트레스를 받는 시간이 더 길다는 것입니다. 상대방이 받아들이기 힘든 피드백을 주면 그것이 나를 힘들게 하기 위한 악한 의도라 생각하며 수용하지 않는 것이죠.

좋은 의도로 피드백을 했는데, 지나치게 불편해하거나 상대방을 '꼰대'처럼 묘사하는 동료들을 보면 선한 의도를 가진 사람들도 피드백을 피하게 됩니다. 피드백이 성장을 위한 중요한 수단임을 감안해보면, 누가 손해인지는 생각해볼 일이에요.

저는 피드백을 받았을 때 상대방의 의도를 짐작하려 하기보다 피드백 내용을 분해해 나에게 도움이 되는 것을 찾아내는 데 더 많은 시간을 씁니다. 그중 내가 빠르게 적용해야 하는 것을 정리하고, 실행 계획까지 떠올리려면 피드백을 받으면서도 여간 바쁜 것이 아니거든요. 그 과정에서 상대방의 의도는 잠시 잊으려고 합니다.

당장 듣기 불편한 피드백이 있더라도, 일단 성장을 위한 선한 피드백이라고 생각해보세요. 사실 내 성장을 위해 중요한 것은 상대방의 의도가 아니라, 어떤 의도에서든 나에게 도움이 되는 구체적인 지혜를 얻는 것이기 때문입니다.

의도보다 내용에 집중해보면서 의도와 상관없이 나에게 도움이 되는 지혜가 있을지 곰곰이 되짚어보는 것입니다. 의도 필터는 잠시 내려놓고요.

좋은 피드백의 조건

조언을 위한 질문을 먼저 건네고, 피드백의 의도보다 내용에 집중하고, 조언에서 나만의 해법을 찾아나가는 과정에서 수많은 피드백을 마주하게 됩니다. 그렇다고 모든 피드백을 수용해야 한다는 것은 아닙니다. 스펀지처럼 흡수해야 하는 것 중에는 순도 높은 조언도 있고, 그렇지 않은 것도 있을 테니까요.

그렇다면 순도 높은 피드백은 어떻게 알아차릴 수 있을까요? 저는 누군가에게 피드백을 받으면 스스로에게 몇 가지 질문을 던져봅니다.

먼저 그 피드백이 '공동의 목표'를 위한 것인지 헤아려봅니다. 앞에서 말한 선하거나 악한 의도와 상관없이 상대방과의 공동의 목표를 위한 것이 아니라면 도움이 되지 않는 조언일 확률이 높거든요.

앞에서 살펴본 예들도 대부분 상대방과 내가 함께 하는 일에서 공동의 목표를 달성하기 위한 것입니다. 함께 참석한 미팅에서 더 나은 토론을 하기 위해, 함께 운영하는 프로젝트에서 더 나은 업무 관리를 위해 조언과 지혜를 구하는 것이니까요. 이것들이 결국 팀이나 프로젝트의 목표 달성에 도움이 될 것입니다.

그런데 그렇지 않은 피드백도 있어요. 그런 피드백을 가만히 들어보면 공동의 목표보다 개인의 이익을 위한 것인 경우가 많습니다. 미팅에서 더 나은 토론을 위해서가 아니라 누군가의 책임을 탓하기 위해 피드백을 건넨다면 공동의 목표를 위한 것은 아닐 거예요. 프로젝트에서 공을 독차지하기 위해 주는 피드백도 목표보다 개인의 이익을 위한 피드백일 것입니다. 목표와 상관없이 상대방의 주관적 선호나 취향에 맞게 업무나 태도를 바꾸라는 피드백도 이에 해당합니다. 어떤 색상이나 스타일의 발표 자료는 마음에 들지 않으니 바꾸라든가, 말투가 거슬리니 바꾸라든가 하는 피드백이 대표적입니다.

그래서 피드백을 받으면 흡수하기 전에 한번 생각해보세요.

'지금 내가 받은 피드백은 개인의 이익이나 누군가의 주관적인 만족이 아니라, 공동의 목표를 위한 것인가?'

상대방에게 받은 피드백이 충분한 '관찰'에 의한 것인지도 생각해봅니다. 내 상황에 딱 맞는 피드백은 나에 대한 충분한 관찰에서 나오는 경우가 많거든요.

생각해보면 피드백도 누군가에게 받는 제안입니다. 나의 변화와 성장을 목표로 한다는 것이 그 제안의 특징이라고 할 수 있어요. 피드백의 유효성을 높이기 위해서는 듣는 사람이 공감할 수 있는 문제 정의와 실행할 수 있는 좋은 해결책이 필요합니다.

쉽게 흡수되는 좋은 피드백의 특징은 관찰을 기반으로 한다는 것입니다. 관찰은 근본적인 문제를 찾고 실행 가능한 해결책을 떠올리는 데 큰 도움이 되기 때문입니다. 일을 할 때도 좋은 제안을 하기 위해 고객을 면밀히 관찰하고 기획을 하죠.

문제와 해결책을 같이 찾는 과정에서 사람들은 상대방을 더 깊이 관찰하게 됩니다. 왜 그런 행동을 반복하는지, 특히 어떤 상황에서 그 행동이 나오는지, 비슷한 문제를 겪는 사람들은 어떻게 문제를 해결했는지 면밀히 살펴보면서요. 그러니 피드백을 흡수하기 힘들다면, 내 문제와 함께 이에 대한 해결책이 함께 제시되었는지 떠올려보세요.

관찰을 기반으로 한 좋은 피드백은 관찰하는 상대방의 수고를

요합니다. 그래서 좋은 피드백을 받는다는 것은 감사한 일입니다. 좋은 피드백은 바로 흡수되어 문제를 인식하고 행동을 바꾸는 데 도움을 줍니다. 모두 충분한 관찰을 바탕으로 한 피드백의 힘입니다.

어떤 사람들은 해결책이 없어도 누구나 쉽게 피드백할 수 있어야 한다고 말합니다. 저도 같은 생각이에요. 해결책의 유무와 상관없이 자유롭게 생각을 공유할 수 있기 때문입니다.

하지만 앞에서도 말한 것처럼 피드백도 하나의 제안이라는 점을 생각해보면 좋겠어요. 상대방이 제안을 쉽게 흡수하도록 하기 위해서는 공감되는 문제 정의와 실행 가능한 해결책이 필요합니다.

피드백을 받으면 한번 생각해보세요.

'그 피드백은 상대방이 나를 유심히 관찰하고 준 피드백일까?'

그렇다면 그 과정에서 내 문제점을 객관적으로 바라보고, 이에 대한 해결책도 함께 제시할 수 있을 것입니다.

그렇지 않은 듯 느껴진다면, 충분한 관찰을 요구할 수도 있습니다. 상대방에게 해결하고 싶은 문제를 말하고 그 부분에서 더 많이 자신을 관찰해달라고 부탁하는 거예요. 이런 부탁을 하면 상대방은 구체적인 관점에서 나를 관찰하기 시작합니다. 앞에서도 말했듯 깊은 관찰은 좋은 피드백으로 연결됩니다.

그래서 많은 사람이 좋은 피드백을 주는 것이 그만큼 힘들다고 말해요. 좋은 피드백에는 시간이 필요하기 때문입니다.

피드백의 흡수력을 높이기 위해서는 이를 잘 전달하는 것도 중요합니다. 상대방에 대한 믿음이 변함없다는 것을 확실히 보여주면서, 현재 문제가 있고 그래서 그 문제를 해결해야 한다는 것을 명확하게 말해야 하죠. 피드백을 해본 분들은 공감하겠지만, 이것은 대단히 힘든 일입니다. 마치 몸에 좋으면서 쓰지 않은 약을 만들려는 것과 같아요.

그렇다고 좋은 피드백이 오롯이 주는 사람만의 책임이라고 볼 수는 없습니다. 앞에서 언급한 것처럼 피드백은 박수처럼 마주 쳐야 큰 소리가 나는 것이니까요. 몸에 좋으면서도 쓰지 않은 약을 만들기 위해서는 서로의 노력이 필요합니다.

저는 아이를 키우면서 훈육과 피드백에 대한 고민이 많아졌습니다. 피드백을 통해 아이의 행동을 바꾼다는 것이 정말 어렵다는 사실을 다시 한번 깨달았어요. 하지만 사랑하는 아이에게 훈육은 반드시 필요합니다. 아이가 위험한 행동을 할 때, 단호하게 그러면 다칠 수 있다는 것을 알려주어야 합니다. 또 아이가 공공장소에서 다른 사람들에게 피해를 줄 때, 그러면 안 된다는 것을 분명하게 말해줘야 하죠. 아이가 올바로 성장하도록 돕기 위해서요. 모르는 것을 알려주고, 잘못된 행동을 교정해주는 부모의 피드백이 꼭 필요한 이유입니다.

하지만 말을 하지 못하는 아이들도 부모의 단호한 "안 돼"라는 피드백을 들으면 슬퍼하며 입꼬리가 내려갑니다. 부모가 자신을 혼낸다고 생각하는 것이죠. 야단치는 것과 단호하게 피드백을 주는 것은 엄연히 다른 것인데도요.

본인이 야단맞고 있다고 생각하는 아이들은 피드백이 귀에 들어오지 않을 거예요. 슬프고 아픈 마음이 앞서 그만 "으앙" 하고 울어버리기도 합니다. 그래서 육아를 할 때도 아이에게 피드백을 잘 줄 수 있는 시기가 있다고 해요. 그 시기는 바로 '부모의 사랑이 변하지 않는다는 것을 알게 된 후'입니다. 일반적으로 3~4세 정도 되어야 합니다. 그 시기 전에는 단호하게 피드백을 줘도 잘 전달되지 않습니다.

저는 아이를 키우면서 인간의 인지 발달에 순서가 있다는 것을 알게 되었습니다. 처음에는 눈에 보이지 않으면 존재하지 않는다고 생각해요. 그래서 눈앞에서 손으로 얼굴을 가렸다 손을 치우며 "까꿍"이라고 하면 얼굴이 없어졌다가 갑자기 다시 생겨난 줄 알고 꺄르르 웃는다고 합니다. 엄마가 잠시 자리를 비웠을 때, 엄마가 존재하지 않는다고 생각하고 엉엉 우는 것도 비슷한 사례입니다.

이 시기가 지나면 눈앞에 없어도 존재한다는 것을 이해하게 됩니다. 출근한 엄마가 세상에서 없어진 것이 아니고, 가끔 만나는 할아버지가 만나지 않을 때도 어딘가에 계신다는 것을 알게 되죠. 부모의 사랑, 친구와의 우정 같은 눈에 보이지 않는 추상적 개념도 계속 존재한다고 인지하게 된다고 해요.

그래서 단호하게 피드백을 준다고 해서 부모의 사랑이 없어지는 것이 아니란 것을 알게 되는 3~4세 이후에 본격적으로 훈육해야 한다고 합니다. 그때가 되어야 혼내는 것과 피드백을 구분할 수 있게 되는 것이죠.

회사에서의 피드백도 비슷합니다. 누군가를 혼내는 것과 단호하게 말하는 것은 다릅니다. 좋은 피드백이 상대방에게 잘 전달되려면 도움이 되는 피드백을 진심으로 고르고 골라 상대방의 감정을 헤아리며 신중하게 전해야 합니다. 마찬가지로 받아들이는 사람의 태도도 중요합니다. 단호한 피드백이 서로에게 조금은 불편하더라도, 그것이 공동의 목표와 개인의 성장을 위한 것임을 헤아리면 좋겠어요.

많은 사람이 상대방에 대한 믿음이 여전하다는 것을 확실히 알려주면서 단호하게 피드백을 하는 것이 중요하다고 말합니다. 하지만 그러기가 매우 힘들다는 점도 인정하죠. 아이를 키우면서 깨달은 것은 피드백을 하는 사람의 진심만으로는 충분하지 않다는 것입니다. 의심 없이 피드백을 전달하기 위해서는 피드백을 받는 사람의 관점과 태도도 매우 중요합니다. 따끔한 이야기를 들을 때 부모의 믿음이 사라진 것이 아니라는 것을 알게 되는 아이처럼요.

그래서 저는 피드백을 잘하는 것도 역량이지만, 피드백을 잘 받아들이는 것도 역량이자 능력이라 생각합니다. 각자의 성장에 아주 중요한 역량이죠.

다른 사람의 피드백을 통해 나만의 지혜를 얻으며 성장하고 싶다면 유난스럽게 일하고 싶은 영역을 골라 적극적으로 주변의 조언을 받고, 그 과정에서 상대방의 선한 의도를 헤아려보세요. 피드백이 몸에 좋으면서 쓰지 않은 보약이 되도록 하기 위해서는 피드백을 하는 사람과 받는 사람 모두 노력해야 한다는 것을 항상 염두에 두면서요.

동기부여라는
환상

의욕이 없어서 일이 잘 안된다는 사람들을 만나면, 한번 반대로 생각해보라고 말하곤 합니다. 혹시 일이 잘 안 풀려 의욕이 없는 건 아니냐고요.

유튜브에 동기부여motivation를 검색해보면 일침을 가하는 따끔한 충고부터 촉촉하고 따뜻한 위로의 말까지 다양한 영상을 볼 수 있습니다. 제가 생각하는 일반적인 동기부여란 성공한 운동선수나 사업가가 위대한 업적을 이뤄낼 수 있도록 아무도 도전하지 못했던 일을 시작하고, 포기하지 않고 끝까지 밀고 나간 이야기 같은 것입니다.

다른 사람들은 무시하는 본인만의 철학과 관점을 관철하기 위해 끊임없이 도전하는 사업가나, 우승은 불가능하다는 대중의 판단을 뒤로한 채 엄청난 열망과 노력으로 우승 트로피를 들어 올리는 운동선수의 사례도 마찬가지고요. 이런 이야기는 보통 강력한 열망이나 열등감 같은 자극과 감정으로 시작됩니다. 이런 자극과 감정이 동기를 불러일으킵니다.

이런 이야기는 우리 주위에서도 종종 찾아볼 수 있습니다. '멸치'라고 놀림받던 사람이 근육을 멋지게 키워서 나타난다든가, 간절하게 작가가 되고 싶어 하던 회사원이 안정적인 회사를 박차고 나와 고생 끝에 베스트셀러 작가가 되는 것과 같은 이야기입니다. 열망이나 열등감 같은 강력한 자극으로 생겨나는 의욕과 동기부여는 좋은 '발화제'가 되어 어려운 일을 시작하고, 밀고 나갈 수 있게 해줍니다.

하지만 이런 것들은 소수의 특별한 사람들에 대한 이야기가 아닐까 해요.

꿈이 무엇인지 쉽게 말하지 못하는 평범한 사람에게 그런 강한 열망이나 열등감을 느끼는 순간이 삶에서 몇 번이나 있을까요? 평범하게 살아온 저만 하더라도 학교나 회사에 다니면서 무언가가 반드시 이루고 싶다는 강한 열망이나 간절하게 극복하고 싶은 열등감을 느껴본 적이 별로 없거든요. 위대한 사람들의 동기부여가 아니라 평범한 우리를 위한 동기부여를 생각해볼 필요가 있습니다.

우리가 동기부여에서 말하는 의욕과 동기는 '감정'입니다. 남들이 해주는 몇 마디 멋진 말로도 고무되어 쉽게 동기를 부여받을 수 있지만, 이런 동기부여는 지속 가능하지 않은 경우가 더 많습니다. 감정은 아주 변덕스러운 것이니까요. 감정이라는 것은 하루에도 몇 번씩 오르락내리락합니다. 의욕이 있다가도 갑자기 없어지고, 없던 의욕이 갑자기 생기기도 하는 이유가 여기에 있습니다.

외부 자극도 동기를 불러일으키지만, 이 또한 익숙해지면 큰 감흥을 주지 못합니다. '금융 치료'라 불리는 월급이나 보너스, 상 같은 것이 대표적입니다. 보너스를 받거나 승진을 했을 때의 짜릿한 희열과 환희는 3주만 지나면 기억 저편으로 사라지고 우리는 다시 평범한 일상으로 돌아옵니다. 내가 아닌 남들이 해주는 금융 치료, 칭찬 치료의 효과는 생각보다 그리 길지 않습니다.

그래서 의욕이 '내가 아닌 누군가가 만들어주는 것'이라면 '의욕이 없어서 일이 잘 되지 않는다'는 말은 애초에 잘못된 것일 가능성이 높습니다. 감정은 애초에 매우 변덕스러울뿐더러, 다른 사람이 불어넣어주는 의욕과 동기의 효과가 그리 길지도 않기 때문입니다. '일이 잘 안 된다'는 중요한 결과를 언제 돌아올지 모르는 변덕스러운 의욕이나 갑자기 나타나 멋진 말과 자극을 줄 백마 탄 타인에게 맡기는 꼴이 됩니다.

저는 평범한 우리가 의욕을 가지기 위해 필요한 것은 '지속 가능한 성취감'을 이끌어내는 일이라고 생각합니다. 슬프거나 기쁜 감정, 누군가가 보너스를 주거나 칭찬을 해주는 것 같은 외부 환경과는 상관없이 꾸준히 스스로 만들어갈 수 있는 성취감이요.

감정이 지속되기 위해서는 반복되는 경험이 필요합니다. 작은 것이라도 스스로 만들어내는 데서 느낄 수 있는 소소한 성취감이 '어 이거 되네? 그럼 조금 더 해볼까?' 하는 관심을 불러일으킵니다. 그 관심이 계속되면 몰입과 의욕이 생기고, 그래서 의욕이 성취를 만드는 것이 아니라 성취감이 의욕을 만듭니다.

심리학자 앨버트 반두라는 의욕을 느끼는 중요한 요소 중 하나가 '자기 효능감'이라고 말했습니다. 크고 작은 성취를 직접 이룰 수 있는 영역에서 지속적으로 동기를 부여받는 사람들의 심리를 잘 나타내는 표현이죠.

자기 효능감은 어떤 일에서 스스로가 과제를 해결하고 유의미한 결과를 낼 수 있다는 믿음을 말합니다. 앨버트 반두라는 인간은 어떤 일의 주인으로서 직접 행동을 결정하고 실행하며 원하는 결과를 직접 내서 능동적으로 성장하는 존재라고 강조하며 사회적 인지 이론과 주체성의 개념을 주장했습니다. 그 전까지 많은 심리학자가 주장해온, 인간은 외부 자극에 의해 수동적으로 행동한다는 견해와는 달랐지요.

지속 가능한 성취감을 느끼기 위해서는 무엇이 필요할까요? 저는 '규율discipline'이 필요하다고 생각합니다. 갑자기 엄청난 열망이나 열등감을 느끼고 이 고무된 감정으로 목표를 달성하거나 한계를 극복하게 될 가능성이 희박하다면 더욱 그렇습니다.

규율을 지킨다는 것은 감정이나 외부 환경에 상관없이 스스로 하기로 한 것을 해내고, 끝내기로 한 시간에 일을 완료하고, 열심히 하기로 생각한 것을 실제로 최선을 다해 행하는 것입니다. 의욕이 있거나 없거나, 누군가가 멋진 말을 해주거나 말거나, 좋은 외부 환경이나 자극이 주어지거나 말거나 상관없이요. 자기 효능감을 위해 나와 하는 약속 같은 것입니다.

네, 이건 생각만 해도 힘든 일입니다. 의욕에 상관없이 규율을 지키려면, 매일 울고 싶은 기분이 들 것 같아요. 그래서 오은영 박사가 이렇게 말했나 봅니다. "다 울었니? 그럼 이제 할 일을 하자."

매일 눈물이 나오겠지만 해야 할 일을 규율대로 착실히 하다 보면 성취감을 느끼고, 그 성취감이 계속되면 관심과 몰입이 생겨나고, 그것이 더 큰 성취감을 만들어 결국 큰 의욕과 동기부여로 연결될 것이라 믿습니다. 이것이 바로 자기 효능감의 시작입니다.

평범한 사람들의 동기부여를 위해 필요한 것은 열망이나 열등감 같은 자극도 아니고, 누군가의 멋진 말이나 외부 환경도 아니고, 자기 효능감을 위한 규율입니다. 규율로 만든 동기부여는 위대한 사람들의 '발화제' 같은 것은 아니겠지만 조금씩 쌓이는 성취감을 더 큰 도전과 몰입으로 연결하는 '촉매제'가 될 것입니다. 이런 촉매제는 남들이 하지 못하는 위대한 일을 갑자기 할 수 있게 만들지는 못하겠지만, 적어도 내가 지금 하는 일을 조금 더 잘할 수 있도록 해줄 것이라 믿습니다.

성취감이 만드는 의욕의 선순환

작은 성취감이 모이면 의욕의 선순환을 만들어내기도 합니다. 앞에서도 언급했듯 저는 게임을 좋아합니다. 요즘 많은 사람이 말하는 '1인분'에 대한 논란은 게임에서 비롯되었다고 알고 있어요. 여럿이 팀을 이뤄 상대 팀과 겨루는 게임에서 '패배의 원인'을 찾기 위한 것이었습니다. 패배한 팀에서 누가 1인분을 해내지 못했는지 찾는 과정에서는 피드백이 건전한 피드백을 넘어 손가락질과 다툼으로 이어지고, 게임 전문가에게 게임 영상을 보내며 누가 패배의 원흉인지 찾아달라고 하는 해프닝이 벌어지기도 합니다.

이때 1인분만 하라는 말은 실력이 떨어지는 사람들에게 해당하는 말이었습니다. 크게 기여하리라고 기대하지 않으니, 팀에 피해만 끼치지 말라는 의미로요.

게임에서 '1인분'의 반대말은 '하드 캐리'입니다. 혼자서 몇 인분을 해서 팀의 승리에 큰 역할을 하는 것이죠. 팀원이 모두 전사하고 혼자 남았을 때 4~5명 남은 상대 팀과 싸워 이겨내는 상황입니다. 그럴 때는 이런 말이 돌아와요. '하드 캐리했다'고요.

그러면 재미있는 일이 벌어집니다. 팀원들의 도움이 하드 캐리 플레이어에게 몰리게 되는 것이죠. 여럿이 하는 게임에서는 상대방을 무찌르는 '공격'만큼이나 우리 편을 지키고 보호하는 '지원'과 '치유'의 역할도 중요합니다. 미식축구 선수가 공을 잡고 상대방 진영으로 달릴 때 팀원들이 그를 에워싸고 상대 팀이 가까이 오지 못하게 지켜주는 것과 비슷합니다.

팀의 승리를 바라는 팀원들 때문에 지원과 치유가 하드 캐리 플레이어에게 집중됩니다. 누군가가 끝까지 살아남아야 한다면, 그 사람이 살아남아야 하니까요. 집중적으로 지원과 치유를 받은 팀원은 더 활약하고 성장할 수 있게 됩니다. 그리고 결정적인 순간에 캐리할 기회가 더 많이 주어져 다시 캐리하게 되죠. 자기 효능감의 증폭을 위한 선순환의 시작입니다.

실력이 떨어져 1인분만 하든, 실력이 준수해 하드 캐리에 도전하든 모두 각자의 결정입니다. 상황과 실력이 모두 다르니 각자의 선택에 따를 수밖에요. 하지만 이 점은 분명합니다. 지원과 치유는 하드 캐리 플레이어에게 집중될 것입니다.

일을 할 때도 마찬가지입니다. 저는 모든 사람이 같은 마음과 생각으로 회사를 다니지 않는다고 생각해요. 1인분을 하겠다고 생각하건, 큰 기여를 하겠다고 다짐하건 잘못된 생각은 없습니다. 각자의 목표와 상황이 있으니까요.

하지만 이 점은 분명합니다. 지원과 치유는 하드 캐리 플레이어에게 먼저 주어질 것입니다. 1인분만 하고 조금 먼저 게임 필드를 벗어난 플레이어가 다른 경험과 즐거움을 얻는 동안, 필드에 남은 팀원은 지원과 치유를 받으며 활약할 기회를 얻겠죠. 각자 원하는 필드에서 원하는 선순환을 만들어나가면 됩니다.

그런 의미에서 "어떻게 동기가 부여될 수 있을까?"라는 질문을 다음과 같이 바꿔보면 좋겠습니다.

"내가 혼자 몇 인분을 거뜬히 해내고 싶은 필드는 어디일까?"
"거기서 '하드 캐리' 하면 어떤 선순환을 만들 수 있을까?"

일에서 동기부여를 원하는 사람들은 이것만 기억하면 좋겠습니다. **'하드 캐리' 해보겠다는 생각이 자기 효능감으로 연결될 작은 성취감의 선순환을 불러옵니다.** 의욕이 있어서 일이 잘되는 것이 아니라, 일이 잘되어서 의욕이 생기고, 그 의욕이 또 조금 더 잘 되는 일로 연결되는 것처럼요.

열심히 살아야 하는 이유

그럼에도 "왜 열심히 해야 하는지 모르겠어요"라는 말을 자주 듣습니다.

이런 질문을 하는 사람들은 '미래는 오지 않을지도 모른다'는 근거를 곁들입니다. 저도 많이 들어봤어요. 열심히 살던 사람이 갑자기 안타까운 상황을 맞았는데, 이를 보며 우리에게 내일은 오지 않을지도 모른다, 그러니 오늘 당장 힘든 일보다는 즐거운 일을 해야 한다는 이야기였죠. 회사에서 약속된 일을 합의된 방식으로 해내야 하는 직장인이 이런 말을 들으면, 오늘 하루 즐거운 일에 몰두하는 삶이 지금 내 모습과 반대인 것 같아 더 답답하게 느껴질 수 있습니다.

그래서 찾아봤습니다. 우리에게 내일이 없을 확률은 얼마나 될까요?

통계청 자료에 따르면 30대 사망률은 0.06%, 40대 사망률은 0.14%입니다. 각종 암의 사망률은 0.16%이고 자동차 사고 사망률은 0.02%입니다. 2021년 기준 한국인의 기대 수명은 80.6세라고 하고요. 확률을 믿는다면 우리에게 내일이 올 가능성은 매우 높은 듯합니다.

내일이 온다는 근거와 상관없이, 오늘이 내일보다 더 소중하고 중요하다는 말에는 이견이 전혀 없습니다. 어제는 이미 결정되었고 내일은 아직 오지 않았으니, 실제로 무엇을 어떻게 할지 스스로 결정할 수 있는 날은 오늘뿐이니까요.

그런데 소중한 오늘을 당장 쉽고 즐거운 일에 쓸지, 아니면 힘든 무언가에 쓸지는 저마다 다릅니다. 마치 각자 취향이 다른 것처럼요. 휴가 때 할 일을 정해보면 누군가는 여행을 떠나길 원하지만, 누군가는 체육관에서 땀을 흘리길 원합니다. 주말에 하고 싶은 일을 말해보면 누군가는 누워서 텔레비전을 보길 원하지만, 누군가는 조용한 곳에서 책을 읽길 원합니다. 각자가 보람과 즐거움, 동기를 느끼는 영역이 다르기 때문입니다. 틀린 것은 없고 다른 것만 있습니다.

어떤 사람들은 높은 확률로 오게 될 내일을 위해 소중한 오늘을 쓰기도 합니다. 소중한 오늘을 더 소중한 목표를 위해 쓰길 원하는 사람들이죠. 회사에서 답을 얻지 못했던 지혜를 밖에서 구할 수도 있습니다. 이를 위해 출퇴근 지하철이나 퇴근 후 카페에서 필요한 공부를 할 수도 있고, 주말에 시간을 내 세미나나 콘퍼런스에 참석할 수도 있습니다. 이 모두 오늘이 즐거워야 한다고 생각하는 사람들이 반대하는 일일지도 모릅니다.

어떤 사람들은 다양한 경험이나 한 차원 높은 경험을 원합니다. 열심히 일해 팀장이 되는 경험은 조금 힘들기는 하지만, 직장인 중 20~30% 정도만 얻을 수 있는 값진 경험입니다. 운동과 야외 활동을 좋아하는 사람 중 소수만이 아마추어 스포츠 대회에서 우승하거나, 멋진 보디 프로필을 찍거나, 해외의 높은 산을 오르는 값진 경험을 합니다. 이런 것들은 보통 '소중한 오늘'이 차곡차곡 노력과 함께 쌓여야 가능한 일입니다.

저는 이런 비유도 좋아해요. 내가 죽을 때까지 쓸 수 있는 돈이 딱 10억 원으로 정해져 있다면 어떻게 하시겠어요? 10억 원이라는 금액은 노력을 해도 절대 더 늘릴 수 없고, 매일 정해진 금액이 따박따박 죽을 때까지 들어오는데, 하루가 지나면 전날 받은 돈은 없어져요. 저는 매일 들어오는 돈을 평생 저를 책임져줄 든든한 자산에 투자할 것 같아요. 아마 대부분의 사람이 그렇게 하리라 생각합니다.

시간도 이와 같습니다. '수명'이라는 총량이 정해져 있고 매일 하루의 시간이 주어지는데, 하루가 지나면 그 시간은 되돌릴 수 없이 영영 없어져버리니까요.

그래서 저는 저의 하루를 평생 책임져줄 든든한 자산이 될 일에 쓰고 싶어요. 물론 가끔은 할부로 미래의 돈을 끌어와 명품을 '플렉스' 하듯 시간을 사치스럽게 쓸 수도 있겠지만요. 가끔은 말입니다.

소중한 하루의 시간에 그저 열심히 산다고 삶을 낙관하는 것도 문제입니다. 열심히 한다고 모든 것을 생각한 대로 이룰 수는 없기 때문입니다. 열심히 했지만 방향이 잘못되었을 수도 있고, 생각보다 더 큰 노력과 시간이 필요한 일에 매달리고 있을지도 모릅니다. 장기 투자와 같아요. 장기라고 하더라도 투자한 회사의 성장과 나의 수익률을 보며 내가 생각한 올바른 방향으로 가고 있는지 틈틈이 확인해야 하죠.

휴식이나 워라밸, 즐기는 일의 가치를 폄하하려는 것은 절대 아니에요. 쉬고 즐기는 것도 삶을 윤택하게 만들어주는 중요한 일입니다. 오히려 시간을 소중하게 여기는 사람들만큼 오늘 어떻게 빨리 퇴근할지 고민하는 사람은 없을 거예요. 그런 사람들은 어떻게든 빨리 일을 끝내고, 퇴근 후에 더 많은 일을 하려고 노력합니다. 퇴근 후 하려는 것이 운동이든, 공부든, 휴식이든, 노는 것이든 하루치 시간으로 뭐든 더 많이, 열심히 해보려고 하는 것은 같은 돈으로 더 큰 투자 수익을 내려고 하는 것과 다르지 않거든요.

앞에서 말한 것처럼 하루치 시간을 어디에 '열심히' 쓸지는 맞고 틀림의 문제가 아니라 그저 다름의 문제입니다. 어디서 동기와 의욕을 느끼는지는 사람마다 모두 다르기 때문입니다.

그래서 주위에 오늘 하루를 열심히 사는 사람이 있다면 융통성 없거나 꽉 막힌 사람으로 보진 말았으면 해요. 일하는 기계나 고지식한 선비라고 핀잔을 줄 필요도 전혀 없습니다. 그들도 빨리 퇴근하고 더 많은 것을, 안 해본 것을, 더 수준 높은 것을 경험해보고 싶은 평범한 사람들일 뿐이니까요.

삶에서 안 좋은 카드를 받았을 때

열심히 할 필요 없다고 말하는 사람들의 또 다른 근거는 어차피 열심히 해봤자 변하는 건 없다는 것입니다. 특히 직장인은요. 그들은 사업이나 개인 활동으로 성공한 사람들은 직장인과 다르다고 말합니다. 어떤 사람들은 성공하는 사람은 재능과 환경부터 다르므로 그 차이를 극복하기 힘들 것이라며 '가능성'의 가치를 폄하합니다. 이 모두 의욕을 꺾는 말들이에요.

포커 게임 해보셨나요? 포커는 참여자들이 카드를 나눠 가지고 각자가 가진 카드의 조합을 비교해 가장 좋은 조합을 가진 참여자가 승리하는 게임입니다. 각자의 카드를 확인하기 전 내가 받은 카드만 보고 승자가 가져갈 수 있는 금액을 베팅하죠. 승자가 베팅 금액을 모두 가져가므로 도박이라고 보는 사람들도 있지만, 사실 세계적인 수준의 포커 대회를 보면 손에 땀을 쥐는 두뇌 게임이기도 합니다.

포커의 매력은 승리하는 데 운이 중요하지만 반드시 운에 의해서 승패가 결정되는 것은 아니라는 점에 있습니다. 포커에 운과 우연이 개입하는 방식은 간단합니다. 게임이 시작되면 내 의지나 바람과는 상관없이 무작위로 카드를 받게 되거든요.

카드 한 벌에 포함된 카드 종류는 한정적이므로 게임을 진행할수록 확률적으로 어떤 카드를 받게 될지 전혀 예측할 수 없는 것은 아니지만, 그럼에도 카드가 주어질 때마다 어떤 카드 패를 받게 될지 몰라요.

이때 좋은 카드를 받은 사람은 승리할 가능성이 높습니다. 하지만 좋은 카드를 받은 사람이 반드시 이기는 것은 아니라고 해요. 포커 게임의 승부에는 카드 패뿐만 아니라 다양한 요소가 영향을 미치기 때문입니다. 상대방의 수를 어떻게 읽을 것인가, 내가 받은 카드로 어떤 위험을 감수할 것인가, 예측되는 각자의 카드 패를 바탕으로 게임 흐름을 유리하게 만들기 위해서 무엇이 필요할까 같은 예리한 고민과 전략적인 선택이 승패를 가릅니다.

내 패의 단점을 보완하기 위해 좋은 패를 가진 척 과감하게 행동하기도 하고, 상대방의 방심을 부르기 위해 안 좋은 패를 가진 척 서툴게 행동할 수도 있습니다. 그래서 '포커페이스'라는 말도 있잖아요. 포커페이스는 내 패의 단점을 가리고 상대방이 가진 패의 단점을 간파하기 위한 심리전을 상징적으로 일컫는 말입니다.

그래서 포커 게임은 운에 의해서만 결정되지 않습니다. 특히 장기적으로 가면 더욱 그래요. 좋은 패를 받은 사람은 한두 번 쉽게 승리할 수 있습니다. 하지만 게임을 계속하다 보면 좋은 패에만 의지하는 사람은 자신이 가진 패를 극복하려는 사람을 이기지 못할 거예요. 승자는 자신이 받은 카드가 아니라 게임 중 그 카드로 어떤 선택을 하느냐에 따라 결정되기 때문입니다. 이것이 바로 많은 사람이 말하는 포커 게임의 매력이에요.

포커 게임을 보면 커리어와 비슷하다는 생각을 많이 합니다. 포커 게임이 좋은 카드에 의지해 한두 번 이기는 단판 승부가 아닌 것처럼, 커리어도 가지고 있는 좋은 패에 의지해서 한두 번 이겨야 하는 단판 승부가 아니기 때문입니다.

우리 모두 태어나면서 한정된 카드를 받아 들고 게임을 시작합니다. 누구는 다른 사람들이 살면서 한번 볼까 말까 한 좋은 카드를 가지고 태어나기도 해요. 하지만 어떤 사람들은 남들보다 좋을 것이 하나도 없는 카드를 가지고 게임을 시작하기도 합니다.

살다 보면 바꿀 수 없는 '과거'라는 이름의 카드 패가 주어지기도 합니다. 이미 지나간 과거는 한번 주어진 카드 패처럼 바꾸기 힘들어요. 설령 우리 선택으로 받은 카드 패라 하더라도요. 취업 준비를 하는 취준생에게는 졸업한 학교와 전공, 4년 동안 받은 학점 등이 그런 것입니다. 앞으로야 어찌 되건, 지나간 과거의 일은 나에게 당장 들고 게임에 임해야 하는 카드 패가 됩니다.

많은 사람이 자신의 선택과 상관없이 게임을 시작하며 강제로 받은 카드나 바꿀 수 없는 과거로부터 부여받은 카드를 불평하며 대부분의 시간을 보냅니다. 2년제 대학교를 졸업한 사람은 4년제 대학 졸업생을 보며 자신은 틀렸다고 이야기합니다. 4년제 대학 졸업생은 '인 서울' 대학생을 보며, '인 서울' 대학생은 'SKY' 대학생을 보며 같은 생각을 합니다.

같은 일이 수많은 영역에서 일어납니다. 이미 받은 학점이 낮아서, 자격증을 따지 못해서, 인턴으로 일해보지 못해서, 공모전 수상 경력이 없어서 본인이 가진 카드 패로는 이길 수 없다고 생각하는 것이죠. 직장에 들어가고 나서도 마찬가지입니다. 중소기업에서 커리어를 시작해서, 외국어를 잘하지 못해서, 전문성 없이 여러 가지 일을 조금씩 해서 내가 가진 카드가 부족하다고 말하죠.

하지만 포커 게임이 그러하듯 중요한 것은 내가 어떤 카드를 받았느냐가 아니에요. 우리가 할 수 있는 것은 게임 중 내가 들고 있는 카드로 구성할 수 있는 최고의 조합이 무엇인지 고민하고, 전략적 선택을 하는 일입니다.

이유는 단순해요. 그래야만 조금이라도 게임의 승리 가능성을 높일 수 있기 때문입니다. 커리어는 시작할 때 받은 몇 개의 좋은 운으로 승리할 수 있는 단판 승부의 게임이 아니니까요.

2년제 대학을 나왔다면 남들보다 빨리 시작한 사회생활을 내가 가진 카드 패의 강점으로 부각할 수 있습니다. 남들은 아직 교실이라는 온실에 있을 때 들판에서 여러 일을 시도해보며 정말 좋아하고 잘하는 일을 찾을 수도 있으니까요.

중소기업에서 커리어를 시작했다면 작은 일이라도 주도적으로 해내고 거기서 빠르게 배움을 얻어 중견기업, 대기업으로의 이직을 꿈꿀 수도 있습니다.

지금 다니는 회사가 엉망이라서 성장을 기대하기 힘들다면 회사 밖에서 성장을 맛볼 수도 있습니다. 회사에 다니면서 사이드 프로젝트로 연봉보다 더 큰 돈을 버는 사람들처럼요.

전문성 없이 이 일 저 일 조금씩 해보았다면 내 카드 패를 다양한 문제를 경험한 제너럴리스트 관점으로 생각해볼 수도 있습니다. 우리가 풀어야 할 문제는 한 가지 전문성으로만으로는 해결하기 힘든 경우가 많으니까요.

이 모든 것이 불가능하다고 생각할 수도 있어요. 그렇게 될 가능성은 바늘구멍을 통과하는 수준이라서 자신과는 상관없는 이야기라고 생각할 수도 있고요. 하지만 포커에서도 그러하듯 졌다고 생각하면 이길 방도가 없습니다.

나쁜 카드를 받은 사람뿐만 아니라 좋은 카드를 받은 사람도 마찬가지예요. 좋은 카드를 받았다고 성장과 승리를 낙관하는 것도 문제입니다. 포커 고수는 상대방이 가진 카드와 상관없이 이길 수 있는 최선의 방법을 집요하게 고민하거든요.

좋은 패를 가지고 있든 나쁜 패를 가지고 있든, 우리가 해야 하는 일은 똑같습니다. 내가 가진 패로 승리할 확률을 높일 방법을 고민하고 실행해나가는 것이죠.

이 과정에서 약간의 위험을 감수해야 할 수도 있습니다. 특히 나뻔 카드를 들고 있는 사람이라면요. 단점을 가리기 위해 좋은 카드를 받은 사람보다 훨씬 더 큰 노력과 수고를 기울여야 할 수도 있습니다. 좋은 카드를 쥔 사람들이 퇴근하고 쉴 때, 승리의 경우의 수를 높이기 위해 조금 더 고생해야 할 수도 있습니다. 좋은 카드를 쥔 사람들이 비교적 쉽게 성장할 때, 내가 가진 카드로 비슷한 성취를 이루기 위해서 시간을 조금 더 아껴야 할 수도 있습니다.

하지만 실패할 위험을 감수하지 않겠다고 결정하는 것은 성공하지 않겠다는 결정과 같습니다. 위험을 감수하다 보면 한두 번 크게 실패할 수도 있어요. 하지만 괜찮습니다. 나쁜 카드를 쥐고도 매번 최선의 선택을 하는 사람이 한두 판의 게임에서는 지더라도 장기적인 게임에서는 승자가 될 수 있기 때문입니다.

내가 가진 카드가 좋고 나쁜 것과 상관없이 최선의 선택을 위한 최선의 노력을 해야 합니다. 한마디로 요약하면 우리에게 주어진 것과 상관없이 '최선의 나'를 찾아야 한다는 것입니다.

좋은 패를 가졌든, 나쁜 패를 가졌든 게임을 하는 과정에서 고통은 피할 수 없을 거예요. 하지만 한 가지 좋은 소식이 있어요. 고통은 피할 수 없지만 고통의 의미는 우리가 정할 수 있다는 것입니다. 똑같은 고통을 겪은 사람들도 각자 다른 결론과 결말에 다다르는 이유입니다.

이것은 '히어로 영화'를 보면 잘 알 수 있어요. 영화에 등장하는 히어로와 빌런 모두 불우한 어린 시절을 보내며 고통받는 경우가 많습니다. 히어로와 빌런을 생각하면 가장 먼저 떠오르는 배트맨과 조커도 마찬가지입니다. 둘 다 힘든 어린 시절을 보냈어요. 어린 나이에 부모를 잃고, 성장 과정에서 불합리한 일을 당하고, 주위 사람들에게 배신당합니다.

조커는 이런 결론을 내립니다. "나는 불합리한 일로 고통을 당했다. 다른 사람들도 이 고통을 똑같이 느껴봐야 한다."

하지만 배트맨은 이런 결론을 내립니다. "나는 불합리한 일로 고통을 당했다. 내가 이런 고통을 겪었으니 아무도 이런 고통을 겪지 않게 하겠다." 인생이라는 게임을 하는 과정에서 겪는 고통에 대해 배트맨과 같은 결론을 내릴지, 조커와 같은 결론을 내릴지는 전적으로 나의 선택에 달려 있습니다.

어떤 고통은 내 선택과 무관한 경우도 많습니다. 선천적인 장애나 질병을 가지고 살아가는 사람들이 대표적이에요. 마크 맨슨의 《신경 끄기의 기술》을 보면 선천적 장애나 질병을 극복하는 사람들에 대한 이야기가 나옵니다. 이 책에 따르면 그런 어려움을 겪는 사람들은 본인의 고통을 극복하는 과정을 이렇게 설명한다고 합니다.

"나는 이런 지긋지긋한 병을 가지고 태어나겠다고 선택하지 않았다. 하지만 이 병을 안고 어떻게 살아가야 할지는 내가 직접 선택한다."

포커를 시작할 때 나쁜 카드를 받는 것이 그 사람의 선택은 아닙니다. 하지만 그 카드를 가지고 어떤 선택을 할지는 직접 결정해야 합니다. 아무것도 하지 않든, 주어진 환경에서 최선의 선택지를 찾아나가든 결정의 책임은 당사자에게 있기 때문입니다. 배트맨처럼 이 고통을 이겨낼지, 조커처럼 이 고통을 이겨낼지도 전적으로 우리의 선택에 달렸습니다.

포커 게임이든 커리어든, 좋지 않은 카드를 들고 게임에서 단번에 이길 방법은 없어요. 여러 번의 시도를 통해 잘못된 선택에서 조금 덜 잘못된 선택으로 나아가는 수밖에 없습니다.

마이클 조던은 "나는 살아오면서 실패에 실패를 거듭했다. 그것이 내가 성공한 이유다"라고 말했습니다. 성장은 끝없는 반복 과정이에요. 내가 가진 패로 최선의 선택을 시도해보면서 성장합니다.

그 과정에서 단번에 잘못된 것에서 바른 것으로 나아가는 사람도 있겠지만 우리는 잘못된 것에서 조금 덜 잘못된 것을 찾아가야 합니다. 그리고 이를 반복해야 해요. 결정적인 정답을 찾으려 하기보다 어제보다 오늘 덜 틀리는 것이 현실적인 성장의 방법입니다.

동기부여를 통해 열심히 한다고 하더라도 어차피 안 될 것이라고, 소용없다고 생각하는 사람들이 있다면 이 말을 꼭 기억해주세요. 처음에 받은 카드가 무엇이건 포커 게임을 시작했다면 내가 가진 카드로 내릴 수 있는 최선의 선택을 고민하고, 이를 위해 약간의 위험과 고생을 감수하는 수밖에 없습니다. 앞으로 무슨 카드를 받을지 생각해보지 않고 게임을 그만둘 것이 아니라면요.

그 과정에서 고생과 실패를 겪어야겠지만, 그것의 의미는 각자가 받아들이기 나름입니다. 이 책을 선택한 여러분은 시작할 때 받은 부족한 카드를 보완해나가는 과정에서 보람을 느끼길 바랍니다. 어차피 되지 않을 것이라는 시니컬한 조커가 아니라 묵묵히 이겨내는 배트맨이 되길 응원합니다.

일의 재미는 어떻게 얻을 수 있을까?

그럼에도 일이 '재미'없다는 사람이 많습니다. 맞는 말이에요. 어떻게 일이 항상 재미있겠어요. 열심히 하는 것과는 상관없이 저도 일하는 것이 매번 즐겁고 재미있지는 않습니다. 즐거운 날보다 힘들고 지치는 날이 더 많아요. 일이 항상 즐거울 수 없는 것처럼, 일에서 언제나 재미를 기대하기는 힘듭니다.

생각해보면 재미는 스펙트럼이 참 다양합니다. 여유롭게 좋아하는 드라마를 보거나, 친구를 만나 시간을 보내는 것도 분명 재미있습니다. 그렇다고 힘든 일이 재미있지 않은 것은 아니에요. 누군가는 힘든 운동을 하면서도 재미있다고 말합니다.

그렇다면 일에서 기대할 수 있는 재미는 다채로운 스펙트럼 중 어떤 즐거움일까요?

강도 높은 운동을 하면서 즐겁다고 하는 사람들이 있습니다. 쉬지 않고 무거운 덤벨을 들어 올리는 크로스핏이나 다리가 부서질 것 같지만 멈추지 않고 달리는 마라톤을 즐기는 사람들이 가장 먼저 떠올라요. 운동하는 순간에는 팔과 다리가 타 들어갈 것처럼 아픕니다. 하지만 이런 상황에서도 인간은 재미와 즐거움을 느낄 수 있다고 합니다. 이것이 널리 알려진 '러너스 하이'입니다.

러너스 하이는 엔도르핀이라는 호르몬 덕분에 느낄 수 있다고 해요. 엔도르핀은 고통을 줄여주는 호르몬으로 신체적 고통을 이겨내기 위해 분비됩니다. 인류가 진화하는 과정에서 육체적 고통을 이겨내야 하는 순간이 많았습니다. 엔도르핀은 인간이 고통을 이겨낼 수 있게 해주었고, 그래서 인간을 만물의 영장으로 만들어준 호르몬이라고 불리기도 합니다. 엔도르핀으로 느끼는 재미를 '고통을 이겨내는 즐거움'이라고 말할 수 있겠죠.

최근 '도파민 중독', '도파민 디톡스' 같은 주제로 화제가 되고 있는 도파민도 재미와 관련된 호르몬입니다. 최근에는 도파민이 부정적으로 묘사되면서 피하거나 이겨내야 하는 것으로 치부되지만 사실 도파민은 동기부여와 몰입을 이끌어내는 데 반드시 필요해요.

도파민은 계획을 세우고 목표를 달성할 때 분비됩니다. 도파민은 원시시대부터 인류가 큰 먹잇감을 사냥하고, 큰 돌을 깎고 옮겨 멋진 건물을 만들고, 여러 사람을 모아 혼자서는 하기 힘든 일에 도전하게 했습니다. 그래서 도파민은 목표에 도전하게 만드는 생물학적 인센티브라고 불려요. 도파민이 느끼게 해주는 재미는 '목표를 달성하는 즐거움'이라고 할 수 있습니다.

엔도르핀과 도파민 외에도 재미를 느끼게 허락해주는 호르몬이 있어요. 바로 옥시토신과 세로토닌입니다. 옥시토신은 우정, 사랑, 공감과 관련된 행복을 느낄 수 있게 해줍니다. 옥시토신 덕분에 인류는 원시시대부터 자식을 기르고, 사랑하는 사람들과 유대하고 신뢰할 수 있었어요. 그래서 친밀감의 호르몬이라고 불리기도 합니다. 좋아하는 사람들과 보내는 시간이 즐거운 이유는 옥시토신 덕분입니다.

마지막 세로토닌은 만족의 호르몬이라고 불립니다. 원시시대 사람들이 음식을 실컷 먹고 배가 부르거나, 외부의 위협 없이 안전한 상황에 있을 때 행복하다고 느끼게 만들었어요. 최근에는 세로토닌으로 느끼는 재미를 '소소한 행복'이라고 말합니다. 여유, 휴식, 평온함에서 느끼는 재미와 행복이 세로토닌과 관련 있거든요. 아무런 걱정 없이 여유롭게 드라마를 보거나 음악을 들을 때 재미를 느끼는 것은 이 때문입니다.

인간의 행복이 온전히 호르몬 때문이라고 말하기는 싫지만, 호르몬이 분비되었을 때 큰 재미를 느끼는 것은 사실입니다. 재미에 관여하는 다양한 호르몬 덕분에 즐거움을 느끼는 감정과 상황은 다양한 스펙트럼을 형성합니다.

재미있는 점은, 인간이 즐거움을 느끼게 허락하는 4가지 호르몬 중 엔도르핀과 도파민은 고통을 이겨내고 성취하는 것과 행복감을 담당한다는 것이에요. **인간이 느낄 수 있는 재미의 스펙트럼 중 절반이 어려운 일에 도전해 성장하는 과정에서 느끼는 즐거움이라는 뜻이죠.**

이런 종류의 재미가 일에서 기대할 수 있는 재미가 아닐까 해요. 꼭 일이 아니어도 상관없습니다. 운동을 하고, 여행을 하고, 새로운 사람들을 만나고, 사이드 프로젝트를 하면서 목표를 세워 도전하고, 어려움을 극복해 꿈꾸던 것을 이뤄나가는 과정에서 재미를 느끼니까요.

일이 재미없다면 먼저 일에서 기대하기 힘든 재미를 추구하는 것은 아닌지 되돌아볼 필요가 있습니다. 일에서 옥시토신이 만들어주는 우정과 사랑의 즐거움이나, 세로토닌이 만들어주는 여유와 휴식의 즐거움을 기대하기는 힘들기 때문이에요.

그 대신 지금 하고 있는 일이 몰입할 만큼 도전적인지, 차근차근 계획을 세우고 도전해 달성하고 싶은 목표를 가지고 있는지 먼저 생각해볼 일이에요. 호르몬이 일에서도 재미를 허락하는 경우는 어려움을 극복하고 목표를 달성할 때이기 때문입니다.

제가 의욕을 부정하고, 미래가 다가올 확률을 강조하고, 포커와 호르몬 이야기를 길게 한 이유는 딱 하나입니다. 사회와 타인의 냉소적인 의견으로 인해 본인이 가진 가능성을 스스로 잘라내지 않길 바라기 때문입니다.

신기루 같은 의욕을 찾고, 다가올 미래를 부정하고, 시작할 때 받은 나쁜 카드 패에 불평하며, 일에서 기대하기 힘든 재미를 기대하지 마세요. 지속 가능한 성취감을 만들고, 높은 확률로 다가올 목표에 충분한 시간을 쓰고, 손에 쥔 카드와 상관없이 내릴 수 있는 최선의 선택을 하며 성취하는 재미를 찾는 것이 가능성을 높이는 방법입니다.

정답보다
풀이 과정

내세울 만한 성과가 없으면 '물경력'이라고 생각하는 사람들이 있습니다. 물론 혀를 내두를 만한 멋진 성과를 냈다면 더할 나위 없겠지만, 성과가 없다고 가치 없는 커리어는 아닙니다. 저는 커리어의 가치는 성과와 그 과정에서 보여주는 역량에 의해 결정된다고 믿습니다. 정답만큼 풀이 과정이 중요한 것이죠.

성과에는 아주 많은 변수가 끼어듭니다. 이 변수는 운이나 상황, 동료같이 자신이 통제하기 힘든 것이 대부분입니다. 그래서 풀이 과정이 맞아도 상황이 좋지 않으면 틀린 답을 내놓기도 하고, 반대로 풀이 과정은 꽝인데 상황이 좋아 성과가 바로 나오기도 합니다.

여러분 주위에도 인정하기 힘든 방식, 심지어 비윤리적인 방식으로 일했는데 고성과를 달성하는 사람들이 있지 않나요? 과도하게 팀원들을 쥐어짜내 목표를 달성하는 팀장이나 제대로 된 전략이나 방향도 없이 일을 시작했는데 때와 운이 잘 맞아 프로젝트에서 큰 성과를 내는 사람이 대표적인 예입니다.

반대인 경우도 있어요. 모두가 인정할 정도로 훌륭한 역량과 태도로 힘든 프로젝트를 차근차근 풀어냈는데 예상치 못한 사고로 성과를 내지 못한 동료나 팀원의 올바른 성장을 위해 팀 성과를 일부 포기하는 대표가 있을 수도 있습니다.

이들의 차이는 무엇일까요? 일하는 과정이 별로였던 사람들은 높은 성과를 지속할 수 없습니다. 과정과 결과가 인과관계라면, 결국 모든 것은 확률로 수렴할 것이기 때문입니다. '좋은 과정'이 없다면 '좋은 결과'도 없을 것입니다.

이를 잘 아는 사람들은 사람을 뽑을 때 면접에서 수많은 질문을 합니다. 성과 자체만 보고 바로 채용하지 않고 역량도 평가합니다. 성과 달성률에 따라 그 사람을 평가하는 것이 아니라, 성과를 만드는 과정에서 그 사람이 보인 태도와 역량도 평가하는 것입니다. 좋은 스승일수록 학생의 정답과 함께 풀이 과정을 낱낱이 뜯어보려고 하죠. 면접에서 역량을 검증하고, 정기 평가에서도 역량 평가를 병행하는 회사가 점점 많아지고 있습니다.

저도 내세울 만한 성과는 없지만 벌써 5번째 회사에서 열심히 일하고 있습니다. 정답만큼 저의 풀이 과정을 중요하게 생각해주신 선배와 상사분들 덕분에요.

멋진 성과가 많다면 좋겠지만, 그렇지 않더라도 걱정하지 마세요. 좋은 풀이 과정에도 분명 위대한 가치가 있으니까요. 앞에서도 말한 것처럼 성과와 함께 그 성과를 만드는 과정에서 보인 태도와 역량이 장기적으로는 좋은 성과를 담보할 확률적인 근거가 됩니다. **경력에서 '좋은 성과'가 없는 것을 걱정하기보다 앞으로 낼 좋은 성과**

를 위해 '좋은 과정'으로 일하고 있는지 따져보는 것이 도움이 됩니다.

사람들은 대단한 아이디어 한둘이 '결과의 저울'을 단번에 움직인다고 생각합니다. 물론 그런 경우도 있습니다. 하지만 그것이 유일한 방법은 아니에요. 문제를 푸는 과정에서 역량을 발휘해 해낸 작은 일들이 모여 저울을 움직인다는 사실을 알아야 합니다. 대단한 성과를 한 번에 만들어내는 사람은 소수이기 때문입니다.

어느 국가대표 자전거 팀 이야기를 들은 적이 있습니다. 대단한 선수들이 모여 대단한 지원을 받으며 대단한 코치들에게 훈련받았지만, 대회 성적은 항상 좋지 않았다고 해요. 그때 팀에 새로운 감독이 부임했습니다. 새 감독은 대단한 무언가를 해내는 데는 관심이 없었습니다. 그는 팀의 모든 작은 영역을 1%씩 개선하고자 했습니다.

출발 자세를 아주 조금 고치고, 선수들의 식단을 조금 더 건강하게 바꾸고, 선수들의 재활 치료 방법을 아주 조금 개선했습니다. 선수들이 조금 더 편하게 움직이고 열을 빨리 식힐 수 있도록 유니폼을 바꿨고, 저항을 조금 덜 받도록 헬멧 모양도 바꿨다고 해요. 올바른 과정을 설계하고 작은 변화를 일으킨 것입니다.

그 이후 팀은 9개의 올림픽 신기록과 7개의 세계신기록을 경신했습니다. 가장 힘든 자전거 대회로 불리는 '투르 드 프랑스'에서 6년간 5번 우승하기도 했습니다.

이 이야기는 실화입니다. 영국의 사이클 대표 팀과 감독 데이브 브레일스퍼드의 이야기예요.

작은 것들이 모여 결과의 저울을 크게 움직였습니다. 이런 일은 우리 주위에서도 일어납니다. '여름의 블랙 프라이데이'라고 불리는 무신사의 '무진장'과 29CM의 '이굿위크' 행사가 2023년과 2024년에 연달아 소위 '대박'을 터뜨렸습니다. 모두의 예상을 훌쩍 뛰어넘는 성과였어요. 2023년에 이보다 더 잘할 수 있을까 싶은 성과를 냈는데, 2024년에도 큰 성과를 이어나갔다는 점에서 의미가 있습니다.

사람들은 이런 결과 뒤에 아무도 모르는 거창한 비법이나 엄청난 아이디어가 숨어 있을 것이라고 생각합니다. 하지만 제 생각은 조금 달라요. 구성원들이 모든 부분에서 1%씩 개선하려는 치열한 노력이 모여 100%, 200%의 성과를 만들어낸 것이라 믿습니다. 이 모두 큰 성과보다 올바른 과정에 집중했기 때문에 가능했습니다.

사실 우리가 하는 모든 일이 그렇습니다. 고객이 좋아했던 것에는 더 신경을 쓰고, 지난번에 발견한 문제는 빨리 개선합니다. 알고 있는 것은 더 잘 활용할 방법을 찾고, 모르는 것은 조금씩 알아내고자 합니다. 치밀하고 철저한 고민이 모이고, 매일의 치열하고 정교한 운영이 차곡차곡 모여 훌륭한 결과를 만들어냅니다.

비슷한 시기에 비슷한 아이디어를 따라 해도 모두가 같은 결과를 얻기 힘든 이유가 여기에 있습니다. 대단한 아이디어 한두 개가 0에서 1을 만들 수 있어요. 이는 분명 매우 멋지고 값진 일입니다. 하지만 무거운 결과의 저울을 다시 움직이게 하기 위해서는 그것만으로는 부족할 때가 많아요.

저울을 움직이기 위해서는 사소한 부분에서까지 치열하고 정교하게 관리·운영해야 합니다. 사람들이 별다를 것 없다고 생각하는 영역에서 이루어진 치열한 개선이 모여 움직임을 만들어내니까요. 이 모두 좋은 과정에서 좋은 결과가 나온다는 믿음을 통해서만 가능한 것들입니다.

근거 있는 자신감 만드는 방법

하지만 당장 좋은 성과를 내지 못하더라도 좋은 과정에 집착하는 일은 생각보다 힘듭니다. 횡단보도를 건널 때 보는 사람이 없고, 지나가는 차가 없더라도 무단횡단하지 않는 것과 같습니다. 기다리지 않고 건너버리고 싶겠지만 장기적으로는 누가 보건 상관없이, 얼마나 차가 많은지에 상관없이 신호를 지키는 것이 사고가 날 위험을 줄여줍니다. 앞에서도 말한 것처럼 좋은 과정은 확률적으로 결국 좋은 결과로 수렴할 테니까요.

누가 보지 않더라도 신호를 잘 지키려면 좋은 태도가 필요합니다. 좋은 태도는 당장 좋은 성과를 장담할 순 없지만 힘든 과정을 버티게 해주는 힘이 됩니다. 얼마 전 최인아 대표의 《내가 가진 것을 세상이 원하게 하라》라는 책을 읽었는데, '태도가 경쟁력이다'라는 저자의 말이 와닿았습니다.

제가 좋아하는 비슷한 의미의 다른 문장들도 있어요. 미국의 연설가 데니스 웨이틀리의 '승자의 강점은 소질이 아니라 태도에 있다The winner's edge is all in the attitude, not aptitude'는 꽤 오랫동안 저의 휴대폰 배경 문구였습니다. 전설적인 농구 선수 마이클 조던의 '재능은 게임에서 이기게 하지만 팀워크는 우승을 가져온다Talent wins a game, but teamwork wins championship'는 제가《요즘 팀장의 오답 노트》에서 인용한 문장이고요.

많은 사람이 태도의 중요성에 대해 이야기합니다. 그 전에 분명히 해두어야 할 것이 있습니다. 타고난 재능은 분명 중요합니다. 타고난 재능이 있다면 적은 노력으로도 빠르게 원하는 성과를 얻을 수 있을 테니까요. 좋은 과정을 건너뛰고도 좋은 성과를 단번에 낼 수도 있어요.

하지만 문제는 그렇지 않은 경우입니다. 남다른 재능을 타고나지 않았다면 어떻게 해야 할까요?

일부 특수한 분야가 아니라면 우리들 대부분은 대단한 재능이 없어도 충분히 성과를 낼 수 있는 일을 합니다. 엄청난 재능 없이도 좋은 성과를 꾸준히 내는 사람들은 모두 좋은 태도를 지니고 있었고요. 장기적 관점에서 태도가 좋은 성과를 꾸준히 만들게 해주는 유일한 근거가 되는 경우가 많았습니다.

그래서 저는 타고난 재능이 크지 않다면 태도가 좋은 대안이 된다고 믿습니다. 여기에는 몇 가지 이유가 있어요.

1. 우리는 혼자 일하지 않는다

혼자서도 성과를 낼 수 있는 일도 있지만, 보통 크고 멋진 일을 해내기 위해서는 여러 사람의 도움이 필요해요. 그래서 우리는 여럿이 힘을 모아 일을 합니다. 이런 상황에서는 주위 사람들의 진심 어린 도움과 지원을 받을 수 있는 사람이 큰일을 해낼 수 있습니다. 주위에 본인만큼 내 성공을 진심으로 바라는 동료들이 많으면 결국 큰 성과를 냅니다.

여기서 한번 생각해볼까요? 우리는 어떤 사람의 성공을 진심으로 바랄까요? 저는 재능이 넘치고 똑똑한 사람보다 착하고 좋은 사람을 돕고 싶어요. 그런 사람들은 보통 좋은 태도를 갖추고 있습니다. 재능은 감탄을 자아내지만 태도는 감동을 자아냅니다.

가장 강인한 사람들만 선발된다는 미국 네이비실에 들어가기 위해서 대원들이 반드시 통과해야 하는 지옥 같은 훈련이 있습니다. 하지만 그 훈련을 통과하는 대원들은 우리가 상상하는, 터프함을 타고나고 강인한 육체를 가진 사람들이 아니라고 해요.

자신도 고통스러운 극한의 상황에서 힘들어하는 동료를 살필줄 아는 대원만 지옥 훈련을 통과할 수 있다고 합니다. 그 훈련은 원래 그렇게 설계되었습니다. 타고난 것보다 태도를 기준으로 대원을 선발하려는 것이죠. 실제 작전에서도 어려운 임무를 완수하는 에이스들은 모두 타고난 재능이나 혼자만의 기술이 아니라 극한의 상황에도 서로 힘을 모아 어려운 일을 해내는 대원입니다.

여럿이 힘을 모아 문제를 해결하려는 태도는 완수하기 힘든, 올바른 과정을 버틸 수 있게 해줍니다.

2. 우리는 항상 성공하지 않는다

피카소나 모차르트처럼 재능을 타고난 천재적인 예술가도 대부분 우리가 아는 것보다 훨씬 더 많은 작품을 남겼습니다. 하지만 실제로 사람들에게 잘 알려진 작품은 손에 꼽습니다.

그들이 창작한 작품 대부분은 사람들의 관심을 받지 못했다고 해요. 이렇게 타고난 재능이 있더라도 일정 수준의 실패는 불가피합니다. 모든 일에서 계획대로 성과를 내는 사람은 없기 때문입니다.

반대로 말하면 성과를 내기 위해서는 계획하지 않은 실패를 마주하고 극복해야 합니다. 그런데 실패 같은 고통스러운 일을 이겨내는 것은 재능이 아니라 태도의 문제인 경우가 많아요. 요즘 많은 사람이 말하는 인내심이나 회복 탄력성 같은 것들이죠.

그런데 이런 것들까지 유전자에 의해 정해진다고 말하는 사람들이 있어요. 그 의견에는 동의하고 싶지 않습니다. 모든 것이 과거로부터 정해져 있다는 결정론적 관점은 성장에 도움이 되지 않는 경우가 많으니까요. 앞으로 일어날 일이 과거에 이미 정해진 것이라는 결정론적 관점으로 세상을 바라볼지, 자신이 전망하고 원하는 대로 바꿀 수 있다는 목적론적 관점으로 바라볼지도 스스로 결정하는 태도에 달려 있다고 할 수 있겠네요.

실패했을 때 빠르게 회복할 수 있는 태도는 당장 성과가 없더라도 좋은 과정을 지킬 수 있게 해줍니다.

3. 우리는 모든 것을 통제하지 못한다

포커 게임에서 나쁜 카드를 받고 불평을 할지, 아니면 그 카드를 어떻게 활용해야 최선의 결과가 나올지 고민할지는 온전히 플레이어의 태도에 달려 있습니다.

재능을 타고난 사람들도 모든 것을 원하는 만큼 가지고 태어날 수는 없어요. 태어날 때 직접 선택할 수 있는 것은 하나도 없고, 각자가 지닌 재능은 모두 다르니까요. 그렇다면 우리가 할 수 있는 것은 자신에게 주어진 것이 조금 부족하다고 하더라도 그것을 어떻게 사용해 최선의 선택을 할지 결정하는 것입니다.

우리는 외부 환경도 전혀 통제할 수 없습니다. 가끔 전혀 상상하지 못한 문제나 사건이 터지기도 하죠. 예상치 못한 타이밍에 함정에 빠지거나 건강에 문제가 생길 수도 있습니다. 우리에게 일어날 일을 스스로 통제할 수 없으니 우리가 결정할 수 있는 것은 그 변수에 어떤 태도로 대응할지 결정하는 것뿐입니다.

결국 내적인 것이건, 외적인 것이건 어떤 것도 통제할 수 없는 우리가 할 수 있는 것은 좋은 태도를 가지고 그 과정에서 어떤 선택을 할지 결정하는 것뿐이에요.

좋은 태도로 만들어지는 좋은 과정은 당장의 성과가 없더라도 커리어를 키워나가는 자신감의 근거가 될 수도 있습니다. 이름하여 태도를 바탕으로 한 '근거 있는 자신감'입니다.

얼마 전 필즈상을 수상해 화제가 된 허준이 교수가 〈유 퀴즈 온 더 블럭〉에 나와서 '근거 없는 자신감'이 중요하다고 말했습니다. 표현은 정반대지만 비슷한 맥락의 말이에요. 실력에서 자신감의 근거를 찾으면 언젠가 실력이 더 뛰어난 사람을 만났을 때 자신감을 잃게 된다는 것입니다. 근거 없는 자신감으로 나도 해볼 수 있다고 생각하는 마음이 중요하다는 말에 공감이 갔습니다.

우리는 스스로 선택해 무언가를 배우고 실력을 키울 수는 있지만 언제든 더 잘하는 사람을 만날 수도 있습니다. 그중에는 혀를 내두르게 할 정도로 뛰어난 재능을 지닌 사람들도 있을 것입니다. 문제는 성장할수록 그런 사람들을 많이 만나게 된다는 거예요.

고등학교 성적이 우수해 좋은 대학교에 진학했는데 성적이 떨어질 수도 있습니다. 대학교에서 열심히 실력을 키워 유명한 회사에 입사했는데 그곳에 재능을 타고난 사람들만 바글바글 모여 있을 수도 있습니다.

그럴 때마다 자신감을 잃는다면 문제입니다. 열심히 해서 본받을 만한 훌륭한 사람을 만날수록 자신감을 잃게 되는 악순환에 빠집니다. 우리가 통제할 수 없는 것에서 자신감의 근거를 찾으면 위험한 이유입니다.

회사 다니면서 담당하는 일이 잘되었는데 왜 기뻐하지 않느냐는 질문을 참 많이 받았습니다. 함께 일한 사람들이 다 같이 기뻐하는데 저 혼자만 덤덤해서 재수가 없어 보였던 것이겠죠.

그런 질문을 받을 때마다 스스로에게 질문해봅니다. '그러면 반대로 담당하던 일이 잘 안되면 슬퍼해야 하는 것일까?'

일은 잘될 수도 있고, 잘 안될 수도 있습니다. 내가 통제하기 힘든 것에서 자신감의 근거를 찾으면 잘되다가도 안되거나, 반대로 안되다가도 잘되기도 하는 것이 일상인 회사에서 금방 자신감을 잃을 것 같았습니다.

하던 일에서 성과가 좋아 더 어려운 일을 담당하면 당분간 성과를 내지 못할 수도 있습니다. 운이 좋아 승진이라도 하면 날고 기는 선배들과 비교되며 스스로 작아지는 듯한 느낌이 들 수도 있습니다. 앞에서도 말한 자신감의 악순환입니다.

저는 우리가 직접 통제할 수 있는 영역이어야 근거 있는 자신감을 찾을 수 있다고 생각합니다. 그런 것을 찾자면 태도가 아닐까 싶어요. **실력과 성과는 우리가 마음대로 할 수 없지만 태도는 직접 결정할 수 있습니다.**

오늘 우리 반에서 공부를 가장 잘하는 사람이 될 수는 없지만, 가장 친절한 사람이 될 수는 있습니다. 오늘 우리 학교에서 가장 똑똑한 사람이 될 수는 없지만, 가장 성실하게 배우려는 사람은 될 수 있습니다. 오늘 우리 회사에서 가장 좋은 성과를 내는 사람이 될 수는 없지만, 무엇이든 끝까지 포기하지 않은 사람은 될 수 있습니다.

오늘 당신이 결정한 태도는 무엇인가요? 그것이 당신의 성장을 만들어나가는 자신감의 근거가 될 것입니다.

원하는 곳에서 자라난다

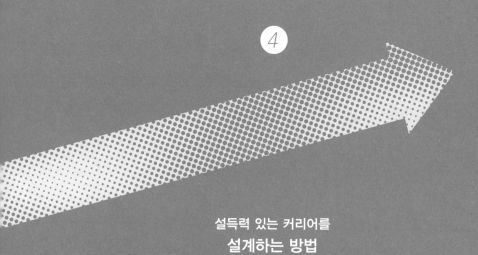

4

**설득력 있는 커리어를
설계하는 방법**

완벽한
이직이라는 환상

"지금보다 더 나쁜 곳이면 어떡하죠?"

이직을 고민하는 동료들에게 종종 듣는 말입니다. 대부분이 지금보다 모든 조건이 좋아지는 '완벽한 이직'에 대한 환상을 가지고 있습니다. 어딘가에 있을지 모르는 환상의 동물 유니콘을 찾는 셈이죠.

하지만 완벽한 이직은 없습니다. 완벽한 회사가 없기 때문입니다.

모든 장점 뒤에는 단점이 존재하므로 '회사는 다 거기서 거기'라는 말에 동의합니다. 월급은 많이 주는데 일이 쉬운 회사는 없습니다. 워라밸이 좋은데 남들보다 폭발적인 성장을 할 수 있는 회사도 없을 것입니다. 혜택이 많다면 책임이 따라오고, 권한이 많다면 부담이 따라옵니다. 어떤 경우든 회사는 힘을 모아 수익을 창출하는 곳이기 때문입니다.

저는 누군가에게는 날개를 단 듯 잘 어울리는 옷이 나에게는 그렇지 않을 수 있듯, 각자에게 조금 더 잘 어울리는 회사가 있을 뿐이라 생각합니다. 이직은 나에게 조금 더 잘 맞는 회사를 찾아나가는 과정입니다. 여러 스타일의 옷을 입어보며 잘 어울리는 옷을 찾아나가는 것처럼요. '다 거기서 거기'인 옷 중에서도 나에게 꼭 맞는 옷이 있으니까요. 옷을 멋지게 잘 입는 사람들은 대부분 다 비슷해 보이는 옷을 뒤지고 뒤져 몸에 딱 맞는 것을 찾아내는 수고를 감수합니다.

처음에는 시행착오를 겪습니다. 옛날 사진을 찾아보면 패션 과도기의 흑역사 사진, 모두 몇 장씩은 가지고 있죠? 그런 과도기에는 다른 사람을 쉽게 따라 합니다. 다른 사람 사진을 보고 너무 멋져 미용실에 가서 펌을 했는데 망했던 경험, 소셜 미디어에서 유행한다는 옷을 보고 따라 샀는데 어울리지 않아 환불한 경험도 다들 있을 겁니다.

저는 패션 과도기와도 같았던 '이직 과도기'에 이런 말을 들은 적이 있습니다. "사람들은 모두가 다른 시험지를 갖고 있다는 사실을 깨닫지 못하고 그저 타인의 답을 모방하기만 하다 시험을 망친다."

이직과 쇼핑의 다른 점은 환불이 쉽지 않다는 것입니다. 환불이 되지 않는 새 옷을 사고 금방 후회하지 않기 위해서는 시행착오를 줄여나갈 필요가 있습니다. 제 경우 여러 번 이직하다 보니, 시행착오를 줄여주는 저만의 기준이 생겼습니다. 바로 내 몸에 맞는 회사의 기준입니다.

나에게 맞는 회사는 어떤 곳일까?

1. 문제가 있는 곳

문제가 있는 곳은 다른 말로 '기회가 있는 곳' 입니다. 기회는 문제 뒤에 있거든요. 특히 다른 사람들은 쉽게 풀지 못하거나 아예 포기했지만 내 경험이나 역량이 해결의 실마리가 될 수 있는 어려운 문제가 있는 곳이라면 딱입니다. 저는 이런 문제가 보이면 과감히 도전해보고자 했습니다. 이런 도전은 실패와 성공을 떠나 항상 성장을 동반했거든요.

2. 나에게 잘 맞는 환경이 있는 곳

나에게 잘 맞는 환경은 곧 '내가 더 크게 활약할 수 있는' 환경을 말합니다.

내가 더 일을 잘할 수 있는 업무 방식과 조직 문화는 사람마다 다릅니다. 누군가는 빠르게 움직이며 약간의 위험을 감수하는 환경에서, 누군가는 신중하고 꼼꼼하게 완벽을 기하는 환경에서 더 잘 활약할 것입니다. 누군가는 개인의 전문성에 집중하는 환경에서, 누군가는 다수와 동시다발적인 협업이 이루어지는 환경에서 더 두드러지게 활약할 것입니다. 어떤 것 하나가 맞거나 틀린 것은 아니에요. 각자의 역량과 성향이 모두 다르기 때문입니다.

그래서 일반적으로 사람들이 좋다고 하는 환경이 아니라 내가 특히 잘할 수 있는 환경을 찾는 것이 중요합니다. 그런 곳에서 내 가치를 더 잘 증명할 수 있으니까요.

3. 좋은 사람이 있는 곳

좋은 사람이 있는 곳은 '내가 배울 수 있는 사람'이나 '함께 힘든 일을 수행할 수 있는 사람'이 있는 곳을 말합니다.

유명한 회사나 좋은 포지션에서 일한다고 저절로 성장하지 않습니다. 성장은 결국 사람을 통해 생겨납니다. 성장이 이루어지는 과정을 되짚어보면 쉽게 알 수 있습니다. 직접 해보고 배우거나, 누군가를 통해 배우거나 둘 중 하나입니다.

함께할 동료들이 기꺼이 힘을 모아 어려운 일을 완수할 수 있는 사람들이라면, 나도 직접 크고 멋진 일에 참여하면서 성장할 수 있습니다. 동료들이 배움을 줄 수 있을 정도로 훌륭하다면, 회사는 누군가에게 값진 배움을 얻는 학교 역할도 해줄 것이고요. 어떤 동료들과 함께하게 될지도 일할 회사를 선택하는 중요한 기준입니다.

알리바바 창업자 마윈은 20~30대에는 앞으로 할 일을 잘 배우는 것이 가장 중요한데, 이를 위해 좋은 상사를 만나야 한다는 말을 했습니다. 너무나 공감합니다.

어떤 사람들은 주위 사람을 보면 그의 미래를 내다볼 수 있다고 말합니다. 내 미래는 내가 가장 많은 시간을 함께 보내는 10명의 평균이라는 것입니다. 우리는 생각보다 주위 사람들에게 많은 영향을 받기 때문입니다. 이직할 때 함께할 사람들도 살펴봐야 하는 이유가 여기에 있습니다.

앞에서 언급한 3가지 기준은 '좋은 문제가 있고, 내가 시도해볼 만한 환경이 있고, 이에 더해 힘을 모으거나 배움을 줄 수 있는 동료가 있는 곳'으로 요약할 수 있습니다. 이는 곧 문제 해결의 가능성이 있는 곳을 말합니다. 저는 제가 기여해서 풀어낼 수 있는 크고 값진 문제가 있는 곳에서 일하고 싶습니다.

실제로 저는 이런 기준으로 벌써 5번째 회사에서 일하고 있어요. 코로나로 여행 산업이 전면 중단에 가까운 상황에 놓였음에도 여행 관련 스타트업으로 이직했을 때도, 정말 많은 사람이 이직하는 이유를 물었습니다. 그때 제 대답도 똑같았어요.

"그곳에 제가 기여해서 풀 수 있는 문제가 얼마나 많을까요?"

저의 생각은 이랬습니다. 그 스타트업은 코로나로 많은 마케팅 활동을 중단했고, 팀 상황은 어려울 것이고, 엔데믹이 다가오며 리오프닝을 기다리는 시점에 조직과 전략을 단단하게 해줄 사람을 찾고 있었을 것입니다. 그때까지 다녔던 여러 회사에서 산전수전 겪으며 얻은 저의 마케팅 조직 관리 경험과, 큰 변화가 빨리 일어나는 산업에 몸담으며 얻은 전략적 관점이 그런 여행 산업의 환경에 딱 맞을 거예요(물론 생각보다 그곳에서 문제를 해결하는 것은 훨씬 더 힘들었고, 엔데믹은 한참 뒤에 찾아왔습니다).

다른 이직도 마찬가지였습니다. P&G라는 외국계 기업에서 당시만 하더라도 규모가 작았던 핀테크 스타트업으로 이동한 것이 저의 첫 이직이었습니다. 당시 퍼포먼스 마케팅 중심으로 빠르게 성장했던 그 회사는 일반적으로 말하는 IMC 캠페인을 통해 총체적인 마케팅 활동을 강화해나가려고 했습니다. 마침 경쟁사 대기업에서 유사한 핀테크 서비스를 막 출시한 상황이었어요. 치열하고 경쟁적인 시장 환경에서 전통적인 마케팅 접근법에 대한 이해와 경험을 갖춘 사람이 해결할 수 있는 문제가 많으리라 생각했습니다. 회사도 저와 비슷한 생각을 했고, 실제로 중요하고 값진 문제가 많았습니다.

콘텐츠 스타트업으로 이직할 때도 마찬가지였습니다. 당시 그 회사에는 마케터가 없었지만, 크리에이터들과 함께 하는 사업과 경쟁의 구도가 커짐에 따라 PR부터 퍼포먼스 마케팅까지 다양한 마케팅이 필요할 것이라고 생각했어요.

그 회사에서 문제를 해결하기 위해서는 크리에이터라는 '사람'과 함께하는 신뢰 기반의 비즈니스로서 신중하고 조심스럽게 움직이는 대기업스러운 면모가, 작은 규모로 '애자일'하게 움직이며 대기업의 콘텐츠 부서와 경쟁한다는 측면에서는 스타트업스러운 면모가 필요할 것이라 생각했습니다. 외국계 기업과 스타트업에서 쌓은 저의 다양한 경험이 마케팅 문제 해결에 도움이 될 것이라 생각했고, 다행히 그곳에서 오래 일하며 많은 문제를 해결했습니다.

내 몸에 잘 맞는 문제를 찾고, 해결을 시도하는 과정에서 항상 큰 성장이 뒤따랐습니다. 마치 내 몸에 잘 맞는 옷을 찾아나가는 것처럼요.

시행착오가 없었던 것은 아니에요. 모든 이직에서 완벽히 성공했다고 말하기도 힘듭니다. 지금 되돌아보면 아쉬웠던 이직과 더 잘해낼 수 있었지만 해결하지 못한 문제도 많거든요.

하지만 그 과정에서 저 자신을 더 잘 알게 되었습니다. 저에게 잘 맞는 문제와 더 잘 일할 수 있는 환경과 시너지를 낼 수 있는 동료는 누구인지를요. 이것들은 앞으로도 제 몸에 잘 맞는 회사에서 저를 성장시킬 수 있는 기준이 될 것입니다. 타인과 다른 시험지를 가지고 있는데 그저 타인의 답을 모방하는 것이 아니라요.

무작정 이직을 하라는 무책임한 말을 하려는 것은 아니에요. 날개를 달아줄 옷과 달리 이직은 환불이 쉽지 않으니 항상 조심스럽게 접근해야 합니다. 하지만 실패하지 않는 것만 최우선으로 생각하고 조심한다면 이직을 통해 성장하지 못할지도 모릅니다.

회사가, 상사가, 동료가, 그리고 내가 하는 일이 수준에 맞지 않다고 불평하면서도 계속 그곳에 머무르는 사람들도 있습니다. 저는 그것이 꼭 정답은 아니라고 생각해요. 그럴 땐 내 수준에 맞는 회사를 찾아 떠나면 됩니다. 그런 불평은 나에게도 좋지 않고, 함께 일하는 동료들에게도 안 좋은 영향을 줍니다.

소중한 커리어의 씨앗을 심고, 작은 싹을 틔우고, 비바람을 열심히 이겨내더라도 꽃을 피우지 못하면 햇살이 잘 들고 비옥한 땅으로 씨앗을 옮겨 심어야 합니다. 회사가, 상사가, 선배가 내 수준과 맞지 않나요? 더 좋은 곳을 찾아보세요. 분명 나에게 더 잘 맞는 곳이 있을 것입니다.

절이 싫으면 중이 떠나야 한다는 지루한 이야기를 떠올렸을지도 모르겠습니다. 실망할 수도 있겠지만, 저도 같은 생각입니다. 절이 싫으면 중이 떠나야 합니다. 그 무엇보다 중을 위해서요. 나에게 맞지 않는 절에 남는다면 얻을 것이 많지 않기 때문입니다.

문밖에는 생각보다 넓은 세상이 있습니다.

이 말은 꼭 기억했으면 해요. **완벽한 회사는 없으므로 완벽한 이직은 환상에 가깝고, 현실적인 이직은 조금 더 나에게 맞는 문제를 찾아가는 과정입니다.** 그 과정에서 시행착오는 불가피해요. 약간의 위험을 감수한 사람들에게는 자신에게 맞는 일을 찾을 수 있다는 작은 특권이 주어집니다.

위험을 무릅쓰고 해가 잘 들고 풍부한 양분이 있는, 나에게 맞는 땅을 찾아나서려는 사람들을 위해 이번에는 이직에 대한 이야기를 해보려고 합니다.

이직
시나리오

이직을 결정할 때 어떤 것을 고민해야 할까요?

저는 오롯이 성장을 위해 이직을 결정해야 한다고 믿습니다. 물론 금전적인 부분이나 개인의 취향과 선호 같은 것도 이직을 결정하는 데 중요한 요소입니다. 하지만 이는 지극히 개인적인 부분이라 몇 가지 질문이나 일반적인 조언으로 쉽게 판단하고 결정하기가 쉽지 않아요.

그래서 여기서는 보상이나 취향 같은 개인적인 부분은 제외하고, 문제 해결사로 성장하겠다는 관점에서 고민해야 할 이직 시나리오를 살펴보려고 합니다. 제가 실제로 활용하는 시나리오입니다.

시나리오를 활용하는 방법은 간단합니다. 총 8개 질문에 스스로 답해보며 각 응답에 맞는 질문을 찾아가면 됩니다. 마치 스무고개처럼요. 그럼 질문부터 살펴보겠습니다.

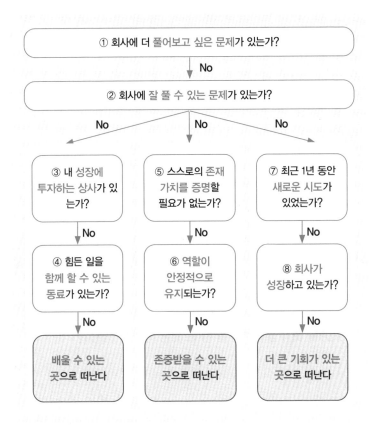

이직할 때 답해야 할 8가지 질문

1. 회사에 더 풀어보고 싶은 문제가 있는가?

경력은 문제를 해결함으로써 성장합니다. 앞에서도 수없이 이야기한 경력의 본질입니다. 작은 문제를 풀고 나면 더 큰 문제가 기다립니다. 점진적으로 어려워지는 문제를 따라가다 보면 눈앞에 해결을 기다리는 문제에 성장이 숨어 있다는 것을 알게 됩니다.

모두 알다시피 문제를 찾고 푸는 것은 어려운 일입니다. 회사에 남는다는 결정을 하려면, 그 회사에서 풀어보고 싶은 문제가 있어야 합니다. 힘들다는 것은 알지만 기꺼이 더 해보고 싶은 일이 남아 있다는 뜻이니까요. 그래서 회사 일이 어렵다는 이유로 이직하는 것은 추천하지 않습니다. 어렵더라도 해결해보고 싶은 문제가 남아 있는지가 중요합니다.

그래서 이 질문에 자신 있게 '그렇다'고 대답할 수 있으면 이직을 고민할 필요가 없을 듯합니다. 아직 그 회사에서 경험할 성장이 더 남아 있다는 말이니까요. 이 질문의 답변이 '아니다'라면 질문 2로 넘어갑니다.

2. 회사에 내가 남들보다 잘 풀 수 있는 문제가 있는가?

풀고 싶은 문제가 없어도 성장할 가능성은 있습니다. 풀고 싶지는 않지만 풀 수 있는 사람이 별로 없는 귀한 문제도 있거든요. 영감과 동기를 주는 문제는 없지만 남들보다 잘 풀 수 있는 문제가 있다면, 그곳에서 큰 가치를 만들어낼 수 있습니다. 내 가치는 내가 풀 수 있는 문제의 크기에 비례하기 때문입니다.

그곳에서 다른 사람들보다 잘 풀 수 있는 문제가 있다는 말은 곧 큰 인정과 대체 불가능함을 의미합니다. 반대로 현재의 회사가 아니라 다른 곳에 더 잘 풀 수 있는 문제가 있다면 성장할 기회는 여기가 아니라 그 회사에 있을 가능성이 높고요.

그래서 이 질문에도 자신 있게 '그렇다'고 말할 수 있다면 당분간 이직을 고민하지 않아도 됩니다. 아직 이 회사에 나만 풀어낼 수 있는 문제가 남아 있다는 말이니까요.

만약 1번과 2번 질문에 모두 '아니다'라고 답했다면 이직 고민의 출발점이 됩니다. 그럼 3~8번 질문으로 넘어가서 어떤 이직의 시나리오가 필요한지 생각해보겠습니다.

3. 내 성장에 구체적으로 투자하는 상사가 있는가?

직접 문제를 풀어 성장할 수 없다면 보고 배울 만한 사람들과 일해야 합니다. 주위에 배울 수 있는 상사가 없다면 성장할 가능성은 더욱 낮아집니다. 반대로 내 성장에 구체적으로 투자하는 상사가 있다면 다양한 성장의 기회를 잡을 수 있고요.

상사가 내 성장에 투자하고 있다는 가장 구체적인 판단 기준은 나에게 들이는 시간의 양과 피드백의 질입니다. 그런 상사는 시간을 들여 내 일을 관찰하며, 이를 기반으로 내 성장을 위한 구체적인 해결책을 포함한 피드백을 줍니다. 만약 최근 6개월 동안 그런 배려를 받은 적이 없지만 상사가 성장을 중요하게 생각한다고 이야기한다면 말뿐인 것은 아닌지 의심해볼 필요가 있습니다.

4. 힘든 문제를 함께 풀어나갈 동료가 있는가?

질문 3은 항상 질문 4와 함께 생각해봐야 합니다. 상사에게서만 무언가를 배울 수 있는 것은 아니기 때문입니다.

함께 일하는 훌륭한 동료들도 좋은 배움의 원천이자 스스로에 대한 기준을 높여주는 스승입니다. 특히 힘들고 어려운 일도 저 사람이라면 같이 해보고 싶다는 확신이 드는, 믿고 의지할 수 있는 동료들이 있다면 함께 성장할 수 있습니다. 좋은 동료들이 모이면 불가능할 것 같았던 일을 해결할 수 있기 때문입니다.

저도 그런 일을 여러 번 경험했습니다. 세상에서 가장 똑똑한 사람들은 아니지만 마음이 맞는 훌륭한 동료들이 모여 탄탄한 팀워크를 발휘하면 남들이 풀지 못하는 어려운 문제를 풀기도 합니다. 이 과정에서 팀원 모두 성장을 경험합니다.

질문 3과 질문 4에 '그렇다'고 대답할 수 있다면 적극적으로 이직을 고민할 필요는 없다고 생각해요. 내가 의욕적으로 풀고 싶고, 나만이 풀 수 있는 문제는 없더라도 좋은 사람들과 함께라면 좋은 기회를 얻고, 좋은 조언을 구하고, 팀워크의 힘으로 큰 성과를 만들어낼 수 있거든요. 큰 성과는 커리어를 성장시키는 데 좋은 자양분이 됩니다.

하지만 두 질문에 모두 '아니다'라고 대답했다면 이직할 때입니다. 이 경우에 해당하는 이직 시나리오는 '배울 수 있는 곳'으로 가는 것입니다. 내가 풀고 싶은 문제가 있고, 나를 가르쳐주거나 함께 일을 해낼 수 있는 상사와 동료들이 있는 곳을 찾아 떠나는 것입니다.

그래서 이직을 할 때 그 회사에서 해결을 시도해볼 수 있는 어떤 문제가 있는지와 함께 어떤 사람들과 일하게 될지 면밀히 살펴야 합니다. 면접에서 마주하는 면접관이나, 커피 챗을 통해 만난 회사 내부인들이 어떤 사람인지도 자세히 살펴보세요. 링크드인 같은 직장인 소셜 미디어를 활용해 함께 일할 사람이 어떤 배경과 경험을 지닌 사람인지 확인해보는 것도 도움이 됩니다.

5. 스스로의 존재 가치를 증명할 필요가 없는가?

존재의 가치를 스스로 증명하며 일해야 한다면 온전히 일에 집중할 수 없습니다. 만약 상사에게 "스스로의 역할을 직접 정의해보세요", "본인이 기여할 수 있는 영역을 찾아보고 제안해주세요" 같은 말을 자주 듣는다면 스스로의 존재 가치를 증명해야 하는 상황에 처한 것일 수 있습니다. 동료들도 "이 일은 왜 하는 거예요?"라는 질문을 받거나 "그 팀은 하는 일이 뭐야?"라는 질문을 받았다는 소리가 들리기 시작합니다.

이런 경우 회사의 생각은 보통 둘 중 하나입니다. 첫 번째는 당신의 현재 역할이 마음에 들지 않고 당신이 하는 일의 가치가 없다고 생각하는 것입니다. 혹은 채용할 때부터 당신의 역할에서 기대하는 바가 명확하지 않았고, 여전히 그에 대한 확실한 입장이 없는 경우입니다.

둘 중 어떤 경우라도, 당신은 그곳에서 제대로 인정받거나 평가받지 못할 것입니다. 일과 기회를 줄 상사에게 내가 하는 일에 대한 명확한 비전이나 기대가 없기 때문입니다.

이런 상황에서는 성과를 내더라도 제대로 인정받기 힘듭니다. 당장 지시한 일에서는 성과를 냈지만 그 일을 왜 하는지, 그 일이 어떤 의미를 지니는지를 그 일을 하고 있는 당신 말고는 그 누구도 분명히 말하기 힘들 테니까요.

6. 역할이 안정적으로 유지되는가?

질문 6은 질문 5와 함께 다니는 짝입니다. 일하다 보면 어느 정도의 담당 업무 변경은 불가피합니다. 모두 잘 알고 있을 거예요. 회사는 생존하기 위해 변화하는 상황과 발전하는 전략에 맞춰 유연하게 대처해야 하기 때문입니다. 가끔은 힘든 일을 척척 해내는 일잘러에게 새로운 업무가 몰려 담당 업무가 달라지는 경우도 있습니다.

하지만 회사의 일방적인 필요에 의해 담당하는 업무가 바뀌고, 심지어 자주 그런 일이 벌어진다면 진지하게 내가 수행하는 역할의 가치에 대해 생각해볼 필요가 있습니다. 손바닥 뒤집듯 자주 업무가 바뀐다면 회사가 당신이 지금 하고 있는 일을 중요하게 생각하지 않는다는 뜻일 수도 있으니까요.

문제를 풀고 성과를 내기 위해서는 일정 기간 한 가지 일에 몰두하는 시간이 필요합니다. 아무리 특출난 사람이라고 하더라도 문제를 찾고, 원인을 알아내고, 이를 집요하게 고쳐 성과를 내기 위해서는 최소한의 시간이 필요하기 때문입니다. 하지만 맡은 일이 자주 바뀐다면 그런 몰두의 시간을 갖기 힘들어집니다.

질문 5와 질문 6에 '그렇다'고 대답할 수 있다면 지금 당장 이직할 필요 없습니다. 조금 힘들고 고되더라도 사람들이 인정하는 일을 하고, 그 일에서 시간을 충분히 들여 몰두하며 문제를 해결할 가능성이 있으니까요.

하지만 두 질문 모두에 '아니다'라고 대답했다면 이직해야 할지도 모릅니다. 이 경우에 해당하는 이직 시나리오는 '존중받을 수 있는 곳'으로 가는 것입니다. 내가 풀 수 있는 문제가 있고, 그 문제 해결에서 나에게 기대하는 역할이 분명하며, 그 역할을 안정적으로 유지할 수 있는 환경을 갖춘 회사입니다.

그래서 이직할 때 참여하게 될 팀이 어떤 구조로 일하는지, 어떻게 역할을 분담하고, 그 속에서 내가 담당할 역할은 무엇인지 정확히 알아봐야 합니다. 팀이 하는 일이 다시 전체 회사의 목표와는 어떻게 연결되는지, 그 과정에서 팀이 만들어내는 가치는 무엇인지도 확실히 이해해야 합니다. 이것들 모두 면접에서 질문해서 파악해도 좋고, 기회가 된다면 회사 내부인의 목소리를 들어보는 것도 도움이 됩니다.

7. 최근 1년 안에 새로운 시도가 많았는가?

물론 상황에 따라 회사 전체가 벌여놓은 일을 잠시 내려놓고 몸을 웅크리고 살아남아야 할 때가 있습니다. 그럴 때는 생존을 위해 새로운 시도를 하기보다 지금 하는 일에서 돌파구를 만들기 위해 모든 사람의 노력을 집중해야 할지도 몰라요.

만약 그런 상황이 아닌데 내가 담당하는 업무에서 최근에 유의미한 새로운 시도가 없었다면 이직을 고민해볼 필요가 있습니다. 1년 뒤, 3년 뒤에도 늘 똑같은 일을 반복하고 있을 수도 있기 때문입니다. 매일 운전한다고 해서 카레이서가 될 수 없듯 아무리 많은 일을 하더라도 늘 같은 일만 반복한다면 성장을 기대하기 힘듭니다.

새로운 시도가 있었더라도 제대로 된 회고 없이 시도만 반복한다면 이 또한 문제입니다. 시도 자체가 지속 가능하지 않을 것이기 때문입니다. 커리어 성장의 중요한 한 축은 새로운 시도를 통한 성공과 실패의 경험입니다. 새로운 시도가 없는 곳에서는 성장기회 또한 그만큼 제한될 것입니다.

8. 회사가 재무적으로 성장하고 있는가?

질문 8은 질문 7과 짝을 이룹니다. 회사가 재무적으로 성장한다는 것은 큰 의미를 지닙니다. 재무적으로 안전하게 성장하는 '계속기업'에서 성장을 위한 시도와 반복의 기회가 주어지기 때문입니다. 새로운 시도가 없었더라도 회사가 성장하고 있다면 앞으로 기회를 기대할 수도 있고요.

그래서 회사가 재무적으로 성장하고 있지 않거나, 불안정하다면 개인의 성장이 제한될 수 있습니다. 새로운 시도도 없고 회사가 성장도 하고 있지 않다면 앞으로 기회를 기대할 수 있는지 의심해볼 필요가 있습니다. 회사가 성장하고 있더라도 왜 성장하고 있는지 누구도 그 원인을 제대로 알고 있지 못한 경우에도 상황은 마찬가지입니다. 회사가 앞으로도 안정적으로 성장할 것이라 기대하기 힘들기 때문입니다.

만약 질문 7과 질문 8에 '그렇다'고 대답할 수 있다면 이직이 급한 상황은 아닐지도 모릅니다. 안정적이고 튼튼하게 성장하는 회사에서 개인의 성장을 위한 새로운 시도와 이를 반복할 기회를 얻게될지도 모르기 때문입니다. 물론 어떤 태도로 일하느냐, 어떤 역량을 갖추었느냐에 따라 그 기회의 시기와 크기는 다르겠지만요.

하지만 이 두 질문에 '아니다'라고 대답했다면 이직을 고민해야 합니다. 이 경우 해당하는 이직 시나리오는 '더 큰 기회가 있는 곳' 으로 가는 것입니다. 이 시나리오에 적합한 회사는 내가 풀어낼 좋은 문제가 있고, 회사가 성장 중이라 기회도 많으며, 새로운 시도에도 열려 있어 큰 기회가 성장으로 이어질 만한 회사입니다.

그래서 이직할 때 그 회사가 어떻게 성장하고, 그 성장을 어떻게 이루었는지 잘 살펴보아야 합니다. 회사가 돈을 버는 사업의 구조는 무엇인지, 그것이 어떻게 우량하고 독보적일 수 있는지 파악해야 합니다. 이 회사가 그런 성장을 만들어내는 과정에서 구축한 문제의 해결 방식이나 조직 문화가 있다면 알아봐야 하고요. 결국 그것들이 나에게 성장할 기회를 제공할 것이기 때문입니다.

8가지의 질문으로 이직의 필요성을 판단하고, 이를 통해 도출할 수 있는 3가지 이직의 경우의 수를 그려낼 수 있는 이직 시나리오를 살펴보았습니다. 스스로의 상황과 지금 하고 있는 일을 차분히 살펴보며 질문에 답해보면 나에게 맞는 시나리오를 찾을 수 있을 거예요.

좋은 회사를 판단하는 11가지 질문

이번에는 반대로 어떤 회사에 합류할 기회가 주어졌을 때, 그곳이 좋은 회사인지 판단할 수 있는 11가지 질문을 살펴보려고 합니다. 오직 개인의 성장 관점에서, 이른바 '내가 성장할 수 있는 회사'를 찾는 질문입니다.

최근에는 스타트업에서의 커리어도 좋은 선택지로 생각하는 사람이 많아지면서 커리어의 성장을 위한 '경로'가 전보다 다양해졌습니다. 제가 외국계 기업에서 스타트업으로 처음 이직한 10년 전만 하더라도 스타트업과 중소기업은 위험하다는 인식이 강했거든요. 가족부터 친구들까지 괜찮겠냐는 질문을 참 많이 했습니다.

물론 규모가 작고 자금 사정이 빡빡한 스타트업이나 중소기업이 위험하다는 것이 틀린 말은 아닙니다. 최근 경기가 둔화되고 고금리 상황이 오래 유지되면서 인원 감축 소식이 많이 들려옵니다. 구조 조정을 하는 회사는 노동 여건이 유연한 글로벌 빅테크 기업이나 국내 중소 스타트업인 경우가 많았습니다.

이것만 보더라도 고용 안정성 차원에서 스타트업이 위험하다는 것은 부정할 수 없는 사실입니다. 스타트업은 늘 지속 가능성과 대기업들과의 경쟁으로 생존에 위협을 받기 때문입니다.

하지만 이 때문에 특별한 경험을 할 수 있는 것도 맞아요. 압박이 심한 상황에서 혁신적인 돌파구를 찾아 처음에는 미미하다가 일정 시점에서 급격히 성장하는 J커브 성장을 경험할 수도 있고, 대기업에서는 상상하기 힘든 수준의 권한과 자율성을 바탕으로 내 손으로 직접 변화를 만들어내는 경험을 할 수도 있다는 것이 스타트업의 매력입니다.

그래서 저는 성향에 따라 스타트업도 좋은 커리어 성장의 경로가 될 수 있다고 생각합니다. 저 또한 이런 스타트업에서의 성장에 매료되어 스타트업에서 7년 넘게 일하고 있기도 하고요.

대기업과 외국계 기업도 여전히 인기가 많습니다. 안정적이라는 장점 외에도 큰 성장을 경험할 수 있다는 점도 주목할 만합니다. 국내에서 거둔 성공을 기반 삼아 거대한 해외시장을 쉽게 경험할 수도 있고, 스타트업이나 중소기업에서는 생각하기 힘든 규모의 프로젝트에 참여해볼 수도 있습니다.

앞선 조직 문화와 선진화된 프로세스를 경험할 수 있는 것도 매력적이고, 체계적으로 준비된 온보딩이나 교육 프로그램 또한 대기업에서 일하면서 얻을 수 있는 좋은 성장 영양분입니다.

요즘은 꼭 회사에서만 값진 성장을 하는 것은 아니에요. 회사 밖에서도 성장할 수 있는 시대가 되었습니다. 소셜 미디어를 통해 내 경험이 수많은 사람들과 쉽게 연결되어 가치를 만들어낼 수 있게 되었으니까요.

'N잡러'라는 말이 심심치 않게 들리는 것만 보더라도 잘 알 수 있습니다. N잡러는 여러 일을 통해 수익을 창출하고 성장을 경험하는 사람을 말합니다. 회사에 다니면서 부업으로 큰돈을 벌거나 유튜브 혹은 인스타그램을 통해 유명인이 된 사례는 식상할 정도로 많습니다. 사실 저만 하더라도 N잡러라고 볼 수 있습니다. 회사에서 마케터로 일하지만 밖에서는 작가로서 책도 내고, 강연을 통해 많은 독자를 만나기도 하니까요.

그래서 오히려 커리어의 성장을 꾀하는 사람들의 고민은 깊어졌습니다. 선택지가 더 많아졌기 때문입니다. 메뉴가 너무 많은 식당에 들어간 것과 같은 느낌이에요. 너무 많은 메뉴에 고민이 깊어진 손님들은 '주인장 추천 메뉴'나 '베스트 메뉴'처럼 남들이 좋다고 추천해주는 메뉴에 의지하고 맙니다. 그 음식이 내 입맛에 맞을지, 건강에 좋을지 깊이 생각해보지 않은 채로요.

　그래서 개인적인 경험을 바탕으로 성장을 위한 회사를 찾는 질문을 생각해보았습니다. 외국계 기업부터 스타트업까지, 주니어 마케터부터 마케팅 디렉터까지, 회사원부터 작가라는 새로운 직책까지 다양한 일을 거친 제 경험이 그렇지 않은 사람들에게 도움이 되지 않을까 해서요. 질문은 총 11가지에요. 성장을 위한 회사를 찾고 싶을 때, 이 11가지 질문을 곱씹어보면 좋겠습니다.

・입사 전 필요한 4가지 질문
① 내가 충족하고 싶은 환상은 무엇인가?
② 회사가 사람을 중요하게 생각하는가?
③ 같이 일해보고 싶은 면접관을 발견했는가?
④ 경영진이 조직원의 성장을 위한 노력을 하고 있는가?

・입사 후 필요한 7가지 질문
① 회사에 가르침이나 기회를 줄 리더와 동료가 있는가?
② 회사가 실패를 어떻게 바라보는가?
③ 회사가 심리적 안정감을 제공하는가?
④ 회사가 우선순위를 어떻게 결정하는가?
⑤ 중요한 의사 결정은 어떻게 이루어지는가?
⑥ 부서 간 협업은 어떻게 이루어지는가?
⑦ 회사가 고객에게 꾸준히 관심을 가지는가?

---

1. 입사 전 필요한 4가지 질문

입사 전 채용 과정에서 회사에 대해 알게 됩니다. 인사 담당자와 통화를 하거나 메일도 주고받고, 면접에서 실무자나 해당 조직의 상사나 리더를 만나 대화를 나누기도 해요. 이 과정에서 회사에 입사하기 전 반드시 확인해야 할 4가지 질문이 있습니다.

① 내가 충족하고 싶은 환상은 무엇인가?

지원한 회사가 '생애 주기'에서 어떤 단계에 있느냐에 따라 직원들은 전혀 다른 경험을 하게 됩니다. 만약 회사 생활을 통해 충족하고 싶은 환상이 있다면, 이를 구체적으로 정리하고 이를 만족시킬 회사를 찾는 것이 중요합니다.

제품 시장 적합성Product-Market Fit, PMF을 찾으며 초기 시장을 개척하고 확보하는 일을 경험하고 싶다면 초기 단계의 스타트업이, 초기 시장에서 매스 시장(대중 시장)으로 확장하는 단계에서 주도적인 프로젝트를 경험하고 싶다면 유니콘 반열에 올라선 스타트업이 적합합니다.

구조적이고 체계적인 방법으로 전략과 실행 계획을 도출하고 프로젝트를 관리하는 방법을 배우고 싶다면 꾸준히 성과를 내고 있는 대기업이, 선진화된 조직 문화와 자율적인 분위기에서 주도적인 업무와 책임을 경험하고 싶다면 외국계 기업이 적합할 것입니다.

원하는 것이 구체적으로 무엇인지, 이를 어떤 단계에 있는 회사가 충족해줄 수 있는지가 가장 먼저 스스로에게 던져봐야 할 질문입니다. 그래야 합격하더라도 회사와 내가 모두 윈윈win-win할 수 있으니까요.

② 사람을 중요하게 생각하는가?

어떤 회사에서나 사람은 가장 큰 자산입니다. 그런데 입사 전부터 사람을 소중하게 대하지 않는다면 고민해볼 필요가 있습니다.

리크루팅은 어떤 기업의 인사 팀에서든 핵심적인 일입니다. 그럼에도 리크루팅 과정에서 마주하는 잠재 직원에게 충분히 신경 쓰지 않는 회사와 인사 팀이라면 조심할 필요가 있습니다.

면접 일정을 잡을 때부터 '갑질'의 기운이 느껴진다거나, 양해 없이 면접관이 면접에 늦고 이를 당연하게 생각하거나, 면접관이 나의 이력서를 제대로 읽어보지도 않고 면접에 들어와 뻔한 질문만 늘어놓는다면 당신에게 관심이 없거나, 사람을 중요하게 생각하지 않는 회사이거나 둘 중 하나일 거예요.

③ 같이 일해보고 싶은 면접관을 발견했는가?

어떤 회사에서나 사람이 개인의 성장과 커리어의 방향에 가장 큰 영향을 줍니다. 면접에서 만난 사람은 당신이 입사한 후 가장 많은 시간을 보낼 사람입니다. 이 사람과 함께 일해보고 싶다는 생각이 들지 않는다면 고민해볼 필요가 있습니다.

체계와 프로세스가 미비한 스타트업일수록 누구와 일하느냐가 매우 중요하고, 대기업이라 하더라도 특히 어떤 리더와 일하느냐가 내 커리어에 큰 영향을 미칩니다.

입사하기 전에 나와 같이 일하게 될 사람이 어떤 사람인지 파악하는 것은 너무나 중요합니다. 면접에 들어오는 면접관을 보면서 최소한의 호기심이나 호감이 생기지 않는다면 이직을 후회할 가능성이 높습니다.

면접관이 내 말을 경청하지 않거나, 대화가 잘 안 통한다거나, 내 말을 잘못 해석해 다시 설명하는 경우가 많다면 입사 후에도 이런 일이 자주 반복될 수 있어요.

우리 모두 30년 가까이 올바른 감수성을 지니고 살았다면 '쎄한 느낌'은 보통 틀리지 않습니다. 면접관과 대화할 때 '함께 일하고 싶은 사람이다'라는 느낌이 들지 않으면 숙고할 필요가 있습니다. 면접은 회사가 지원자를 평가하는 것뿐 아니라, 지원자 또한 회사를 평가하는 시간입니다.

④ 경영진이 조직원의 성장을 위한 노력을 하고 있는가?

회사의 경영진, 특히 나와 가장 가까운 조직장이나 팀장이 조직원의 몰입과 성장을 위해 구체적으로 무엇을 하고 있는지 알아봐야 합니다.

저는 자신에게 영향을 줄 리더들이 얼마나 똑똑하고 대단한지 걱정하기보다 조직원의 몰입을 위해 어떤 노력을 하고 있는지 확인하는 것이 훨씬 더 실용적이라고 생각합니다. 이런 리더들이 조직원의 성장도 중요하게 생각하는 경우가 많았기 때문입니다.

면접 과정에서 리더들을 만나게 된다면 적극적으로 조직원의 몰입과 성장을 위해 어떤 노력을 하고 있는지 질문해보세요. 그냥 질문만 하면 듣기 좋은 답변만 들을 수 있으니 구체적인 사례도 꼭 함께 물어봐야 합니다.

회사 평가 사이트에서 내부 직원들이 평가하는 조직장이나 경영진에 대한 의견을 확인해보는 것도 도움이 됩니다. 물론 그런 평점 사이트에는 일반적으로 불만을 토로하는 경우가 많아요. 그래서 경영진에 대한 부정적인 평가가 있다고 해서 걱정하기보다 경영진에 대한 좋은 평가가 있는 회사인지 확인해보는 편이 좋습니다.

2. 입사 후 필요한 7가지 질문

입사 후 확인해야 하는 질문도 있습니다. 수습 기간에 이 회사에서 잘 성장할 수 있을지 고민해봐야 하니까요. 수습 기간은 회사가 입사자를 평가하는 기간이기도 하지만, 입사자가 회사를 평가하고 적응하는 기간이기도 합니다. 일을 시작하기 전에 성장에 대한 기대가 잘 충족될 수 있는 토양인지 확인해야 합니다.

이를 위해 활용할 수 있는 몇 가지 질문이 있습니다.

① 가르침이나 기회를 줄 리더와 동료가 있는가?

함께 일하는 동료가 성장에 가장 큰 영향을 준다는 것은 몇 번이나 강조해도 지나치지 않습니다. 입사하고 나면 주위에 내 성장에 관심을 가지고 도와줄 리더나 믿고 의지할 수 있는 동료를 찾아야 합니다.

좋은 리더와 동료가 많은 땅이 나의 커리어 씨앗을 옮겨 심을 비옥한 토양입니다. 그래서 입사한 후에도 주위에 있는 리더와 동료가 내 성장에 얼마나 진심이고 관심이 많은지 살펴보아야 합니다.

성장을 이끌어줄 수 있는 사람은 나에게 직접적인 가르침을 줄만한 사람입니다. 내가 모르는 것을 알고 있고, 내가 아직 해보지 않은 경험이 많고, 내가 해야 하는 일에서 먼저 성과를 내본 사람이라면 나에게 가르침을 줄 수 있습니다.

물론 가르침을 주는 사람만이 내 성장을 이끌어내는 것은 아닙니다. 나를 잘 관찰해 나에게 맞는 기회와 해낼 것이라는 믿음을 주는 사람을 통해서도 성장할 수 있어요. 누군가에게 배워서 성장할 수도 있지만, 좋은 기회를 얻어 직접 해보면서 성장할 수도 있기 때문입니다.

나에게 가르침을 주거나, 나에게 맞는 기회를 주는 상사나 동료가 없다면 그 회사에서 성장은 오롯이 나의 몫이 됩니다.

② 실패를 어떻게 바라보는가?

회사 조직 문화의 성숙도는 '실패를 대하는 태도'에서 알 수 있습니다. 회사에서 하는 일 중 일부는 실패가 불가피하지만, 그 실패에 득이 될지 해가 될지는 조직이 실패를 얼마나 성숙하게 받아들이냐에 따라 결정되기 때문입니다.

그래서 일을 하면서 회사의 리더들이 실패를 어떻게 대하는지 잘 살펴보아야 합니다. 많은 사람이 실패를 통해 성장한다고, 성장을 위해 일정 수준의 실패는 감당해야 한다고 하지만 실제로 그렇게 행동하는 회사나 리더를 만나기는 쉽지 않습니다.

이를 위해 조직 리더들을 잘 관찰해야 합니다. 실패를 회피하거나 포장하지 않고 본인의 부족한 판단이나 전략에 대해서도 투명하게 조직원들과 공유한다면, 그 일을 함께 한 구성원들도 실패를 동일하게 이해할 수 있습니다. 실패를 바라보는 관점은 모두 제각각이거든요. 실패의 책임을 묻거나 따지기보다 앞으로 더 잘하기 위해 바꾸고 고쳐야 하는 것에 집중하는 모습을 보이면 구성원들도 실패를 통해 성장할 수 있습니다.

이를 가장 잘 판단할 수 있는 기준이 '회고 문화'입니다. 대표부터 평범한 팀원까지 동일한 관점으로 실패를 회고하는지 살펴보면 도움이 됩니다. 제대로 된 회고 문화가 있다면 실패를 경험과 교훈의 원천이라고 생각하고, 철저히 해부하고 분석해 성장의 출발점으로 만듭니다. 이는 분명 개인의 성장에도 필요한 일이고요.

회고를 바탕으로 한 성공과 실패의 경험이 문서로 잘 저장되어 있는지 여부도 중요합니다. 물론 과거의 경험을 바탕으로 "내가 해봐서 아는데 그건 안 돼"라고 말하는 사람이 많다면 조심할 필요가 있습니다.

③ 회사가 심리적 안정감을 제공하는가?

구성원들이 심리적인 안정감을 느끼며 일하는지도 중요합니다. 몰입에 대해 의견을 내는 많은 심리학자가 심리적으로 안전한 조직에서만 업무에 몰입할 수 있다고 주장하기 때문입니다.

얼마 전 화제가 되었던 책 《도둑맞은 집중력》에 이런 말이 나옵니다. 당장 내 주위에 위협이 있다면 집중할 수 없다고요. 원시시대에는 당장의 생존을 위해 주의를 분산하는 것이 유리했다고 해요. 아이를 돌보면서도 동굴 밖에 갑자기 사자가 나타나지 않을지 걱정해야 하고, 내일 사냥할 때 필요한 도구를 정비하면서도 마을에 갑자기 곰이 습격하지 않을까 걱정해야 했으니까요.

그래서 집중은 생존에 불리합니다. 반대로 몰입하기 위해서는 위협이 없다고 느껴야 합니다. 그래야 지금 내가 하는 일에 온전히 집중할 수 있고, 이를 통해 더 나은 결과를 낼 수 있습니다.

회사에서도 몰입해 더 나은 성과를 내고 이를 통해 성장하기 위해서는 안전한 환경 속에 있어야 합니다. 물리적으로 위험한 회사도 있지만 여기서 말하는 안전은 심리적 안전입니다. 원시시대 인류가 그랬듯, 당장 내 눈에 보이지 않더라도 근처에 곰이나 사자가 있다고 느끼면 한 가지 일에 집중하지 못할 테니까요.

과도한 내부 경쟁으로 주위 동료들이 경쟁자가 되어버리거나, 감정 기복이 심하고 일관성이 부족한 리더가 불안정한 상황을 만들어내는 경우 조직원들이 더 나은 성과를 위해 몰입하기 힘들 거예요. 생존하기 위해 주의를 분산해야 하기 때문입니다.

심리적으로 안전한 조직의 가장 큰 특징은 '잘 받아들여지는 것'이라고 생각합니다. 누구든 있는 그대로 수용하고, 본인의 의견을 안전하게 말할 수 있는 것을 말합니다.

있는 그대로 받아들이기 위해서는 어떤 행동에도 개인이 불합리한 피해를 입지 않을 것이라는 믿음이 있어야 합니다. 더 나은 결론을 내리기 위해 솔직한 의견을 말하거나 바보 같은 질문을 하더라도 안전하다고 느낄 수 있는 거예요. 팀을 대표해 어려운 프로젝트에 도전했다가 실패하더라도 개인의 실패라고 받아들이지 않는 것도 여기에 해당합니다.

④ 회사가 우선순위를 어떻게 결정하는가?

모든 회사의 자원은 한정적입니다. 그런 만큼 우선순위가 중요하지 않은 회사는 없어요. 그러니 "안 중요한 게 어디 있어?", "다 중요하지" 같은 근거로 전사의 우선순위가 대강 관리되고 있지는 않은지 유심히 살펴봐야 합니다.

개인이 문제를 직접 해결하고 성장하기 위해서는 어려운 문제를 진득하게 풀고 해결할 수 있는 몰입의 시간이 필요합니다. 화재 진화에 비유해보면 큰불을 제대로 끄려면 생각보다 긴 시간이 걸리는 것과 같이, 문제 해결에도 충분한 시간이 필요합니다.

큰 성장은 문제 해결 경험에서 비롯되지만, 안타깝게도 큰불을 완전히 끌 때까지 우선순위를 유지하는 회사는 많지 않습니다. 불길이 잡혔다고 생각하면 눈앞에 보이는 또 다른 불길로 우선순위를 바꿔버리거든요. 개인 입장에서는 문제를 완전히 해결하지 못하니 아쉬운 상황입니다.

우선순위라는 말이 무색하게 중요한 업무가 많거나, 자주 급한 일이 치고 들어오거나, 전사의 우선순위가 자주 바뀌는 회사에서는 개인이 성장하고 성과를 내기 위해 무언가를 진득하게 파고들어 해결할 시간을 주지 않을 수도 있습니다. 큰불을 제대로 잡기도 전에 또 다른 불을 끄려고 하니 결국 큰불을 제대로 꺼본 적이 없는 사람이 되어버립니다.

⑤ 중요한 의사 결정은 어떻게 이루어지는가?

의외로 실력보다 정치가 더 중요한 회사가 많습니다. 3명 이상이 모이면 대장 노릇을 하는 사람이 나온다며 조직 생활 자체에 부정적인 사람도 많아요.

중요한 의사 결정이 어떻게 이루어지는지 구성원 대부분이 잘 모르거나, 소수에 의해서만 중요한 일들이 결정되지는 않는지 유심히 살펴봐야 합니다. 밀실에 초대받거나, 원탁에 모여 앉은 소수에 의해서만 중요한 의사 결정이 이루어진다는 것은 실력보다 관계가 중요하다는 의미일 수 있기 때문입니다.

의사 결정이 어떻게 이루어졌고, 그 결정의 핵심 이유와 근거는 무엇인지 구성원들이 모르고 있다면 문제입니다. 실무에서 겪을 만한 위험이나 어려움이 의사 결정에 충분히 반영된 것인지, 그 결정에 영향받는 실무자들이 모르고 있다면 이 또한 문제입니다. 자연스럽게 구성원들은 신뢰받지 못한다는 인상을 받습니다. 의사 결정권자가 소수의 인플루언서 말에만 귀 기울일 테니까요.

⑥ 부서 간 협업은 어떻게 이루어지는가?

우리가 회사에서 하는 일은 대부분 여러 사람이 똘똘 뭉쳐 힘을 모아도 해결하기 힘든 것이 대부분입니다. 그래서 부서 간 갈등이 심하다면 그것도 문제입니다. 세부 조직이 개별적으로 고립되는 '사일로silo화'가 심하고, 협업을 위한 중요한 정보가 막혀 있지 않은지도 살펴보아야 합니다. 이 모두 문제 해결을 위한 협업을 가로막기 때문입니다.

각 부서가 서로에 대한 신뢰가 없고 감정적 갈등이 심하다면 협업하기 힘들어집니다. 서로 중요한 일을 가져가려고 하거나, 힘든 일을 서로 미루는 것도 문제입니다. 부서와 일을 나누기 위한 다툼으로 대부분의 시간과 에너지를 써버리기 때문입니다.

부서가 단절되어 서로가 무슨 일을 하는지 잘 모르는 경우에도 문제 해결의 가능성은 낮아집니다. 함께 하는 일에서 시너지를 내기보다 각자가 해야 하는 일에만 집중하게 될 테니까요. 협업을 위한 중요한 정보가 부서 사이 갈등으로 공유되고 있지 않다면 더 심각한 상황입니다. 이 모두 개인의 성장에 문제가 됩니다.

이런 회사에서는 구성원이 협업을 통해 큰 규모의 프로젝트를 운영하거나 참여해볼 기회도 적어지고, 이를 통해 성과를 내고 성장할 가능성 또한 작아집니다.

⑦ 회사가 고객에게 꾸준히 관심을 가지는가?

치열한 하루하루 속에서도 회사는 시장과 고객에 집중해야 합니다. 회사 리더들이 외부에 존재하는 대중과 시장, 사회의 변화에 신경을 쓰지 않거나 무관심하진 않은지 살펴보아야 합니다. 의외로 많은 회사가 눈앞에 쌓인 실행 과제와 운영 업무에 치여 정작 중요한 시장과 고객을 등한시하는 경우가 많습니다.

특히 주력으로 하는 일에서 초기 성과가 안정적으로 나오면 금세 시장과 고객에 대한 관심이 사그라드는 회사가 있습니다. 그렇게 되면 새로운 시도는 점점 줄어들고, 늘 하는 일만 반복하게 돼요.

이런 회사들은 초기 성과를 낸, 예전에 성공한 방식만 반복하는 데 집중합니다. 자연스럽게 상황 변화에 필요한 새로운 시도가 줄어들고, 시장과 고객의 변화에 무관심해지면서 다시 성장 정체를 마주하게 됩니다. 이런 회사에서는 조직원들이 새로운 일을 찾고 시도하면서 성장할 가능성도 작아집니다.

결국 사람이 가장 중요하다

내가 성장할 수 있는 회사를 찾는 질문이라고 했지만, 지금 일하는 회사에도 이 질문을 그대로 적용해볼 수 있습니다.

일하는 회사나, 이직을 고민하는 회사가 있다면 이 11가지 질문에 대한 답을 찾아보세요. 내가 얼마나 성장에 좋은 환경에서 일하는지 알아차릴 수 있습니다.

11가지 질문을 살펴보면 사람에 대한 질문이 가장 많습니다. 대기업에서 일하건 스타트업에서 일하건 누구와 함께 일하는지에 따라 개인의 성장이 천차만별로 달라지기 때문입니다. 커리어의 씨앗이 자라나기 위해서는 성장에 유리한 비옥한 토양에 있어야 하는데, 이 비옥한 토양은 결국 좋은 사람들이 만들어내죠.

커리어를 고민하는 사람들이 있다면 합류하려고 하는 회사에 좋은 사람이라는 비옥한 토양이 있는지 무엇보다 먼저 확인해보길 추천합니다. 불안한 재무 환경, 급변하는 시장 상황, 예상치 못한 변화와 어려움같이 우리가 회사에서 마주하는 어려움은 좋은 사람들이 모여 있다면 얼마든지 해결해나갈 수 있으니까요.

빌런은
어디에나 있다

몇 년 전에 개봉한 마블 영화 〈가디언즈 오브 갤럭시 3(이하 '가오갤3')〉를 재미있게 보고 왔습니다. 〈가디언즈 오브 갤럭시〉 시리즈는 약간은 부족한 존재들이 히어로가 되어 우주의 위험으로부터 사람들을 지키는 내용이에요. 주인공 역을 맡은 크리스 프랫의 우스꽝스럽지만 진지한 연기가 매력적입니다.

그런데 진정한 히어로 영화의 매력은 빌런, 즉 악당에 있습니다. 악당의 존재가 위협적일수록 영화의 긴장감이 훨씬 커지거든요. 나아가 악당이 매력적이고, 그가 히어로와 세상을 위협하는 이유가 그럴싸하다면 영화에 더욱 몰입할 수 있습니다.

〈가오갤3〉에는 하이 에볼루셔너리(이하 '하이볼')라는 새로운 빌런이 등장합니다. 이전 마블 시리즈에서 큰 인기를 얻었던 빌런 타노스가 우주의 인구 감소를 중요한 비전으로 생각했다면, 하이볼은 완벽한 생명체 만들기를 목표로 삼습니다. 스스로를 창조자라고 생각하는 이 빌런은 기존 생명체를 가혹할 정도로 분해하고 개조해 완벽한 생명체를 만들어내는 데 집착합니다. 완벽한 생명체로만 이루어진 완벽한 세상을 창조하고 싶다고 말하면서요.

하이볼의 광적이고 잔인한 모습은 빌런으로서 인상적이지만, 막상 그의 행보를 보면 답답합니다. 기존 생명체의 무엇을 어떻게 바꾸어야 완벽한 생명체가 될지 깊이 생각해보지 않은 것 같거든요. 왜 지금의 생명체가 불완전한 존재인지, 현재 생명체의 문제는 무엇이고, 자신이 원하는 이상적인 생명체는 어떤 모습인지에 대한 진지한 고찰이 전혀 전해지지 않습니다. 멋진 그림을 그리고 싶지만 막상 빈 도화지에 무엇을 그려야 할지 몰라 이리저리 낙서만 하고 있는 어린아이처럼요.

그래서 하이볼이 만들어내는 개조 생명체는 인간의 단순한 상상력조차 벗어나지 못한 '괴생명체'로 보일 뿐입니다. 동물의 일부를 로봇으로 개조하거나, 인간 모습을 한 동물을 만들거나, 먹지 않아도 살 수 있는 로봇 같은 인간을 만들어내는 것이 전부예요. 스스로를 '창조자'라고 칭하는 존재가 수십 년 동안 집착해 만들어낸 생명체가 고작 이 정도라니 참 답답합니다.

스스로가 무엇을 원하는지도 모르는 '실험광' 빌런에게 실험이라는 명목으로 끝없이 고문당하는 생명체들을 보며 관객들은 슬픔과 안타까움을 느낍니다. 그래서 그의 지향점은 그저 '잔인함'으로 보여요. 명확한 이유와 목표, 그리고 구체적인 실행 계획이 있던 전작의 매력적인 빌런 타노스와는 전혀 다른 모습입니다.

〈가오갤 3〉의 주인공 너구리 '로켓'도 이 실험의 피해자입니다. 로켓은 고문 같은 실험을 통해 높은 지능과 말하는 능력을 얻었지만 상처투성이에요. 하이볼에게서 도망쳤던 로켓은 영화의 결말에서 다시 그를 대면합니다. 하이볼은 유일한 생존 실험체인 로켓을 오랫동안 찾아다녔고, 로켓은 더 이상 과거의 트라우마로부터 도망치지 않기로 결심했거든요. 그때 로켓은 하이볼에게 이런 말을 합니다.

"넌 완벽한 생명체를 원한 것이 아니라, 그냥 현재의 생명체들이 싫었을 뿐이야."

이 대사를 듣고 많은 생각이 들었어요. '구체적이지 않은 열망에서 비롯된 집착은 상대방에게 그저 고통이구나.' 정도의 차이는 있겠지만 이런 사람들은 회사에서도 꽤 여럿 만날 수 있습니다.

첫 직장에서 마케터로 일하며 마케팅 대행사와 협업할 기회가 많았습니다. 같이 일하며 친분이 생긴 대행사 직원들에게 어떤 광고주가 최악인지 물어본 적이 있어요. 다양한 이유로 거절을 많이 하는 제가 혹시 그런 광고주가 아닐지 걱정되었거든요. 그 질문에 이런 대답을 들었습니다.

"자기 머릿속에도 없는 것을 남의 머리에서 찾으려고 하는 광고주가 가장 힘들어요."

서로 다른 생각을 지닌 사람들이 모여 일하다 보면 모두의 마음에 드는 결과물을 만들기가 참 어렵습니다. 그래서 서로의 생각을 잘 설명하는 것이 중요해요. 거절할 수 있는 위치에 있다면 누군가의 제안 중 어떤 부분이 왜 싫은지 구체적으로 설명해야 합니다. 거절을 통해 결국 더 좋은 결과를 만들고자 하는 것이니까요.

누군가의 제안에 우려되는 부분이 있을 수도 있고, 구체적으로 바꾸고 싶은 더 좋은 아이디어가 있을 수도 있습니다. 이때 무엇이 문제이고, 어떻게 바뀌길 기대하고, 만족할 수 있는 최종 결과물의 기준이 무엇인지 정확히 말해주지 않는다면 함께 일하는 모두가 힘들어질 수 있습니다.

그런 의견을 정확히 말해주지 않는 광고주는 대부분 '뜨거운 아이스 아메리카노'나 '시원한 핫초코'를 즐겨 찾는다고 해요. 대행사 직원들에게 그 말을 듣고 저도 반성을 많이 했습니다.

완벽한 대안이 있을 때만 의견을 말해야 한다는 것은 아니에요. 대안은 같이 일하는 동료들과 힘을 모아 얼마든지 찾아나갈 수 있으니까요. 하지만 여럿이 일하는 우리가 그러기 위해서는 서로 명확하게 이해할 수 있는 '문제의식'과 이상적인 결과물에 대한 '기준'이 필요합니다.

한마디로 서로가 원하는 것이 명확하고, 그것을 서로가 잘 이해해야 합니다. '자원 문제의 해결을 위해 우주의 모든 생명체의 절반을 죽여 지속 가능한 우주를 만들겠다'는 명확한 문제와 기준, 해결책을 제시하는 타노스처럼요. 물론 그의 방법은 파괴적이고 폭력적이지만 누구나 타노스가 무엇을 원하는지, 어떤 일을 하려고 하는지 정확히 알 수 있습니다.

그래서 "흠… 무슨 말인지는 알겠는데 확신은 들지 않는데요"가 아니라 "도움이 되는 해결책이겠지만 고객의 ○○한 문제를 구체적으로 해결해주는 방향을 원해요"라고 말해야 합니다. 그래야 듣는 사람이 무엇을 고쳐야 할지 잘 생각할 수 있으니까요. "흠… 새롭긴 한데 뭔가 약해보이는데요"가 아니라 "우리 회사에서는 처음 시도해보는 해결책이지만 경쟁사들은 비슷한 방식을 취하고 있으니 고객이 다르게 느낄 수 있도록 표현 방식을 바꾸면 좋겠어요"라고 말하는 게 더 건설적입니다. '흠… 생명체들이 마음에 들지 않는데 어떻게든 좀 바꿔볼까?'라고 생각한 하이볼처럼 되지 않기 위해서입니다.

무언가가 마음에 들지 않는데 구체적인 문제나 기준이 잘 떠오르지 않는다면 다시 한번 생각해보면 좋겠습니다. 내가 원하는 완벽함이 '뜨거운 아이스 아메리카노'나 '시원한 핫초코'처럼 애초에 존재하지 않을 수도 있다는 것을요. 그저 지금의 아메리카노와 핫초코가 싫어 둘러대는 말일 수도 있어요.

만약 나와 같이 일하는 사람들이 하이볼과 같다면 아쉽게도 빠른 성장을 기대하기는 힘듭니다. 의사 결정을 내리는 위치에 있는 상사가 그처럼 그저 지금 상황이 싫어서 반복적인 변경을 요구하는 '실험광'이라면 더욱 그럴 거예요.

우리는 제안하고 거절하면서 일하지만 이 과정에서 더 나은 결론을 내기 위해서는 모두가 이해 가능한 방식으로 각자의 생각을 전하고 결론을 내려야 합니다. 더 나은 결론을 내리고 이를 통해 더 큰 성과를 내며 성장할 수 있고요.

하지만 하이볼의 방식으로는 제대로 된 결론을 내릴 수 없습니다. 본인이 무엇을 원하는지, 그것을 달성하기 위한 기준은 무엇인지 명확하지 않으니까요. 이런 태도는 함께 일하는 사람들에게 큰 혼란을 줍니다.

하이볼 같은 상사와 오래 일해 '상사는 일이 진행되지 않게 하는 사람'이라고 믿으며 사는 직장인을 많이 보았습니다. 하이볼이 스스로 반성해 제대로 된 창조자의 모습을 보인다면 좋겠지만, 그렇지 않다면 방법이 없다고 생각해요. 좋은 창조자가 있는 곳으로 떠나야 합니다.

그저 나쁜 사람을 피해서 떠나라는 말이 아니에요. 명확한 목표와 비전을 가지고 일하는 창조자와 같은 상사와 일할 때 성장이 훨씬 더 빨라지기 때문입니다.

회사에는 성장을 촉진하는 존재도 있지만, 성장을 막는 존재도 있습니다. 내가 성장할 수 있는 회사를 찾는 11가지 질문에서 확인한 것처럼, 회사에서 함께 일하는 상사들이 내 성장에 가장 큰 영향을 줍니다. 우리가 주위 환경의 영향을 크게 받는다는 연구 결과는 어렵지 않게 찾아볼 수 있습니다.

직장인이라면 상사와 동료가 여러분에게 가장 큰 영향을 주는 환경이 될 것입니다. 커리어의 씨앗이 심긴 토양이 되는 것이죠. 상사와 동료는 하루에 8시간 이상, 가족이나 친구보다 더 오랜 시간을 함께 보내는 존재니까요. 당연히 우리에게 미치는 영향이 클 수밖에 없습니다.

하지만 조심해야 합니다. 토양이 항상 우리에게 양분을 주는 것은 아니기 때문입니다.

비옥한 토양에 커리어의 씨앗이 심겨 있다면 토양에서 좋은 영양분을 흡수할 수 있겠지만, 반대로 씨앗의 영양분을 빼앗아 싹을 틔우지 못하게 막는 토양도 있어요.

비옥한 토양은 건강한 성장을 촉진해줄 존재로 둘러싸인 환경을 말합니다. 그럼 어떤 사람들과 함께 있을 때 더 빠르게 성장할 수 있을까요?

이는 생각보다 어려운 질문입니다. 개인의 성장에는 역량 수준부터 개개인의 성향, 특히 다른 사람들과의 합처럼 다양한 개인적 요소가 영향을 미치기 때문입니다.

그래서 반대로 생각해봤어요. 어떤 사람들과 함께할 때 성장할 수 없을까요?

커리어의 씨앗을 마르게 하는 '황폐한 토양'

커리어의 씨앗을 마르게 할 황폐한 토양을 찾는다면 그곳을 피해 갈 수 있습니다. 먼저 커리어에 가장 큰 영향을 주는 상사나 리더를 살펴보겠습니다. 지금 함께하고 있는 상사나 리더가 이런 모습을 보인다면 여러분의 성장은 크게 정체될 것입니다. 그렇다면 이와 반대되는 성향을 지닌, 내 성장을 믿고 이끌어줄 상사와 리더가 있는 비옥한 토양으로 커리어 씨앗을 옮겨 심는 것도 좋은 방법입니다.

---

① 목표를 자주 바꾼다. 그리고 그 이유는 절대 비밀로 한다. 직원들이 필요한 시행착오를 끝내고 좋은 교훈을 얻어 그 일을 잘할 수 있을 때 목표를 바꿔버린다

② 비전은 그저 사무실 포스터의 문구일 뿐이다. 비전에 대해 직원들과 대화를 나누지 않고, 좋은 비전에 자극받아 동기를 느끼는 직원들을 별종으로 치부한다

③ 중요한 의사 결정은 소수가 모인 밀실에서 진행한다. 그 일을 가장 많이 고민하고 가장 잘 아는 실무자도 중요한 결정 사항을 소문으로 전해 듣게 만든다

④ 조직의 전반적인 불안감을 증폭시킨다. 이를 위해 공개적으로 망신 주기, 비교하기, 진솔한 소통 회피하기를 자주 시전한다

⑤ 피드백은 일절 하지 않는다. 가장 피해야 하는 피드백은 감사와 칭찬의 표현이다. 이로써 직원들로 하여금 자신들이 회사의 관심 밖에 있다고 생각하게 만든다

⑥ 끊임없이 피드백한다. 매번 피드백 방향이 바뀐다. 오늘은 틀렸다고 하고 내일은 맞다고 해 직원들이 매일 제자리에 머물도록 만든다

⑦ 모든 것을 상사가 직접 결정해준다. 일하는 방식과 일하는 태도까지 정해주어 직원들이 시키는 대로만 일하게 만든다

⑧ 과도한 내부 경쟁을 유도한다. 이로 인해 직원들은 이겨야 하는 외부의 경쟁자는 잊어버리고 동료의 실패를 바라게 된다

⑨ 직원들이 하는 일에서 의미를 빼앗는다. 직원의 동기와 감정은 신경 쓰지 않고 회사의 필요에 따라 직원의 역할이나 프로젝트를 무 자르듯 자르고 손바닥 뒤집듯 뒤집어버린다

⑩ 직원에게 절대 개인적인 관심을 주지 않는다. 힘든 일은 없는지, 최근에 보람을 느낀 일은 무엇인지, 커리어 목표는 무엇인지 절대 묻지 않는다. 이 때문에 직원이 회사는 일만 하는 곳이며 개인의 성장은 불가능하다고 믿게 된다

성장에는 동료도 큰 영향을 줍니다. 저는 외국계 기업부터 스타트업까지 다양한 회사에서 많은 사람들과 호흡을 맞춰보면서 크고 작은 경험을 했습니다. 쉽고 단순한 일인데도 마음이 맞지 않는 동료와 함께해 큰 실패를 맛보기도 하고, 어렵고 불가능해 보

이는 일인데도 훌륭한 동료를 만나 순조롭게 해결하는 신기한 경험도 많이 했습니다. 이런 말도 있잖아요. "가장 좋은 복지는 훌륭한 동료다." 그렇다면 나의 성장을 가로막을 동료 빌런들의 모습은 어떨까요?

---

① 목표는 빨리 잊는다. 목표 달성보다 늘 하던 익숙한 일을 계속하는 것에 집중한다. 굳이 목표를 챙겨야 한다면 팀의 목표보다는 개인의 목표를 우선시한다

② 팀에 주어지는 업무에 '왜 하필 내가 해야 하는지'를 확실히 한다. 가장 많이 하는 말은 "제가 왜요?"다. 근거와 논리가 완벽한 업무만 선별적으로 받아들이며, 급박한 요청에도 절대 예외를 두지 않는다. 어떻게든 일을 하지 않을 방법을 찾아 동료에게 일을 미룬다

③ 중요한 말은 동료 뒤에서 한다. 미팅에서는 빠른 진행을 위해 조용히 있고, 상대방이 없는 곳에서만 솔직한 의견을 내서 동료에게 상처를 준다

④ 함께하는 일이 '안 되는 이유'를 말한다. 특히 무언가를 해보자고 제안하는 동료에게 그 일이 불가능한 이유를 자세히 말해 도전도 실패도 못하게 만든다. 실패한 동료에게 "내가 말했잖아요"라고 말해 좌절감을 배가한다

⑤ 질문은 절대 하지 않는다. 기존 사례에 날짜만 바꾸기, 해왔던 대로만 하기, 남이 시키는 대로만 하기를 가장 좋아한다

⑥ 끊임없이 질문한다. 업무를 받을 때는 한 치의 어려움과 애매함도 남기지 않으며, 내가 직접 고민해 결론을 내려보기 전에 A부터 Z까지 상사나 동료에게 명쾌한 답을 요구해 스스로의 결정과 책임을 최소화한다

⑦ 자신의 의견과 반대로 결정되게 내버려두지 않는다. 대화를 통해 더 나은 결론을 도출하기보다 상대방을 자신의 생각대로 설득하는 것을 목표로 한다. 수긍하는 것은 곧 지는 것이라 생각한다

⑧ 동료보다 조금 더 잘하는 것에 집중한다. 자신의 능력이 돋보이는 효율적인 방법은 외부 경쟁자가 아니라 내부 경쟁자를 이기는 것이라 믿는다. 비협조와 무관심으로 내부 경쟁자인 동료와 경쟁한다

⑨ 의욕과 동기 부여는 다른 사람의 역할이라는 것을 분명히 한다. 일할 의욕이 생기게 하는 칭찬을 찾아 헤맨다. 그러지 못해 의욕이 생기지 않을 때는 동료들을 모아놓고 불만을 말한다

⑩ 선별적으로 팀워크를 수용한다. 경계선에서 지켜보다 일이 잘될 것 같으면 숟가락을 얹고 그러지 않을 것 같으면 발을 뺀다. 이를 위해 좋은 일이건 나쁜 일이건 고생한 동료보다 먼저 상사에게 보고한다

주위에 이런 모습을 보이는 동료와 함께하고 있나요? 안타깝지만 그렇다면 여러분의 커리어 씨앗은 잡초에 둘러싸여 있습니다. 이런 토양에서는 어렵게 모은 영양분도 빼앗겨버리고 말아요.

배울 것이 없는 동료만 주위에 남아 있다면 그 조직을 떠날 시기가 되었다는 신호입니다. 힘든 문제도 서로 의지해 풀 수 있는 동료가 없다면 그 조직에서는 크고 멋진 일을 이루기 힘들 거예요. 크고 멋진 일을 하기 위해서는 힘든 문제를 풀어야 하는 경우가 많은데, 힘든 문제는 절대 혼자 풀지 못하거든요. 마음 맞는 동료와 머리를 맞대고 최선을 다해도 풀 수 있을까 말까 하죠.

상사와 동료는 가장 중요한 토양입니다. 커리어의 씨앗이 만약 영양분 없는 황폐한 토양이나, 잡초만 무성한 곳에 심겨 있다면 적극적으로 비옥한 토양을 찾아 나서야 합니다.

이직을
준비한다는 착각

팀장으로 일하다 보면 면접을 많이 봅니다. 그러다 보면 안타까운 지원자들도 만납니다. 다양한 회사에서 본인만의 경험을 한 사람은 많지만, 채용 과정에서 이를 설득력 있게 보여주는 사람은 극소수입니다. 충분히 가능성이 보이지만 '준비만 잘했더라면' 하는 아쉬움이 남는 지원자도 많아요. 그런 지원자 중 유료로 취업이나 이직 컨설팅을 받은 사람들도 종종 보여 더욱 안타깝습니다.

지원자들은 각자의 방식으로 최선을 다해 취업과 이직을 준비하지만, 원하는 결과를 얻는 사람은 아주 적어요. 취업과 이직에 성공하지 못한 사람이 있다면 자신이 했던 준비가 무엇이었는지 생각해보면 좋겠습니다.

이직 준비라고 하면 가장 먼저 떠오르는 것은 이력서 업데이트입니다. 이직을 해야겠다는 결심이 들면, 예전에 만들어둔 이력서를 주섬주섬 꺼내 최근에 한 일을 추가하죠. 이력서는 이직에 필수예요. 이력서 없이는 본인의 역량과 경쟁력을 직관적으로 보여주기 힘들기 때문입니다. 많은 회사가 지원자에게 이력서를 요구해요. 이력서를 업데이트하면 최근의 업무와 성과를 정리하면서 스스로를 되돌아볼 수 있습니다. 하지만 이력서를 업데이트하는 것이 이직 준비의 핵심일까요?

자신이 맡았던 주요 프로젝트를 보여주는 포트폴리오를 만드는 것도 이직 준비를 할 때 빼놓을 수 없는 일입니다. 이직을 할 때 포트폴리오를 제출할 필요가 없는 직무도 있지만, 마케팅이나 디자인 같은 직무에서는 포트폴리오를 필수로 요청해요. 그래서 이 또한 중요합니다.

많은 사람이 예쁘고 멋진 포트폴리오를 만드는 데 많은 시간을 씁니다. 유료로 포트폴리오 템플릿을 구매해 사용하기도 하고, 프리랜스 디자이너에게 멋진 포트폴리오 제작을 의뢰하기도 하죠. 하지만 예쁜 포트폴리오를 만드는 것이 이직 준비의 본질인지는 고민해볼 일입니다.

채용 공고를 찾아보고, 지원할 수 있는 회사와 직무를 찾고, 그 회사에 대해 조사하는 것도 많은 사람이 중요하게 생각하는 이직 준비 과정입니다. 채용 공고를 찾아보는 일 또한 이직 준비의 핵심인지 생각해볼 필요가 있습니다.

이직의 핵심을 이해하기 위해 많은 사람이 중요하다고 하는 일의 목적과 방향성을 생각해보면 좋겠습니다. 사람들이 중요하다고 말하는 것은 수단인 경우가 많아요. 이것은 앞에서도 언급한 사이먼 시넥의 골든 서클을 통해 설명할 수 있습니다.

앞에서 이야기한 골든 서클을 떠올려볼까요? 가장 안쪽에는 목적이, 그 바깥에는 방향성이, 그리고 가장 바깥에는 수단이 있습니다. 골든 서클에서 사람들이 빠지기 쉬운 함정은 가장 먼저 눈에 보이는 수단만 보고 그 일의 본질적 목적은 넘겨짚는다는 것입니다.

이직 준비에도 이 골든 서클 개념을 대입해보면 좋겠습니다. 이력서를 업데이트하는 것은 수단입니다. 멋진 포트폴리오를 만드는 것도, 채용 공고를 신중하게 검색하는 것도 모두 수단이에요.

그렇다면 우리가 해야 하는 것은 다른 사람들을 관찰해 그들의 수단을 모방하는 것이 아니라, 이 수단이 '왜' 필요하고 그 목적에 부합하기 위해서는 '어떻게' 해야 할지 깊이 고민하는 것입니다. 그래야 이직이란 일의 핵심을 조금 더 쉽게 이해할 수 있으니까요.

이직의 핵심으로 들어가면 '회사가 원하는 것을 구체적으로 이해하고, 내가 그것을 갖췄다는 사실을 설득력 있게 보여준다'는 목적과 방향성이 존재합니다. 이력서와 포트폴리오를 준비하는 것은 이런 목적과 방향성을 충족시킬 때 좋은 수단이 됩니다.

- Why(목적) 나의 경쟁력을 회사에 설득한다
- How(방향성) 회사가 원하는 것을 이해하고, 내 강점을 구조화한다
- What(수단) 채용 공고 서칭, 이력서 작성, 포트폴리오 정리 등

취업과 이직을 준비하면서 남들이 하는 것을 그저 모방하고 있는 분들, 열심히 준비했는데 원하는 성과를 얻지 못한 분들이 있다면 한 가지 제안을 하고 싶어요. 이직의 목적과 방향성이라는

핵심에 딱 맞는 수단을 찾기 위해 먼저 스스로에게 질문하는 것입니다.

취업과 이직을 위한 6개의 질문

취업이나 이직은 열쇠(나)를 만들고, 그 열쇠로 열 수 있는 자물쇠(회사)를 찾아 여는 과정입니다. 그러기 위해서는 나라는 열쇠와 내가 풀려고 하는 자물쇠를 잘 알아야 합니다. 그래서 취업과 이직을 준비하기 전에 그에 대해 스스로에게 묻고 구체적인 답을 찾아야 합니다.

여기 취업과 이직을 준비하면서 스스로에게 묻고 답해야 하는 6개의 질문이 있습니다.

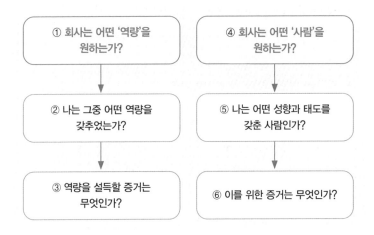

이 질문들은 이직이라는 일의 목적, 방향성, 그리고 수단에 맞닿아 있습니다. 다시 한번 강조하면 이직의 목적은 '내 경쟁력을 회사에 설득하는 것'이고, 방향성은 '회사가 원하는 것을 이해하고, 내 강점을 명확히 구조화하기'입니다. 이 목적과 방향성을 위해 채용 공고를 분석하고, 이력서를 업데이트하고, 포트폴리오를 만듭니다.

앞서 제시한 6가지 질문을 스스로 묻고 답해 정리하는 것이 취업과 이직 준비의 핵심입니다. 질문을 스스로에게 던지고, 뾰족한 답변을 내놓고, 이를 위한 구체적인 증거와 경험을 수집해 정리하는 것입니다. 이직 과정에서 해야 하는 것은 회사가 원하는 것을 구체적으로 이해하고, 내가 그것을 충족시킨다는 사실을 설득력 있게 보여주는 것이기 때문입니다.

안타깝게도 대부분 사람은 취업과 이직을 준비하며 자기소개서나 이력서를 업데이트한다고 하지만, 그저 최근에 한 일을 옮겨 적고 보기 좋게 정리하는 것에 그칩니다.

그럼 지금부터 질문을 하나씩 살펴보도록 하겠습니다.

1. 회사는 어떤 '역량'을 원하는가?

가장 먼저 회사가 어떤 역량을 갖춘 지원자를 찾는지 구체적으로 이해해야 합니다. 이 질문에 답을 찾는 방법은 회사가 정성스럽게 작성한 채용 공고를 분석하는 것입니다. 채용 공고에는 많은 정보가 담겨 있습니다. 팀장들은 채용 공고를 보고 좋은 지원자가 많이 지원해주길 바라며 고심해서 채용 공고를 작성합니다.

채용 공고에서는 특히 회사가 알려주는 자격 요건이나 우대 사항이 중요합니다. 이 두 내용을 깊이 뜯어보면 회사가 그 직책에서 일하는 사람에게 기대하는 핵심 역량을 파악할 수 있습니다.

회사 홈페이지나 블로그, 회사의 경영진이나 리더의 인터뷰를 찾아보는 것도 도움이 됩니다.

2. 나는 그중 어떤 역량을 갖추었는가?

2번 질문은 스스로에게 물어야 합니다. "나는 회사가 원하는 핵심 역량 중 무엇을 갖추었는가?"라는 질문에 대한 답이 내가 가진 '열쇠'가 됩니다.

역량은 과업을 수행하기 위해 필요한 소양과 능력을 말합니다. 분석력, 논리력, 실행력 등 핵심 역량은 수없이 많습니다. 이 역량은 다시 선천적 '재능', 성공 경험이 많은 접근법을 말하는 '프레임워크', 효율과 효과를 높여주는 '기술' 같은 하위 요소로 나눌 수 있습니다.

2번 질문에서 생각해야 하는 것은 내가 갖춘 역량을 나열해보고, 각각에 해당하는 재능과 프레임워크, 기술의 구조를 정리해보는 것입니다. 이에 대한 자세한 내용은 뒤에서 다시 살펴보겠습니다.

1번과 2번 질문에 대한 구체적인 생각이나 확신 없이 취업과 이직을 준비하는 지원자가 매우 많습니다. 본인의 강점이나 핵심 역량, 경쟁력을 친절히 묻는 면접 질문에도 난처한 표정을 짓습니다. 이 중요한 질문에 '성실함', '꼼꼼함'이라고 답변하는 사람이 많습니다. 이런 것들은 역량이라고 보기 힘들뿐더러 누구나 말할 수 있는 두루뭉술한 키워드입니다. 이렇게 대답하는 지원자를 볼 때 참 안타깝습니다.

3. 역량을 설득할 증거는 무엇인가?

1번과 2번 질문을 통해 회사가 원하는 역량과 내가 갖춘 역량을 파악했다면, 3번 질문을 통해 이를 설득할 증거를 찾고 정리해야 합니다.

가장 결정적인 증거는 경험과 성과입니다. 역량을 증명할 경험과 성과가 없다면, 그것을 만드는 것이 이직 준비의 첫 단계가 되어야 합니다. 많은 사람이 경험과 성과를 만든다고 하면 막막해하지만 사실 이는 회사에서 일을 하지 않아도, 회사 밖에서 누구든지 만들 수 있습니다.

이직 과정에서 본인의 역량이나 경쟁력과는 상관없는 경험을 힘주어 말하는 사람들이 많아 안타깝습니다. 2번과 3번 질문에 대한 깊은 고민이나 증거 없이, 그저 최근 본인이 얻은 가장 좋은 성과를 말하는 것이겠죠.

하지만 명심해야 합니다. 회사가 찾는 것은 '그냥 좋은 성과'가 아니라 구체적인 역량입니다. 그리고 회사는 구체적인 경험과 성과로 이를 판단합니다.

나머지 질문

4~6번 질문도 마찬가지입니다. 1~3번 질문이 '역량'에 대한 것이라면 4~6번 질문은 '성향'과 '태도'에 대한 것입니다.

보통 회사는 4~6번 질문에 대한 답변을 통해 지원자가 우리 회사의 문화나 업무 원칙에 잘 어울릴지, 기존 팀원들과의 합은 잘 맞을지, 우리 회사의 문제를 풀기 위한 성향과 태도를 지니고 있는지 판단하려고 합니다.

사람들은 1~3번의 역량과 4~6번의 성향이 같은 것이라고 오해합니다. 뒤에서 더 자세히 알아보겠지만, 이 둘은 다른 것입니다. 똑같은 '실행력'이라는 역량도 차분하고 냉철한 성향을 바탕으로 할 수도 있고, 외향적이고 주도적인 태도를 바탕으로 할 수도 있으니까요. 취업·이직을 할 때는 역량과 성향을 다른 것으로 구분해 각각을 설득해야 합니다.

4~6번 질문에 답하는 방식은 동일합니다. 4번을 통해 회사가 찾는 인재상을 이해하고, 5번을 통해 나는 그중 어떤 성향과 태도를 내세워 설득할지 결정하고, 6번을 통해 이를 증명할 구체적인 사례를 모으면 됩니다. 4번 질문은 채용 공고에 힌트가 있을 수도 있지만, 해당 회사에 재직 중인 사람들과의 커피 챗 등을 통해 이해하는 것이 가장 쉽고 정확합니다.

커피 챗에 대해서도 할 말이 많습니다. 요즘 커피 챗이 유행이지만, 이를 제대로 활용하는 사람은 거의 본 적이 없습니다. 커피 챗으로 회사 내부인을 만나서는 그저 안면을 트고, 인사를 나누고, 채용 공고나 회사 홈페이지에서도 충분히 얻을 수 있는 내용을 묻고 답하면서 아까운 시간을 허비하기도 합니다. 커피 챗을 통해 가고 싶은 회사의 내부인을 만나게 되었다면, 이직 준비의 핵심에 닿아 있는 1~6번에 대한 답을 내놓는 데 도움이 되는 날카로운 질문을 해야 합니다.

당장 이력서를 업데이트하고 포트폴리오를 만든다면 무언가 준비하고 있다는 느낌을 받을 수 있습니다. 하지만 내 역량과 성향에 대한 구체적인 고민 없이 가고 싶은 회사를 설득할 수 있을까요? 많은 직장인이 이런 고민 없이 이직을 준비하며 '이직을 준비한다는 착각'에 빠집니다.

지금부터는 이 질문에 답을 내릴 수 있도록 동기, 역량, 성향에 대한 설득 구조를 만드는 방법을 하나씩 알아보려고 합니다. 이것들이 이직 준비의 핵심이 될 테니까요.

가장 먼저 동기에 대해 살펴보겠습니다.

지원 동기는
왜 물어볼까?

면접을 진행하다 보면 앞뒤가 다른 지원자를 만날 때가 있습니다. 지원 동기를 물어볼 때 특히 그렇습니다.

지금 회사에서는 성장이 정체될 것 같아 이직을 원한다고 하는데, 어떤 환경에서 더 잘 성장할 수 있냐는 질문에는 답변하지 못하는 사람이 많습니다. 지금 다니는 회사의 비전과 목표에 공감하지 못해 이직을 준비하고 있지만, 정작 지원한 회사의 비전과 목표를 구체적으로 알지 못해 대답하기 어려워하는 지원자도 많아요. 지금 내가 하고 있는 일이 기대와 달라 이직하려고 하지만, 채용 공고를 보고 지원한 일에서 구체적으로 어떤 업무를 해내야 하는지 생각해보지 않은 지원자도 많습니다. 모두 앞뒤가 맞지 않죠.

이러면 면접관이 지원자가 이직을 원하는 이유를 명확히 이해할 수 없습니다. 지원자가 무언가를 숨기고 있거나, 지금 다니는 회사에 그저 막연한 불만이 있다고 오해할 수도 있습니다. 만약 지금 회사에서 문제가 있었다면, 그 문제의 원인이 앞뒤가 다른 이 지원자에게 있을 것이라고 넘겨짚을 수도 있고요. 이후 지원자가 이력서에 썼던 말이나 면접에서 하는 말의 신뢰도가 낮아지는 것 또한 심각한 문제입니다.

면접관은 지원자가 회사와 잘 맞지 않는다고 생각할 수도 있습니다. 지원자가 이직을 통해 얻고자 하는 것이 명확하지 않으니, 회사가 그것을 충족해줄 수 있는지 확신이 들지 않을 테니까요. 결국 동기에 대한 질문은 이런 것들을 확인하기 위함입니다.

동기에 대한 질문은 무엇보다 지원자 자신에게 중요해요. 커리어가 잘 자라날 새로운 환경을 찾아 떠나려고 할 때 왜 이직을 원하는지, 이직을 통해 무엇을 얻고자 하는지, 그것이 내 성장에 어떤 도움을 줄지, 어떤 회사가 그것을 제공해줄 수 있을지 같은 질문은 결국 본인만이 답을 내릴 수 있습니다. 그래서 깊은 고민이 필요해요.

하지만 이런 질문을 스스로에게 던지고 명료한 답을 내리는 사람은 많지 않아요. 그래서 이번에는 '일의 동기'에 대해 말해보려고 합니다.

일의 동기 분석하기

한편으로 동기는 일에 대해 우리가 가지고 있는 기본적인 '욕구'와 '니즈'에 대한 것입니다. 이직 과정에서 마주하게 되는 동기에 대한 질문은 지원사가 무엇을 원해서 이직을 하고, 어떤 회사가 그것을 충족해줄 수 있는지 확인하기 위한 것입니다.

서로가 원하는 것을 이해하는 일은 회사와 지원자 모두에 중요합니다. 그것이 잘 충족되어야 좋은 관계가 만들어지기 때문입니다. 일반적인 인간관계에서도 마찬가지입니다. 서로의 니즈를 잘 알고 이를 충족시켜야 오래가는 건강한 관계가 형성됩니다. 일방적인 충족은 한쪽의 불만을 불러옵니다. 직원이 회사에 원하는 것이 잘 충족되지 않는다면 불만을 가지고 일할 수밖에 없는 것처럼요.

다른 한편으로 일의 동기는 몰입할 수 있는 업무의 기준에 대한 것이기도 합니다. 내가 무엇에 '공감'하고, 진심으로 '관심'을 가지는지 이해하는 것이죠. 이 또한 중요합니다. 진심으로 공감하고 관심을 가지는 일이어야 몰입할 수 있고, 몰입해야 힘들어도 참고 버티며 어려운 일에서도 성과를 낼 수 있기 때문입니다.

회사가 지원 동기를 묻는 이유도 이 2가지 때문입니다. 직원의 니즈를 이해하고 회사 차원에서 이를 잘 충족시켜 건전하고 장기적인 관계를 맺을 수 있는지 판단하고, 직원이 몰입해서 일할 근거가 충분한지 판단해 힘든 일도 이겨내며 오랫동안 함께할 수 있는 사람인지 알아내기 위해서입니다. 한마디로 오래 함께하며 성과를 낼 이유가 충분한 사람을 찾기 위해서예요.

그래서 일의 동기를 찾기 위해서는 다음과 같이 2가지 요소로 나누어 생각해보아야 합니다.

1. 일에 대한 욕구와 니즈

먼저 욕구와 니즈입니다. 우리는 모두 일을 통해 해소하고자 하는 욕구나 니즈를 지니고 있습니다. 이직하는 과정에서 동기에 대한 질문을 받는다면 이와 관련된 답변을 준비하면 됩니다.

답변을 준비하는 방법은 간단합니다. 현재 다니고 있는 회사나 상황에서 해소되지 않는 니즈를 생각해보고, 어떤 회사에서 이것들을 잘 해소할 수 있는지 판단해보는 것입니다.

"나는 일에 대한 이런 니즈를 가지고 있는데, 현재 상황에서는 이것이 충족되지 않는다. 이 니즈는 이런 특징을 지닌 회사에서 잘 충족될 것이라 생각한다." 이렇게 구체적인 기준과 이유를 정리해보는 것만으로도 동기가 명확해집니다.

일반적으로 일에 대해 가지는 욕구와 니즈를 항목별로 나누어 보면 조금 더 쉽게 생각해볼 수 있습니다. 심리학자 매슬로가 주장한 '욕구 이론'을 활용해 답변을 준비해도 좋습니다. 각자의 천차만별 니즈를 설명해줄 단일한 정답은 없으니까요.

제가 면접에서 만난 지원자들이 이야기하는 일에 대한 욕구와 니즈는 크게 4가지로 나눌 수 있었습니다.

업무에 대한 니즈는 지금 하고 있는 일에 대한 것입니다. 하는 일이 마음에 들지 않거나, 일하는 방식에 공감할 수 없다면 업무 니즈가 충족되지 않는다는 뜻입니다. 보상 니즈는 비금전적 부분을 포함해 회사에서 받고 있는 인정에 대한 것입니다. 열심히 일했지만 이에 합당한 보상을 받고 있지 못하다고 느낀다면 보상 니즈가 충족되지 않는 것이죠.

관계 니즈는 회사라는 커뮤니티 속에서 구성원들이 구축하는 관계에 대한 것입니다. 회사 내에서의 관계가 만족스럽지 않다면 관계 니즈가 충족되지 않는 상황이에요. 마지막으로 문화 니즈는 업무, 보상, 관계의 니즈에는 포함되지 않지만 직원들에게 영향을 주는 일의 맥락과 제도에 대한 것입니다. 근무 여건이나 복지제도가 나와 맞지 않다면 이것이 충족되고 있지 않은 상황입니다.

이렇게 몇 가지 형태로 나누어보면 내가 지닌 일에 대한 니즈는 무엇이고, 이들 중 무엇이 잘 충족되고 무엇이 그렇지 않은지 이해할 수 있습니다.

이직하는 과정에서 받는 동기에 대한 질문에서도 이를 활용해 구조적이고 설득적인 답변을 할 수 있습니다. 앞에서 정리한 니즈의 종류를 모두 설명할 필요는 없어요. 요즘 집중하고 있는 니즈가 있다면 1~2가지만 답변해도 충분합니다.

보통 업무나 관계 차원에서 이직을 원하는 경우가 많습니다. 더 큰 역할과 책임을 지고 일하며 진취적인 일을 하고 싶어 이직을 하거나, 수평적 관계 혹은 보고 배울 수 있는 훌륭한 동료를 찾아 이직을 하기도 하니까요.

어떤 사람들은 보상 관련 니즈에 대해 말하는 것을 조심스러워합니다. 그래서 보상에서 충족되지 않는 니즈가 있다고 하더라도, 그것이 불만이라고 말하길 꺼려요. 하지만 저는 그럴 필요 없다고 생각합니다. 돈을 번다는 것은 누구도 무시하기 힘든, 일을 하는 주요한 이유이기 때문입니다. 금전적인 부분이 아니더라도 의욕을 느끼며 일하는 데 충분한 보상과 인정 또한 분명 중요한 부분이기도 하고요.

일에 대한 욕구와 니즈를 생각할 때 중요한 것은 이것들이 어떤 회사에서 잘 충족될 수 있을지 생각해보는 것입니다. 현재를 잘 이해하기 위해 욕구와 니즈를 몇 가지 형태로 구분해보았다면, 이것이 현재 충족되지 않는 이유는 무엇이고, 이것을 충족할 수 있는 조건은 무엇인지 고민해 답을 찾아야 합니다. **우리가 니즈를 파악하는 이유는 이를 잘 충족하는 회사의 조건을 찾아 커리어의 씨앗을 잘 자랄 토양으로 옮겨 심기 위함입니다.**

이직을 결심할 때도 지원한 회사에서 내 욕구와 니즈가 잘 충족될 것이라고 판단할 수 있는 구체적인 근거를 찾아보는 것이 중요합니다. 안타까운 것은 많은 지원자가 그 근거에 대해서는 생각해보지 않고 덜컥 지원한다는 점입니다. 현재 회사에서 겪는 어려움과 불만은 명확하지만, 이직하려는 회사에서 그것들이 구체적으로 어떻게 해소될지 생각해보지 않은 것이죠.

하지만 이는 반쪽짜리 고민입니다. 니즈는 파악하는 것이 아니라 해소하는 것이 목적이니까요.

그래서 일에 대한 욕구와 니즈에 대한 답을 찾을 때 다양한 회사를 조사하고 많은 사람을 만나보는 것이 중요합니다. 내가 느끼는 불만은 오롯이 나만이 해소할 수 있기 때문입니다. 불만을 구체적으로 파악하고, 이를 해소할 수 있는 환경과 토양을 찾는 것은 온전히 내가 해야 하는 일입니다.

정보는 많습니다. 요즘은 다양한 서비스를 통해 회사 내부 직원들의 기업 평가를 볼 수 있습니다. 회사에서 공개하는 자료나 콘텐츠도 많습니다. 가장 좋은 방법은 회사 재직자를 직접 만나보는 것입니다. 커피 챗은 이런 용도로 활용할 때 가장 쓸모가 있습니다.

2. 일에 대한 관심과 공감

동기의 또 다른 측면은 일에 대한 공감과 관심입니다. 회사의 비전이나 목표, 업계 전반이 해결하고자 하는 문제에 얼마나 진심으로 공감하는지를 말합니다. 앞에서도 말한 것처럼 관심이 있어야 공감할 수 있고, 공감해야 몰입할 수 있기 때문입니다. 그리고 몰입해야 힘든 일에서도 성과를 낼 수 있고요.

이것이 중요한 이유는 내가 몰입해 성과를 낼 수 있는 회사와 환경을 찾는 데 도움이 되기 때문입니다. 이를 알아내기 위한 질문 또한 몇 가지로 나누어 생각해볼 수 있습니다.

① 산업 전반에 대한 관심을 갖고 있는가?

첫째는 산업과 업계 전반에 대한 관심입니다. 예를 들어 패션 산업을 좋아해서 패션 커머스 회사에서 일하고 싶고, 콘텐츠의 가치를 믿기 때문에 콘텐츠 마케팅을 하고 싶을 수 있죠.

여기서 중요한 것은 '일에 대한 관심'이 취미나 선호 같은 단순한 취향을 말하는 것은 아니라는 점입니다. 패션 산업에 관심이 있다고 하지만 옷을 구매하는 '소비 주체'로서 패션을 좋아하는 경우가 대부분이에요. 콘텐츠가 좋다고 하지만 주말에 본 드라마를 나열하는 것을 넘어서지 못하고, 콘텐츠업계의 흐름 같은 것에는 견해가 없는 경우도 많습니다.

여기서 관심은 '일터'로서 회사가 속한 산업 자체에 대한 높은 이해도를 말합니다. 패션에 관심이 있다고 말하려면 패션 산업의 규모, 성장 추세, 주요 선도 업체와 최근 업계의 트렌드 정도는 알고 있어야 합니다. 콘텐츠의 가치에 공감한다면 콘텐츠업계의 발전 방향과 콘텐츠의 흐름을 바꾸는 기술적 변화에 대한 식견도 필요하고요.

그래서 산업의 규모, 성장 추세, 주요 업체, 업계의 최근 이슈와 트렌드, 기술 동향 등을 잘 알고 있는 것이 그 산업에 관심이 있다는 구체적인 증거가 됩니다. '소비의 주체'로서 단순히 좋아하는 것을 넘어서요. 내가 어떤 산업을 좋아해서 그 업계에서 일하고 싶다는 말을 하려면 산업에 대한 기본적인 지식과 이해가 필요합니다. 이런 지식을 보여주는 것이 면접에서 내 관심을 쉽게 증명하는 방법입니다.

② 회사 자체에 대한 관심을 갖고 있는가?

둘째는 회사 자체에 대한 관심을 가지는 것입니다. 패션 산업 중 A 브랜드를 특별히 좋아해 그 브랜드에서 일하고 싶거나, 콘텐츠 마케팅을 특히 잘하는 B 회사에서 일하고 싶은 경우가 이에 해당합니다.

산업에 대한 관심과 마찬가지로 이 질문에서도 단순히 고객으로서 그 회사를 좋아하는 것을 넘어서야 합니다. 고객으로서 무언가를 좋아하는 사람은 많지만, 실제로 그 회사에서 일하며 성과를 낼 수 있는 사람은 한정적이기 때문입니다.

회사에 대한 관심과 공감이 설득력을 발휘하기 위해서는 지식이 필요하다는 점도 같습니다. 내가 좋아하는 패션 브랜드가 돈을 버는 비즈니스 모델은 무엇인지, 최근 매출이나 이익의 추이는 어떤지, 경쟁사와 다른 경쟁 우위는 무엇이고, 최근 어떤 영역에 집중하는지는 알고 있어야 해요. 내가 일하고 싶은 콘텐츠 회사가 콘텐츠 제작에서 내세우는 핵심 전략과 기술적 해자는 무엇인지, 회사의 기술을 독보적으로 만들어주는 핵심 역량과 가치는 무엇인지 이해하고 있어야 해요.

안타까운 점은 면접에서 만나는 수많은 지원자가 지원하는 회사의 전년도 매출 규모나 성장세도 모른 채 지원한다는 점입니다. 이 회사가 어떻게 돈을 버는지조차 모르는 사람도 많습니다. 모두가 알고 있듯 회사는 돈을 버는 곳입니다. 마케팅이나 영업과 같은 사업 부서가 아니더라도 그 회사가 어떻게 돈을 버는지 잘 알고, 내가 하는 일이 회사가 돈을 버는 데 어떻게 기여할 수 있는지 분명하게 알아야 합니다. 회사는 그런 사람을 필요로 하니까요.

③ 회사가 풀고자 하는 문제에 공감하는가?

마지막은 회사나 업계가 풀고자 하는 문제에 공감하는 것입니다. 이런 이유로 회사에 지원할 때는 그 회사가 스타트업인 경우가 많아요. 스타트업에 지원할 때는 산업이나 회사 자체에 관심을 가지기 힘듭니다. 스타트업은 이미 성공해 자리 잡은 회사가 내세울 만한 매력은 없고, 존재하지 않는 산업을 만들어가며 고군분투하는 경우가 많기 때문입니다.

맨땅에 헤딩하는 스타트업에 지원하는 사람들은 대부분 이제막 태동하는 회사와 형태가 잡혀가는 업계 전반에서 풀고자 하는 문제와 비전에 공감하는 경우가 많아요. 핀테크 스타트업이 풀고자 하는 금융의 어려움에 크게 공감해, 콘텐츠 스타트업이 풀고자 하는 콘텐츠 유통의 민주화라는 비전에 공감해 아무것도 없는 스타트업에서 일하며 즐거워합니다.

여기서도 내가 그런 것에 진심으로 관심이 있다는 것을 보여주기 위해서는 지식이 필요합니다. 회사나 업계 전반이 풀고자 하는 문제, 이것이 풀렸을 때 상상되는 비전 등을 구체적으로 알아야 해요. 이를 위해 현재 어떤 미션에 집중하고 있는지, 이를 위해 어떤 위험을 감수하고 있는지 등도 나의 관심을 보여주기에 반드시 필요한 정보입니다.

이런 것들을 바탕으로 내가 어떤 스타트업에 관심을 가지고 공감하는지 구체적으로 설명할 수 있어야 합니다. 그래야 채용 과정에서 내가 이 회사에서 몰입해 일할 수 있다고 설득할 수 있을 테니까요.

이직과 채용 과정에서 필요한 설득력 있는 지원 동기를 구체화한다는 관점에서는, 앞에서 말한 3가지 경우 모두에서 **'관심을 가지게 된 이유'보다 '관심을 가지고 있다는 구체적인 증거'가 훨씬 더 중요합니다.** 관심을 가지게 된 이유는 대체로 개인적인 경우가 많아 채용 과정에서 설명할 필요도 없고, 그 이유로 누군가를 설득하기도 쉽지 않습니다.

우리가 패션을 좋아하게 된 것은 개인적 선호일 것입니다. 콘텐츠가 '인생 취미'가 된 것도 개인적인 취향 때문일 거예요. 세상의 문제를 해결하는 과정에 동참하고 싶다는 신념이나 가치관으로 스타트업을 좋아하게 되었을 수도 있어요. 취향, 선호, 신념, 가치관 같은 주관적이고 개인적인 것들로 무언가에 대한 관심이 생겨납니다.

하지만 중요한 것은 내가 '취미'로서가 아니라 '일'로서 그런 것에 관심이 있다는 것을 보여주고 설득하는 것입니다. 이를 위해서는 왜 그 일을 취미로 좋아하게 되었는지가 아니라 그 일에 깊은 관심이 있다는 구체적인 증거를 보여주는 것이 이직과 채용 과정에서 훨씬 더 도움이 됩니다. 앞에서도 말한 것처럼 회사와 산업에 대한 지식과 이해가 그 증거죠. 그래서 동기에 대한 질문에 답하려면 조사와 공부가 필요합니다.

간단하게 정리해보겠습니다.

이직 과정에서 회사가 지원자의 지원 동기를 묻는 이유는 2가지입니다. 일에 대한 지원자의 욕구와 니즈를 이해해 서로가 그것을 충족하며 장기적인 관계를 맺고, 지원자의 관심사와 공감하는 바를 파악해 힘든 일에도 몰입해 성과를 낼 수 있을지 판단하기 위해서입니다.

이는 지원자 스스로에게도 중요한 질문입니다. 일에 대한 자신의 욕구와 니즈, 관심과 공감을 이해해야 어떤 일을 하고 싶은지 명확하게 알 수 있기 때문입니다.

일에 대한 욕구와 니즈를 이해한다는 것은 업무, 보상, 관계, 문화 차원에서 일에 대한 내 니즈를 나누어보고 지금 회사에서는 무엇이 충족되지 않는지, 그것이 어떤 회사에서 잘 해소될지 생각해보는 것입니다. 일에 대한 관심과 공감을 이해한다는 것은 내가 지니고 있는 회사나 산업에 대한 관심을 지식과 이해라는 증거를 바탕으로 몰입해서 일할 수 있는 산업이나 회사를 찾아내는 것이고요.

이를 통해 막연히 '지금 회사에 대한 불만'을 이야기하는 것이 아니라 '내 니즈가 해소되는 회사'를 구체화할 수 있어야 합니다. 막연히 '취미'로서 취향을 말하는 것이 아니라 '일'로서 몰입할 수 있는 업무 기준을 정리할 수 있어야 하고요.

그럼 다시 앞에서 말했던 지원자의 사례로 돌아가보겠습니다. 우리는 일에 대한 욕구와 니즈, 공감과 관심을 바탕으로 '동기'에 대한 질문에 구조적인 답변을 할 수 있어야 합니다. 니즈에 대한 명쾌한 이해와 관심 영역에 대한 풍부한 지식을 바탕으로요. 회사가 원하는 지원자는 아래와 같습니다.

- 스스로의 성장을 위해 필요한 회사에서의 업무와 관계의 조건을 알고 있고, 어떤 환경을 갖춘 회사에서 그것이 충족되는지 잘 알고 있는 지원자

- 지원한 회사의 목표와 산업의 트렌드 및 기술 동향을 구체적으로 이해하고, 이에 공감하는 근거와 지식이 풍부한 지원자

- 담당 업무에서 기대하는 것이 분명하고 지원한 포지션의 핵심 업무를 명확히 알고 있으며, 이것을 내가 수행해야 하는 KPI와 연결할 수 있는 지원자

경쟁력의
설득 구조

이직에서 역량과 성향이 중요하다는 점은 몇 번을 강조해도 지나치지 않습니다.

누군가를 채용할 때 회사가 지원자에게 원하는 것의 핵심이 바로 역량과 성향입니다. 회사는 지원자의 역량과 성향, 그리고 이를 잘 활용한 경험을 지원자에게 '사는buy' 것입니다. 그것이 회사에 지금 필요하기 때문이에요.

이는 물건을 구매하는 것과 비슷합니다. 우리는 어떤 것이 필요하다고 생각하면, 그것을 찾고 구매합니다. 회사도 지금 필요한 역량과 성향, 경험을 가진 지원자를 찾고 삽니다.

그래서 지원자가 본인의 역량과 성향으로 얼마나 합리적이고 구체적으로 회사를 설득할 수 있느냐에 이직의 성공과 실패가 달려 있습니다. 여러 번 강조해도 부족한 이직의 핵심입니다.

이번에는 내 경쟁력의 근간이 되는 역량과 성향을 구체적으로 정의해보고, 나만의 역량과 성향으로 회사를 설득할 수 있는 '설득의 구조'를 알아보도록 하겠습니다.

가장 먼저 해야 하는 것은 회사가 채용하는 포지션에서 기대하는 역량과 성향을 이해하고, 내 역량과 성향을 잘 정리하는 것입니다. 이 둘을 매칭해보면서 기본적인 경쟁력의 설득 구조가 만들어집니다. 다음과 같은 순서로 정리해보는 것이 설득의 구조 설계에서 가장 먼저 해야 하는 일입니다.

---

① 회사가 기대하는 역량을 이해한다
② 그 역량 중 내가 갖춘 것을 정리한다
③ 회사가 기대하는 성향을 이해한다
④ 그 성향 중 나에게 해당하는 것을 정리한다

회사가 기대하는 역량과 성향은 채용 공고에서 반복되는 역량과 성향 키워드를 통해 파악할 수 있습니다. 회사 홈페이지에서 강조하는 인재상이나 핵심 가치를 통해서도 파악할 수 있어요. 기업 리뷰 사이트에서 재직자의 리뷰를 살펴보거나, 커피챗을 통해 직접 재직자를 만나 확인할 수도 있습니다.

이렇게 회사의 기대를 파악했다면 내 역량과 성향을 정리하며 경쟁력의 설득 구조를 만들어보아야 합니다. 설득할 수 없는 경쟁력은 의미가 없으니까요.

그렇다면 '역량'과 '성향'은 무엇일까요?

역량과 성향은 취업을 하고 이직을 준비하면서 많이 들어본 말이지만, 막상 정의하려고 하면 어렵습니다. 하지만 이것들을 구체적으로 정의하는 것이 중요해요. 정의하지 못하면 내 역량과 성향이 무엇인지 파악하기도 어렵고 그것을 다른 사람에게 설득하기도 힘들어지기 때문입니다.

구분	정의	왜 물을까?	필요한 것
역량	• 과업의 수행을 완수하기 위한 소양과 능력 • 일반적으로 '○○력'	• 주어진 과업을 수행해 성과를 낼 수 있을지 확인	① 회사의 니즈 ② 나만의 정의 ③ 경험·성과
성향	• 어떤 일을 하게 만드는 행동 원칙이나 가치관 • 일반적으로 '○○함'	• 회사의 원칙이나 가치관에 잘 어울릴지 확인	

역량은 과업의 수행을 완수하기 위해 반드시 필요한 소양과 능력을 말합니다. 일반적으로 '○○력'으로 표현하는 것들입니다. 사고력, 분석력, 창의력, 실행력 등 우리는 회사 생활을 하면서 무수히 많은 역량을 마주합니다. 회사에서 역량에 관련된 질문을 하는 이유는 명확합니다. 채용하는 포지션에 주어지는 과업을 수행해 기본적인 성과를 낼 수 있는 지원자를 찾기 위해서입니다.

성향은 어떤 일을 하게 만드는 행동 원칙이나 업무 태도를 말합니다. 일반적으로 '○○함', '○○심', '○○적' 등으로 표현하는 것들입니다. 성실함, 집요함, 호기심, 도전적 등 회사 생활을 하면서 마주한 업무 성향도 많을 거예요.

헷갈릴 수 있지만, 성향은 성격과는 다릅니다. 성격이 개인의 일반적인 태도나 가치관이라면, 성향은 업무에 영향을 주는 행동 원칙이나 신념을 말해요. 집에서는 조용한 사람이 회사에서는 집요하고 주도적인 성향을 보일 수도 있습니다. 우리가 구조화해서 설득해야 하는 것은 개인적인 성격이 아닌 '업무 성향'이라고 할 수 있어요.

회사가 성향에 관련된 질문을 하는 이유도 분명합니다. 회사가 추구하는 가치관에 부합하는 지원자를 찾기 위해서예요. 회사의 고유한 환경에서 성과를 내기 위해 필요한 업무 태도나 원칙을 갖춘 지원자를 찾기 위해서도 지원자의 업무 성향을 알아내야 합니다.

이렇게 역량과 성향을 구체적으로 정의해보면, 내가 가진 것들을 정리해보기 쉬워집니다. 그렇게 내 역량을 떠올리고 나면 이제 그것들을 구체적으로 설득하기 위한 구조적인 준비가 필요합니다.

먼저 역량의 설득 구조를 설계하는 방법을 살펴보겠습니다.

---

① 내 역량을 나열한다
② 각각의 역량을 재능, 프레임워크, 스킬로 구분해 내가 갖춘 것을 정리한다
③ 이를 뒷받침하는 학습·경험·성과로 설득한다

역량의 설득 구조

앞서 역량은 과업 수행을 완수하기 위한 소양과 능력을 말한다고 했습니다. 이 역량을 설득하기 위해서는 더 세부적인 요소에 대한 구체적인 근거가 필요해요. 이를 위해 역량을 다시 몇 가지로 쪼개 생각해볼 필요가 있습니다. 역량은 다시 재능, 프레임워크, 스킬로 구분할 수 있습니다.

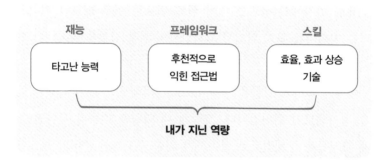

재능은 타고난 능력이나 감각을 말합니다. 물론 이것을 가지고 있지 않은 사람이 많을 거예요. 그래서 우리에게는 다른 역량의 요소도 필요합니다. 바로 프레임워크와 기술이에요. 프레임워크는 내가 비교적 많이 경험해본 업무에 대한 접근법 혹은 관점을 말합니다. 스킬 또한 역량의 중요한 요소입니다. 스킬은 프레임워크와 접근법의 효율과 효과를 상승시켜주는 기술을 말합니다.

결국 '내가 어떤 역량을 갖추고 있다'는 것은 이에 대한 재능, 프레임워크, 스킬 중 몇 가지를 갖추고 있다고 설득하는 것과 같습니다.

쉽게 이해할 수 있도록 예시를 살펴보도록 하겠습니다. '분석력'은 요즘 채용 공고에서 빠지지 않는, 회사가 찾고 원하는 핵심적인 역량이에요. "분석력이 뛰어나다"는 두루뭉술한 말도 앞에서 구분한 역량의 세부 요소를 접목해 세분화해보면 훨씬 더 구체적으로 설득 구조를 만들 수 있습니다.

- 분석력을 위한 재능   타고난 수리적 이해도
- 분석력을 위한 프레임워크   귀납적 분석을 통한 인사이트 도출
- 분석력을 위한 스킬   추론의 타당성 검토를 위한 모델링 기술,
                             대용량 데이터 관리 툴 활용 기술

분석을 잘하기 위해 선천적인 재능이 필요할 수도 있습니다. 일반적으로 분석에는 수학적 재능이 필요한데, 타고난 수 감각이나 수리적 이해가 이에 해당할 수 있겠네요. 학창 시절 수학 경시대회, 올림피아드 같은 대회에서 수상한 경력이 있다면 수리적 재능을 보여줄 수 있습니다.

분석을 잘하기 위해서는 좋은 프레임워크, 즉 후천적으로 익힌 접근법이나 관점도 필요합니다. 분석을 통해 성과를 내는 여러 접근법이 있겠지만, 만약 내가 다양한 샘플 분석을 통해 가설을 도출하고 이를 귀납적으로 추론해 의미 있는 인사이트를 도출한 경험이 풍부하다면 이것이 내가 지닌 분석력의 프레임워크가 됩니다.

스킬은 프레임워크와 연결되어 있습니다. 해당 프레임워크로

문제를 해결하는 데 효율과 효과를 높여줄 수 있는 기술을 말합니다. 여기서는 샘플 분석을 하는 데 필요한 분석 모델링 기술이나 숙련된 대용량 데이터 관리 툴 활용 기술이 이에 해당됩니다.

이렇게 나누어보면 "분석력이 뛰어나다"는 두루뭉술한 말에 구체적인 설득력을 더할 수 있어요. "타고난 수리 이해도를 기반으로 분석을 통한 귀납적 추론으로 성과를 낸 경험이 많으며, 이를 효율적으로 수행할 수 있는 높은 수준의 분석 모델링 기술과 대용량 데이터 관리 기술을 갖추었다"처럼 말이죠.

역량에 대한 설득 구조를 이해하면 '역량 질문에 성향 답변을 하는 실수'를 예방할 수 있습니다. 많은 지원자가 역량을 묻는 중요한 질문에 성실함, 꼼꼼함 같은 성향을 답변하는 실수를 합니다.

회사가 지원자에게 구체적인 역량을 기대한다는 점을 생각해보면 참 뼈아픈 실수입니다. 훌륭한 성향이 나의 경쟁력이 될 수 있지만, 업무 경력이 쌓일수록 회사는 성향과 함께 구체적인 역량을 갖추고 있는지 확인하려고 하니까요. 역량 질문에는 반드시 나의 핵심 역량으로 답변하세요. 이를 위해 재능, 프레임워크, 스킬로 구분해 구체적인 정의를 제시하는 것이 효과적입니다.

성향의 설득 구조

이번에는 성향의 설득 구조를 살펴보겠습니다.

앞서 성향은 어떤 일을 하게 만드는 행동 원칙이나 업무 가치관이라고 정의했습니다. 역량 질문에 성향 답변을 하는 것처럼, 성향 질문에서 가장 많이 하는 실수는 성격을 답변하는 것입니다. "당신은 어떤 사람인가요?"라는 질문의 의도를 곡해해 "당신의 개인적 성격은 어떤가요?"라고 판단하는 것이죠. 그래서 "낯을 가리지만 금방 친해집니다"처럼 업무와 관련 없는 답변을 합니다. 요즘은 성향 질문에 MBTI로 답변을 하는 경우도 정말 많습니다.

하지만 면접에서 개인적 성격을 물어보는 것은 극히 드문 일입니다. 그보다는 업무를 하는 데 본인이 세운 원칙이나 가치관을 묻는 것이 대부분이에요. 회사가 궁금해하는 성향은 개인적 성격이 아니라 업무 성향과 행동 원칙임을 잊어서는 안 됩니다. **"당신은 어떤 사람인가요?"라는 질문은 "당신은 어떤 원칙과 신념에 따라 일하나요?"라는 의미입니다.**

그래서 성향에 대한 설득 구조를 만들 때 내가 지닌 핵심 업무 역량과 연결 지어 생각해보면 좋습니다. 나의 역량은 업무에 대한 행동 원칙이나 가치관과 더해졌을 때 훨씬 더 큰 설득력을 발휘합니다. 업무 원칙이나 가치관, 즉 성향은 역량을 더 돋보이게 해주는 부스터 같다고도 할 수 있습니다.

몇 가지 예시를 살펴볼게요. '실행력'이라는 역량은 회사에 반드시 필요한 핵심 역량입니다. 실행력은 '차분함', '꼼꼼함' 같은 성향이 더해지면 훨씬 더 잘 발휘될 수 있습니다. 복잡하고 어려운 일을 실행할수록 차분함과 꼼꼼함이 실수를 예방하고, 복잡하게 꼬인 상황도 찬찬히 풀어나갈 수 있게 해주니까요. 차분함과 꼼꼼함이 덧붙은 실행력을 갖춘 사람들이 일하는 모습이 눈앞에 생생하게 떠오르지 않나요?

실행력이라는 역량이 '진취적', '도전적'이라는 성향과 연결되어 효과가 커질 수도 있습니다. 관련 경험 없이 어려운 일에 도전할수록 진취적이고 도전적인 태도와 실행력이 필요하고, 실패했더라도 회복 탄력성을 발휘해 새로운 가능성과 방법을 찾는 것이 실행력 좋은 사람의 모습입니다. 진취적이고 도전적인 성향이 덧붙은 실행력 있는 사람이 일하는 모습도 분명한 심상으로 느껴집니다.

차분하고 꼼꼼한 성향과 진취적이고 도전적인 성향은 상반된 듯 느껴질 수 있으나 공통적으로 '실행력'이라는 역량이 더 잘 발휘할 수 있는 '부스터'가 됩니다. 자연스럽게 실행력이라는 역량에 어떤 성향을 매칭하느냐에 따라 그 사람의 업무 태도가 눈앞에 명확하게 그려지기도 합니다.

커뮤니케이션이라고 불리는 소통력도 살펴볼까요? 소통력에 관계 중심적, 감성적이라는 성향이 덧붙을 수도 있습니다. 논리적, 정량적이라는 성향이 덧붙을 수도 있어요. 이런 성향 또한 서로 상반된 것으로서 소통력이라는 역량에 붙어 어떤 강점을 지닌 사람인지 명확히 눈앞에 그려줍니다. 그래서 성향의 설득 구조를 만들 때는 다음과 같은 접근이 필요합니다.

① 내가 설득할 역량을 구체화한다
② 그 역량을 극대화할 수 있는 업무 원칙이나 가치관을 정리한다
③ 그것들이 연결되어 '내가 일하는 모습'을 선명하게 연상할 수 있게 한다

이렇게 역량과 성향의 정의를 살펴보고, 이를 설득하기 위한 '설득 구조'도 살펴보았습니다. 쉽게 정리하면 이렇습니다. 먼저 내 역량을 재능, 프레임워크, 기술로 구분해 역량의 구체적 정의와 구조를 만듭니다. 그렇게 만든 역량의 설득 구조에 효과는 배가하면서 구체적인 심상을 연상시키는 업무 성향을 연결하면 내 경쟁력을 보여주는 역량과 성향의 설득 구조가 만들어집니다.

이 설득 구조가 형성된 시점이 이직을 준비하는 시작점이 됩니다. 내 경쟁력의 설득 구조를 잘 설득할 문서를 만들면 이력서가 되고, 말로 설득할 방법을 찾으면 면접 준비가 됩니다.

역량과 성향의 메뉴판

그런데 막상 해보면 내가 어떤 역량과 성향을 갖추고 있는지 떠올리기 막막한 경우가 많습니다. 나는 나를 잘 안다고 생각했지만 막상 구체적으로 정의해보려고 하면 스스로를 얼마나 몰랐는지 알게 됩니다.

그래서 많은 사람이 이직 과정에서 강조하는 역량과 성향 키워드를 정리해봤습니다. 이력서와 면접에서 지원자들에게 보고 들은 저만의 빅 데이터입니다. 이직에 바로 도움을 주고 싶은 마음에 많은 회사가 강조하는 인재상에 맞게 정리해보았습니다.

회사가 원하는 인재상은 지금까지 우리가 이야기한 '문제 해결사'입니다. 회사는 언제나 문제 해결 역량과 이를 활용한 경험을 쌓은 지원자를 찾습니다.

이를 잘하기 위해서는 2가지가 필요해요. 문제와 원인을 찾고, 해결책을 실행해서 해결하는 것입니다. 여기에 필요한 핵심 역량과 업무 성향 키워드도 이 2가지 영역으로 나누어 정리했습니다. 이름하여 '역량과 성향 메뉴판'입니다. 메뉴판에는 2가지 인재상에 맞는 다양한 역량과 성향의 키워드가 들어 있습니다. 이 중 나에게 맞는 역량과 성향 몇 가지를 골라 시작해보면 쉽게 설득의 구조를 정리할 수 있을 겁니다.

인재상	문제와 원인을 찾고	해결책을 실행해 해결한다
역량	관찰력, 분석력, 판단력, 이해력, 논리력, 전략적 사고력, 통찰력…	학습력, 창의력, 실행력, 협업력, 소통력, 통솔력…
성향	호기심, 냉철함, 차분함, 신중함, 집요함, 탐구 성향, 목표 지향적, 비판적, 경청…	집요함, 끈기, 꼼꼼함, 장인 정신, 면밀한, 계획적, 체계적, 주도적, 능동적, 회복 탄력성 높음, 결과 중심적…

여기서 중요한 것은 나를 깊이 돌아보고 정말로 나에게 해당하는 것을 고르는 것입니다. 그저 마음에 드는 것을 고르는 것이 아니에요. 메뉴판에서 역량과 성향을 고르고 나면 앞에서 말한 설득 구조를 만들어야 하기 때문입니다. 내가 고른 역량과 성향에 재능, 프레임워크, 기술을 바탕으로 그 역량에 대한 나만의 정의를 내려야 합니다. 이 정의가 매력적이고 구체적일수록 많은 회사에서 관심을 가질 거예요.

경험이라는 증거

설득 구조를 완성하는 마지막 단계는 설득력 있는 증거를 수집해 함께 구조화하는 것입니다.

증거가 없이 내가 갖춘 것을 정리해 설득 구조를 만드는 것 자체로 누군가를 설득하기는 쉽지 않아요. 물건을 팔 때도 마찬가지입니다. 건강에 좋은 영양제가 있다고 말하더라도 증거가 없다면 고객은 지갑을 열지 않아요. 빠진 머리를 자라게 해주는 샴푸라고 아무리 말하더라도 증거가 없다면 고객은 외면할 것입니다. 지원자를 찾는 회사도 마찬가지예요. 회사를 설득할 때는 경험이 내가 갖춘 경쟁력의 증거가 됩니다. 그래서 내 역량과 성향을 증명할 '경험 증거'가 필요해요.

경험 증거는 다시 몇 가지로 나누어서 살펴볼 수 있습니다. 바로 학습, 실행, 성과입니다.

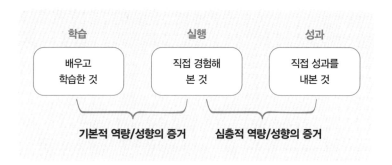

먼저 내가 직접 배우고 학습한 것입니다. 부족한 역량을 기르고

필요한 성향을 습득하는 데 기초적인 배움이나 학습이 필요하고, 이것이 가장 기초적인 단계의 경험 증거가 됩니다.

그다음으로는 직접 실행해본 것입니다. 아무리 많이 배운 것도 직접 해보지 않은 것은 내 경쟁력이라고 말하기 힘들기 때문입니다. 학습해서 직접 실행해본 것이 기본적인 경험 증거가 됩니다. 순서는 상관없어요. 배운 것을 직접 실행해보는 것도, 실행하다가 막힌 부분에서 배움을 구하는 것도 좋습니다.

마지막은 성과입니다. 직접 실행한 것 중 결과나 성과까지 좋은 것이 있다면 내 역량과 성향이 얼마나 큰 영향력을 가지는지 보여줄 수 있으니까요. 그래서 학습하고 실행하며 성과를 낸 경험이 있다면 그것은 내 역량과 성향을 말해주는 가장 높은 수준의 경험 증거가 됩니다.

분석력이라는 역량을 강조하기 위해 재능, 프레임워크, 스킬을 정리했다면 이것들을 배웠던 경험이나, 업무에서 직접 실행해본 경험을 떠올려봅니다. 직접 실행해본 일 중 성과를 낸 사례가 있다면 금상첨화입니다. 실행력이라는 역량을 설득하기 위해 내 경쟁력을 구조화했다면, 내가 정의한 실행력이라는 역량을 습득할 수 있었던 경험 혹은 이를 활용해 업무에서 활약했던 사례를 정리하면 됩니다.

이렇게 정리한 역량에 대한 경험 증거에서 내 성향이 잘 발휘된 구체적인 일화나 사건이 있는지 생각해보고, 이것을 함께 정리하면 성향에 대한 경험 증거도 만들어집니다. 앞에서도 말했듯 성향은 역량과 늘 붙어 다니거든요. 분석력을 이용해 문제를 정의하거나, 실행력을 활용해 문세를 해결하는 경험 증거에서 내 성향 덕분에 분석력이나 실행력이 돋보인 사례가 분명히 있을 거예요.

역량과 성향에 대한 설득 구조와 이에 관련된 경험 증거까지 수집하면 경쟁력에 대한 설득 구조가 만들어집니다. 이것이 이직 과정에서 회사를 설득하게 되는 핵심적인 무기가 될 거예요.

반대로 아직 경쟁력의 설득 구조를 정리하기 힘들다면 이직 준비가 되지 않은 것입니다. 많은 사람이 그저 이력서를 업데이트하고 포트폴리오를 만들며 이직 준비를 한다고 생각하지만, 역량과 성향의 설득 구조와 이에 대한 경험 증거가 부족하다면 이직 성공률은 낮아질 거예요.

이와 같은 방법으로 설득 구조를 정리해보았는데 아직 내 역량과 성향이 분명하지 않거나, 이를 구성하는 재능, 프레임워크, 기술이 분명하지 않다면 이직 준비를 위해 역량과 성향의 기초 체력을 다지는 것이 선행되어야 합니다. 무턱대고 이직을 준비하는 것이 아니라 나에게 부족한 재능은 무엇인지, 이를 만회하기 위해 나에게 필요한 업무에서 성과를 낼 수 있는 프레임워크나 접근법이 무엇인지 고민해야 합니다. 이를 위한 기술이나 스킬이 부족하다면 그것을 습득하는 시간을 가져야 하고요.

내 역량과 성향은 분명한데 이를 위한 경험 증거가 없다면, 이를 활용한 구체적 경험과 성과를 더 만드는 것이 우선입니다. 부족한 것이 있다면 배우거나 학습하는 데 시간을 투자하고, 배우고 학습한 것이 충분하다면 이를 실무에서 직접 활용하며 실행 범위를 넓혀나가야 합니다.

실행 경험이 있다면 그 횟수를 더 늘려야 해요. 내가 가진 것들로 문제를 풀기 위한 시도의 횟수입니다. 성과를 내기 위해서는 충분한 시도가 필요하기 때문입니다. 내가 가진 것들로 시도하다 보면 하나둘씩 성과가 나오기 시작할 것입니다. 그것들이 경쟁력을 증명할 강한 경험 증거가 될 것이고요.

성과가 없어서 이직하지 못한다고 말하는 사람도 많아요. 지금까지 잘 따라온 분들은 눈치채셨겠지만 성과가 없어도 설득 구조를 만들 수 있습니다. 성과는 경험 증거 중 하나의 요소에 불과하거든요. 성과가 없어도 내 경쟁력을 보여줄 수 있고 이직에 성공할 수 있습니다. 저도 그랬고요.

성과 그 자체보다는 성과를 내는 과정을 통해 구체적으로 증명 가능한 역량과 성향이 더 중요합니다. 성과가 없어도 역량과 성향을 설득할 수 있습니다. 회사가 원하는 것은 성과의 재현성입니다. 좋은 성과의 재현 가능성을 판단하는 것은 그 일을 한 사람의 역량과 성향이고요. 성과가 없는 것을 걱정할 게 아니라, 내 역량이나 업무 성향이 분명하지 않은 것을 걱정해야 합니다.

저는 경쟁력의 설득 구조를 설계하고 이를 위한 경험 증거를 많이 만드는 것이 실질적인 이직 준비라고 생각합니다. 이는 문제 해결사로 성장하는 것과 다르지 않아요. 성장하는 과정에서 충분한 경험 증거가 만들어져야 이직에도 성공할 수 있으니까요.

남들이 하는 이력서나 포트폴리오 업데이트를 따라 하며 이직을 준비한다는 착각에서 벗어날 시간입니다.

이력서라는
난제

"이력서를 잘 쓰는 요령은 무엇인가요?"

이직에 대한 멘토링이나 워크숍에서 가장 많이 받는 질문은 당연히 이력서에 대한 것입니다. 학교나 회사에서 이력서를 잘 쓰는 방법을 아무도 가르쳐주지 않기 때문입니다. 그래서 귀동냥으로 들은 내용이나 어깨너머로 본 것들을 따라 하거나, 각자가 상상한 이상적인 이력서를 그리며 작성합니다.

간결하면서도 설득력 있는 이력서를 작성하는 것은 이직에서 가장 큰 난제입니다. 일반적인 채용 과정에서는 이력서를 통한 설득이 그 시작인 경우가 많기 때문입니다. 이력서가 설득력이 없다면 실제로 아무리 좋은 경험과 역량을 갖추고 있더라도 이직이라는 기회를 얻지 못할 거예요. 그래서 이번에는 설득력 있는 이력서를 작성하는 전략에 대해 이야기해보려고 합니다.

먼저 이력서와 경력 기술서, 포트폴리오의 차이점을 알아야 합니다. 단어의 의미만 살펴보면 이력서와 경력 기술서는 유사해요.

모두 각자가 가진 업무 경력을 작성하는 것이기 때문입니다.

하지만 일반적으로 이력서는 짧게 요약한 경력 증명서, 경력 기술서는 길고 자세하게 서술한 세부 경력과 경험에 대한 소개를 말합니다. 포트폴리오는 세부 경력과 경험을 설명하는 데 시각적인 결과물이나 첨부 자료가 필요한 경우, 이를 모아 보여줄 때 만듭니다. 시각화한 경력 기술서 정도라고 볼 수 있겠네요.

경력 기술서가 모든 경력과 경험을 망라한 가장 상세한 설명이라면 이력서는 이것의 요약 버전, 포트폴리오는 이것의 시각화 버전이라고 생각하면 쉽습니다.

이력서는 누가 읽을까?

이력서를 잘 쓰기 위해 가장 먼저 생각해야 할 것은 이력서가 어떻게 읽히는지에 대한 것입니다. 내가 제출한 이력서는 누가, 언제, 어떻게 읽을까요?

채용을 시작하면 많은 이력서를 받게 됩니다. 그런데 신기하게도 최근 받은 이력서는 양식이 대부분 동일합니다. 가장 위에 이름과 개인 정보가 들어가고, 그 아래로 경력 사항이 길게 나열되어 있습니다. 경력 사항 아래에는 학력이 쓰여 있고 마지막 부분에는 전문 분야 및 자격증, 기타 이력이나 외국어가 들어가 있습니다.

추측건대 주요 채용 플랫폼에서 제공하는 기본 이력서 양식을 그대로 사용해서 그런 것 같아요. 플랫폼에서 제공하는 기본 양식은 작성하기 편하고, 채용 공고에 지원할 때 바로 사용할 수 있으니 많이 사용하는 것 같습니다.

하지만 그 양식이 '내 경쟁력의 설득 구조'를 보여주는 데 도움이 되는지 스스로 생각해볼 필요가 있습니다. 우리는 모두 다른 역량과 경험을 지니고 있고, 각자의 경쟁력에 확신을 주기 위한 설득 구조도 모두 다를 테니까요. 이를 위해 먼저 이력서가 어떤 상황에서 읽히는지 생각해보면 좋겠습니다.

채용 공고를 보고 이력서를 제출하면 서류 검토 단계에서 인사팀이 기본적으로 이력서를 스크리닝(선별)합니다. 이 단계에서는 간단한 스크리닝만 할 수 있어요. 아무리 훌륭한 인사 담당자라 하더라도 채용하는 팀의 팀장이나 관리자만큼 팀에서 뽑고 싶어 하는 인재의 모습을 잘 알기 힘들기 때문입니다.

그래서 10년 차 채용 공고에 지원한 5년 차의 이력서라든가, 특정 기술이 반드시 필요한 채용에서 해당 기술을 갖추지 않은 사람의 이력서를 걸러내는 것과 같은 기본적인 스크리닝이 일어납니다.

기본적인 선별 작업을 거친 이력서는 모두 해당 포지션을 뽑으려고 하는 팀의 팀장에게 전달됩니다. 대부분 팀장이 채용 주체Hiring Manager, HM가 됩니다.

이력서를 검토하고 채용을 결정하는 과정에서는 팀장이 많은 의사 결정을 하게 됩니다. 어떤 사람이 팀에 필요한지 가장 잘 알기 때문입니다. 그래서 많은 기업이 '좋은 팀원을 채용하는 것'이 좋은 팀장의 자질이자 역할이라고 힘주어 말해요. 그만큼 팀장은 채용이 시작되면 많은 시간을 채용에 투자해야 합니다.

이력서를 읽는 사람은 팀장이라고 하면, 팀장은 '언제', '어떻게' 이력서를 읽을까요?

팀장은 정신없이 일하는 와중에 잠깐 시간을 내 인사 팀이 보내준 여러 이력서를 검토합니다. 일은 많은데 검토해야 할 이력서도 많으니 하나의 이력서당 검토할 수 있는 시간이 길지 않죠. 저의 경우 이력서 하나를 검토하는 데 1분 정도 쓰지만, 짧게는 10~20초 만에 탈락할 이력서를 추려내기도 해요.

다른 팀장과 이야기를 나누어보아도 약간의 차이는 있지만 이력서 하나를 검토하는 데 1분을 채 쓰지 않는다는 것이 공통적인 의견이었어요.

지원자 입장에서는 너무 야박하다고 생각할 수 있지만 어쩔 수 없어요. 많은 회사가 채용의 중요성을 강조하지만, 정작 HM 역할을 하는 팀장에게 지원자 이력서를 검토할 시간을 충분히 마련해주지 않는 경우가 많거든요.

정리하면 이력서는 다음과 같이 읽힙니다.

- 누가　　팀장이
- 언제　　업무를 하는 와중에
- 어떻게　1분 내외로 읽어본다

그래서 우리는 이런 상황에서 HM의 시선을 사로잡고 내 경쟁력을 설득할 수 있는 이력서를 작성해야 합니다. 내가 며칠, 몇 주 동안 작성한 이력서에 불과 몇 초의 시간만 주어진다는 것을 감안해서요.

좋은 이력서의 3원칙

이력서가 읽히는 방식은 SNS 광고와 같습니다. 광고도 고객이 바빠 스크롤을 내리는 피드에서 넘치는 콘텐츠 중 고객의 눈에 띄어 클릭되어야 하니까요. 광고를 클릭하면 잘 만든 상세 페이지가 고객에게 많은 정보를 전달하고, 고객의 결제를 이끌어냅니다.

- 누가 　고객이
- 언제 　콘텐츠를 보는 와중에
- 어떻게 　광고당 1~2초 내외의 짧은 시간 동안 본다

이력서도 광고와 같은 역할을 합니다. 많은 이력서를 검토하는 와중 몇 초의 짧은 시간 동안 팀장의 관심을 끌고, 자세한 경력을 볼 수 있는 경력 기술서 또는 포트폴리오를 보고 싶게 만들거나 더 나아가 면접에서 작성자를 만나보고 싶게 만들어야 합니다. 이력서는 광고, 경력 기술서나 포트폴리오는 광고를 클릭한 후 보게 되는 상세 페이지와 같습니다.

그래서 이력서를 작성할 때 좋은 광고를 만든다고 생각해보면

좋습니다. 일단 눈에 띄고, 더 자세히 알아보고 싶다는 마음이 들게 하는 것이죠. 나를 위한 광고를 만든다고 생각하고 이력서를 쓸 때 스스로 답해야 하는 것은 다음과 같습니다.

- 고객의 주의를 끌려면 광고는 몇 초여야 할까?
- 판매하려는 상품의 핵심 경쟁력은 무엇일까?
- 고객이 광고에서 가장 먼저 보고 싶은 것은 무엇일까?

- 이력서는 몇 장이 적당할까?
- 나의 핵심 경쟁력은 무엇일까?
- 회사가 이력서에서 가장 먼저 보고 싶은 것은 무엇일까?

1. 짧게 쓴다

첫 번째 질문에 먼저 답해보겠습니다. 몇 장의 이력서가 주목도가 높을까요?

이 질문은 의외로 간단하게 답할 수 있습니다. 이력서는 1장이어야 합니다. 양면 1장이 아니라 PDF 파일 기준으로 '1페이지'를 말합니다.

이유는 단순해요. 사람이 처음 보는 문서를 30초가량 읽는다고 했을 때 제대로 읽을 수 있는 것은 1페이지 정도가 고작이기 때문입니다. 여러분도 한번 30초 동안 이력서를 읽어보세요. 읽을 수 있는 분량이 2페이지를 넘기기 힘들 거예요. 이런 상황에서

3~4장 분량의 이력서에 중요한 정보를 흩뿌려놓고 팀장이 이를 발견해주길 기다리는 것은 좋은 전략이라고 보기 힘듭니다.

앞서 말한 것처럼 이력서는 광고 같은 역할을 합니다. 광고에서 모든 정보를 일일이 전달하지 않는 것처럼 이력서도 '이 사람의 경력 기술서를 더 보고 싶다', '이 사람과 면접을 해보고 싶다'는 확신이 들게 하는 정도면 충분합니다.

마케터들이 무작정 긴 광고를 만드는 실수를 하듯 지원자들도 이력서를 지나치게 길고 자세하게 쓰는 실수를 합니다. 광고를 길게 만들어 충분한 정보를 자세하게 전달해야 상대방을 설득할 수 있다고 생각하기 때문입니다.

하지만 '가독성'이 먼저입니다. 고객들이 광고를 2초만 보고 넘어가는데, 2분 넘게 봐야 이해할 수 있는 광고를 만든다면 매출을 기대하기 힘들 거예요. 고객들이 그 광고는 보지 않을 것이기 때문입니다.

이력서도 마찬가지예요. 30초 내외로 이력서를 읽어야 하는 팀장에게 3~4분간 읽어야 이해가 되는 이력서를 보낸다면 아쉽지만 아무리 좋은 내용을 담고 있다고 하더라도 읽히기 힘들 것입니다.

그래서 저는 1페이지로 핵심 내용을 요약해 이력서를 작성하는 것을 추천합니다. 부족한 내용은 경력 기술서나 포트폴리오를 첨부해 부연 설명을 하면 되니까요. 광고가 마음에 들면, 광고를 클릭한 후 보게 되는 상세 페이지에서 추가적인 설득을 이어나가면 되는 것처럼요. 이력서의 핵심적 역할은 내가 첨부한 경력 기술서를 열게 만들거나, 면접을 잡게 만드는 역할임을 명심해야 합니다.

혹시 '1페이지짜리 이력서라면 쉽겠네'라고 생각하셨나요? 막상 이력서를 1페이지로 요약해서 쓰려면 어렵습니다. 광고도 마찬가지예요. 하고 싶은 말이 산더미인데 그중 어떤 말을 해야 고객을 잘 설득할지 생각하는 것은 어려운 일입니다. 오죽하면 유명한 수학자이자 철학자인 파스칼이 친구에게 중요한 서신을 보낼 때 이런 말을 했겠어요. "미안합니다. 편지를 짧게 쓸 시간이 없어서 길게 씁니다."

다음은 제가 실제로 지원한 글로벌 기업 본부장에게 들었던 말입니다.

"10년 넘는 경력을 1페이지로 잘 요약한 이력서를 보고 합격을 결정했습니다. 어떻게 일하는 분인지 금방 알겠더라고요."

2. 경쟁력이 돋보이게 쓴다

다음 질문도 생각해보겠습니다. 이력서에 내 경쟁력을 잘 드러내려면 어떻게 해야 할까요?

사람마다 경쟁력은 다르고, 그렇다면 이력서의 구조나 순서도 달라야 합니다. 앞서 비유한 광고로 생각해봐도 같은 결론을 내릴 수 있습니다. 상품마다 강조하고 설득해야 하는 것이 다르니, 알맞은 광고의 형태도 다를 거예요. 하지만 많은 사람이 채용 플랫폼이나 헤드헌터가 제공하는 동일한 구조의 이력서 양식을 사용합니다. 그래서 이력서를 쓰기 전에 나의 경쟁력은 무엇인지 먼저 생각해보면 좋겠습니다.

채용 플랫폼이나 헤드헌터가 제공하는 이력서 중 대부분은 '경력 사항'과 '학력' 중심입니다. 경력 사항에 다녔던 회사를 시간 순서대로 나열하거나 졸업한 학교를 강조하는 것이 가장 일반적입니다.

만약 누구나 듣기만 해도 다 아는 유명한 회사에 다녀 경력 사항을 시간 순서대로 보여주는 것만으로도 경쟁력을 충분히 설득할 수 있다면, 그렇게 이력서를 작성해도 문제가 없을 거예요. 모두가 인정하는 좋은 대학을 나왔다면 학력을 이력서 첫 페이지에서 강조해도 좋을 것입니다.

하지만 그렇지 않다면 남들이 다 쓰는 이력서 양식을 그대로 활용하는 것은 좋은 전략이 아닙니다. 광고에서는 상품의 가장 큰 경쟁력은 강조하고, 약점은 최대한 감추죠. 이력서를 쓸 때도 이 점을 참고해 나의 가장 큰 경쟁력이 무엇인지 깊이 생각해봐야 합니다.

만약 내가 다닌 회사가 사람들이 잘 모르는 중소기업이지만 작은 회사인 만큼 연차 대비 큰 권한을 가지고 프로젝트를 관리하면서 성과를 냈다면, 남들이 쓰는 이력서 양식을 따라 쓰느라 단순히 다녔던 회사를 나열하고 관리했던 프로젝트 사례가 잘 보이지 않게 이력서를 작성하는 것은 좋은 전략이 아닙니다. 강점은 꼭꼭 숨겨두고 단점만 광고하는 것과 비슷합니다.

내세울 만한 학력이 아닌데 이력서 양식에 따르느라 학력을 경력 사항보다 먼저 강조하는 것도 좋은 전략이 아닙니다. 광고와 마찬가지로 이력서는 내 경쟁력을 돋보이는 형태로 작성해야 합니다. 아무 전략 없이 남들이 쓰는 이력서 양식을 따라 쓰는 것이 아니라요. 나아가 이런 질문도 필요합니다.

"이력서를 경력과 학력 중심으로 작성하는 것이 필수일까?"

앞에서도 강조한 것처럼 짧게 요약한 이력서는 경력이나 학력이라는 단순한 기준이 아니라 '내가 지닌 경쟁력'이라는 기준으로 작성해야 합니다. 이력서의 역할이 내 경쟁력을 강조하는 것이니까요. 내 강점이 세부 프로젝트에서 돋보이는 역량이라면 다녔던 회사를 나열하는 것이 아니라 세부 프로젝트가 돋보이게 작성해야 합니다. 내 강점이 다양한 회사에서 얻은 통섭적 경험이라면 그저 학력을 먼저 보여주는 것이 아니라 그것이 강조되게 작성해야 합니다.

3. 회사가 보고 싶어 하는 것을 쓴다

마지막 질문입니다. 회사는 이력서를 통해 어떤 것을 가장 먼저 보고 싶어 할까요?

경쟁력의 설득 구조를 통해 나만의 경쟁력을 구조화했다면 회사가 이력서에서 무엇을 보고 싶은지도 생각해봐야 합니다. 하지만 안타깝게도 많은 지원자가 이 질문을 생각하지 않고 이력서를 제출해요.

광고도 마찬가지입니다. 3초도 유지되지 않는 고객의 집중력의 범주 안에서 고객이 '보고 싶은 것', '확인하고 싶은 것'을 빠르게 보여주지 않으면 다음 행동을 유도할 수 없습니다. 고객이 광고를 클릭하게 만드는 데 가장 먼저 확인이 필요한 것을 광고에서 쉽고 효율적으로 확인할 수 없다면 문제입니다. 고객의 행동이 거기서 멈춰버릴 테니까요.

이력서도 마찬가지입니다. 20~30초 남짓한 짧은 시간 동안 채용 담당자인 팀장이 '면접'이라는 다음 행동을 이어나가기 위해 반드시 확인해야 하는 것을 이력서에서 쉽고 효율적으로 찾을 수 없다면, 제 역할을 하지 못하는 이력서가 되어버립니다. 그것들을 찾지 못한 팀장이 다음 이력서로 넘어가버릴 테니까요.

그래서 회사가 이력서에서 가장 먼저 빠르게 확인하고 싶어 하는 것을 쉽게 볼 수 있도록 이력서의 구조를 잡아야 합니다. 그럼 회사는 이력서에서 무엇을 가장 먼저 보고 싶어 할까요?

채용의 방향성에 따라 조금씩 다르겠지만 크게 2가지로 나눠볼 수 있습니다.

먼저 '역량'과 '문제 해결 경험'입니다. 팀장이 모집하는 포지션에서 성과를 내기 위해 필요한 역량을 잘 알고 있는 경우 구체적인 역량을 갖춘 사람을 찾습니다. 팀이 집중하고자 하는 일이 있는데 현재의 팀에 부족한 역량이 있다면 이를 구체적으로 갖춘 사람을 찾기도 하고요.

예를 들어 성공 사례나 향후 전략이 구체적인 마케팅 팀에서 이를 확대·재생산해 줄 수 있는 마케터를 채용하는 경우가 이에 해당합니다. 팀에 필요한 것이 분석력과 실행력이라면 채용 과정에서 이것을 확실히 갖춘 지원자를 찾으려고 할 것입니다.

이 경우 팀장은 이 구체적인 역량과 이를 통한 문제 해결 경험을 이력서를 통해 확인하고자 합니다. 그렇다면 이것들을 이력서에서 가장 강조해야 합니다.

그다음으로는 특정 분야에서의 '집중적 경험'입니다. 채용을 통해 팀에 부족한 경험을 보완하기 위해 특정 분야나 업무에서의 집중적 경험을 찾는 경우입니다. 팀이 지금 해야 하는 일에 팀장이나 팀원들이 비교적 경험이 없거나 필요한 역량이 불명확한 경우, 중요한 일을 해내기 위해 반드시 필요한 경험이 있는 경우가 대표적입니다.

예를 들어 온라인 광고에만 집중하던 회사가 TV 광고나 옥외 광고처럼 다양한 마케팅 채널로 업무를 확장하려고 하는 경우 다양한 마케팅 캠페인 경험이 있는 팀원을 찾거나, 온라인에만 집중하던 회사가 오프라인으로 확장하려고 할 때 오프라인 사업 경험이 있는 팀원을 찾으려고 합니다.

이때 팀장이 이력서에서 가장 먼저 확인하고 싶어 하는 것은 찾고 있는 구체적인 경험 영역에서 이룬 집중적이고 구체적인 성과입니다. 그렇다면 역량을 중심으로 작성하기보다 팀장이 확인하고자 하는 영역에서의 집중적 경험과 성과를 강조하는 형태로 이력서를 작성해야 합니다.

그렇다면 회사가 가장 먼저 보고 싶어 하는 것이 이 중 무엇인지 어떻게 확인할 수 있을까요?

간단한 방법이 있습니다. 바로 **채용 공고와 직무 기술서**job description, JD**를 유심히 살펴보는 것입니다.** 특히 채용 공고 중 '자격 요건'이나 '우대 사항'에 반복적으로 사용한 표현이나 강조한 부분 등을 확인하면 쉽게 이해할 수 있습니다. 지원자 입장에서는 '답안지' 같은 것입니다.

다음 채용 공고 예시를 살펴보며 감을 잡아보면 좋겠습니다. 같은 마케터 채용 공고라고 하더라도 회사가 먼저 기대하는 것은 크게 다를 수 있습니다.

먼저 역량을 확인하고 싶은 경우 '○○력'으로 끝나는 핵심 역량 키워드나 구체적인 기술명이 반복적으로 언급됩니다.

역량을 중시하는 공고 ①

자격 요건

- 마케팅, 광고, 커뮤니케이션 등 관련 분야 경력 3년 이상
- 데이터 분석을 통한 인사이트 도출 능력
- 전략 기획에서 실행까지 책임감 있게 주도할 수 있는 **실행력**
- 팀 내·외부와의 원활한 협업과 **커뮤니케이션 능력**
- 변화하는 시장 트렌드를 빠르게 파악하고 이를 반영한 마케팅 **기획 능력**
- 데이터를 바탕으로 문제를 정의하고, 실행 가능한 솔루션을 제안할 수 있는 **분석력**

우대 사항

- 분석력을 바탕으로 캠페인 성과를 측정하고 최적화한 경험
- 실행력과 추진력을 바탕으로 마케팅 프로젝트를 성공적으로 이끈 사례가 있는 분
- 다양한 이해관계자와의 협업을 통해 프로젝트를 성공적으로 마무리한 경험
- 콘텐츠 마케팅, 퍼포먼스 마케팅 등 다양한 분야에서의 실무 경험
- 데이터 시각화 틀(Tableau, Power BI 등)을 사용해 성과를 명확하게 보고한 경험

역량을 중시하는 공고 ②

자격 요건

· 그로스 마케팅 또는 데이터 기반 마케팅 경력 3년 이상

· 문제 해결을 위한 데이터 분석 및 인사이트 도출 능력

· 전략적 사고를 바탕으로 성장 기회를 식별하고 **실행할 수 있는 능력**

· 다양한 디지털 마케팅 툴(Google Analytics, Mixpanal, Amplitude 등) 사용 경험

· AB 테스트 설계, 실행, 분석을 통한 최적화 경험

· 변화에 민첩하게 대응하며 빠른 **의사결정을 내릴 수 있는 능력**

우대 사항

· 그로스 마케팅을 통해 실질적인 성과를 낸 사례가 있는 분

· 문제 해결력과 전략적 사고를 바탕으로 복잡한 **비즈니스 문제를 해결한 경험**

· **성장을 방해하는 문제점을 신속하게 파악하고 해결 방안을 제시한 경험**

· 스타트업 혹은 빠르게 변화하는 환경에서의 그로스 마케팅 경험

· 데이터 시각화 도구(Tableau, Power BI 등) 사용 경험

· 창의적 문제 해결을 위한 혁신적인 접근 방식을 시도해본 경험

한편 집중적인 경험과 성과를 확인하고 싶은 경우 '~한 경험', '~에서의 성과' 등 직접적인 단어가 반복적으로 사용됩니다.

경험과 성과를 중시하는 공고 ①

자격 요건

- 디지털 광고(DA, SA) 운영 경력 3년 이상
- 메타, 카카오 같은 DA 플랫폼 및 네이버, 구글 SA **광고 운영 경험 필수**
- **AB 테스트 설계, 실행, 분석 경험이 풍부한 분**
- 데이터 분석 도구(Google Analytics, Excel, SQL 등) 사용 능력
- 광고 성과 보고서 작성 및 인사이트 도출 능력
- 빠르게 변화하는 디지털 환경에서 트렌드를 반영한 전략 기획 및 실행 능력

우대 사항

- **다양한 플랫폼에서 진행한 AB 테스트 사례와 성과가 있는 분**
- **ROAS, CTR, CPA 등 주요 성과 지표를 최적화한 경험**
- **DA와 SA 광고 집행 시 타기팅 및 크리에이티브 최적화 경험이 있는 분**
- 데이터 시각화 도구(Tableau, Power BI 등) 사용 경험
- 광고 성과 개선을 위해 끊임없이 실험하고 도전하는 자세를 갖춘 분
- 마케팅 자동화 툴 사용 경험이 있는 분

경험과 성과를 중시하는 공고 ②

자격 요건

- IMC 기획 및 실행 경력 3년 이상
- 다양한 마케팅 터치 포인트(디지털, 오프라인, 소셜 등)에서의 캠페

인 경험

- ·IMC 전략 수립 및 통합된 메시지를 기반으로 한 캠페인 운영 능력
- ·프로젝트 관리 능력과 실행력을 바탕으로 마케팅 목표 달성 경험
- ·마케팅 성과 분석 및 데이터 기반의 의사 결정 능력
- ·다양한 부서 및 파트너사와의 협업 능력 및 커뮤니케이션 스킬

우대 사항

- ·다채로운 채널에서 통합된 메시지로 고객 경험을 관리한 **IMC 캠페인 사례 보유자**
- ·브랜드 인지도 및 시장 점유율을 향상시킨 **마케팅 캠페인 경험**
- ·PR, 이벤트, 디지털 광고 등 다양한 채널을 조합한 전략 기획 경험
- · 데이터 분석 툴(Google Analytics, Tableau 등) 사용 경험
- ·**빠르게 변화하는 시장에서 창의적이고 전략적인 해결책을 도출한 경험**
- ·**마케팅 자동화 툴 사용 경험 및 마케팅 성과를 시각화해 보고한 경험**

물론 대부분 이 2가지 유형이 섞여 있습니다. 회사가 훌륭한 역량과 집중적인 경험 모두를 확인하고 싶어 하는 것이죠.

그럴 때는 어떻게 해야 할까요? 이때는 내 경쟁력에 맞춰 이력서를 구조화하면 됩니다. 회사가 찾는 역량과 집중적인 경험 중 내가 더 경쟁력이 있는 것에 맞춰 이력서의 구조를 잡는 것이죠.

지금까지의 내용을 한번 요약해보겠습니다. 이력서는 바쁘고 정신없는 HM에게 보내는 광고와 같은 것입니다. 바쁜 와중에 짧은 틈을 내 이력서를 검토하는 팀장들에게 '이 사람을 더 알아보

고 싶다'고 생각하게 만들어 경력 기술서를 열어보거나 면접을 잡게 만드는 구체적인 역할을 위해 만들어야 합니다.

이력서가 제 역할을 하기 위해서는 3가지를 고려해야 합니다.

① 짧고 간결해야 합니다. 팀장은 이력서 하나를 검토하는 데 30초도 쓰지 않습니다. 5분은 읽어야 이해되는 이력서를 쓰고 내 강점을 찾아주길 바라는 것은 좋은 전략이 아닙니다.

② 나의 경쟁력이 어디에 있는지 생각해보고 이에 맞춰 이력서를 써야 합니다. 내 경쟁력과 무관하게 남들과 동일한 양식의 이력서를 쓰는 것은 좋은 전략이 아닙니다.

③ 회사가 무엇을 가장 먼저 보고 싶어 하는지 생각해서 이에 맞춰 이력서를 써야 합니다. 회사가 원하는 것과 무관하게 모든 회사에 동일한 양식의 이력서로 지원하는 것은 좋은 전략이 아닙니다.

이것을 종합해보면 몇 가지 중요한 이력서 작성 전략을 도출할 수 있습니다.

먼저 남들이 다 쓴다고 똑같은 이력서 양식을 쓸 필요가 없습니다. 내 경쟁력에 맞게 구조화해 짧고 간결하게 써야 합니다. 그리고 회사마다 제출하는 이력서가 달라야 합니다. 같은 직군이라고 하더라도 회사와 팀이 찾고 원하는 것이 다르기 때문입니다. 같은 마케터를 찾는다고 하더라도 어떤 회사는 '분석력'이라는 역량을, 어떤 팀은 '오프라인 마케팅 경험'이라는 성과를 찾을 테니까요.

그렇다면 이에 맞게 몇 가지 이력서 유형을 만들어 활용해야 합니다. 내 경쟁력과 회사가 보고 싶어 하는 것이 무엇인지에 따라 맞춤화가 필요하니까요.

3가지 이력서 유형

① 역량 강조형 이력서　역량과 문제 해결 경험을 강조하는 경우
② 경험 강조형 이력서　경험과 집중적인 성과를 강조하는 경우
③ 경력 기술서　　　　자세한 경력과 경험을 설명해야 하는 경우

회사가 찾는 것이 역량인 경우 내가 지닌 역량과 문제 해결 경험에 맞추어 역량 강조형 이력서를 작성합니다. 회사가 원하는 것이 특정 영역에서의 성과인 경우 경험 강조형 이력서를 내 경험과 집중적 성과에 맞춤 작성해 활용할 수 있고요. 두 이력서 모두 1페이지 내외로 간결하게 구성하고, 제출 시 PDF로 변환해 제출합니다.

경력 기술서는 세부 경력과 경험에서 역량과 업무 성향 같은 경쟁력과 핵심 성과를 쉽게 이해할 수 있도록 어렵지 않고 자세하게 작성하는 데 집중합니다. 1페이지로 만든 이력서를 보고 상세한 내용을 더 찾아보고 싶은 HM을 위한 것입니다. 요즘은 경력 기술서를 노션 같은 온라인 툴로 제작해 링크로 첨부하는 경우도 있는데, 좋은 방법이라고 생각합니다. 요즘 대부분의 HM이 컴퓨터로

이력서를 읽으니 쉽게 링크에 접속할 수 있으니까요.

이력서 유형별로 작성 요령도 살펴보겠습니다. 작성 요령을 보며 직접 본인만의 이력서를 만들어보면 좋겠습니다.

1. 역량 강조형 이력서

역량 강조형 이력서는 내 역량이 핵심 경쟁력으로 가장 먼저 보여질 수 있는 형태로 구성해야 합니다. 앞에서도 역량은 타고난 재능, 반복적으로 수행하며 성과를 내본 프레임워크, 이를 효과적, 효율적으로 수행할 수 있게 도와주는 기술/스킬로 구성되어 있다고 했습니다. 역량 강조형 이력서는 이 3가지 요소와 이를 통해 해결해본 문제를 강조해 작성합니다.

강조한다는 것은 충분한 공간을 할애한다는 것입니다. 1페이지짜리 이력서의 대부분에 내가 강조하려고 하는 내용을 넣는 것이죠. 저는 강조하려고 하는 것에 이력서 공간의 70% 정도를 사용합니다.

큰 공간을 할애하면 시각적으로 가장 먼저 시선이 갑니다. 팀장이 먼저 읽을 수 있도록 이력서를 처음 열면 보이는 곳에 강조하고 싶은 내용을 가장 크게 넣어요. 충분한 공간을 할애하면 1페이지라는 제약에도 가장 중요한 경쟁력을 비교적 자세하게 작성할 수 있습니다. 나머지 공간에는 꼭 필요한 정보만 간략히 넣고, 불필요한 정보는 최대한 덜어냅니다.

그래서 역량 강조형 이력서에서는 이력서의 70% 정도를 내 역량과 이를 활용해 문제를 해결한 경험을 설명하는 데 사용합니다.

나머지 30%에 업무 경력, 개인 정보, 학력 같은 것을 적어요.

역량 강조형 이력서를 쓰기 위해서는 '경쟁력의 설득 구조'가 갖춰져야 합니다. 여러 번 강조한 것처럼 동기, 역량, 성향이라는 3가지 요소의 구체적인 설득 구조를 만들고, 이에 대한 충분한 경험 증거를 수집해 정리하는 것이 이직 준비의 핵심입니다. 이력서는 이를 쉽게 읽히는 문서로 정리하는 것에 지나지 않아요.

역량의 설득 구조가 설계되었다면 이를 하나씩 이력서로 옮깁니다. 내가 지닌 역량의 프레임워크나 접근법을 중심으로, 그 역량을 활용해 해결한 문제가 있다면 몇 가지로 추려봅니다. 2~3가지 정도로 정리한 해결 경험이 있다면, 경험별로 경험 증거를 2~3줄 정도로 요약해 이력서에서 가장 잘 보이는 큰 영역에 함께 정리해 넣습니다.

역량을 보여줄 수 있는 재능이나 스킬도 있다면 함께 강조합니다. 재능을 증명할 수 있는 자격증이나 수상 경력도 좋고, 역량을 위해 숙달한 스킬이 있다면 스킬의 활용도 등을 함께 정리해서 넣어요.

이렇게 이력서 중 가장 크고 잘 보이는 영역에 내 역량과 문제 해결 경험이라는 경험 증거를 2~3개 정도 제시하고, 이를 뒷받침하는 재능과 스킬의 세부 사항을 정리하면 팀장이 이력서를 열자마자 그가 보고 싶어 하는 역량과 문제 해결 경험이라는 경쟁력을 쉽게 찾아볼 수 있습니다.

70% 공간을 이와 같은 내용에 사용했다면, 나머지는 쉽습니다. 내가 했던 일을 보여줄 수 있는 업무 경력과 면접을 위해 필요한 개인 정보를 추가하면 됩니다.

업무 경력을 정리할 때는 각 회사 재직 기간과 함께 직책명, 담당 업무와 주요 프로젝트를 1~2줄로 간략하게 요약하면 됩니다. 인지도가 높은 회사가 아니라면 회사명과 함께 회사에 대한 간략한 소개 문구를 작성하는 것도 도움이 됩니다. 회사 홈페이지 링크를 넣어 어떤 회사인지 찾아보는 HM의 수고를 덜어주어도 좋고요.

마지막으로 이력서에 추천사를 넣는 것도 추천합니다. 채용을 하는 데 '평판'만큼 중요한 것은 없으니까요. 추천사는 이력서에서 언급한 역량이나 문제 해결 경험에 대한 '최종 증빙' 같은 것입니다. 추천사는 상사나 적어도 같이 일했던 동료에게 받는 것이 좋습니다. 현재 같이 일하는 상사나 동료에게 받는 것이 힘들다면 과거에 함께 일했거나 퇴직한 상사나 동료에게 받는 것도 좋은 방법입니다.

이력서 구조를 이렇게 잡고 나면 상세한 내용을 채워 넣는 것은 어렵지 않을 거예요. 이와 같은 방식으로 나만의 역량 강조형 이력서를 작성해보는 것을 추천합니다.

2. 경험 강조형 이력서

경험 강조형 이력서는 역량 강조형 이력서와 크게 다르지 않아요. 역량 강조형 이력서에서 대부분을 차지하는 역량과 문제 해결 경험에 대한 공간에, 내가 지닌 특정 분야에서의 경험과 그 경험에서의 집중적인 경험을 강조하면 됩니다.

경험 강조형 이력서는 내 경험과 성과를 가장 먼저 보여줄 수 있는 형태로 구성합니다. 이력서를 열면 가장 먼저 크게 보이는 공간에 경험과 성과를 쓰는 것이죠.

이를 위해 경험 증거를 잘 정리해야 합니다. 이 또한 '경쟁력의 설득 구조'에서 살펴본 것입니다. 채용 공고에 부합하는 경험을 지니고 있다면, 이를 한눈에 보여줄 수 있게 정리해 이력서의 70% 정도를 차지하는 큰 공간에서 보여줍니다.

이를 위한 좋은 방법이 있습니다. 일이 일어난 순서대로 나열하는 것이 아니라 경험을 기준으로 일어났던 일을 재구성하는 것입니다. 회사가 찾는 경험이 오프라인 마케팅과 대규모 프로젝트 운영 경험이라면, 그 경험을 중심으로 세부 경험을 각각 묶어서 보여주는 것입니다. 일어난 순서대로 작성해 HM이 읽으면서 관련 경험을 직접 찾아내게 하는 것이 아니라요. 관련 경험을 묶어 정리했다면, 그중 특히 성과가 좋았던 사례 2~3가지를 따로 강조하는 것도 좋은 방법입니다.

이렇게 이력서를 작성하면 특정 경험과 성과를 찾는 팀장에게 내 경험의 풍부함을 강조하고 해당 경험 분야에서 올린 성과를 쉽게 이해하고 읽게 할 수 있습니다.

나머지는 동일해요. 30% 공간에는 업무 경력과 개인 정보와 추천사를 씁니다. 작성 요령 또한 역량 강조형 이력서에서 살펴본 것과 동일합니다. 이런 방식으로 나만의 경험 강조형 이력서를 만들어보세요.

3. 경력 기술서

경력 기술서는 앞에서 살펴본 2가지 이력서를 보고 관심을 가진 HM에게 더 자세한 설득의 증거를 보여주는 역할을 합니다. 광고를 본 고객이 상세 페이지에서 더 심도 깊은 정보를 보며 확신을 얻는 것처럼요.

경력 기술서는 역량 강조형 이력서와 경험 강조형 이력서를 합한 형태로 구조화하고, 세부 내용을 추가하는 형태로 작성하면 쉽게 만들 수 있습니다. 경력 기술서는 핵심 역량과 이를 통해 문제를 해결해본 경험, 여기에 활용한 재능과 기술, 다양한 분야의 업무 경험, 그 경험 중 강조할 만한 성과 등이 총망라되어 있습니다.

경력 기술서 작성의 핵심은 내 경쟁력의 설득 구조를 상호 연결된 형태로 보여주는 것입니다. 앞에서 강조한 것처럼 이것들은 모두 연결되어 있거든요. 역량과 성향이라는 경쟁력을 증명하기 위해서는 경험 증거가 필요하고, 경험 증거 중 일부는 좋은 성과를 낸 사례이기 때문입니다.

저는 경력 기술서의 시작도 핵심 역량이어야 한다고 믿습니다. 경력기술서의 가장 상단에는 핵심 역량을 적습니다. 내가 강조하고 싶은 역량이 분석력과 실행력이라면 이를 먼저 보여주는 것입니다. 역량은 재능, 프레임워크, 기술로 구분이 된다고 말씀드렸지요. 분석력과 실행력 각각에 이 3가지 요소에 대한 설명을 추가합니다.

역량과 함께 이에 대한 세부적인 경험 증거를 함께 제시합니다. 내가 지닌 분석력의 기반이 되는 프레임워크나 기술, 실행력의 바탕이 된 타고난 재능이나 접근법을 보여줄 수 있는 경험 증거를 제시하는 것이죠. 역량별로 1~2개의 경험 증거도 충분합니다.

대신 경력 기술서는 분량이 비교적 자유로운 편이니 '경쟁력의 설득 구조'에서 살펴본 6가지 경험 증거의 요소가 쉽게 이해되도록 자세하게 작성합니다. 경험 증거의 6가지 요소란 맥락, 목표, 문제와 기회, 대안과 전략, 실행과 극복, 결과와 배움을 말합니다. 역량을 강조하려고 하는 것이니 6가지 요소 중 역량이 돋보이는 부분을 강조하면 좋겠습니다.

그다음에는 다양한 경험을 보여줍니다. 마케터로 일했다고 하더라도 고객 조사부터 온라인 마케팅, 오프라인 마케팅, 대규모 통합 마케팅 등 다양한 경험을 하게 됩니다. 내 경험을 채용 공고에서 강조한 몇 가지 경험으로 분류할 수 있다면 이것들을 묶어서 보여줍니다.

마찬가지로 그중 성과가 좋은 사례가 있다면 2~3개 정도 따로 강조하면 좋습니다. 경험 증거를 제시할 때는 항상 맥락부터 결과까지의 6가지 요소가 구조화될 수 있도록 정리합니다. 성과를 강조하려고 하는 것이니 여기서는 결과 부분이 조금 더 강조되면 좋겠습니다.

그 밑으로는 상세한 업무 경력을 기록합니다. 앞서 살펴본 역량 강조형과 경험 강조형 이력서에서는 업무 경력을 간략하게 작성했는데, 경력 기술서에서는 상세하게 작성해야 합니다. 전 직장에서 구체적으로 어떤 일을 했는지 보여줄 수 있도록요. 만약 앞에서 정리한 핵심 역량이나 경험에는 포함되지 않았지만 내세울 만한 경험이나 성과가 있다면 여기서 강조하면 좋습니다.

이력서가 읽히는 상황이나 이력서의 핵심 역할에 따라 이력서를 3가지 유형으로 구분하고, 각 이력서의 유형별 작성 요령을 살펴보았습니다. 반드시 말씀드린 순서대로 작성할 필요는 없으나, 제가 강조한 요점에 맞춰 내 역량과 성과를 강조하는 이력서를 만들어보세요. 남들이 쓰는 양식을 그저 따라 쓰지는 마세요. 그럼 이력서 승률이 훨씬 더 높아지리라 믿습니다. 제 뉴스레터에 자세한 예시가 있습니다(freemoversclub.stibee.com/p/24/).

이력서 쓰기의 정석

이력서가 읽히는 환경을 이해해 좋은 이력서의 기준을 잡고, 회사가 원하는 것과 내 경쟁력을 고려해 몇 가지 이력서 유형을 구분했다면, 이력서를 직접 작성해야 합니다. 이때도 몇 가지 유념해야 할 것이 있어요. 그래서 이력서를 쓰는 단계에서 주의해야 하는 것을 살펴보려고 합니다. 이름하여 '이력서 쓰기의 정석'입니다.

① 해야 하는 일만 나열하지 않는다
② 일기처럼 쓰지 않는다
③ 성과만 나열하지 않는다

1. 해야 하는 일만 나열하지 않는다

- Don't 해야 하는 일만 나열한다
- Do 실행, 결과를 중심으로 역량과 성과를 강조한다

주니어부터 시니어까지 정말 많은 이력서에서 발견되는 문제는 바로 해야 하는 일을 단순히 나열하는 것입니다. 여기서 문제는 주어진 과업을 수행하기 위해 '해야 하는 일'을 반복적으로 설명하는 것입니다. 다음 예시를 살펴볼까요?

이 이력서에는 각 과업을 수행하기 위해 필요한 업무가 순서대로 나열되어 있습니다. 예를 들어 새로운 프로덕트(제품)를 개발하기 위해 '기획 문서를 작성'하고 '개발자와 소통'하며 '목표 일정 내로 개발 완료'하는 것은 당연한 일입니다. 오히려 반대로 이것들을 하지 않으면 과업을 완료하기 힘들죠. 저는 이런 이력서를 'JD를 그대로 옮겨놓은 이력서'라고 부릅니다.

이렇게 이력서를 작성하면 매력도, 설득력도 없는 이력서가 탄생합니다.

Don't

주식회사 OOO
OO팀 사원 (4년 차)

메타버스 기반 디지털 프로덕트 개발
- 전공 지식과 IT 경험 바탕으로 기획 문서 작성
- 개발자와의 소통 지원하며 목표 일정 내 개발 완료

헬스 케어 신사업 기획
- 차별화 요소 도출을 위해 전문가 조사
- 사업 계획서 및 웹/앱 서비스 기획서 작성
- 경쟁사 분석을 통한 사업성 검토

앞에서도 여러 번 강조한 것처럼 이력서는 하나의 광고가 되어 채용 담당자(팀장)의 관심을 끌고 내 경쟁력을 설득하는 것이 목표입니다. '당연히 해야 하는 일'을 나열한 이력서는 시선을 끌지도 못하고, 경쟁력을 설득하지도 못해요. 팀장 입장에서는 당연하고 뻔한 이야기만 담겨 있으니 더 읽어야 할 이유를 찾지 못합니다.

그래서 이력서를 쓸 때는 단순히 과업을 완수하기 위해 **'해야 하는 일'이 아니라 '내가 역량을 발휘하고 성과를 달성하는 데 중요했던 일'을 중심으로** 작성해야 합니다. 나의 역량이 돋보이는 성과를 중심으로, 그 성과를 달성하기 위해 중요했던 실행과 그 결과를 강조해야 합니다. 이것이 이력서의 첫째 원칙이에요.

Don't	Do
주식회사 OOO OO팀 사원(4년 차)	**주식회사 OOO** OO팀 사원(4년 차)
메타버스 기반 디지털 프로덕트 개발 • 전공 지식과 IT 경험 바탕으로 기획 문서 작성 • 개발자와의 소통 지원하며 목표 일정 내 개발 완료	**메타버스 제품 개발로 론칭 6개월 만에 MAU 10만 명 확보** • 시장 기술 조사 및 경쟁사 분석을 통해 이탈하는 고객의 페인-포인트를 발견해 서비스를 기획함으로써 고객 이탈율 -20% 개선 • 주 2회 스프린트 프로세스와 월 2회 유관 부서 싱크업 미팅 프로세스 수립 및 관리를 통해 개발 소요 기간 기존 대비 20% 절감, 3개월 목표 일정 내 개발 완료
헬스 케어 신사업 기획 • 차별화 요소 도출을 위해 전문가 조사 • 사업 계획서 및 웹/앱 서비스 기획서 작성 • 경쟁사 분석을 통한 사업성 검토	

첫째 원칙에 맞춰 이력서를 수정했습니다. 가상의 예시지만 구체적인 실행, 결과, 역량, 성과를 중심으로 작성하는 것이 훨씬 더 설득적이고 매력적입니다.

2. 일기처럼 쓰지 않는다

- Don't   일기처럼 일어난 순서대로만 작성한다
- Do   경험은 역량과 성과 중심으로 재구조화한다

연차를 막론하고 이력서에서 볼 수 있는 또 다른 문제는 경험과 경력을 단순히 시간 순서대로 나열하는 것입니다. 마치 일기처럼요. 저는 이런 이력서를 '일기를 그대로 옮겨놓은 이력서'라고 부릅니다. 일기처럼 쓰기 전에 한번 생각해보면 좋겠습니다.

"일이 일어난 순서대로 작성하면 나에게 유리할까?"
"나의 경쟁력을 설득하기에 연대기순 작성이 적합한 방법일까?"

만약 아니라면 그렇게 작성할 필요가 없습니다. 예시 이력서를 살펴보면서 문제와 해결책을 알아보겠습니다.

흔히 볼 수 있는 일기처럼 작성한 이력서입니다. 이 이력서에서 채용 담당자가 알아낼 수 있는 것은 무엇일까요? 아마 '6년차 마케터 홍길동 님은 A컴퍼니에서 그로스 해커로, B컴퍼니에서 CRM 마케터로 일했구나'일 것입니다.

홍길동
6년 차 그로스 마케터

A컴퍼니 그로스 해커(3년)
- 신규 고객 획득 TF 리드로 프로젝트 운영 및 관리
- 리텐션 개선을 위한 퍼널 전략 수립 및 실행

B컴퍼니 CRM 마케터(3년)
- 온사이트 프로모션 기획을 통한 거래액 증진
- 이탈 고객 복귀 프로그램 개발을 통한 고객 성장

채용 담당자가 이런 이력서를 수십 개씩 받아본다면 어떨까요? 경력이 비슷한 수많은 지원자 사이에서 짧은 시간에 홍길동 마케터의 경쟁력을 쉽게 파악할 수 있을까요?

아마 쉽지 않을 거예요. 이렇게 작성한 이력서의 가장 큰 문제는 채용 담당자가 지원자의 강점과 경쟁력을 힘겹게 추측해야 한다는 점입니다. 이력서의 모든 부분을 꼼꼼하게 읽고 지원자의 강점과 경쟁력이 무엇인지 귀납적으로 추론해야 하는 것이죠.

하지만 안타깝게도 채용 담당자가 이력서 검토에 쓰는 시간은 이력서당 1분이 채 되지 않습니다. 일기처럼 했던 일을 순서대로 나열한 이력서로는 짧은 시간에 채용 담당자에게 강점을 설득하기 힘들어요.

지원자들은 왜 이렇게 이력서를 작성할까요?

추측건대 많은 사람이 그렇게 쓰기 때문인 것 같아요. 하지만 진지하게 생각해봐야 합니다. 그렇게 작성하는 것이 경쟁력을 보여주기에 충분할까요? 누구나 듣기만 해도 아는 유명한 회사에 다녔거나, 누구나 알 만한 유명한 프로젝트를 담당했던 것이 아니라면 경력 사항을 단순히 나열하는 것만으로는 설득력을 발휘하기 힘들 것입니다.

이력서에 주요 경력을 시간 순서대로 쓰면 안 된다는 말은 아니에요. 경력 사항은 반드시 들어가야 하는 중요한 내용입니다. 제가 강조하고 싶은 원칙은 광고의 역할을 해야 하는 이력서에 '경력 사항만 시간 순서대로 나열하는 것'은 설득력이 없다는 것입니다.

인내심이 부족하고 바쁜 채용 담당자를 위해 우리는 이력서에서 역량과 성과 중심으로 경쟁력을 구조화해서 쉽고 직관적으로 보여줘야 합니다. 이것이 이력서 쓰기의 2번째 원칙이에요.

많은 사람이 '이력서는 시간 순서대로 작성해야 한다'는 믿음을 가지고 있을지도 모릅니다. 그러나 1페이지의 요약된 이력서에서는 그럴 필요가 없다고 생각해요. 이력서의 대부분은 설득하고자 하는 내용에 할애해야 합니다. 그러고 나서 나의 업무 경력을 순서대로 간략히 보여주면 충분합니다. 이력서의 역할이 마케팅의 광고처럼 바쁜 채용 담당자의 시선을 끌고 채용 담당자가 지원자를 더 깊이 알아봐야 하는 구체적인 근거를 제시하는 것이라는 점을 항상 명심해야 합니다.

2번째 원칙에 맞춰 이력서에서 강조하려는 내 역량과 성과를 다음과 같이 구조화해서 이력서 상단에 추가해보면 어떨까요?

Don't	Do
홍길동 6년 차 그로스 마케터	**홍길동** 6년 차 그로스 마케터
A컴퍼니 그로스 해커(3년) ◦ 신규 고객 획득 TF리드로 프로젝트 운영 및 관리 ◦ 리텐션 개선을 위한 퍼널 전략 수립 및 실행	**세그멘테이션을 통한 고객 리텐션 개선 경험** ◦ A컴퍼니 재방문 고객 퍼널 수정 통해 10% 개선 ◦ B컴퍼니 고객 복귀 프로그램 개발로 10% 개선
B컴퍼니 CRM 마케터(3년) ◦ 온사이트 프로모션 기획을 통한 거래액 증진 ◦ 이탈 고객 복귀 프로그램 개발을 통한 고객 성장	**대규모 마케팅 캠페인 기획 및 운영 경험 다수** ◦ A컴퍼니 신규 고객 TF 리드해 전년 대비 10% 성장 ◦ B컴퍼니 온사이트 프로모션 기획을 통해 전년 대비 10% 성장

이력서를 읽기 시작한 채용 담당자가 힘겹게 이력서를 모두 읽고 힘겹게 추측할 필요 없이 상단에 정리된 내용을 보고 지원자의 경쟁력을 쉽게 이해할 수 있도록요. 역량과 성과를 구조적으로 설득할 수 있는 요약 문단을 추가하는 것만으로도 이력서의 주목도와 설득력을 높일 수 있습니다.

혹시 여러분도 그동안 주목도도 없고 설득력도 없는 'JD를 그대로 옮겨놓은 이력서'나 '일기를 그대로 옮겨놓은 이력서'를 쓰고 있었나요? 이력서 쓰기의 2가지 원칙은 듣고 보면 당연한 것인데,

막상 이력서를 쓸 때는 '해야 하는 일'을 나열하거나 '했던 일을 시간 순서대로 정리'하는 것으로 돌아가버립니다. 왜 그럴까요?

원인은 이력서를 작성하기 전에 경쟁력에 대한 설득 구조를 탄탄하게 설계하지 않았기 때문입니다. 그래서 동기와 역량, 성향의 설득 구조를 설계하는 것은 이직 준비를 할 때 여러 번 강조해도 지나침이 없습니다.

3. 숫자만 나열하지 않는다

- Don't   성과만 반복적으로 나열하기
- Do   성과는 크리티컬 패스와 함께 강조하기

사실 채용 담당자 입장에서 생각해보면 이력서에서 강조한 성과의 숫자 자체는 큰 의미가 없습니다. 이력서에 좋지 않은 수치 성과를 넣지도 않을뿐더러 채용 담당자가 그 수치만 보고 지원자의 좋고 나쁨을 판단하기 힘들기 때문입니다.

예를 들어 지원자가 관리하던 지표가 30% 개선되었다는 내용이 이력서에 있을 때 이에 대한 자세한 배경과 맥락을 알지 못한다면 이것이 얼마나 좋은 성과인지 판단하기 힘듭니다.

만약 이 지표가 한 달 전에는 40% 개선되었다면 이력서에 있는 30%가 개선되었다는 말이 큰 의미를 가지기 힘들지도 모릅니다. 이 지표가 30% 개선되는 동안 다른 지표는 50%가 개선되었다면 지원자가 강조한 30%의 개선의 의미가 퇴색될 것이고요.

심지어 이력서에 적혀 있는 멋진 수치 성과가 부풀려졌거나, 심지어 거짓이라고 하더라도 채용 담당자는 알아낼 방법이 없습니다. 좋은 수치 성과를 제시한 지원자를 채용했는데, 실망스러운 성과를 낸 당황한 채용 담당자도 아주 많을 거예요.

무엇보다 채용 담당자들도 너무나 잘 알고 있습니다. 성과 그 자체에는 다양한 통제 불가능한 변수가 영향을 준다는 것을요. 누군가는 똑똑한 방법으로 일을 하고도 안 좋은 시기나 환경, 부족한 자원이나 동료를 만나 안 좋은 성과를 얻기도 합니다.

그 반대인 경우도 많아요. 옳지 않은 방법으로 일했는데 좋은 시기와 환경을 만나, 혹은 운에 의해 좋은 성과를 만들기도 합니다. 생각해보면 주위에 방법이나 과정은 인정할 수 없지만 항상 좋은 성과를 내는 사람들이 분명 있을 거예요. 저는 이 통제 불가능한 변수를 '블랙박스'라고 부릅니다.

반대로 생각하면 이것이 면접을 보는 이유입니다. 수치 성과 자체가 중요하다면 면접을 볼 필요가 없어집니다. 채용이 쉬워지겠죠. 이력서의 수치 성과만 보고 채용을 결정할 테니까요. 하지만 우리는 번거롭고 힘들게 다양한 채용 과정을 통해 지원자를 검증합니다.

채용 담당자가 확인하고 싶은 것은 단순히 수치 성과 자체가 아님을 명심해야 합니다. 이유는 단순해요. 채용 담당자에게 필요한 것은 화려한 수치 성과 그 자체가 아니라 고성과의 재현성이기 때문입니다. 좋은 성과가 있는 지원자라면 **그 성과를 우리 회사에서도 반복할 수 있을지, 재현성을 갖춘 지원자인지를** 확인하는 것이 채용 과정의 핵심입니다.

앞에서도 말한 것처럼 고성과의 재현성은 수치만으로 판단하기 쉽지 않아요. 그럼 채용 담당자는 무엇을 확인하고 싶을까요?

바로 '과정'입니다. 채용하는 팀장은 좋은 성과를 낼 수 있었던 과정을 고성과의 재현성에 대한 설득력의 증거로 생각합니다. 이력서에 성과와 함께 제시한 합리적 과정을 보고 지원자가 제시한 성과를 신뢰하게 되는 것이죠. 상황이나 운이 좋아서 반짝 만들어진 일회성 성과가 아니라, 합리적인 과정으로 만들어진 성과만이 재현 가능하기 때문입니다.

반대로 말하면 근거 없이 수치 성과만 나열되어 있으면 믿음이 가지 않습니다. 화려한 숫자가 아무리 길게 등장한다고 하더라도 설득력 없고, 믿음이 가지 않는 이력서로 전락해버립니다. 좋은 성과 그 자체에 작용한 블랙박스를 아무도 모르기 때문입니다.

채용 담당자들은 과정을 궁금해합니다. 성과 자체를 통해서는 반복 가능성이나 재현성을 판단하기 힘들기 때문입니다. 이래서 좋은 성과를 달성할 수 있었을 것이라 고개를 끄덕일 수 있는, 구체적이고 현실적인 과정을 함께 제시해야 합니다. 그래서 지원자에게 중요한 것은 단순히 특별한 성과의 수치만 강조하는 것이 아니라 이를 달성할 수 있었던 특별한 과정까지 설득력 있게 보여주는 것입니다.

채용 담당자 입장에서는 그 과정에서 추측할 수 있는 지원자의 핵심 역량과 업무 원칙이 재현성에 대한 판단 기준이 됩니다. 좋은 성과의 반복을 가능하게 만드는 것은 좋은 과정과 그 과정에서 알아차릴 수 있는 역량, 업무 원칙입니다. 성과는 이것들의 증거일

뿐이에요.

여기서 중요한 것은 그 성과를 달성하는 데 관련이 있는 모든 과정을 다 열거할 수는 없다는 사실입니다. 모두가 알고 있듯 하나의 이력서에 채용 담당자가 집중하는 시간은 매우 짧거든요. 이력서는 짧고 간결해야 합니다. 내가 일한 모든 과정, 익숙하고 뻔한 방법, 누구나 그렇게 하는 당연한 일을 강조하며 이력서의 소중한 공간을 잡아먹을 수는 없습니다.

그래서 성과 뒤에 이어진 다양한 과정 중 가장 중요하고 핵심적인 과정의 경험만 강조해야 합니다. 저는 이것을 '크리티컬 패스critical path', 즉 핵심 경로라고 부릅니다. 좋은 성과라는 최종 결과물을 만들어내는 데 가장 큰 영향을 미친 단계의 연결 고리라는 의미입니다. 크리티컬 패스를 이해하고 이를 이력서에 활용하는 것은 매우 중요합니다.

우리는 보통 다음과 같은 순서로 일을 합니다. 목표를 정하고 조사와 분석을 통해 문제와 원인을 찾고, 대안과 가설을 수립해 실행 계획을 세우고, 동료들과 협의하고 합의하는 과정을 거쳐, 내 손으로 직접 실행해 결과물을 만듭니다.

당연한 과정이에요. 이런 당연한 과정 뒤에 우리가 결과로 바라보는 '성과'라는 것이 나옵니다.

만약 좋은 성과를 얻었다면 당연했던 전반의 업무 과정에서 남들과는 다르게 했던, 그래서 특별히 좋은 성과에 큰 영향을 주었던 업무의 핵심적 과정이 있었을 거예요. '당연한' 일의 과정 중 성과에 '핵심적인 영향'을 준 단계, 그것이 크리티컬 패스가 됩니다.

좀 더 쉽게 나누어서 생각해볼 수도 있습니다. 우리가 하는 일은 크게 다음과 같이 구분할 수 있습니다. 각각에서 크리티컬 패스를 찾고 활용하는 방법을 알아보겠습니다.

① 전략과 기획

전략과 기획 업무는 무언가를 분석하고 조사해 전략을 수립하는 '당연한 과정'을 거칩니다.

만약 이를 통해 특별한 성과를 냈다면 이때 특별히 '발견했다, 파악했다, 알아냈다, 발굴했다'고 할 수 있는 것이 있을 거예요. 만약 그것이 성과에 큰 영향을 준 과정이었다면 전략과 기획에서의 크리티컬 패스가 됩니다.

② 실행과 관리

실행과 관리 업무는 보통 무언가에 대한 세부적 계획을 수립하고 직접 관리해 결과물을 만드는 당연한 과정을 거칩니다.

이때 특별히 '대비했다, 준비했다, 예측했다, 실험했다, 반복했다, 변경했다, 시도했다, 구축했다'고 말할 수 있는 것들이 크리티컬 패스가 될 거예요. 이런 것이 남들과 다른 특별한 과정을 만들고 나만의 좋은 성과에 영향을 주었을 것입니다.

이는 우리가 익히 알고 있는 이야기의 스토리텔링 방식과 동일합니다. 당연한 일이 당연한 순서로 일어나면 결과 자체가 특별하다고 하더라도 흥미가 일거나 그 결과에 믿음이 가지 않습니다. 그래서 많은 이야기에서 주인공이 순항 중(=당연한 일)에 위기(=특별한 일)를 만나고 이를 극복하는 과정(=성과)을 이야기의 내러티브로 구성합니다.

나의 경쟁력을 보여줄 이야기의 핵심 경로도 동일합니다. 당연하게 진행하는 업무 과정에서 성과에 큰 영향을 준 문제나 난관을 어떻게 극복했는지 강조하면 관심을 불러일으키는 경험의 내러티브가 생겨납니다.

이렇게 크리티컬 패스를 정리해 내러티브의 형식으로 정리하면 수치 성과에 연결된 좋은 과정을 보여주는 동시에 그 과정에서 내역량이나 업무 원칙을 강조할 수 있습니다. 위기나 난관을 극복하는 과정에서 지원자가 지닌 핵심 역량과 업무 원칙, 업무 태도 등이 중요한 역할을 하기 때문입니다.

크리티컬 패스를 구조화하는 방법을 요약하면 다음과 같습니다. 이렇게 정리하면 1페이지라는 제약이 있는 이력서에서도 설득력 있는 과정을 통해 재현 가능한 성과를 강조할 수 있습니다.

당연한 일	크리티컬 패스	성과
고객 조사를 하는 과정에서	○○을 통해 ○○을 발견해	성과를 ○○% 개선했다.
전략 수립 단계에서	○○을 예측하고 대비해	목표를 ○○% 달성했다.
협업 실행 과정에서	○○을 구축하고 반복해	전년 대비 ○○% 성장했다.

크리티컬 패스를 적용한 이력서 예시도 함께 살펴보겠습니다.

Don't	Do
홍길동 7년 차 온라인 마케터	**홍길동** 7년 차 온라인 마케터

Don't	Do
A컴퍼니 CRM 마케터(3년) ∘ CRM 매출 목표 120% 달성 ∘ CRM 캠페인 CTR +20%, 전환율 +20% **B컴퍼니 퍼포먼스 마케터(4년)** ∘ 마케팅 ROAS +300% 개선 ∘ 신제품 거래액 매출 목표 110% 달성	**A컴퍼니 CRM 마케터(3년)** ∘ 상시 운영 CRM 기여 첫 구매자 목표 대비 미달을 조기 발견 ∘ 매주 10개의 AB 테스트 진행하고 주차별 호조 상품에 대한 메시지 발송 비율을 일 2회씩 관리 ∘ CRM 기여 매출 목표 120% 달성 **B컴퍼니 퍼포먼스 마케터(4년)** ∘ 신제품 출시 후 3개월간 매출 목표 미달 상황에서 ∘ 미구매자 20명을 인터뷰해 광고 메시지를 수정하고 유효 유입 채널 발견해 예산 집중 ∘ 출시 5개월 만에 목표 110% 달성

이렇게 작성한 성과를 보면 채용 담당자는 지원자가 내세울 만한 성과를 위해 재현성 있는 과정으로 일했다는 것을 알게 됩니다. 난관을 극복하는 과정을 살펴보며 지원자의 핵심 역량과 업무 태도도 자세하게 알게 됩니다. 무엇보다 좋은 성과에 대한 구체적인 근거를 제시하니 고성과자라는 확신도 얻을 수 있습니다. 크리티컬 패스를 정리해 이력서로 옮기는 것만으로도 이력서에 나열된 성과의 설득력을 대폭 개선해줄 것입니다.

마지막으로 이력서를 제출할 때 소소하지만 피해야 하는 것을 살펴보며 마무리하도록 하겠습니다.

① PDF가 아닌 이력서 제출하기

요즘 마이크로소프트 오피스 프로그램을 설치하지 않는 사람이 많이 보입니다. 저만 해도 워드와 파워포인트가 설치되어 있지 않아요. 그런데 그런 파일로 작성한 이력서를 받으면 난감합니다. 웹 드라이브에 올려 읽을 수 있는 문서로 변환해야 하는데 그럼 양식이 깨지거나 글씨가 겹쳐 이상하게 보이는 경우가 많아요.

한글 파일로 제출한 이력서는 정말 난감합니다. 이력서는 모든 사람이 쉽게 볼 수 있도록 어떤 프로그램으로 만들더라도 꼭 PDF로 변환해 제출할 것을 제안합니다. 지원자 입장에서도 이력서를 보기 위해 애쓰는 시간에 이력서 본문을 한 줄 더 집중해서 읽는 게 좋잖아요?

② 작은 글씨와 좁은 행간의 이력서 제출하기

바쁜 와중에 작은 글씨와 좁은 행간으로 촘촘한 글이 빼곡히 적힌 이력서를 보면 일단 식은땀이 납니다. 그런 이력서가 1장이라면 어떻게든 집중해서 읽어볼 것 같은데 2장, 3장이라면 읽기를 포기하고 싶은 마음이 굴뚝같아요. 그런 문서는 일단 모니터로 보기도 힘들어요. 그래서 인쇄하는 경우도 있습니다.

이력서는 세로로 긴 종이가 아니라 가로로 긴 모니터로 본다는 점을 감안하고 글머리 기호 등을 적극 활용해 짧고 간결하게 문단을 구성하는 것이 좋습니다. 보기 좋은 글씨 크기와 여유 있는 문단 구성을 감안하고서라도 1페이지 안으로 정리되도록 중요한 경험만 기입하는 것이 필요합니다.

③ 한국 회사에 영어 이력서 제출하기

한국 회사에 지원하면서 영어 이력서를 제출하는 일도 피해야 합니다. 현재 외국계 기업에 다니고 있거나 다녔던 사람 중에는 의외로 이력서를 영어로 관리하는 경우가 꽤 많습니다. 한국 회사에 지원하면서도 영문 이력서를 그대로 제출하는 사람이 많더라고요.

영어를 잘하는 면접관이 보면 상관없겠지만 사실 영어에 익숙하지 않은 면접관이 보면 정말 읽기를 포기하게 됩니다. 바쁜 와중에 모르는 단어를 찾아가며 이력서를 볼 여유는 없으니까요.

면접 잘하는
방법

면접을 아무리 많이 본 사람이라도 면접은 항상 떨리고 긴장됩니다. 평가자와 피평가자가 명확하게 나뉘어 있고, 1시간 남짓한 짧은 시간에 낯선 사람을 만나 나의 역량과 성향을 설득력 있게 보여주는 일은 언제나 어려우니까요. 그래서 내면에 좋은 무기를 가지고 있지만 긴장해서 이를 잘 전달하지 못하는 지원자들도 많이 봤습니다.

앞에서도 말한 것처럼 이직 준비의 핵심은 내 경쟁력의 설득 구조를 만드는 것이고, 면접에서도 이를 잘 전달하는 것이 중요합니다. 이를 위해 필요한 면접의 기술이 있어요. 이번에는 내 경쟁력을 설득하기 위해 들어간 면접에서 어떻게 말해야 하는지 살펴보겠습니다.

두괄식으로 말하기

면접을 하다 보면 동문서답하는 사람이 의외로 많습니다. 단순한 질문에 장황하게 설명을 시작했다가 돌연 "그런데 질문이 뭐였죠?"라며 대답을 끝내지 못하고 말의 함정에 빠져 헤어나오지 못하는 지원자도 많이 만나요. 그래서 동문서답하지 않는 것만으로도 말을 잘하는 것처럼 보입니다. 질문에서 벗어난 대답을 장황하게 하지만 않더라도 말에 설득력이 더해질 거예요.

면접에서는 짧은 시간에 핵심 역량과 성향을 설득력 있게 전달하는 것이 매우 중요합니다. 장황하게 대답하면 질문과 상관없는 엉뚱한 답변을 하게 됩니다. 천금같이 귀한 면접 시간을 면접관의 의도에 부합하지 않는 불필요한 답변에 써버리는 것입니다. 어떤 면접관은 중간에 양해를 구하고 지원자의 말을 끊어 올바른 대답의 방향을 다시 한번 되짚어주겠지만, 항상 그런 면접관을 만날 수는 없습니다.

장황한 답변은 듣는 사람으로 하여금 계속 결론을 추론하며 답변을 듣게 만듭니다. 언제 요점이 나올지 모르고, 무엇이 원인이고 결론인지 모르니 면접관은 수많은 상상과 추론을 하며 답변을 듣게 됩니다. 당연히 이렇게 되면 요점을 이해하기 힘들고, 대화에 집중하기도 힘듭니다.

면접에서의 답변은 두괄식으로 간결해야 합니다. 무언가를 설명하더라도 어려운 용어나 자신이 다니는 회사에서만 쓰는 낯선 줄임말은 피하고, 단순하고 쉽게 설명해야 합니다.

제가 추천하는 방법은 질문의 유형별로 답변의 첫 문장을 정해 놓는 것입니다.

면접에서 받게 되는 질문 중 지원자의 생각을 묻는 경우가 있습니다. 이때는 "저는 ○○이라고 생각합니다. 그 이유는 2가지인데, 첫째는 ○○이고 둘째는 ○○입니다"라고 답변합니다. 결론을 먼저 말하고, 근거의 구조를 간결하게 설명하고 답변하면, 중간에 결론을 잊어버리거나 몇 가지 생각한 근거 중 1~2가지가 생각나지 않아 횡설수설하게 되는 경우를 막을 수 있어요.

경험에 대한 질문도 면접에서 받게 됩니다. 이때는 "○○에서 ○○으로 근무할 때 ○○을 통해 ○○을 달성한 적이 있습니다. 그 경험을 통해 ○○을 얻을 수 있었습니다"라고 답변하고, 구체적으로 설명합니다. 언제 어떤 경험에 대한 이야기를 할 것이고, 그 경험의 핵심이 무엇인지 먼저 말하면 면접관도 뒤이어 나올 상세한 설명을 더 잘 이해할 수 있을 거예요.

의견이나 경험에 대한 질문 외에도 다양한 질문을 받습니다. 예를 들어 면접관이 "○○○인 이유는 뭐에요?"라고 묻는 경우입니다. 이때도 "○○인 이유는 ○○입니다"라고 결론을 먼저 말하고 구체적인 설명을 시작합니다. 그럼 훨씬 더 쉽고 간결한 대화가 가능해집니다.

사실 떨리고 긴장되는 면접에서 두괄식으로 단순하게 말한다는 것은 쉽지 않습니다. 그래서 많은 연습과 준비가 필요합니다. 두괄식 답변을 잘 준비하는 방법은 무엇일까요? 먼저 면접에서 받게 될 예상 질문에 대한 준비가 필요합니다.

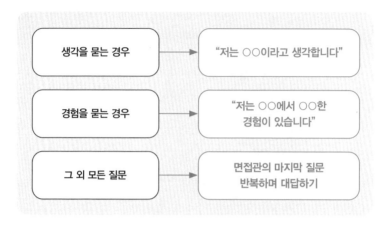

생각을 묻는 경우	→	"저는 ○○이라고 생각합니다"
경험을 묻는 경우	→	"저는 ○○에서 ○○한 경험이 있습니다"
그 외 모든 질문	→	면접관의 마지막 질문 반복하며 대답하기

면접에서는 3가지 유형의 질문을 받게 됩니다. 동기, 역량, 성향이 바로 그것입니다. 앞에서도 말한 것처럼 이 3가지가 회사가 지원자로부터 확인하고 싶은 것이기 때문입니다. 그렇다면 면접 전에 이 3가지 유형에서 예상되는 질문을 생각해보고 답변을 위한 핵심 키워드를 정리해볼 수 있습니다.

핵심 키워드를 정리했다면 이를 사용해 두괄식 구조의 답변을 준비합니다. 물론 모든 답변을 준비할 순 없어요. 각 질문에 대한 답변을 모두 암기하기도 힘들죠. 이때 답변의 처음 한두 문장을 미리 써보고 암기하면 도움이 됩니다. 답변의 첫 문장을 두괄식으로 하는 것만으로도 전체 답변을 구조적으로 이끌어나갈 수 있습니다.

질문을 듣고 바로 대답하는 것이 아니라 결론을 생각한 뒤 결론부터 답변해야 합니다. 답변을 하면서 결론을 생각하면 미괄식에 장황한 답변이 되어버리니까요. 질문을 듣고 결론을 생각하는 데 시간이 필요하다면 면접관에게 양해를 구하고 충분히 생각해본 뒤 답변을 시작하세요.

이때 펜과 종이가 있다면 도움이 됩니다. 저는 면접할 때 펜과 종이를 준비하곤 해요. 질문을 들으면 면접관의 핵심 의도나 질문의 요점을 메모하고, 어떻게 답변할지 간단히 정리해 답변하면 도움이 되었습니다. 물론 준비한 종이에 모든 답변을 적고 답변할 수는 없지만 적어도 간단한 답변의 구조는 그려볼 수 있습니다. 질문의 요점이 무엇이었고, 이에 대한 결론은 무엇이고, 이에 대한 근거의 키워드는 무엇인지 간단하게라도 정리하고 답변을 하면 구조적으로 답변을 이어갈 수 있어요.

무엇보다 중요한 것은 평소에 두괄식으로 단순하게 말하는 연습을 하는 것입니다. 면접에서뿐만 아니라 평소 회사에서도 두괄식 답변은 업무나 소통에서 큰 도움을 줍니다. 회사에서 보고를 하거나 회의를 할 일이 있다면 두괄식으로 구조적 답변을 하는 연습을 하면 면접에서 두괄식으로 답변하는 것이 한결 수월해질 거예요. 평소의 소통에서도 도움이 되니 일석이조입니다.

체계적으로 경험 말하기

면접에서 중요한 질문을 고르자면 지원자의 실제 사례를 묻는 것도 포함될 듯합니다. 앞에서도 말한 것처럼 지원자의 실제 사례는 역량과 성향이라는 핵심적인 경쟁력의 뚜렷한 경험 증거가 되기 때문입니다.

면접에서는 지원자의 핵심 역량과 업무 성향을 파악하는 데 가장 많은 시간을 투자합니다. 지원자는 경험 증거를 통해 본인의 핵심 역량을 가장 설득력 있게 말할 수 있어요. 그래서 경험 증거를 구조적으로 설명하는 것이 중요합니다. 좋은 경험 증거가 있더라도 듣는 사람이 이것을 잘 이해하지 못하면 큰 손해니까요.

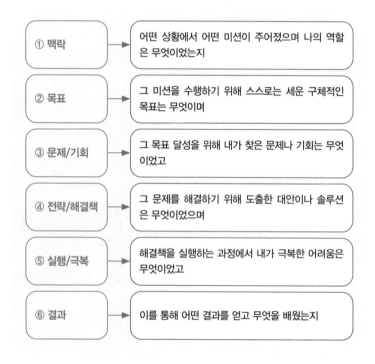

면접에서 짧은 시간에 나의 경험 증거를 쉽게 설명하기 위해서는 위와 같은 6가지 단계별 설명이 필요합니다. 어떤 상황에서 어

떤 '미션'이 주어졌고 내가 해야 했던 역할이 무엇이었는지 일의 맥락부터 설명하고, 전체 과정을 통해 얻은 결과와 배움까지 순차적으로 설명하면 면접관도 쉽게 경험 증거를 이해할 수 있습니다.

그래서 **면접에 임하기 전에 경험 증거를 6가지 요소로 정리해야 합니다.** 면접을 준비하면서 내 역량을 가장 잘 보여줄 수 있는 경험 증거를 고르고, 그 사례를 앞에서 소개한 6가지 요소로 구분하고, 요소별로 짧고 간결하게 요약한 한두 문장으로 정리해보면 면접에서 10문장 내외로 나의 경험 증거를 구조적으로 전달할 수 있어요.

긴장되고 떨리는 면접에서 과거 기억을 더듬어가며 답변한다는 것은 불가능에 가깝습니다. 경험 증거를 설득력 있게 전달하기 위해서는 사전 준비가 필수입니다. 안타깝게도 본인의 경험이나 사례조차 두서없이 답변하는 지원자가 정말 많습니다. 지원자 입장에서 큰 손해가 아닐 수 없어요. 면접관은 본인의 사례도 두서없이 구조화하지 못하는 지원자를 보면서, 직접 겪은 일도 제대로 설명하지 못하는데 앞으로 어려운 문제를 어떻게 함께 해결할 수 있겠냐고 생각하게 됩니다.

사례에 대한 질문에서 경험 증거를 답변하며 화를 자초하는 지원자도 있습니다. 대표적으로 좋은 성과를 달성했으나 그 원인을 설명하지 못하는 경우입니다. 아무리 멋진 성과를 이야기하더라도 성과의 원인을 모른다면 어쩌다 우연히 그런 성과를 얻은 것처럼 보입니다. 회사가 원하는 것은 단순히 좋은 과거의 성과가 아니라, 우리 회사에서도 확실하게 재현 가능한 성과입니다. 구체적인 원인을 제대로 설명하지 못한다면 면접관은 이 회사에서는 그 지원자가 그런 성과를 내지 못할 것이라고 생각할 거예요.

프로젝트의 일부를 담당했으나 혼자 모든 일을 한 것처럼 이야기하는 경우도 마찬가지입니다. 조금만 깊은 질문을 이어가다 보면 거짓말이 금방 들통납니다. 직접 일했다면 답변할 수 있는 구체적인 부분에서 말문이 막힐 테니까요.

스스로 잘 알지 못하는 내용, 금방 들통날 거짓은 면접에서 말하지 않는 것이 좋습니다. 지원자가 괜히 말을 꺼냈다가 면접관의 꼬리에 꼬리를 무는 질문에 난처해하며 전체 면접을 망쳐버리는 예도 많이 보았어요.

마지막으로 강조하고 싶은 것은 경험 증거를 말할 때 내가 설득할 핵심 역량, 동시에 회사에서 원하는 인재상과 결부해 설명해야 한다는 것입니다. 내 역량과 인재상 모두와 관련성이 높은 경험 증거 위주로 대답을 해야 합니다.

인재상에 부합하는 핵심 역량을 설득해야 하는 질문에 '성실함'과 같은 두루뭉술한 성향이나 '다양한 마케팅 경험을 했다' 같은 구체성이 떨어지는 답변을 한다면 어떨까요? 6가지 요소를 활용해 구조적인 답변을 한다면 쉽게 이해할 수는 있지만 결국 매력 없는 경험 증거가 되어버립니다.

면접에서 나누는 대화는 성과 평가가 아니라 역량 평가라는 점도 반드시 기억해야 합니다. 어떤 지원자는 경험 증거를 이야기할 때 성과만 언급합니다. 하지만 면접관들은 성과 자체는 상대적일 수 있다는 것을 너무 잘 알고 있습니다. 그리고 좋은 성과를 지원자의 실력만으로 달성했다고 생각하지도 않습니다. 무엇보다 지원자가 면접에서 말하는 성과의 숫자 자체가 모두 진실인지도 알기 힘들어요.

경험 증거를 이야기할 때는 단순히 최종 결과나 성과만 강조하는 것이 아니라 경험을 통해 증명할 수 있는 핵심 역량과 업무 성향을 보여주고 설득하는 것이 가장 중요합니다. 이런 이유로 좋은 면접관은 성공 사례뿐 아니라 실패 사례도 질문합니다. 역량과 성향은 실패 사례를 통해서도 확인할 수 있으니까요.

꼭 기억하세요. 면접관이 확인하고 싶은 것은 성과 자체가 아니라 이를 통해 엿볼 수 있는 지원자의 핵심 역량과 성향입니다.

면접도 대화라는 점 기억하기

본질적으로 면접도 대화 중 하나입니다. 낯선 사람을 설득해야 한다는 목적이 있는 대화에요. 꼭 면접이 아니더라도 우리는 살면서 많은 낯선 사람을 만나고 이야기를 나누며 필요에 따라서는 설득을 하기도 합니다. 처음 만나 대화를 하는 낯선 사이인데도 편하게 대화가 잘 통하는 사람과 그렇지 않은 사람이 있어요. 누군가를 설득해야 한다면 두말할 것도 없이 편하게 대화가 잘 통하는 사람이 설득될 가능성이 더 높을 것입니다.

우리가 기억해야 하는 것은 면접도 대화라는 점입니다. 면접관 입장에서도 면접 시간은 낯선 지원자를 만나 1시간 가까이 대화를 나누는 시간입니다. 어떤 지원자와는 1시간이 10분처럼 느껴지는 반면, 어떤 지원자는 20분도 2시간처럼 느껴집니다. 면접관도 사람이므로 면접을 끝내고 나면 '대화가 잘 통한다'는 느낌을 받는 지원자가 있어요.

그럼 반대로 어떤 지원자와는 대화가 잘 안 통한다고 느낄까요? 또 어떤 지원자를 만나면 20분이 2시간처럼 느껴질까요?

1. 과도하게 긴장하는 지원자

과도하게 긴장하는 지원자가 대표적입니다. 우리가 회사에서 만난 문제 해결사를 생각해보세요. 이유는 모두 다르겠지만 그들은 보통 대화에서 긴장하지 않습니다. 과도하게 긴장하면 듣는 사람을 불편하게 만듭니다. 긴장과 불편은 메시지가 전달되는 것을 가로막습니다. 이런 상황에서는 상대방을 설득하기도 힘듭니다.

당연한 말이지만, 면접에서 긴장을 줄일 수 있는 가장 좋은 방법은 준비를 철저히 하는 것입니다. 예상 질문을 미리 생각해보고 답변의 키워드와 구조를 미리 정리하면 긴장을 크게 줄일 수 있습니다. 문제 해결사가 회사에서 긴장하지 않는 이유 중 하나이기도 합니다.

물론 어떤 말로도 긴장을 한순간에 풀 수는 없죠. 저도 잘 알고 있습니다. 그래도 '면접은 맞고 틀린 것을 논하는 것이 아니라 서로의 생각을 주고받는 대화다'라고 스스로에게 최면을 걸듯 생각하면 한결 마음이 가벼워집니다. 면접에서 나오는 질문에는 대부분 답이 정해져 있지 않습니다. 실제로 면접은 누가 맞고 틀린지 평가하는 자리도 아니에요. 면접에서의 질문은 대부분 지원자의 생각과 경험을 묻는 것이니, 긴장하지 말고 편하게 말해요. 서로의 관점이 다를 수 있어도 틀린 대답은 없으니까요.

2. 표정이나 리액션이 없는 지원자

리액션이 없다면 상대방은 대화가 잘 안 통한다는 느낌을 받습니다. 리액션이 없는 지원자는 과도하게 긴장하는 사람과는 반대로 듣는 사람을 긴장하게 만듭니다.

이런 사람들은 면접이 아닌 일상 대화에서도 벽을 보고 이야기하는 느낌을 들게 합니다. 면접관으로 이런 지원자를 만나게 되면 내가 한 질문이 잘못되었는지, 질문이 불쾌했던 건 아닌지 같은 불필요한 걱정을 하게 되어 지원자와의 대화에 집중하기 힘듭니다. 무표정한 지원자의 얼굴을 보며 지원자의 대답보다는 내가 했던 질문을 곱씹어보며 잘못된 점을 찾으려고 할 테니까요. 지원자 입장에서는 자신의 말에 집중하지 못하는 면접관을 만나는 것만큼 안타까운 일이 없습니다.

이런 지원자를 만나면 면접관은 지원자의 생각을 이해하기 위해 과도한 에너지를 쓰게 됩니다. 상대방이 지금 내 말에 동의하는지 아니면 반대하는지, 비슷한 생각인지 다른 생각인지, 면접관 스스로 계속 집중해 알아내야 해요. 비언어적 소통도 중요한 대화의 단서인데, 표정이나 리액션이 없으니 더 어렵게 추론하게 됩니다.

그러니 면접에서 많이 웃고 면접관의 말에 많이 호응해줍시다. 면접에서 웃으면서 이야기해도 돼요. 지원자가 웃으면 면접관도 마음이 편해집니다. 과도하게 진지하고 무표정한 사람보다 웃고 호응해주는 사람과 편안한 대화를 할 수 있습니다.

3. 암기한 듯 말하는 지원자

암기한 듯 말하는 지원자와도 대화가 잘 통하지 않는다는 느낌을 받습니다. 요즘 비대면으로 면접을 하다 보니 답변의 대본을 미리 적어놓고 해당 질문이 나오면 이를 보고 그대로 읽는 듯한 지원자를 특히 많이 만납니다. 그들은 아마 면접관이 이걸 눈치채지 못하리라 생각하겠죠?

하지만 답변을 10초만 들어보면 쉽게 알 수 있습니다. 아나운서나 방송인처럼 대본을 보며 대화하는 훈련을 거친 지원자가 아니라면 대본을 읽으면서 하는 답변은 눈빛이나 말투에서 부자연스러움이 느껴집니다.

이런 지원자를 만나면 면접관은 이렇게 생각할 수도 있습니다. '1분짜리 자기 소개도 대본을 적어서 읽는데, 우리 회사에서 1시간짜리 미팅을 이끌 수 있을까?'

앞서 설명한 것처럼 면접의 답변을 준비할 때 6가지 요소별 핵심 키워드에 집중하라는 것도 이런 이유 때문입니다. 모든 답변 하나하나를 줄글로 적어 준비하기보다 '어떤 키워드를 중심으로 답변할지'와 '전체 답변의 구조와 순서를 어떻게 잡을지' 정도만 면접 준비 과정에서 미리 생각해놓는 것으로 충분합니다.

이를 바탕으로 실제 답변은 면접 현장에서의 맥락과 상황에 맞게 그 자리에서 말하는 것이 훨씬 자연스럽습니다. 자연스러운 답변은 자연스러운 대화를 이끕니다.

정보보다는 관점 제시하기

이유를 불문하고 면접에서 반드시 피해야 할 답변의 유형도 있습니다. 바로 다음과 같은 문장으로 시작하는 답변입니다.

- 경험상 ○○했던 것이 효과가 좋았으므로…
- 보통 ○○하는 것이 업계에서 일반적이므로…
- ○○한 것이 최근 유행하는 혹은 가장 최신의 방식이므로…
- 나는 ○○가 맞다고 생각하므로…

이런 답변은 보통 전문성과 논거가 부족하게 느껴집니다. 회사가 찾는 사람은 '일반적으로 맞는 방법을 아는 사람'이나 '경험상 맞는 방법을 아는 사람'이 아니니까요.

회사가 찾는 사람은 문제 해결사입니다. 우리 회사만의 문제나, 일을 하면서 마주하게 되는 예상치 못한 문제들에서 원인을 찾아 이를 해결할 수 있는 사람입니다. 어느 회사에서나 중요한 것은 결국 문제 해결력이니까요.

이와 같은 문장으로 시작하는 답변은 통상적이고 일반적인 접근을 이끌어냅니다. 이런 사람들은 면접관이 제시한 상황에서 문제의 원인과 해결 방법을 찾기보다 통상적이고 일반적인 답변으로 요점을 피해 가려고 해요. 그런 상황에서는 다음과 같은 대화가 이루어집니다.

면접관: A라는 제품을 마케팅할 때 가장 집중해야 하는 마케팅 채널은 무엇인가요?

지원자: 경험상 인스타그램 광고가 가장 효과가 좋았으므로 인스타그램 채널에 집중해야 합니다.

면접관: 팔려고 하는 제품이 A가 아니라 B가 되면 집중해야 하는 채널이 바뀌나요?

지원자: 일반적으로 인스타그램 광고가 가장 효율적이므로 역시 인스타그램 광고를 해야 합니다.

면접관: 그럼 혹시 C제품은요?

지원자: ….

면접관이 제시하는 다른 상황에도 대부분 같은 대답이 떠오른다면, 상황에 맞는 구조적인 해결책보다 통상적이고 일반적인 답변을 먼저 떠올리고 있는 것일지도 몰라요. 이럴 때는 다음과 같이 시작하길 추천합니다.

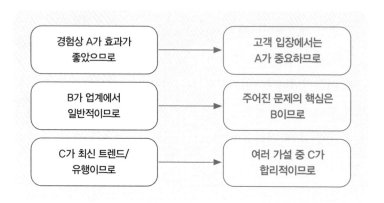

이런 말로 시작하는 답변은 합리적 사고를 보여준다는 점에서 통상적인 답변보다 논거와 전문성이 분명하게 느껴집니다. 주어진 상황에 맞는 원인이나 문제를 찾고 이를 해결할 방법을 생각하고 제시하는 것이 회사가 원하는 '문제 해결력'을 갖춘 사람입니다. 우리는 면접에서 그런 사람으로 보여야 하고요.

여기서 특히 추천하고 싶은 방법은 어떤 질문에 대해서든 나만의 가설을 세우고 답변하는 것을 연습하는 것입니다. 회사에서 일할 때도 체계적으로 문제를 푸는 사람들은 문제 자체에 집중하기보다 원인에 집중합니다. 원인을 해결해야 하니까요. 보통 다음과 같은 순서입니다.

---

① 복잡한 문제 상황을 단순화해 핵심적인 문제를 찾는다
② 문제의 원인을 생각하고 원인이 확정적이지 않다면 원인에 대한 가설을 떠올린다
③ 각 가설에 맞는 해결책을 정리하고 하나씩 진행해 검증한다

우리도 면접에서 이와 같이 대답하면 됩니다. 특히 면접관이 설명하는 상황만 듣고 대답하기 위해서는 통상적 접근이 아니라 가설적 접근이 필요합니다.

위와 같은 구조로 원인을 정의하고, 나만의 가설을 수립해 답변하면 체계적으로 문제를 해결하는 과정을 보여줄 수 있습니다. 나아가 면접관과의 대화를 통해 내 답변의 가설 중 일부가 틀렸다는

것을 깨달으면 유연하게 가설을 폐기하고 다른 가설을 기반으로 답변을 바꿔나갈 수도 있으니 일석이조입니다.

고집보다 유연성 발휘하기

고집이 센 사람들은 회사에서 동료로 만나더라도 함께 일하기 힘듭니다. 일하다 보면 모르던 정보를 알게 되고, 상대방의 합리적인 의견도 듣게 되는데, 그러면 자연스럽게 본인의 원래 생각이 바뀔 수 있습니다.

이럴 때 문제 해결사는 유연하게 본인의 생각을 바꾸거나 상대방의 의견에 동조합니다. 회사에서는 더 나은 결과를 내는 것이 중요하지, 내 생각대로 상대방을 설득하는 것이 중요한 게 아니니까요.

이 사실을 잘 알고 있는 사람과의 대화는 편안합니다. 서로 의견이 다르더라도 긴장되거나 불편하지 않습니다. 합리적으로 대화하고 더 나은 결론을 내릴 수 있다는 믿음이 있기 때문입니다.

우리가 명심해야 하는 점은 면접에서 나누는 대화 또한 누군가는 이기고 누군가는 지는 형태의 대화가 아니라는 것입니다. 누군가는 설득하고, 누군가는 설득당하는 대화도 아니에요. 회사에서와 마찬가지로 면접에서도 내 의견대로 상대방을 고집스럽게 설득한다고 좋은 것이 아닙니다.

면접관의 합리적인 반박이나 반대 의견에 자연스럽게 동조하거나 유연하게 본인의 생각을 바꾸는 것은 전혀 나쁜 것이 아닌데, 끝까지 본인의 생각을 고수하는 지원자가 있습니다. 이런 지원자와의 대화는 면접이라 하더라도 불편하고 힘들어요. 문제 해결사가 회사에서 어떻게 상대방의 다른 의견에 반응하는지 잘 살피고 면접에서 유연하게 반대 의견에 대응해봅시다.

정보를 나열하기보다 인상 남기기

매우 식상한 말이지만, 지원자는 면접을 통해 면접관의 기억에 인상을 남겨야 합니다.

아무리 면접관이 면접 내용을 꼼꼼하게 기록한다고 하더라도 별도의 기록관이 없는 이상 모든 대화 내용을 적고 외울 수는 없어요. 말을 하고 들으면서 그 내용까지 기록한다는 것은 참 힘든 일이거든요. 기억력의 한계를 감안하면 면접에서는 단순한 정보를 많이 전달하는 것보다 이것들을 공통적으로 묶어주는 '인상'을 만들고 이를 반복해서 각인시키는 것이 중요합니다.

이런 경험이 있지 않으세요? 어떤 숫자를 기억하려고 했을 때 무작위 숫자라면 암기하는 것이 어렵지만, 어떤 의미가 있는 숫자가 반복된다는 것을 알게 되면 그 의미와 함께 숫자가 훨씬 더 잘 기억됩니다.

면접관들도 마찬가지예요. 면접을 통해 여러 지원자를 만나고 나면 '그 집요함이 돋보였던 분' 혹은 '그 에너제틱한 실행력이 인상적이었던 분'같이 지원자를 기억합니다.

하지만 그들의 정보는 잘 기억나지 않아요. 어느 학교를 나왔는지, 어느 대학을 나왔는지, 토익 점수는 몇 점이었는지는 오래 기억에 남지 않습니다. 지원자가 사례에서 강조했던 성과가 10% 성장이었는지, 20% 성장이었는지도 기억나지 않아요.

저도 그런 적이 있습니다. 첫 회사에 입사하는 과정에서 여러 번 면접을 보았는데, 면접 때마다 다른 회사에서 인턴 프로젝트로 진행했던 '아프리카에 판매할 냉장고 기획' 케이스를 말했습니다. 면접관들이 보기에 그 사례가 인상적이었나 봅니다. 입사 후 만나는 선배들마다 "아, 네가 아프리카 선교사들한테 집요하게 전화 돌렸던 인턴이구나"라고 인사를 건넸습니다.

결국 1시간 남짓의 대화를 통해 상대방에게 어떤 인상을 남기느냐가 면접 결과에 중요한 영향을 미칩니다. 회사의 문제 해결사와 대화를 나누었을 때를 떠올려보세요. 그런 사람들은 미팅을 1시간만 함께 해보더라도 어떤 정체성을 가진 사람인지 쉽게 알 수 있습니다. '이 사람은 조용하고 차분하지만 날카로운 판단력을 지니고 있구나', '이 사람은 힘든 상황에서도 주위 사람들에게 긍정적인 영향을 일으키는 에너자이저 같은 사람이구나' 같은 느낌과 인상 말이죠.

사실 짧은 면접에서 상대방에게 이런 인상을 남긴다는 것은 힘든 일입니다. 이를 위해서는 내가 설득하고자 하는 핵심적인 역량과 성향의 키워드와 관련된 설득적인 경험 증거를 반복적으로 설명해야 합니다.

아마 여러분도 면접에서 2~3개의 경험 증거를 이야기하게 될 텐데, 정체성의 인상이 확실한 사람은 보통 2~3개의 실제 경험담에서 반복적으로 증명되는 역량이나 성향의 키워드가 확실해요. 그럼 비교적 쉽게 면접관이 지원자를 기억하게 됩니다.

예를 들어 지원자가 제시하는 경험 증거에서 반복적으로 보이는 키워드가 '집요함'이라는 성향이라고 합시다. 남들은 포기할 만한 상황에서 한 단계 더 깊게 들어가 문제를 해결했던 경험 증거를 반복적으로 이야기한다면 '이 사람은 끈기 있는 태도로 힘든 문제를 해결해온 사람이구나'라고 쉽게 기억할 수 있습니다.

전략적인 사고력이 뛰어난 사람이라는 인상을 남기고 싶다면 다양한 경험 증거에서 '전략', '목표 지향적', '분석' 같은 역량 키워드를 반복적으로 강조하면 됩니다. 어렵고 복잡한 상황을 단순화해 목표를 수립하고, 목표 달성을 위한 경우의 수를 나열하고, 가장 효율적인 해결책을 찾기 위해 깊이 분석했던 경험 증거를 반복하면 면접관이 지원자를 전략적인 면모가 돋보였던 사람으로 기억할 거예요.

당신만의 인생을 써내라

"안녕하세요. 앞으로 잘 부탁드립니다."

처음 이직한 스타트업에서 안절부절못하며 새로운 동료들에게 자기 소개를 하던 기억이 아직도 선합니다. 마침 제가 이직한 첫 날이 그 회사 이삿날이라 정신없는 동료들의 관심을 받지 못해 더 어색했습니다.

저는 지금 5번째 회사에서 일하고 있습니다. 학생 시절 이사나 전학 한번 해보지 않은 제가 처음 대기업에서 스타트업으로 이직을 결심했을 때는 참 겁이 많이 났습니다. 완전히 다른 곳에서도 잘할 수 있을까, 지금처럼 인정받으며 회사를 다닐 수 있을까, 이직을 후회하지 않을까 하는 걱정이 많이 들었어요. 그래서 처음 이직을 결심할 때까지 많은 고민의 시간이 필요했습니다. 그때 아버지에게 들었던 이야기가 큰 도움이 되었어요.

아버지의 커리어도 파란만장했습니다. 병원 원무과 일이 제가 기억하는 아버지의 가장 첫 번째 일이었습니다. 아버지는 병원에서 오래 근무했고, 나중에는 병원에서의 경험을 살려 사업을 하셨습니다. 의료용품을 수입하고 납품하는 사업을 꽤 오래 하셨고 어떨 때는 큰돈을 벌기도 했던 것 같습니다. 나중에는 사업을 정리하고 다시 병원에서 일하다가 얼마 전 은퇴하셨습니다.

하지만 아버지는 은퇴 후에도 쉬지 않으셨어요. 집 근처 대학교에서 은퇴한 어르신을 대상으로 직업교육을 해주는 과정이 있었는데, 아버지는 그곳에서 여러 수업을 들으셨습니다. 종종 아버지가 어떤 수업을 듣고 있는지 신나게 설명해주셨던 기억이 납니다. 중장비 운행부터 드론 운전, 기계 정비 같은 것이었어요. 집에서 아버지가 수업을 들으며 필기한 공책을 우연히 본 적이 있어요. 반듯한 필기에 열심히 공부한 흔적이 공책 여기저기에 남아 있었습니다.

그러던 어느 날 아버지에게 반가운 목소리로 연락이 왔습니다. 큰 비행기를 만들고 조립하는 공장에서 일하게 되었다고요. 처음에는 좀 놀랐습니다. 줄곧 사무실에서 일하던 아버지가 적지 않은 연세에 공장에서 일하신다고 생각하니 마음이 안 좋았어요. 하지만 금세 이유를 알 수 있었습니다.

아버지는 경영학과를 졸업했지만 공대생에 가까웠습니다. 못 고치는 기계가 없었고, 못 만드는 가구가 없었어요. 어릴 때는 아버지를 보며 저도 어른이 되면 그렇게 될 줄 알았는데 막상 어른이 되어보니 전혀 아니었습니다. 아버지는 기계, 장비, 수리 같은 것을 정말 좋아하셨던 것이었어요. 그런 것에 관심도 재능도 없는 저는 아직도 물건이 고장 나면 아버지를 찾습니다.

아버지는 자동차, 오토바이, 비행기도 좋아하셔서 집에 정교한 플라스틱 모델이 정말 많았습니다. 아버지의 실력은 플라스틱 모델을 그냥 조립하는 것이 아니라 하나의 예술품으로 만드는 수준이었어요. 실제와 다른 부분은 나무를 직접 깎아 부품을 만들어 조립하기도 했고, 도색은 말할 것도 없이 완벽하게 하셨습니다. 그런 아버지에게 '진짜 비행기'를 조립하는 공장은 그저 큰 놀이터였어요. 아버지는 그날 저희 남매에게 이렇게 말씀하셨습니다.

"아침 일찍 가장 먼저 공장에 도착해 전등 스위치를 탁 켜면, 천장의 조명에 차례로 불이 들어온단다. 사방이 밝아지면 어제 조립하던 큰 비행기가 눈앞에 딱 들어오는데, 나는 그 모습을 볼 때마다 온몸에 소름이 돋는다. 아빠는 이런 일을 늦게서야 찾았는데 너희들은 더 빨리 찾길 바란다."

한때 사장님 소리를 듣던 아버지가 공장에서 일하게 되었을 때 한편으로 얼마나 걱정이 되셨을까요. 하지만 아버지는 새로운 일에 도전하셨고, 서른 살이나 어린 입사 동기를 얻었고, 꿈에 그리던 일을 찾게 되었습니다.

아버지의 모습을 보면서 깨달았어요. 내가 더 잘할 수 있고, 내가 더 즐겁게 할 수 있는 일을 찾기 위해서는 가끔은 도전이 필요하다는 것을요.

이직을 몇 번이나 한 저도 새로운 곳에서 새로운 경험을 한다는 것은 아직까지 어렵고 힘든 일입니다. 아무리 잘 알아보고 준비한다고 하더라도 새로운 도전에는 항상 위험이 따르거든요.

그럼에도 저는 스스로가 더 잘 성장할 수 있고 더 좋은 성과를 낼 기회가 있는 회사를 찾기 위해 모험이 필요하다고 생각합니다.

최근에 이런 말을 들은 적이 있어요.

Trust your next chapter because you are the only author.

당신이라는 책의 다음 장을 믿어라. 당신이 그 책의 유일한 작가이기 때문이다.

경험상 '더 잘할 기회'는 항상 '더 큰 문제가 있는 곳'에 있었어요. 큰 문제를 해결해야 그만큼 값진 교훈과 배움을 얻어 성장할 수 있으니까요. 그때마다 이 문장과 아버지의 이야기를 떠올려요. 내 몸에 꼭 맞는 일을 찾고 성장하기 위해 더 큰 문제가 있는 곳으로 향하는 도전이 필요하고, 그 도전에는 스스로에 대한 확신과 용기가 필요합니다.

너무 걱정하지는 마세요. 어차피 여러분이 당신이라는 책의 유일한 작가니까요.

결국 문제를 뚫고
성장하는 사람